博雅史学论丛 / 中国史

改良与革命

晚清民初史事新探

王晓秋 —— 著

北京大学出版社
PEKING UNIVERSITY PRESS

图书在版编目(CIP)数据

改良与革命:晚清民初史事新探/王晓秋著. —北京:北京大学出版社,2012.10

(博雅史学论丛·中国史)

ISBN 978-7-301-21246-2

Ⅰ.①改… Ⅱ.①王… Ⅲ.①中国历史-研究-清后期 Ⅳ.①K252.07

中国版本图书馆 CIP 数据核字(2012)第 219736 号

书　　　　名:	改良与革命:晚清民初史事新探
著作责任者:	王晓秋　著
责 任 编 辑:	刘　方
标 准 书 号:	ISBN 978-7-301-21246-2/K·0892
出 版 发 行:	北京大学出版社
地　　　　址:	北京市海淀区成府路 205 号　100871
网　　　　址:	http://www.pup.cn　电子邮箱:pkuwszh@yahoo.com.cn
电　　　　话:	邮购部 62752015　发行部 62750672　出版部 62754962　编辑部 62752025
印　　刷　者:	三河市北燕印装有限公司
经　　销　者:	新华书店
	650mm×980mm　16 开本　20.25 印张　288 千字
	2012 年 10 月第 1 版　2012 年 10 月第 1 次印刷
定　　　　价:	38.00 元

未经许可,不得以任何方式复制或抄袭本书之部分或全部内容。

版权所有,侵权必究

举报电话:010-62752024　电子邮箱:fd@pup.pku.edu.cn

目　录

自　序/1

辑一　改良与革命

试论中国近代史上改良与革命的辩证关系/3
晚清改革史研究论纲/10
试论康有为的"仿洋改制"/23
试论清末京城立宪派/42
试论辛亥革命的世界意义/58
民国元年孙中山与袁世凯北京会谈新论/72
五四运动在东京新探/87

辑二　中国与世界

晚清中国改革先驱者的世界认识/93
晚清中国人走向世界的历史轨迹/103
1887年海外游历使新探/111
晚清中国官员三次集体出洋的比较/143

晚清民初中国参与世界博览会的历史回顾和启示/154
晚清民初中国人日本观的变迁/159

辑三　文献与传播

黄遵宪《日本国志》初探/177
康有为《日本变政考》初探/200
林之望《庚申日记》初探/216
魏源《海国图志》在日本的传播和影响/220
日本《革命评论》与中国同盟会/236

辑四　北大校史丛考

戊戌维新与京师大学堂的创立/245
京师大学堂与日本/263
辛亥革命与民国初年的北京大学/276
孙中山与北京大学/291
五四时期北大师生与日本思想界的交流/305

自　序

俗话说"人到七十古来稀",可是如今活到七八十岁早已不稀奇了。我甚至认为对于一个历史学家来说,七十岁可能正处于学术生涯的"黄金时代"。因为他这时候可能具备了更高的史学修养,更多的史料积累,更丰富的人生阅历和更深邃的理性思维。

本人今年正好年届七旬。自报家门:1959年毕业于百年老校上海徐汇中学,同年考入北京大学历史系。在北大学习期间,曾得到史学大家翦伯赞、邓广铭、周一良、邵循正等恩师的教诲。1964年毕业留校任教至今。现任北京大学历史系教授,博士生导师,全国政协委员,国家清史编纂委员会委员。主要从事中国近代史(尤其是晚清和民国初年历史)和中日关系史(尤其是近代中日文化交流史)的教学和研究。本书即是自己治史五十年来对晚清民初历史研究之部分心得成果的汇集。

我历来认为"学术贵在创新"。史学也是一样,史学论著的学术价值应该是在继承前人治学成果的基础上,有所发现,有所创新,有所前进,这样才能推动学术不断发展。当然,真正的学术创新决不是随意或轻易的"标新立异",而必须付出艰巨的劳动,通过收集分析大量史料(而且尽量运用第一手原始资料),绞尽脑汁的思考与分析,以及勤奋刻苦的钻研与写作,才能达到。回顾五十年治史历程,自己对此深有体会。因此,本书力图在晚清民初的历史研究中,或发现新史料,或提出新观点,或探索新理论,力求做到言必有据,史论结合,有所创新,有所发展,故本书命名为"新探"。

　　本书内容分为四辑。第一辑改良与革命,乃是贯穿整个晚清民初历史的重大问题。本书首先从理论上探讨和剖析了中国近代史上改良与革命极其复杂的辩证关系,并首次较系统全面地提出了晚清改革史的研究论纲和对辛亥革命世界意义的论述。此外对康有为的"仿洋改制"、清末京城立宪派和民国元年孙袁北京会谈、五四运动在东京等具体史事,进行了深入研究,发现了一些新史料,提出了一些新观点。

　　第二辑中国与世界。晚清民初的中国历史与世界形势的变化及中外关系的互动息息相关,我们必须用世界眼光来研究这段历史。晚清中国人究竟怎样认识世界和走向世界,就是一个值得深入探讨的新视角。本书从此角度切入,较系统地论述了近代中国改革先驱者的世界认识和晚清中国人走向世界的历史轨迹。特别是对几乎已被历史埋没和遗忘的1887年海外游历使的史实,加以重新挖掘,作了开拓性的实证研究。此外,还对晚清中国官员的三次集体出洋和晚清民初中国参与世界博览会的历史,以及晚清民初中国人日本观的变迁,作了较系统的梳理和论述。

　　第三辑文献与传播。文献史料是史学研究的基础,对史料的发掘、考证、研究是史学的基本功。本书对清末民初几部重要史料文献作了开拓性研究。如笔者在上世纪70年代末就花了两年时间钻研黄遵宪的名著《日本国志》,作了国内学界最早的基础性研究。而《日本变政考》这部康有为未刊的重要著作,则是笔者1980年在北京故宫博物院首先发现并作了研究,提出了康有为"仿洋改制说"和戊戌议会观的新见解,在国内外学术界产生了较大影响。汪荣宝的《宣统日记》初探和林之望的《庚申日记》初探,是上世纪九十年代笔者利用北京大学图书馆珍藏的晚清日记手稿所作的研究。前文提出了清末钦定宪法起草过程和清末京城立宪派等新观点,后文则是英法联军侵入北京的国耻实录。关于魏源《海国图志》在日本的传播和影响,是笔者在日本各图书馆收集到21种《海国图志》日文刊本后所作的文献传播研究。《革命评论》与中国同盟会也是笔者在日本查阅了日文《革命评论》各期全部原文后进行的实证研究。

　　第四辑北大校史丛考,是我作为北京大学的毕业生和教师,对母校校史研究的一分贡献。其中包括通过查阅京师大学堂档案后为北大百周年纪念所写的《戊戌维新与京师大学堂的创立》《京师大学堂与日本》两文。为纪念辛亥革命九十周年所写《辛亥革命与民国初年的北京大学》《孙中山与北京大学》两文。还有为纪念五四运动九十周年写的《五四时期北大师生与日本思想界的交流》，都是在收集大量原始资料基础上的创新之作。

以上四辑精选的 24 篇论文，可以算是笔者年届七十之际，对自己半个世纪以来从事晚清民初历史研究的一个回顾和总结。期望能起到"抛砖引玉"的作用，供读者参考、批评，并能在史学方法论方面有所启发。由于各篇论文写作于不同时间，发表于不同刊物，其中难免有些重复和编排不当之处，敬请读者见谅。最后利用这个机会，向以往支持、帮助过笔者学术研究的各位国内外朋友们致谢！同时也向热情支持本书出版的北京市社科出版基金和北京大学出版社以及本书责任编辑刘方女士致谢！

王晓秋

2012 年 4 月

于北京大学蓝旗营公寓

遨游史海斋

辑一 改良与革命

试论中国近代史上改良与革命的辩证关系

改良与革命贯穿了整个中国近代历史的进程,如何认识改良与革命的关系,是中国近代史研究和教学中的一个重要理论问题。它也是一个在学术界和社会上有着不同看法和分歧,而在青年学生思想中也常常容易产生疑问和困惑的问题。下面谈谈我自己对中国近代史(着重晚清史)上改良与革命辩证关系的理解和认识。

一、对中国近代史上改良与革命认识的两种偏向

在如何认识中国近代史上的改良与革命这个问题上,曾经出现过两种比较极端的倾向。

一种是在20世纪50年代到70年代,由于革命高潮时期遗留的价值取向和心态,以及"左"的思想和教条主义思维方式等的影响,产生过一种"革命万能论"并一概否定改良的倾向。它在中国近代史的研究和教学中具体表现为,一是把革命绝对化,认为革命是万能的包治百病的灵丹妙药,又是随时随地可以发动和成功的。在中国近代史上主要是夸大和拔高了农民革命的意义和作用。如把太平天国农民革命说成是"彻底的反帝反封建"、

"伟大的妇女解放运动"等。而对太平天国革命中暴露出的农民阶级局限性、农民政权封建化等缺乏深入剖析。对义和团农民反帝运动,甚至对其落后、迷信和盲目排外的消极一面也加以颂扬。二是贬低和否定近代史上的改良,把它与革命完全对立起来。认为凡是主张改良就是抵制革命、反对革命,以致把中国近代史上发生的改良运动一概加以否定。如称洋务运动是"反动卖国的运动",把戊戌维新定性为"资产阶级改良主义运动"而加以批判,清末新政则被全盘否定成"一场政治骗局"。

另一种倾向是20世纪80年代以后出现的否定一切革命的"告别革命论"。这是出于对"文化大革命"的反思和受到西方思潮的影响,而走到另一个极端的片面性偏向,而且在学术界和学生思想中有一定的影响。它在中国近代史的研究、教学以及某些影视作品中的表现,一是指责革命只是破坏而应予否定。如批评太平天国革命"破坏生产"、"杀人流血",造成"历史倒退"。把义和团运动说成"蒙昧主义"和"邪教",还指责辛亥革命破坏社会稳定和经济发展,"导致军阀混战"。二是认为革命不如改良,革命派不如改良派。如认为太平天国农民领袖洪秀全、杨秀清不如洋务运动领袖曾国藩、李鸿章,甚至认为曾国藩、李鸿章镇压太平天国也是"有功的",维护了中国社会的安定和传统文化。又认为革命派领袖孙中山、黄兴不如改良派领袖康有为、梁启超,甚至不如西太后、袁世凯。还认为如果康有为的改良道路、清末新政的预备立宪成功,那么中国早就现代化了。三是批评革命是激进主义思潮的产物。革命是"人为制造出来的"。孙中山的革命活动是"冲动、冒险、情绪化的表现"。总之,他们认为革命是不必要的,应该永远地"告别革命"。

这两种倾向都带有片面性,那么究竟应该怎样辩证地全面地认识中国近代史上改良与革命的关系呢?这需要我们运用马克思主义理论,结合中国近代的历史实际进行深入具体的思考和分析。

二、关于革命、改良、改良主义的含义和区别

在讨论中国近代改良与革命的关系之前,有必要先搞清楚革命、改良以及改良主义几个名词的由来及其概念、词义和语境,以及它们之间的区别。

汉语"革命"一词在中国古代文献中出现很早,《易经》中就有"汤武革命,顺乎天而应乎人",①成为儒家的一种政治话语。这里的"革命"的基本含义是变革天命,改朝换代,即肯定商汤伐桀、周武王伐纣,用武力夺权建立新王朝,是顺应天意民心,合理合法的。但是后来的儒家学说更强调"三纲五常",君臣伦理,就很少再用革命这个词了。

英语 revolution 一词,来源于古代拉丁文 revolvere,原指天体周而复始、循环变革的时空运动。后来逐渐转变为反政府的暴动、叛乱。经过17世纪英国"光荣革命"和18世纪法国大革命,又使其在政治领域产生新的含义,并出现和平渐进与激烈颠覆这两种政治革命模式。后来日本人又把这个英语词汇翻译成汉字"革命"。由于日本人的"万世一系"天皇观,更强调尊王改革,有时把明治维新也称为"维新革命"。②

近代中国人用革命一词也受到西方和日本影响,1890年王韬在《重订法国志略》一书中叙述了法国大革命的历史,大多用"暴乱"、"叛党",偶然也用了"革命"一词,如"群议废王,世称之曰:三日革命"。③ 1895年,孙中山最早自称"革命党"。据说当年他发动广州起义失败流亡日本,在神户登岸,看到日本报纸上刊登题为《支那革命党首领孙逸仙抵日》的消息,就对陈少白说:"革命二字出于《易经》","汤武革命,顺乎天而应乎人"一语,日人称吾党为革命党,意义甚佳,吾党以后即称革命党可也。④ 随着中国近代革命思潮和革命运动的兴起发展,"革命"一词逐渐在中国流传风行。尤其是经过革命派的大力宣传鼓吹,如1903年邹容作《革命军》一书,大声疾呼:"革命者,天演之公例也,世界之公理也。"⑤同年,章太炎写《驳康有为论革命书》,则称革命是"补泻兼备之良药",⑥改良派梁启超1904年写《中国历史上革命之研究》进一步提出区分"革命"的广狭二义。他说"革命之义有广狭,其最广义,则社会上一切无形有形之事物所生之大变动皆是也。其

---

① 王弼注:《周易正义》卷五,中华书局,1957年。
② 陈建华:《革命的现代性——中日革命话语考论》,上海古籍出版社,第7—10页。
③ 王韬:《重订法国志略》卷七,弢园志民校刊本,1889年。
④ 冯自由:《革命逸史》初集,中华书局,1981年,第1页。
⑤ 邹容:《革命军》,翦伯赞、郑天挺主编《中国通史参考资料》近代部分(修订本下册),中华书局,1980年,第251页。
⑥ 章太炎:《驳康有为论革命书》,《中国通史参考资料》近代部分(修订本),第244页。

次广义,则政治上之异动与前此划然成一新时代者,无论以平和得之以铁血得之皆是也。其狭义,则专以武力向于中央政府者是也。"①这已经比较接近我们现代对革命的理解了。

《现代汉语词典》按照马克思主义观点对革命的解释是"被压迫阶级用暴力夺取政权,摧毁旧的腐朽的社会制度,建立新的进步的社会制度。革命破坏旧的生产关系,建立新的生产关系,解放生产力,推动社会的发展"。还有一种广义是指"根本变革,如思想革命、技术革命、产业革命"。②《辞海》上则把革命的广义解释为"人们在改造自然和改造社会中所进行的重大变革"。③

改良与改革实际是同义语,在英语中常常是一个词 Reform,指改掉事物的缺点使之良好。改良与革命的区别,从哲学的角度说改良一般是量变和渐变,而革命则是质变和突变。从政治学的角度说,改良一般是在旧体制下局部渐进地改造;而革命则是要使用暴力推翻旧政权,建立新社会制度。也可以说改良主要是体制内的改革,而革命则是体制外的变革。

此外还要区别改良主义的含义和语境。所谓改良主义一般是指 20 世纪初列宁批判欧洲工人运动内第二国际机会主义,用改良抵制和反对无产阶级革命、维护资产阶级统治的机会主义思潮和派别。因此用它来称中国近代主张改良的思想和思想家、政治家以及戊戌维新运动,是不太合适的,应该给他们摘掉"改良主义"的帽子。

三、关于改良与革命的辩证关系

结合中国近代史的实际,我们再来进一步具体分析改良与革命之间的各种辩证关系及其具体表现。

首先是革命推动了改良。中国近代历次人民革命,迫使统治者作出一些让步,统治阶级为了维护和挽救自己的统治,不得不实行或多或少的改

---

① 梁启超:《中国历史上革命之研究》,《饮冰室合集》第 2 册,文集之十五,中华书局,1989年,第 31 页。
② 《现代汉语词典》第 5 版,商务印书馆,2005 年,第 459—460 页。
③ 《辞海》,上海辞书出版社,1999 年,第 5728 页。

良。如太平天国农民革命之后，清朝统治者中较开明的人士，开始了向西方学习的洋务运动，实行办工厂、修铁路、建学校、选派留学生出洋学习等改良措施。而义和团运动之后，刚扼杀了戊戌维新运动的西太后为首的清政府为了维持自己摇摇欲坠的统治，不得不宣布实行"新政"和预备立宪，陆续推行改革官制、训练新军、废除科举、鼓励发展工商业等改良措施。可以说在革命高潮之后或是新的革命形势、条件尚未成熟之时，改良会经常发生，并起着一定的进步作用。洋务运动和清末新政的一些改良措施，毕竟是一种社会进步和中国早期现代化的尝试，不应全部否定一笔抹杀。

革命还为进一步的改良扫除了障碍。腐朽、卖国的清政府和封建君主专制制度已经成为近代中国社会进步和改革的严重障碍，因此辛亥革命通过武装起义用暴力手段推翻了统治中国二百多年的清王朝政权和两千多年的封建君主专制制度，就为中国社会的进一步改革、发展创造了条件，打开了闸门。民国初年出现了实业救国、教育救国等改良潮流，推动了中国民族资本主义的发展和现代化的进程。中国近现代史的历史证明，中国只有通过民主革命，推翻帝国主义、封建主义的统治，取得民族独立和人民解放，才有可能为中国的改革发展，实现国家富强和人民幸福，进行现代化建设，扫除障碍，开辟道路，创造条件，从这个意义上也可以说"革命是历史的火车头"。①

另一方面，我们又可以看到改良实际上也在为革命准备必要的条件。革命并非随时随地都可以发生的。列宁说过"没有革命的形势便没有革命"，而且也不是任何革命形势都会引起革命，还必须有革命力量的成熟。只有当社会改良的量变积累到相当程度，社会的上层和下层都不能照旧生活下去，而且革命的客观形势和发动革命的主观力量都已经成熟的时候，革命才会到来。中国近代的洋务运动、戊戌维新，尤其是清末新政实行的一系列改良措施恰恰为辛亥革命准备了物质、人才、思想等方面的条件。如洋务运动建立的军事工业为辛亥革命提供了武器装备物质条件。清末新政编练的新军成为辛亥革命武装起义的主要力量。清末的留日学生和各地新式学

---

① 马克思：《1848年至1850年的法兰西阶级斗争》。《马克思恩格斯选集》第1卷，人民出版社，1972年，第474页。

堂学生成为辛亥革命的领导和骨干成分。还如武昌能成为辛亥革命首义之地,也是与洋务派官僚张之洞在武汉设立汉阳兵工厂、训练新军、派遣留日学生、大兴新式学堂分不开的,所以有人说张之洞是"种豆得瓜",与其主观愿望相反,培养了清王朝的对立面和掘墓人。

改良的失败还促进了革命的爆发。例如戊戌维新的失败,谭嗣同等六君子被杀,促使很多改良派转向革命,如章太炎、吴玉章等许多革命前辈,开始都赞成改良,后来发现改良道路走不通,必须用革命手段推翻腐朽的清政府。连伟大的革命家孙中山最初也曾经主张过改良,还想通过向李鸿章上书提出改良建议。但结果却未得到李鸿章接见,特别是甲午战争的刺激,使他终于走上革命道路。而清末新政、预备立宪的失败也促使许多原来还幻想在体制内改良的人们投向革命。清政府不但一再拖延立宪和开国会期限,而且镇压国会请愿运动,还成立"皇族内阁",实行"铁路国有"等倒行逆施,终于使很多立宪派也对清政府彻底失望,而转向同情、支持革命,或投靠野心家袁世凯。

还应该指出改良与革命在一定条件下存在着对立和斗争。改良和革命不是绝对对立的,但在革命形势已经成熟,革命就要爆发之时,如果仍坚持改良道路,而且用改良去抵制革命、反对革命,甚至勾结反动势力破坏革命,那就成了革命的对立面和绊脚石,这时就必须坚决加以揭露斗争,扫清阻碍革命的障碍。辛亥革命前革命派与保皇派的论战就属于这种情形。当时康有为为首的保皇派在《新民丛报》等报刊上大肆攻击革命会造成流血、破坏,导致瓜分、亡国等等,甚至宣称"与革党死战是第一义,有彼无我,有我无彼"。保皇派把革命派当作首要敌人,并混淆革命与改良,欺骗舆论,蛊惑人心。因此革命派必须与其作坚决斗争,揭露批判其攻击革命的言论,指出如果不革命不推翻腐败、卖国的清政府,人民才会更痛苦和流更多的血,国家才会被瓜分和亡国。只有起来革命、推翻清政府才是救国救民的唯一正确道路。孙中山尖锐地指出革命与保皇如黑白两途,必须划清界限、分清是非。如果我们读一读当年革命派在《民报》等报刊上发表的批判保皇派并宣传革命的文章,就会感受到许多文章词句铿锵有力、掷地有声。这些言论也能回答和驳斥现在某些人鼓吹的"告别革命论"。还有人认为假设没有辛亥革命,让清政府按康有为、西太后、袁世凯的新政改良道路走下去,中国可能早就现代化了。我们说一来历史不能假设,二来清政府已经腐朽不堪,没有能力也没有可能领导中国实现现代化。正像孙中山说的清王朝已经像"一座即将倒塌的房屋,整个结构已从根本上彻底地腐朽了,难道有人只要用几根小柱子斜撑住外墙,就能够使那座房屋免于倾倒吗?"[①]

总之,我们既不能用革命拒绝改良,更不能用改良否定革命。革命和改良是推动人类社会进步的两种方式,如鸟之两翼、车之两轮,不可偏废。中国近代史上改良与革命的关系是一种极其复杂互动的辩证关系。研究历史要力求避免简单化、绝对化和片面性。对中国近代史上革命与改良的具体事件、人物、思想,要放在当时一定历史条件下,进行具体、辩证的分析,才能得到比较客观、科学的结论。

---

① 孙中山:《中国问题的真解决》,《孙中山全集》第1卷,中华书局,1981年,第254页。

晚清改革史研究论纲

一、现实呼唤的历史课题

对于哲学社会科学的发展来说,时代和现实的需要,往往比千百个理论家的冥思苦想具有更大的推动力。历史学也不例外。

当前,中华儿女正在加快改革开放的步伐,具有中国特色的社会主义现代化建设进入了一个关键性的历史时期。在这个时候,回顾和深入研究百年前中国晚清时期改革的历史,有着十分重大的学术价值和现实意义。

社会革命和社会改革,是推动人类历史发展进步、实现社会变革的两种主要形式。然而长期以来,由于种种原因,在我们的历史研究中,往往出现把暴力革命的作用绝对化,而轻视渐进改革的倾向。在中国近代史研究中,一般也偏重于近代革命史的研究,而对晚清改革史的研究则相对比较薄弱。

如果把鸦片战争时期龚自珍、魏源、林则徐等地主阶级思想家政治家们的改革呼声,作为晚清改革的滥觞的话,那么,整个晚清时期,由清王朝统治阶级进行的改革,主要有三次高潮。第一次是19世纪60—90年代的所谓同光新政。这是在两次鸦片战争和太平天国农民战争的双重冲击下,由清王朝中央和地方的洋务派官僚发起推行的一系列军事、经济、教育方面的改革。第二次是19世纪末的戊戌新政。这是在甲午战争后严重民族危机的刺激下,光绪皇帝在维新派官僚、知识分子的策划、鼓动下,进行了戊戌年的百日维新,颁布大量新政法令,试图从政治经济到文化教育各方面,实行有利于资产阶级的改革。第二次则是20世纪初的清末新政。经过义和团运动和八国联军侵华战争,以慈禧太后为首的清政府当权派,不得不充当刚被他们扼杀的戊戌维新的"遗嘱执行人",在资产阶级立宪派和归国留学生的推动和参与下,进行了预备立宪、改革官制、制定法律、建立新军、废除科举等重大改革。这几次改革浪潮虽然最终仍未能挽救中国的民族危机和清王朝覆灭的命运,但它们毕竟是中国近代社会发展进步和近代化进程中的重要环节。

  对于晚清改革的历史,至今尚未有总体和系统的研究。我认为有必要重新认识晚清改革在中国近代史上的历史作用。深入探讨晚清改革与中国近代化进程、民族兴衰以及人民革命之间的关系。全面研究晚清改革的来龙去脉及其政治、经济、军事、文化、教育、法律、风俗等各个层面。具体剖析晚清改革的时机、条件、环境、社会承受力;改革的指导思想、动机、纲领、政策、策略;改革领导人和执行者的素质、行为、心理;改革遇到的阻力、困难,改革与反改革的斗争以及改革失败的原因等等问题。深刻总结晚清改革的成败得失和经验教训。进而还可以把晚清改革与世界其他国家的改革进行比较分析。

  通过对晚清改革史作多角度、多层面的宏观和微观的全方位研究,不仅可以拓宽和深化中国近代史的研究,而且可以总结改革的历史经验教训,探索社会改革的运作规律和改革中各种因素的互相作用与制约关系,为当代中国现实的改革事业提供许多有价值的历史借鉴和启示。

二、中国近代史研究的新视角

  历史认识的主体即历史研究者本身实践与认识的深化和观念与理论的更新,对历史研究的发展起着很大的影响。而社会现实又对历史认识不断产生有力的推动和制约作用。

  改革开放以来,通过拨乱反正、解放思想,中国近代史的研究取得了很大进展。随着改革开放的进一步深入,我们对改革以至改革历史的认识也在逐渐深化,思想观念正在发生转变。有些以前颇为流行的传统观点,经过反思、推敲,感到有必要加以修正或更新。当前迫切需要提倡进一步解放思想,从新的角度,以新的观念、新的方法,发掘新的史料,开拓新的领域,进行新的探索,推动中国近代史研究的深入发展。

从晚清改革史角度涉及的最重要的观念理论问题恐怕还是改革与革命的关系及如何评价晚清改革的历史作用问题。

过去由于"左"的思想与教条主义思维方式及革命高潮时代遗留的心态和价值取向等等影响,我们往往把暴力革命和阶级斗争的作用无限夸大与绝对化,似乎革命是包治百病的灵丹妙药,又是随时随地可以发动的事情。反之,对统治阶级实行渐进改革的作用则加以贬低,甚至把它与革命完全对立起来,似乎凡是主张渐进改革就是抵制革命或反对革命。实际上,这种观念和思维方式恰恰违背了马克思主义。列宁曾经强调指出:"在马克思主义者看来,毫无疑问,没有革命形势,就不可能有革命。"而且,"并不是任何革命形势都将引起革命"①。人类社会处在生产力与生产关系、经济基础与上层建筑不断矛盾变革的新陈代谢之中。这种变革主要通过两种形式来实现,一种是在原有社会秩序下渐变的改革,另一种是使原有社会秩序发生突变的革命。两者之间有着复杂的辩证关系。当革命形势还不成熟的时候,改革却经常发生并起着进步作用。只有当社会改革的量变积累到相当程度,社会上层和下层都不能照旧生活下去,而且革命形势和发动革命的主观力量都已经成熟的时候,革命才会到来。而当新的社会秩序通过革命手段建立起来之后,又为渐进的改革开辟了新的道路。从晚清改革的历史可以看到,正是由于洋务改革引进了资本主义生产方式和西方文化,戊戌改革倡导了民族觉醒和思想启蒙,而清末改革又废除科举、建立新军、预备立宪,推动了中国工业、政治、军事、教育的近代化,因此才有可能出现逐渐壮大的中国资产阶级、工人阶级和大批具有新思想的青年学生、留学生、新军官兵,成为旧社会的掘墓人;才有可能在革命形势和条件成熟时,一举实现推翻清王朝的辛亥革命和最终取得中国人民反帝反封建民主革命的胜利。

对晚清改革历史作用的认识也涉及中国近代历史的发展线索问题。我

---

① 列宁:《第二国际的破产》,《列宁选集》第2卷,人民出版社,1972年,第620页。

认为首先要搞清楚中国近代历史发展的根本任务是什么？应该是使中华民族赶上世界潮流，把一个以小农经济为主体的封建专制主义国家，改造成一个独立、富强、民主、文明的工业化国家。也就是实现中国现代化的目标。只有现代化才能使中国真正自立于世界民族之林。中国近代史上的历次革命、改革及各种民族战争、爱国运动、民众斗争，都是为了实现这一根本任务的不同的具体方式和手段。

如果从这样的视角去考察评价晚清改革的历史作用的话，我们就不会停留在仅仅分析清王朝统治者企图以改革来维护自身统治的主观动机上。而应该看到，晚清的几次改革高潮，客观上都是中国近代化（或称早期现代化）进程中的重要环节。同光新政的洋务改革，引进了西方机器生产、军事技术和文化教育，兴办工矿企业，开设新式学堂，创建近代海军，派遣留洋学生，跨出了中国近代化的第一步。而戊戌改革第一次全面地提出了中国近代化的纲领和政策，下令精简机构，兴办实业，编制预算，训练新军，创立京师大学堂等，是中国资产阶级领导近代化运动的首次尝试。清末改革则进一步引进西方资本主义政治制度与法律，实行了废除科举，建立新军，起草宪法，设立资政院咨议局等重大改革，成为中国近代化进程中的重要一环，也为辛亥革命后民国时期的近代化建设打下了基础。

用这些观念去反思，那么过去流行的一些观点应该修正。例如说"洋务运动是反动的运动"，这主要是根据洋务派官僚大多为镇压太平天国农民革命出身或造枪炮对付人民革命而下的结论。但是如果把洋务运动放在中国近代化进程的历史长河中考察，它走出了符合历史潮流的近代化改革第一步，怎么能说是反动的呢？

又如说"戊戌变法是一次改良主义运动"。改良基本上是改革的同义词，可是改良主义一般是指革命时期对抗革命的机会主义思潮。而戊戌时期，革命条件尚未具备，革命形势远未成熟，怎么能把具有资产阶级改革性质的维新变法定为改良主义呢？至于说因为它是改良主义运动，所以必然失败，更是一种简单的公式化推理。戊戌改革的失败有着极其复杂的主客观因素，需要做具体的分析，才能得出有说服力的结论。而且在东方国家自上而下的改革也不一定必然失败，同时代的日本明治维新和泰国拉玛五世改革不就是取得成功的先例吗！

还如认为"清末新政不过是一场政治骗局"。诚然，慈禧太后和清政府推行清末新政的意图当然是为了挽救其摇摇欲坠的统治。但是，我们判断历史活动的性质和作用，不能仅仅根据其主观动机和主持者身份，更要考察其内容和客观效果。清末改革的内容从废除科举到预备立宪，都是涉及根本体制的变革，其影响是十分深远的。就拿废除科举实行新学制来说，对思想启蒙和中国近代新型知识分子群体的形成意义极大，怎么能用"政治骗局"来一言以蔽之呢？

在研究模式上也有待更新。以往中国近代史教材著作，基本上是从鸦片战争、太平天国到辛亥革命、北洋军阀八大事件的分段论述。每个大事件的研究也往往是"铁路警察，各管一段"。有些事不属于八大段之列，就得不到充分研究。例如清末新政，在某些近代史教材上基本没有反映，或者只是在辛亥革命部分作为背景轻描淡写，很少有专门论述。而且晚清几次改革高潮之间的有机联系也很难体现。

过去中国近代史研究一般以政治史、革命史为主，这几年来也加强了近代经济史、思想史、文化史、社会史等专史的研究，这些都是很必要的。但中国近代历史实际上是一个极其复杂的大系统，其各子系统、各层面互相联系、制约、渗透，应该作综合的系统研究。具体到晚清改革也同样是一个复杂的社会改造系统工程，不能把晚清改革史单纯作为一个政治史或事件史来研究，必须作全方位的综合研究。

在研究方法上也应该力求多样化。在晚清改革史研究中迫切需要引进其他社会科学学科的研究方法。如可以采用社会学方法，研究改革的社会承受力、社会舆论等问题。利用心理学方法，分析改革的心理反应和改革者的心态性格。也可以应用文化学方法，探讨东方文化与西方文化、传统文化与近代化的冲突、融合等问题。吸收民俗学方法，研究改革对社会习俗变迁的影响。还可以运用计量史学方法，获得对改革广度、深度反应的种种量的数据。此外，比较研究的方法也十分重要。可以把晚清改革与中国古代的改革及世界其他国家的改革进行多角度的比较研究。还可以探讨中外改革之间的互相影响，互相借鉴等问题。总之，这些方法都有助于扩大视野开拓思路，加深对晚清改革史的研究。

三、社会改革的全方位剖析

根据系统论的观点,系统是各要素之间、要素与整体之间的相互联系、作用的矛盾统一体。它具有从要素的量的组合达到系统整体的质的飞跃的总效应。社会改革实际上也是一个极其庞大复杂的社会系统。改革的发生、发展、成败、得失,涉及社会的各种要素,如政治、经济、军事、外交、文化、教育、科技以至社会习俗、行为方式、思维方法、价值观念等各个方面,以及它们之间的互相联系、作用、矛盾、制约关系。正如恩格斯所说,历史"是一幅由种种联系和相互作用无穷无尽地交织起来的画面"①。因此,应该对晚清改革的社会大系统从各类要素、各种层面及其联系、作用,进行全方位的透视和剖析。

有些角度是过去论者较少涉及的。如晚清改革的时机问题,晚清中国究竟有没有通过自上而下的改革而走上近代化道路的机会和可能性呢?实际上挑战与机遇往往是同时存在的。外国的侵略和对外战争的失败,既是外来的打击和压力,常常也可以成为引发大变革的刺激和动力,这在世界历史上是屡见不鲜的。晚清鸦片战争后、第二次鸦片战争与太平天国革命失败后,以至中法战争后、甲午战争后,都曾经存在激发改革的机会,清政府在一定程度上还拥有对本国发展道路的选择权。但是清政府为什么会一次又一次坐失良机,以至自主选择余地越来越小,最后陷于不可救药的地步呢?其中原因是值得深入研究的。

又如晚清改革的社会承受力问题也值得研究。改革关系到各阶级、阶层、集团的权力、利益的再分配。改革措施能否为社会承受,除了直接利害关系外,还涉及文化传统、思维方式、心理定势等因素。晚清改革遭到巨大阻力,一方面反映中国守旧势力与传统影响之强大,另方面也表现出晚清社会各阶层对改革的承受能力较脆弱、心理适应性较差。

晚清改革的政策、策略的失误,也关系到改革阻力大小和成败。这在戊

---

① 恩格斯:《社会主义从空想到科学的发展》,《马克思恩格斯选集》第3卷,人民出版社,1972年,第417页。

戊戌改革中表现最明显。过去论者常常批评戊戌维新的软弱和保守，可是往往忽略了维新派和光绪皇帝急于求成的重大策略失误。康有为对改革估计过于乐观，甚至对光绪皇帝鼓吹："泰西讲求三百年而治，日本施行三十年而强。吾中国国土之大，人民之众，变法三年，可以自立，此后则蒸蒸日上，富强可驾万国。以皇上之圣，图自强在一反掌间耳！"①而年轻的光绪皇帝更是急躁，在103天内，如急风骤雨接连下了200多道改革诏令，企图立竿见影，一步到位，完全不顾社会承受能力和各利益集团的反应。结果却使改革者"如投身于重围之中，四面楚歌，所遇皆敌"②。改革目标反而欲速而不达。

以官制改革为例。百日维新期间，光绪皇帝下令精简机构裁汰冗散衙门和官吏，这本是政治改革的应有措施。但此事触及大批官员的利益和出路，需要逐步推行、妥善处理。而光绪皇帝却操之过急，竟然要求各省限一个月之内把"现有各局所中冗员，一律裁撤净尽。并将候补分发、捐纳劳绩等人员，一律加甄别淘汰"③。引起官场上下震动，人心惶惶，怨声载道。这样的过激措施，自然大大超过社会承受力，引起旧势力和各级官吏的强烈不满和抵制，增加了改革的阻力，加速了改革的失败。

而改革中的失误又往往与改革领导者、执行者的素质、能力、品质，甚至性格、心理有很大关系。就拿戊戌维新来说，中国的维新派领导人基本上是一批缺乏政治斗争经验的书生。他们大多饱读诗书，忧国忧民，有学问，有政治抱负，却往往缺乏谋略、缺乏政治才干。连梁启超也承认他的老师维新派首领康有为，"谓之政治家，不如谓之教育家；谓之实行者，不如谓之理想者"④。大官僚李鸿章则把他们视为，"书院经生、市井讼生之流，不足畏也"。所以有必要对晚清改革领导者的个人方面因素作深入研究。

改革者的文化心态、价值观念也是一个重要视角。如洋务派官僚改革的指导思想是"中体西用"。他们主张"西学为用"。积极引进西方军事、工业技术，提倡兴办工厂、修筑铁路、建设海军、开办学堂等经济、教育方面改

---

① 康有为：《康南海自编年谱》，《戊戌变法》（四），神州国光社，1953年，第145页。
② 梁启超：《戊戌政变记》，《戊戌变法》（一），第268页。
③ 光绪皇帝：戊戌七月十三日朱批上谕，中国第一历史档案馆藏。
④ 梁启超：《康有为传》，《戊戌变法》（四），第36页。

革。然而同时又坚持"中学为体"。拒绝变革封建的政治法律制度和儒家的伦理观念及衣冠礼仪等"祖宗之法"。笔者在日文资料中看到一份洋务派领袖李鸿章与日本驻华公使森有礼的谈话记录很说明问题。李鸿章在谈话中严厉批评日本明治政府的制度、服装改革是违背"祖宗遗志","难道一点不感到羞耻吗?"并且断然表示:"我国决不会进行这样的改革。只是军器、铁路、电信及其他器械是必要之物和西方最长之处,才不得不采之外国。"[①]这种立场除了说明洋务派企图维护清王朝和本集团的既得利益外,也反映了中国儒家思想中的崇古敬祖、重义轻利、华夷思想等传统价值观念对改革的阻碍。

晚清改革的某些层面过去研究比较薄弱。如晚清法律制度的改革,在清末新政中究竟制定了多少新法?吸收引进了哪些外国法律思想和条文?再如清末到底有没有起草出宪法?过去论者一般只提到清政府草宪的原则《钦定宪法大纲》。而笔者利用北京大学图书馆珍藏的《汪荣宝日记》手稿,发现中国第一部宪法草案《钦定宪法》,在清末已经全部起草完成,只是来不及最后颁布,清王朝就灭亡了。在这部宪法的执笔者汪荣宝的日记中,详细记载了草宪的全过程和钦定宪法草案的内容,以及起草者的观点和心态,可以得到对清末宪政和法制改革的不少新认识[②]。

此外,如晚清的外交改革、军事改革、财政改革、教育改革,以至风俗改革、文字改革等等,都值得进一步深入发掘史料,进行扎扎实实的专题研究。

晚清改革在中国各地区进行得很不平衡,因此,有必要对各地区改革状况做具体的区域研究。以前对湖南、广东、江苏、浙江等省研究较多,可是一些边远省份、穷乡僻壤是否也吹到了改革之风,究竟实际情况如何?需要做具体考察。有的地区如台湾,在光绪新政时期曾进行了一系列颇有成效的改革,在台湾的近代化过程中起了不可忽视的作用。这方面的区域研究,有大量的地方志和地方档案史料可以利用。

历史是由人的活动构成的,应该扩大视野,具体研究晚清改革史上的各

---

① 木村匡:《森先生传》,第102页。可参见王晓秋:《近代中日启示录》,北京出版社,1987年,第74页。

② 详见王晓秋:《清末政坛变化的写照——宣统年间〈汪荣宝日记〉剖析》,《历史研究》,1989年第1期。

种类型、各种身份的形形色色人物。不仅是那些著名人物如李鸿章、张之洞、康有为、梁启超等尚可做进一步深入研究。还有大量不太著名甚至鲜为人知的历史人物也值得研究。通过发掘史料,细致剖析,可以发现这些人物在历史上也有着自己的地位和大小不同的作用。甚至一些普通老百姓的活动,也能从某个侧面反映晚清改革的风貌。如前面提到的汪荣宝,笔者通过对其日记手稿的研究才发现,其人竟是清末新政时期北京政治舞台上极其活跃的角色。他不仅是清末《钦定宪法》与一系列新法律的起草者,而且还是京城立宪派的核心人物和袁世凯智囊团的要员。从这个人物的种种活动和心态变化,可以感受到清末社会大变动的时代脉搏[①]。

总之,必须对晚清改革进行全方位的剖析研究,才可能比较全面地把握晚清改革这个复杂社会系统的全貌和实质,并给予科学的评价分析,获得有益的前鉴和启示。

四、中外改革的多角度比较

改革是世界性的历史潮流,特别是近现代的改革,更具有普遍性、国际性的特征。近代以来,世界已经联成一个不可分割的整体,任何一个国家的改革都不可能脱离世界形势和国际关系的影响和制约。因此研究晚清时期中国的改革,也必须具有世界眼光、国际意识。应从世界和亚洲全局的高度去观察中国改革,分析晚清改革所处的国际背景和外来影响,并进行中外改革的多角度比较研究。

晚清改革是在世界大动荡大变化的时代发生的。18—19世纪,世界各国不断出现革命和改革的浪潮,导致资本主义世界体系的形成确立和半殖民地殖民地国家民族民主运动的高涨。中国晚清时期的改革符合时代的潮流,具有历史的必然性。

晚清改革又是在十分复杂险恶的国际形势下发生的。列强争夺世界霸权和瓜分殖民地的斗争日益激烈,中国逐渐成为列强在东亚争夺的焦点和

---

① 详见王晓秋:《清末政坛变化的写照——宣统年间〈汪荣宝日记〉剖析》,《历史研究》,1989年第1期。

东方尚未瓜分的最大富源。复杂的国际关系制约着列强对中国改革的态度,也对晚清改革产生重大的影响。我们应从历史事实出发,具体分析当时错综复杂的东亚国际形势,实事求是地考察各国对待中国改革的具体态度及对晚清改革的影响。

正因为晚清改革是在世界改革浪潮中发生的,中国的改革派自然要向国外寻找改革的榜样和借鉴,以制订自己改革的模式和计划。洋务运动时期,已开始对外国史地和改革经验的探求。黄遵宪的《日本国志》是其中杰出的代表作。戊戌维新时期,更出现研究外国改革史的高潮。康有为为了探寻中国的改革方案,曾具体研究了俄国、日本、德国、英国、法国、美国通过改革或革命兴盛,以及波兰、土耳其、印度等国衰亡的历史经验教训;编纂了各国变政考,向光绪皇帝提出仿效外国改革的建议。他进呈的《日本变政考》,简直成为光绪实行改革的蓝图。康有为宣称:"切于中国之变法自强,尽在此书。""我皇上阅之,采鉴而自强在此。若弃之而不采,亦更无自强之法矣。"①

清末新政改革也是以日本为楷模进行的。清政府先派五大臣赴各国考察政治,经过调查比较后决定采取日本模式,然后又派大臣专门考察日本宪政。20世纪初,清政府还派遣大批官员赴日本考察取经,考察对象包罗万象,从官制、军制、法律、教育到工业、农业、商业、交通,以至警察、监狱等等。有的省甚至规定新任地方官员必须先去日本考察,再回来上任。笔者曾查阅大量访日游记和考察报告,其中不乏对日本改革和中国改革的真知灼见。此外,还有不少士绅自费东渡游历访问,学习日本维新经验。大批官费、自费留日学生则通过各种途径,学习和介绍日本新政,翻译日本与西方的著述。许多留日学生归国后成为清末新政改革的骨干分子。如当时的新政机构宪政编查馆与法律修订馆的重要成员,大多是留日归国学生,很多重要法律以至宪法草案,都出自他们之手。晚清改革如何吸收采用外国改革经验,也是一个很有趣味值得研究的课题。

19世纪中叶以来,世界出现改革新浪潮,在欧美亚非各国都发生了各

---

① 康有为:《日本变政考》跋,故宫博物院藏进呈本。可参见王晓秋:《康有为的一部未刊印的重要著作——〈日本变政考〉评介》,《历史研究》,1980年第1期。

种类型的改革。如欧洲的先进国家英国通过关税改革、议会改革,法国经过拿破仑三世的改革,资本主义经济得到迅速发展。欧洲后进国家如俄国通过1861年废除农奴制的改革,使社会结构发生重大变化,为资本主义发展开辟了道路。德国则经过普鲁士王国的改革和王朝战争,1871年终于实现了德意志的统一。美洲的美国经过1861—1865年的南北战争,摧毁了黑奴制度,并改革土地政策、关税制度、劳工政策,也为资本主义发展扫清道路。地跨欧亚非的奥斯曼土耳其帝国,1839年由外交大臣雷希德帕沙宣布《御园敕令》开始各项改革,以后又有新奥斯曼党人的土耳其立宪运动。西亚的伊朗则有1848—1851年的密尔扎·塔吉汗的改革。在东亚,除中国以外有众所周知的日本1868年明治维新的成功,成为日本历史发展的转折点,通过各项改革逐渐走上资本主义近代化道路,并发展成亚洲唯一的帝国主义强国。朝鲜也发生了开化派的改革运动。在东南亚,泰国国王拉玛四世(1851—1868年在位)和拉玛五世(1868—1910年在位)相继实行各项改革,维护了民族独立,使泰国成为东南亚唯一未沦为帝国主义殖民地的国家。缅甸的曼同王(1853—1878年在位)也曾实施一系列改革,取得一定成效。此外,19世纪末到20世纪初,亚洲殖民地国家的知识分子,也多次发动争取改革的运动。如菲律宾的宣传运动,印度的国大党运动,越南的维新运动等等。以上各种类型国家的形形色色改革,各有自己的背景、条件和特点,如果在具有可比性的前提下,与中国晚清改革进行多角度的比较研究,深入分析其共同性、差异性和规律性,将会大大拓宽我们的视野和思路,深化对晚清改革的认识。

马克思曾经指出:"极为相似的事情,但在不同的历史环境中出现,就引起了完全不同的结果。如果把这些发展过程中的每一个都分别加以研究,然后再把它们加以比较,我们就会很容易地找到理解这种现象的钥匙。"①当然,这把钥匙也不是轻易能够得到的。就拿人们常常议论的日本明治维新与中国晚清改革的比较来说,确实两者有许多相似之处,可比性很强。如中日两国都是受西方冲击的东亚封建国家,改革的背景、动机、目标、

---

① 马克思:《给〈祖国纪事〉杂志编辑部的信》,《马克思恩格斯全集》第19卷,人民出版社,1963年,第131页。

方式等都有类似之处。可是日本通过 30 年的明治改革,成为一个独立富强的近代化国家,而中国经历 50 年的晚清改革,却在半殖民地泥潭中越陷越深。这究竟是什么缘故？中外学者曾试图从各种角度去解释这个"历史之谜"。我想这绝不是只用一两条简单原因所能解释的,而是各种复杂因素合力作用的结果。我们可以从中、日两国的社会政治结构、经济结构、文化传统等角度去比较剖析；也可以从两国改革的国内、国际形势、环境、条件,以及改革的指导思想、纲领、政策、策略上加以比较。还可以比较两国改革力量与守旧力量的对比,以至两国改革领导人的能力、气质、性格等等①。例如李鸿章与伊藤博文,康有为与大久保利通,梁启超与福泽谕吉、光绪皇帝与明治天皇之间,都可以作个案比较研究。只有像马克思所说的那样,对各个部分各种因素都加以深入研究比较之后,才能真正找到理解近代中日改革成败得失差异悬殊的钥匙。

除了日本明治维新,还有很多国家的改革可以与中国晚清改革作比较研究。如 19 世纪 60—70 年代,俄国实行了废除农奴制、成立地方自治局等一系列改革,与晚清洋务派改革开始的时间差不多,可是内容很不同,两者之间可以作一些比较研究。又如伊朗陆军司令密尔扎·塔吉汗是在镇压巴布教徒起义时,实行建立兵工厂、改组军队、创办军事学校、整顿财政、派遣留学生等改革,与晚清洋务派官僚曾国藩、李鸿章等在镇压太平天国农民起义过程中开始的洋务改革很相似,亦可作进一步比较。再如泰国国王拉玛四世与拉玛五世的改革也与晚清改革同时代,同样面临西方殖民主义者入侵的威胁。但是泰国拉玛五世国王朱拉隆功却与中国光绪皇帝大不一样。他自幼就学习西方文化科学知识,即位后又出访新加坡、印尼、印度和欧洲,周围又有一批支持改革的王室子弟,他逐渐掌握了朝政大权,实施了废除奴隶制度、建立统一地方行政体制、建设近代化军队、修筑铁路、兴办学校、邮政、医院等改革措施,泰国通过几十年坚持改革取得的进步,大大增强了综合国力,终于保持了民族独立,成为东南亚唯一未沦为殖民地的国家。假如把泰国改革和晚清改革、朱拉隆功与光绪,作一番深入的比较研究,也是很

---

① 可参看王晓秋:《近代中日启示录》,北京出版社,1987 年。尝试从某些角度进行比较研究。

有意义的。

中外改革的比较研究,不仅可以推动中国史与世界史研究的融会贯通,还可以促进中国史研究者与世界史研究者以及中国史学家与外国史学家之间的交流与合作。

综上所述,晚清改革史的研究,是一项具有重大学术价值、现实意义和研究潜力,同时又有相当难度的研究课题。本《论纲》只是进行了一些初步的探索和设想,抛砖以引玉,希望得到国内外史学界专家的指教与交流。

(原载《北京社会科学》,1993年第4期)

试论康有为的"仿洋改制"

一、"托古改制"与"仿洋改制"

戊戌维新时期,维新派的代表人物康有为宣传变法思想,发动维新运动,常常运用两种手法:一曰"托古改制",二曰"仿洋改制"。这两者的含义和目的究竟是什么呢?故宫新发现的内府抄本《杰士上书汇录》所收康有为的《恭谢天恩并陈编纂群书,请速筹全局折》提到:"改者,变也;制者,法也。"可见改制即变法也。又说:"凡臣所著,或旁采外国,或上述圣贤。"即有的仿洋,有的托古。"虽名义不同",目的却是一个,"务在变法,期于发明新义,转风气,推行新政,至于自强"。用我们今天的语言来说,康有为的"托古改制"和"仿洋改制",一则是"古为今用",一则是"洋为中用",就是运用古今中外历史来为维新变法现实斗争服务。而"仿洋改制"更反映了康有为向西方学习、走资本主义道路的政治主张。

关于康有为的"托古改制",过去某些史学、哲学论文已有涉及。康有为在《新学伪经考》、《孔子改制考》等著作中,把儒家的圣人孔子打扮成变法改制的祖师爷,为其变法维新提供历史根据和护身符。不过以往不太为人所知的是,康有为在前面提到的那份奏折中,还请示光绪皇帝,要不要把《孔子改制考》的书名干脆改为《孔子变法考》。另外,他又报告自己正在编纂《皇朝列圣改制考》一书,"详述列圣因时制宜变通宜民之制"。其用意"亦以使守旧之徒无所借口,以挠我皇上新法"①。

至于康有为的"仿洋改制",以前的研究却较少论及。笔者分析其原因,恐怕主要有两条。一则可能是对康有为这方面的工作所起的作用估计不足,通常只把它看成缺乏理论色彩和实践意义的救亡宣传。其实,康有为提出的"仿洋改制"所起的作用很大,它不但为这次戊戌变法树立了活生生的学习榜样,而且总结了各国变法的历史经验教训,从各个方面论述了中国维新变法的必要性、可能性以及具体的步骤和措施。他所著述的外国变政考,不仅集中反映了康有为在戊戌维新期间向西方学习的思想和主张,而且简直就是光绪皇帝实行"百日维新"的具体蓝图;甚至可以说,康有为在"百日维新"期间所花精力最多的工作就是编纂这批各国变政考,向光绪提出仿效外国变法的建议。据《康南海自编年谱》记载,1898年6月,光绪在召见康有为后,即命其将所著各国变政考"立即抄写进呈"。当时,他已被任命为总理衙门章京上行走。康有为"乃片陈谨当昼夜编书,不能赴总署当差"。百日维新开始后,"时上频命枢臣催所著各国变政书,乃昼夜将日本变政考加案语于其上"。"一卷甫成,即进上,上复催,又进一卷。"直至8月底,他仍忙于"修英德变政记,日无暇晷"。在进呈了《日本变政考》以后,他又先后于阴历"六月进波兰分灭记、列国比较表,七月进法国变政考,其德英二国变政考至八月上,而政变生矣"②。而光绪皇帝得到这些书,也如获至宝,"阅之甚喜","日置左右,次第择而行之"③。以至连光绪的上谕也常常采自他书中的内容或按语。因而康有为在《自编年谱》中自鸣得意地写道:"新政之旨有自上特出者,每一旨下,多出奏折之外,枢臣及朝士皆茫然不知所自来,于是疑上谕皆我所议拟,然本朝安有是事? 惟间日进书,上采案语,以为谕旨。""自召见后,无数日不进书者,朝士不知进书,辄疑折函中,累累盈帙,故生疑议也。"④这当然有些自吹自擂,夸大了自己的作用;不过,也说明了这批书对光绪影响之大。

---

① 康有为:《恭谢天恩并陈编纂群书,请速筹全局折》,故宫藏内府抄本《杰士上书汇录》。
② 康有为:《康南海自编年谱》,《戊戌变法》(四),神州国光社,1953年,第148—150页。
③ 陆乃翔:《康南海先生传》(上编),第14页。
④ 康有为:《康南海自编年谱》,《戊戌变法》(四),第150页。

另一条原因可能是由于以往这方面资料的缺乏。过去考察康有为仿效外国变法的思想，只能通过他给光绪几次上书以及《戊戌奏稿》所收康有为的奏折与几篇进呈外国变政考的序言，缺乏完整的大部头著作。对于康有为在百日维新期间给光绪进呈的几部未曾刊印的外国变政考，大多以为经过戊戌政变早已被抄没或销毁，难于再睹其真面目了。连康有为的弟子张伯桢的《万木草堂丛书目录》与陆乃翔等的《南海先生所著书目》中，也均称这些书已于戊戌八月政变时被抄没。然而，值得庆幸的是，康有为当时进呈给光绪的13卷《日本变政考》、7卷《波兰分灭记》以及《列国政要比较表》等书和当时内府抄录的康有为条陈《杰士上书汇录》，至今仍然原璧收藏于故宫。近几年来，笔者在故宫博物院同志们的热情帮助下，陆续看到了这批珍本。尽管尚有英、法、德等国变政考仍无下落，但这几部重要著作已为进一步研究康有为的三部外国变政考加以比较研究，并对其"仿洋改制"提供了极为宝贵、丰富的资料，而且可以纠正《戊戌奏稿》上的大量伪造、改篡之误，进而澄清康有为在百日维新期间的真实思想和主张。笔者曾在1980年第3期《历史研究》上，对康有为"仿洋改制"的代表作《日本变政考》作了初步的评介和探讨，并对康有为的戊戌议会观提出质疑。本文则试图进一步对康有为的三部外国变政考加以比较研究，并对其"仿洋改制"进行一番比较全面的剖析。

二、顺应时代的潮流

在具体考察康有为如何"仿洋改制"之前，有必要先分析一下康有为为什么要"仿洋改制"。

当时的中国面临着被帝国主义宰割、灭亡，沦为殖民地的危险，瓜分大祸迫在眉睫。怎样救亡图存，是摆在每一个有爱国心的中国人面前最迫切的问题，也是时代赋予进步的中国人的中心任务。康有为的"仿洋改制"就是在这种历史背景下产生的。

甲午战争失败以后，康有为几乎天天奔走呼号，陈述时势之险恶，救亡之紧急。1898年，他在京师保国会集会上慷慨陈词："吾中国四万万人，无贵无贱，当今一日在覆屋之下，漏舟之中，薪火之上，如笼中之鸟，釜底之鱼，牢中之囚,为奴隶,为牛马,为犬羊,听人驱使,听人宰割,此四千年中二十朝未有之奇变。加以圣教式微,种族沦亡,奇惨大痛,真有不能言者也。"①康有为放眼世界,环顾亚非,看到很多国家被西方列强宰割,而这些国家都是"守旧不变,君自尊,与民隔绝之国也"②,因而指出此种教训"中外同揆,覆车之辙,可为殷鉴"③,用来说明守旧就会亡国,要救亡就必须变法。

那么,那些欧美强国与日本又是怎么走上资本主义道路富强起来的呢?它们进行资产阶级革命和改革的历史又提供了什么样的经验和榜样。康有为在1898年1月《上清帝第五书》中,举俄国与日本为例:"昔彼得为欧洲所摈,易装游法,变政而遂霸大地。日本为俄美所迫,武步泰西,改弦而雄视东方。"④他在《列国政要比较表》中对比了欧美列强不断扩张土地,亚非国家日益丧失领土之后,指出,"其辟也,变法维新之故。其蹙也,守旧不变或少变而不全变,缓变而不骤变之故"⑤。通过分析对比世界各国历史,康有为得出结论:"夫今日在列大竞争之中,图保自存之策,舍变法外,别无他图。"⑥这就是他发动戊戌维新运动的重要理论根据,而且也是对变法维新必要性最有说服力的宣传。

康有为不但论证了中国变法的必要性,还指出了中国仿效外国变法成功的可能性与有利条件。除了中国土地辽阔、人口众多、物产丰富、文化悠久外,还有世界各国变法的经验教训可供借鉴,能够少走弯路,事半功倍,必能后来居上。欧美发展资本主义花了一二百年,日本学习西方明治维新,只用了二三十年就成功了。展望前景,康有为认为,如果中国能够效法西方、日本,进行资产阶级变法维新,"则三月而规模成,一年而条理具,三年而效略见,十年而化大成"⑦。

在瓜分危机的刺激下,经以康有为为首的维新派的大力宣传鼓动,进步

---

① 康有为:《京师保国会第一集演说》,《康有为政论集》(上册),中华书局,第166页。
② 康有为:《日本变政考》序,故宫藏进呈本。
③ 康有为:《上清帝第五书》,《戊戌变法》(二),第192、195页。
④ 同上。
⑤ 康有为:《列国政要比较表》,故宫藏进呈本。
⑥ 康有为:《上清帝第五书》,《戊戌变法》(二),第192、195页。
⑦ 康有为:《请御门誓众,开制度局以统筹大局折》,《杰士上书汇录》,故宫内府藏抄本。

的中国人已普遍认识到:"要救中国,只有维新,要维新,只有学外国。"①但是,究竟怎么样学外国呢?外国到底有哪些变法经验教训?这又是一个中国的官僚士大夫们所不甚了了的新问题。康有为抨击那些权贵大臣,"皆循资格而致,既已裹足未出外国游历,又以贵倨未近通人讲求","或竟不知万国情状,其蔽于耳目,狃于旧说,以同自澄,以习自安"②。而中国多数的知识分子也只是埋头读四书五经,作八股诗文,应付科举考试,很少了解世界大势与各国地理历史。在这种情况下来学外国、讲变法,不啻"夜行无烛"、"瞎马临池",怎么能吸收外国经验,"究其本原,穷其利弊"呢?康有为不禁惊呼:"今日大患,莫大于昧。"③因此,他决心下工夫编纂一批列国变政考,介绍各国变法经过,总结历史经验教训,以供中国的变法维新运动借鉴、采用,并解决向外国学什么和怎样学的问题。

由于康有为搞变法主要依靠光绪皇帝来进行,所以,他为阐发"仿洋改制"主张而编纂的列国变政考,主要也是进呈给光绪皇帝看的。康有为期望这批书进呈宫内之后,能够出现这样的局面:"皇上劳精垂意讲之于上,枢译诸大臣各授一册讲之于下。权衡在握,施行自异,起衰振靡,警聩发聋,其举动非常,更有迥出意计外者。风声所播,海内慴耸。"④他在《日本变政考》的跋中甚至对光绪声称:"切于中国之变法自强,尽在此书。臣愚所考万国书,无及此书之备者。虽使管葛复生,为今日计,无以易此。我皇上阅之,采鉴而自强在此。若弃之而不采,亦更无自强之法矣。"⑤俨然有欲以一部书救中国的气概。

总之,康有为的"仿洋改制"是顺应历史潮流而提出的,它不只是一个笼统的口号,而且包含了从促进中国维新变法的目的和需要出发,对各国历史经验教训做深入细致的具体分析。他曾自述:"臣二十年讲求万国政俗之故,三年来译集日本变政之宜,日夜念此至熟也。"⑥由此可见,康有为对

---

① 毛泽东:《论人民民主专政》,《毛泽东选集》第 4 卷,人民出版社,1991 年第 2 版,第 1470 页。
② 康有为:《上清帝第五书》,《戊戌变法》(二),第 191 页。
③ 同上书,第 192 页。
④ 康有为:《请大誓臣工·开制度新局折》,《杰士上书汇录》。
⑤ 康有为:《日本变政考》跋,故宫藏进呈本。
⑥ 康有为:《进呈日本变政考等书·乞采鉴变法折》,《杰士上书汇录》。

"仿洋改制"可谓是煞费苦心。下面,我们分别就现在所能见到的康有为"仿洋改制"的三部重要著作,作些具体的剖析和比较。

三、以俄国彼得改革为"心法"

《俄彼得变政记》是康有为所著各国变政考中唯一公开刊行的一种。此书一册,不分卷,约7000字左右,有序,无按语。《俄彼得变政记》于1898年3月进呈光绪,并收入同年4月上海大同译书局出版的石印本《南海先生七上书记》之中。

康有为为什么要编写《俄彼得变政记》,并期望光绪"以俄彼得之心为心法"呢?

最重要的原因是俄国当时也是个君主制国家,沙皇彼得一世的改革是"以君权变法"。而康有为所设计的中国维新变法道路也是由光绪皇帝"乾纲独断","以君权雷厉风行",自上而下来实现变法。这是与英、美、法等西方国家都不同的。他在《上清帝第七书》中有一段话讲得很清楚:"职窃考之地球,富乐莫如美,而民主之制与中国不同。强盛莫如英、德,而君民共主之制,仍与中国少异。惟俄国其君权最尊,体制崇严,与中国同。其始为瑞典削弱,为泰西摈鄙,亦与中国同。然其以君权变法,转弱为强,化衰为盛之速者,莫如俄前主大彼得。故中国变法,莫如法俄,以君权变法,莫如采法彼得。"①

康有为希望光绪"以俄大彼得之心为心法"。结合中国当时的具体情况,他究竟要光绪学习彼得大帝哪些方面呢?

首先是要求光绪学习彼得树立变法的决心,也就是顺应历史潮流,"知时从变,应天而作"。康有为在书中特地描写彼得一世在听了法国人雷富卜德讲述西方文学、兵制后,深受刺激,流着眼泪说道:"外国政治工艺皆胜我,何我国不思仿效也?""于是有变政之心矣。"②而且,彼得看到当时俄国"大臣之瞀昧也,政事之荒芜也,民俗之陋拙也",无学校,无练兵,无通商,

---

① 康有为:《上清帝第七书》,《戊戌变法》(二),第203页。
② 康有为:《俄彼得变政记》,见《南海先生七上书记》,上海大同译书局石印本,1898年。

无制造良工,甚至还要向瑞典割地赔款,"乃慨然叹曰:非大改弊政,将为欧洲大国夷隶,为天下之辱"。这种状况与 19 世纪末的中国何等相似。因此康有为希望光绪也与彼得人帝一样痛下变法维新的决心。

其次,康有为要求光绪学习彼得"破弃千年自尊自愚之习","纡尊降贵,游历师学",仿行"万国之美法"。彼得一世曾微服简从,亲自游学瑞典、荷兰、英国、德国、法国等国,学习吸收各国的先进技术和政治,法律制度。康有为对此特别赞赏①。对比中国的状况,他指出"考中国败弱之由,百弊丛积,皆由体制尊隔之故"。以致"咨谋无人,自塞耳目,自障聪明,故有利病而不知,有才贤而不识,惟有引体尊高,望若霄汉而已,比之外国君主,尊隔过之"。他认为"皇上虽天亶聪明,而深居法宫,一切壅塞,既未尝遍阅万国,以比较政俗之得失,并未遍见中国,而熟知小民之困穷","故欲坐一室而知四海,较中外而求自强,其道无由"②。

第三,针对中国守旧顽固势力千方百计阻挠破坏变法维新,康有为还要求光绪学习彼得一世"乾纲独断","排却群臣阻挠大计之说"。他在《俄彼得变政记》中故意强调彼得如何打击反对变法的旧势力。当时彼得要出国游学,守旧大臣纷纷阻挠,"有谓国王宜端居国内,缓为化导,风俗自丕变者;有谓用外国法,须考外国书,与本国恐难适用者:有谓以国王之尊而出外游学,甚为可耻者"。而对于这些言论,"彼得不听"。俄国守旧的贵族大臣们还"恐彼得之取法大邦,力革秕政,不便其平日欺君殃民保位营私之术也,搬亲兵作乱"。彼得知道后坚决果断地"悉聚而歼之"。康有为写的是俄国的守旧派,实际上揭露鞭挞的是中国的顽固派。他说:"盖变政之初,其世家贵族皆久豢贵贵,骄倨积久,不与士类相见,又不读书,夜郎自大,皆以己国为极美善,故皆阻挠大计。动曰国体有碍,或曰于民不便。或出于愚昧,不知外国情形。或实惧君上之明,无所售其奸。虽知国势溃乱,漠不动心。以为一旦变法,而失吾富贵,宁使其不行焉。苟得负宠据位,以终吾之身,祸将不吾及。此患得患失之心,以亡人家国者。"他盛赞彼得"雷动霆震","已诛乱党,分别褫黜,遂立志改国政,大臣无一敢阻之者"。彼得变

---

① 康有为:《上清帝第七书》,《戊戌变法》(二),第 203 页。
② 同上书,第 205 页。

法,制定新律,"屡诏群臣议士共议之。下三十六诏,议未就,继又下二十七诏敦迫"。但是"大臣沮新议者,仍不绝",甚至"以大权倡谣诼,以惑国人"。彼得就使用高压手段,"诛其首恶,废其职"。此外,彼得改革时,贵族世爵子弟"多愚蠢骄蹇,每事沮挠"。彼得一世也采取断然措施,下令"今后勋贵有后嗣,无绩可记者,削其职,祗守禄"。康有为在这方面写了这么多,体现出其"仿洋改制"的苦心,即希望光绪看了后能按彼得大帝那样行动,不听守旧大臣的阻挠,镇压顽固派的破坏,以便雷厉风行变法,使新政通行无阻。

康有为在书末还罗列了所谓彼得遗嘱十四条。虽然,据历史学家考证,"彼得遗嘱"可能是后人伪造,但是康有为觉得这十四条充分反映了彼得一世和俄国"欲蔫灭各国,混一地球","为大地霸国"的扩张野心。而俄国历代沙皇"皆奉彼得遗嘱为大诰宝谟,日以开边灭国为事焉"。其中也包括侵占中国大片领土,"取吾黑龙江乌苏里江六千里地"。因此,把它公布出来,有助于提高中国人对沙俄侵略的认识和警惕性。

康有为在《上清帝第七书》中,盼望光绪皇帝"愿几暇垂览此书,日置左右,彼得举动,日存圣意,摩积激动,震越于中,必有赫然发愤不能自己者。非必全摹其迹,而神武举动,绝出寻常,雷霆震声,皎日照耀,一鸣惊人,万物昭苏,必能令天下回首面内,强邻改视易听。其治效之速,奏功之奇,有非臣下所能窥测者"①。可见,他对这部书的作用寄予多么大的希望。

四、以日本明治维新为"政法"

《日本变政考》是康有为在百日维新开始后,奉光绪旨意,于 1898 年 7、8 月间分卷陆续进呈的。此书正文共 12 卷,故宫所藏进呈正本为 2 函 12 册,约 15 万字左右。最近故宫又发现附录一卷,即第 13 卷《日本变政表》。这是康有为在戊戌年间最重要的一部著作,也堪称"仿洋改制"的一部代表作。

《日本变政考》是一部编年体史书,从明治元年(1868)起,至明治二十三年(1890)止。按时间顺序,分条记载日本明治维新以后发生的大事。重

---

① 康有为:《上清帝第七书》,《戊戌变法》(二),第 206 页。

点是日本明治政府所实行的各项维新变法措施,有时甚至大段摘译其法令、条例、章程或演说的原文。书前有序,书末有跋,还在很多条正文之后,以"臣有为谨案"的形式加上长短不等的按语。这些按语一方面分析日本政府采取此项改革措施的原因、方法、意义,论述其成效、利弊;另一方面则结合中国实际情况,提出中国变法维新的具体建议,集中体现了他的变法主张。

康有为在这部书的跋语中断然宣称:"我朝变法,但采鉴于日本,一切已足。"①他为什么要选择日本明治维新作为中国变法最理想的样板呢?首先,他认为日本变法的成效已足以证明变法的必要和可能。日本明治维新经过30年变法改革,向西方学习,已见显著成效,初步达到了富国强兵发展资本主义的目标。这正是中国资产阶级改良派所梦寐以求的理想。日本在甲午战争中,竟一举打败了老大腐朽的清帝国。康有为和中国广大爱国知识分子一方面痛感奇耻大辱,忧虑祖国的危亡,同时也更体会到日本变法的成效。因此他在《日本变政考》序中明确提出"不妨以强敌为师资",认为只有仿效日本,变法改制,才能挽救中国。而且日本明治维新的具体步骤、措施,也为中国变法指明了改革的途径和方法。日本变法的利弊、曲折,则提供了借鉴的经验和教训,可以"收日人已变之成功,而舍其错戾之过节"。

其次,日本明治维新采取的是以明治天皇为首的政府自上而下地实行资产阶级改革,这也恰恰是软弱的中国资产阶级改良派所希望走的道路。康有为幻想依靠光绪皇帝像明治天皇一样亲掌大权,发号施令,"以君权雷厉风行",在中国实现自上而下的变法,"是在我皇上一反掌间,而措天下于泰山之安矣"②。光绪就是他心目中的明治天皇,他在书中也处处用明治天皇的榜样来劝谕光绪。

再次,康有为指出中国学习日本还有很多有利条件。"其效最速,其文最备,与我最近者,莫如日本。"③因此,中国效法日本改制有很多方便条件和接近的心理因素。"其守旧政俗与吾同,故更新之法,不能舍日本而

---

① 康有为:《日本变政考》跋,故宫藏进呈本。
② 康有为:《日本变政考》序。
③ 同上。

有异道"①。

《日本变政考》所要阐述的中心思想，就是到底如何效法日本改制。也就是中国的变法究竟应该如何进行的问题。康有为在书中指出："变法之道，必有总纲，有次第。"②他在该书跋里归纳了日本明治维新改革的要点，认为"其条理虽多，其大端则不外于：大誓群臣以定国是，立制度局以议宪法，超擢草茅以备顾问，纡尊降贵以通下情，多派游学以通新学，改朔易服以易人心数者，其余自令行若流水矣"③。这就是康有为在《日本变政考》中叙述日本变法措施的重点，又是他建议光绪实行的中国变法的总纲。

康有为指出日本明治维新之所以成功，"皆由日皇能采维新诸臣之言，排守旧诸臣之议故也"④。因此，中国实现变法的关键是要依靠光绪皇帝"乾纲独断，以君权雷厉风行"⑤。他以明治维新的史实为例，告诉光绪，日本变法改制，连废藩这样的难事，"卒能毅然行"。可见，"天下无难事，全在持之以定力耳。若瞻前顾后，委曲迁就，则无一事可办矣"⑥。他还主张"维新之始，宜频有大举动，以震聋之"⑦。为了证明这一点，他故意把日本明治天皇于庆应四年三月十四日发布《五条誓文》一事，说成明治元年元月元日之事，写在第一卷开头，而且改动了誓文的内容和顺序，把原来第四条"破除旧习"放在第一条，以示突出，还加上了一句原文中没有的"咸与维新，与天下更始"的话。又把第五条原文"求知识于世界"，也改为"采万国之良法"，以符合其写各国变政考的宗旨。

康有为从维新派的立场出发，呼吁光绪广集公议，任用新人，特别是应破格提拔重用像他那样的"草茅之士"掌握新政大权。他在书中多次叙述明治天皇破除常格，重用维新志士，"公卿宰执，皆拔自下僚，起自处士"的做法；在附录《日本变政表》序中，又强调日本明治天皇"用人之始，即得三

---

① 康有为：《日本变政考》跋。
② 康有为：《日本变政考》卷九。
③ 同上。
④ 同上。
⑤ 同上。
⑥ 康有为：《日本变政考》卷二。
⑦ 康有为：《日本变政考》卷一。

条实美、大久保、伊藤、大隈数人,数十年专信倚任之,其用人不杂也如此"①,其本意也是要光绪皇帝始终信任和重用自己。

在《日本变政考》中,康有为叙述最详细的是关于日本官制的改革,并具体介绍了日本从开对策所到立宪法、设议院的逐步演变过程。他认为变官制是变法之本,设立制度局是日本变法之一大关键:"日本所以能骤强之故,或认为由于练兵也,由于开矿也,由于讲商务也,由于兴工艺也,由于广学校也,由于联外交也,固也,然皆非其本也。其本维何?曰:开制度局,重修会典,大改律例而已。盖执旧例以行新政,任旧人以行新法,此必不可得当者也。故唯此事为存亡强弱第一关键矣。"②这也是为其在"百日维新"期间,反复向光绪帝争取让维新派人士参政,"开制度局于宫中,将一切政事重新商定"的政治纲领服务。

此外,作为中国民族资产阶级上层的政治代表,康有为还大声疾呼,为民族资产阶级争权利、谋利益。他极力推崇日本明治政府以国家力量鼓励发展资本主义工商业的"殖产兴业"政策。同时还注意提倡文化教育方面的改革。他在书中指出:"日本之骤强,由兴学之极盛。其道有学制,有书器,有译书,有游学,有学会,五者皆以智其民者也,五者缺一不可。"③

总之,《日本变政考》描述了日本明治维新变法改革的整个过程,也涉及中国戊戌维新所需变革的各个方面。康有为把效法日本改制的主张、建议,有时寓意于记载日本变政的史实之间,有时则直接阐发于自己所写的按语之中。他把此书进呈于光绪御前,希望成为光绪皇帝变法的教科书,"戊戌维新"的蓝图。因此他在该书最后的跋语中,踌躇满志地宣称:"右日本变政,备于此矣。其变法之次第,条理之详明,皆在此书。其由弱而强者,即在此矣。"并声称"我朝变法,但采鉴于日本,一切已足。其凡百章程,臣亦采择具备,待措正而施行之。其他英、德、法、俄变政之书,聊博采览。然切于中国之变法自强,尽在此书"④。

---

① 康有为:《日本变政考》卷二。
② 同上。
③ 康有为:《日本变政考》卷五。
④ 康有为:《日本变政考》跋。

五、以波兰被瓜分灭国为"殷鉴"

康有为在百日维新期间进呈给光绪的另一部重要著作是《波兰分灭记》。此书未曾刊印,其进呈本现存北京故宫博物院。全收共有7卷,各卷均以叙述波兰历史为主,而以"臣有为谨案"的形式,联系中国实际,发表评论和建议。

由于康有为进呈该书已值百日维新后期,即1989年8月中旬,因此,康有为编写和进呈《波兰分灭记》的目的和重点已经不是为什么要学外国与怎么学外国变法,而是如何扫除变法的阻力,把变法进行到底的问题。所以,他用《波兰分灭记》为光绪皇帝提供一个由于变法不及时、不果断,遭到守旧派破坏和外国干涉,以致变法失败,被瓜分灭国的惨痛教训,以此作为"前车之鉴"。他在书中讲的是波兰历史,影射的却是中国当时的政治现实,表达的是他对前途和国家危亡的忧虑,并以此激励光绪皇帝把变法进行到底的勇气和决心。

康有为在书中淋漓尽致地揭露波兰的守旧派如何反对、阻挠、破坏变法,实际上也是指桑骂槐,痛斥中国的顽固派,抨击顽固派对变法的猖狂反扑,警告他们不要使中国落得波兰的下场。

康有为在《波兰分灭记》一开始就谈到波兰原是个欧洲大国,面积超过了英、法、意、奥等国,但由于政治腐败,"蠢蠢吏员涎中饱之利,衮衮诸公好为守旧之术",以至"割地赔款,日不暇给,蒙垢忍辱,几不自持"[①]。即使有少数有识之士,"洞悉时局,痛陈利弊者","而当道豪族皆守旧之人,无不压抑之,诬陷之"。"而每举一事,彼则援旧例以驳之。每进一官,彼则执资格以挠之。"[②]这不正是当时中国顽固派反对变法的写照吗!接着他追溯波兰国王沙皮贤司几曾一度要改革,但守旧贵族竟敢"素持豪强,多抗王命",阻挠改革的历史,指出:"盖以王之变法图治,革弊维新,将有利于民,必不便于己也。又以王名誉过人而妒之,辄将排击之,以鼓煽民心,使其不服其治。

---

① 康有为:《波兰分灭记》卷一,故宫藏进呈本。
② 同上。

故欲兴一利则贵族阻挠之,欲除一弊则贵族攻讦之。"即使国王是个愿意改革的贤主,"得一中材之佐可以自强,乃竟为权臣所阻,奸佞盈廷,病国病民,法不克复"。国工变法不成,最后郁郁而死。

在卷三中,康有为刻画波兰守旧派的一段话简直就是在替中国顽固派画像:"有言新学者,则斥之曰异端。有言工艺者,则骂之曰淫巧。有言开矿者则阻之曰泄地气,有言游历者则诋之曰通敌人,有言养民者则谤之曰倡民权,有立国会者,则禁之曰谋叛逆,凡言新法新政者无不为守旧者所诋排攻击,甚至倡造谣言,颠倒是非,使言变法者为之噤口结舌。"这里说的是波兰,批判的分明是中国顽固派。卷六中还有一大段对顽固派入木三分的描写。书中写道,当时波兰的爱国志士"欲发愤变法图自立",而守旧的大臣们竟说波兰是"贵族之国,万不可使百姓明白,只可使其恭富贵,即不敢悖君上,如是君位乃可保全"。若遇外国侵略,只需依靠俄国,"不必变法以从人"。有的大臣甚至认为"今波国之法固甚善矣,立国已久,何必听莠言乱政,多事更张"。康有为尖锐地揭穿波兰的贵族大臣们反对变法,其实是有的"不知变法为何物",有的则"因虑变法多流弊且无把握"。这些人当中,其有声望者,"一言变法,若不共戴天之仇",其庸庸碌碌者,则"深虑变法之后,失其禄位而已",而其狡黠者,表面上附和,实际上"不过摭拾一二新法,亦乐得大众糊涂,一切权利可为彼播弄",其贵族更仇恨变法,"盖变法之后,非有才则不用。彼自知无才,虑波王变法即弃也"。于是这伙守旧势力一起攻击新法,"以为不可行之事"。对于忠心热血或通外国情势,晓解新法的维新志士,"大臣皆压抑之,诬为异端乱民,或更诬以欲为民主不道之语传播于国,务陷之罪,以箝众口"。这一大段,借托写波兰史事,实际上把中国顽固派反对变法,攻击维新派的各种心理、动机、言行解剖得淋漓尽致,批判得体无完肤。他还指出有些波兰大臣甚至说:"虽受制于俄,亦不失为国,若变法论才则我辈之国先亡矣。"这不是与中国顽固派、军机大臣刚毅之流叫嚷"宁可亡国,不可变法"的论调如出一辙吗!康有为痛斥这伙顽固派"皆不以国之存亡为事,惟以一己之利禄为事。故不思外患,惟日事内讧而已"。针对百日维新中光绪下的新政上谕遭到地方大员敷衍抵制,变法不能实施的情况,康有为也借波兰守旧派之口说出,反对变法最好的办法就是对变法新政"略为粉饰,外似准之,其实驳之,令将来亦不能行"。而且

"王必不察"。波兰地方官僚皆用此议,"于是择新法而行其一二,而以具文视之,实未行也。忧国者于是知波之亡矣"①。这恰恰就是康有为对中国变法前途的忧虑。

康有为编纂《波兰分灭记》的另一个重点是揭露沙俄的扩张野心。针对三国还辽以后,中国官员普遍对俄好感,尤其当权的慈禧太后、李鸿章之流的亲俄倾向,他指出决不能轻信与依赖俄国。他在书中大声疾呼:"俄为虎狼之国,日以吞并为事,大地所共闻也!"②同时指出波兰君臣"以俄大之足恃也",结果却被俄国蹂躏、蚕食以至吞并。波兰"贵族大臣之阻挠变法,实先助俄自灭自亡"。因此,康有为告诫"欲变法自强者,宜早为计。欲保国自立者,宜勿依人"③。他在书中以大量篇幅描写俄国如何欺凌、干涉波兰。俄国公使竟然操纵波兰政治,下令"一切不可违俄国全权大使之命",否则便要革去官职,没收财产,处以死刑。俄国动用军队、大炮,包围波兰国会,搜捕、屠杀波兰爱国者,还把大批波兰爱国志士流放西伯利亚。还使用卑鄙的收买贿赂的手段,"出金帛以贿波人,于是波廷诸臣向之。守旧不振者,初而畏俄,终而亲俄,皆有从俄之心"④。以此暗指被沙俄用大量卢布收买贿赂的李鸿章之流。最后,俄国公开出兵干涉波王废立,禁止波兰变法,以至一举与普、奥瓜分灭亡波兰。波兰亡国后,"波王母不堪苦辱,仰药死"。"波王亦忧愤死。"亡国之君下场何等悲惨!这怎么不叫光绪看了触目惊心呢。

与这两方面相联系,康有为在书中还反复强调"变法之勇",必须当机立断,排除干扰,把变法进行到底。"当变而不变者,过时则追悔无及。"⑤他在《恭谢天恩并陈编纂群书,请速筹全局折》中指出,自己"纂波兰分灭之记,考其亡国惨酷之由,因变法延迟之故"。本来波兰也曾有过变法的机会,头两次经俄普分割,"国主才臣并欲变法",但是被"守旧之贵族大臣阻之"。"及经第三次分割后,举国君臣上下咸欲变法,抑可谓不可得之机会,

---

① 康有为:《波兰分灭记》卷六。
② 康有为:《波兰分灭记》序。
③ 同上。
④ 康有为:《波兰分灭记》卷三。
⑤ 康有为:《波兰分灭记》卷七。

非常之人心矣。"可是已经太晚了,"俄人恐其变法即可自强,俄使挟兵围其议院,勒令废新法而守旧章,不四年而波亡矣!"康有为联系中国现状不禁感慨万分,"臣编书至此,未尝不废书而流涕也!"①他认为中国实际上也有过几次变法机会。中法战后,人心激愤,此为"变法第一机会"。甲午战后,举国震怒,又是"变法第二机会也"。可惜都未及时变法以致又失胶州湾、旅顺口。这种情况与波兰两次被瓜分之时相似。现在光绪皇帝赫然发愤,决定国是,实行维新,"不得谓非第三次机会"。必须"君臣同心发愤大变"。如果再"失此第三机会,则一旦强敌借端要挟,无可言者。恐至是吾君臣上下同心欲变,而各国逞其兵力,抑令守旧,将为波兰之续,虽欲变而不能矣"②。他对于"奥普忌俄而先据波兰,与今德英忌俄而先据山东真同"的形势,不禁哀叹:"吁!我真为波兰矣!"③康有为还在该书序中分析沙俄侵略中国的形势,指出:"我辽东之归地,实借俄力,而以铁路输之,今岁则以旅大与之,动辄阻挠,我之不为波兰者几希!今吾贵族大臣未肯开制度局以变法也。夫及今为之犹或可望,稍迟数年,东北俄路既成,长驱南下,于是而我乃欲草定宪法,恐有勒令守旧法而不许者矣。然则吾其为波兰乎,而凡守旧阻挠变法者非助俄自分之乎?"④

　　光绪皇帝看到《波兰分灭记》以后,很受刺激与启发。康有为在《康南海自编年谱》中记载:"上览之,为之唏嘘感动,赏给编书银二千两。"光绪增加了变法的勇气和紧迫感,不久就采取了一系列打击顽固派,提拔维新派的重大行动。如9月1日,将守旧派礼部尚书怀塔布等六个大臣,以阻挠主事王照条陈之罪,统统给予革职处分。9月5日,又赏维新派谭嗣同等四人以四品卿衔在军机章京上行走,参与新政事宜。光绪的这些措施虽然挽救不了戊戌变法必然失败的命运,然而多少也反映了康有为的"仿洋改制"尤其是进呈《波兰分灭记》的效果,推动了变法运动的进展。

---

① 康有为:《恭谢天恩并陈编纂群书,请速筹全局折》,故宫藏内府抄本《杰士上书汇录》。
② 同上。
③ 康有为:《波兰分灭记》卷五。
④ 康有为:《波兰分灭记》序。

六、作用与局限

最后,我们再来对康有为"仿洋改制"的历史作用与局限性作几点小结。

从其历史作用来看,首先可以说,康有为的"仿洋改制"在当时起到了振聋发聩的启示作用。长期处于闭塞守旧状态的中国士大夫很少了解外国情况,思想狭隘保守,往往坐井观天、夜郎自大,以为祖宗传下来的一切都是好的,不可更变。康有为主张"仿洋改制",介绍了大量外国的历史和现状,揭示了世界各国形形色色生动具体的或由弱变强,或由强变弱,或因变法而兴,或因守旧而亡的实例,打开了中国上自皇帝、大臣,下至一般士大夫知识分子的眼界。对于年轻的光绪皇帝及其周围帝党亲信来说,更不啻击一猛掌,如大梦初醒。当他们谈到俄国彼得大帝、日本明治天皇如何变法振兴,转弱为强,从中获得极大的鼓舞、信心和勇气。而当他们看到波兰被瓜分,国王太后当亡国奴的悲惨处境,以及法国国王路易十六被送上断头台的下场,更是触目惊心,不寒而栗,受到极大的震动和刺激。

其次,康有为的"仿洋改制"又具有探索变法道路的意义。康有为放眼世界,纵观各国历史,目的是为寻找中国救亡图存、富国强兵的道路。他具体地考察分析了俄国、日本、德国的改革与英国、法国、美国革命,以及波兰、土耳其、印度等国衰亡的经验教训,企图从中探索适合中国国情的自强道路。当然,作为资产阶级改良派的代表人物,由于其阶级与历史的局限,他不可能接受资产阶级暴力革命的道路,而只能选择日本、俄国那样以君权自上而下进行资产阶级改革的模式。而且,由于中国资产阶级上层的软弱性、妥协性和中国当时新旧力量的对比,他们比起当年彼得一世与明治天皇改革的勇气和变法的深度、广度也是不如的,因而难以避免最后失败的命运。尽管如此,这毕竟是中国资产阶级登上政治舞台的第一次表演,不愧是当时中国先进人物在黑暗中摸索救国道路的一次努力。

第三,康有为的"仿洋改制"有力地推进了这次戊戌维新运动。在"百日维新"前,由于康有为以各国历史为例,奔走呼号,说明中国维新变法的必要性和可能性,促使光绪和一批爱国官吏、士大夫倾向支持变法。而当光绪下诏定国是开始维新之后,康有为进呈的一批列国变政考,又为光绪提供了如何变法的具体建议、步骤和措施,甚至还提供了发布上谕的素材与措辞。当"百日维新"遭到顽固守旧势力的阻挠、破坏,遭到重重困难时,康有为又以《波兰分灭记》等书激励光绪,敦促光绪采取断然措施打击顽固派,坚持把变法进行到底,从而有力地推动了变法运动的发展。

可是,另一方面,康有为的"仿洋改制"也暴露了他的阶级和历史的局限性。

第一,康有为的"仿洋改制"反映了他对帝国主义的本质还缺乏认识,并抱有幻想。他在历次上书和列国变政考中,揭露和抨击了帝国主义对亚非拉殖民地、半殖民地国家的吞并和侵略,尤其着重揭穿了沙俄帝国主义到处侵略扩张,瓜分波兰并要侵华亡华的狼子野心。但是,如何才能抵制沙俄的侵略呢?康有为在《杰士上书汇录》中有一件过去没有发表过的奏折,即《为胁割旅大,乞密联英、日,坚拒勿许折》。他在这个奏折上提出了拒俄的上、中、下三策,即"密联英、日,赫怒而战,上策也;不允画押,听其来攻,徐待英日之解难,中策也;布告万国,遍地通商,下策也"。幻想英、日必合而"仗义责俄,或陈兵拒俄"①。说来说去就是依靠英、日帝国主义去对付沙俄帝国主义,其结果只能是前门拒虎,后门进狼。在《波兰分灭记》中,他曾托波兰改革派之口提出中国变法的措施。其中一条就是"任客卿以办新政"。为此,他曾向光绪建议聘请英帝国主义分子李提摩泰和日本军国主义头子、前首相伊藤博文等人来当中国新政的顾问、客卿。这也充分暴露出软弱的中国资产阶级改良派对帝国主义的依赖和幻想。

第二,康有为的"仿洋改制"还表现出他害怕、仇视和反对革命的心理。康有为在介绍、总结世界各国历史经验教训时,不可避免要涉及对欧美资产阶级革命和各国人民革命的看法。他强烈地表现出对革命的恐惧和仇视。在《进呈法国革命记序》中谈到,"臣读各国史,至法国革命之际,君民争祸之剧,未尝不掩卷而流涕也"。"流血遍全国,巴黎百日而伏尸百二十九万。""十万之贵族,百万之富家,千万之中人,暴骨如莽,奔走流离,散逃异国,城市为墟。而革变频仍,迄无安息,旋入洄渊,不知所极。"他还感叹:

---

① 康有为:《为胁割旅大,乞密联英、日,坚拒许折》,故宫藏内府抄本《杰士上书汇录》。

"自是万国惊心,君民交战,革命之祸,遍于全欧,波及大地矣";"而君主杀逐,王族逃死,流血盈野,死人如麻。"他竟然认为"普大地杀戮变乱之惨,未有若近世革命之祸酷者"①。因此,他对革命深恶痛绝,并不断以此敦促光绪赶快"立行乾断",自上而下实行变法,避免革命,避免像法王路易十六那样在革命中上断头台的危险。他在《进呈突厥削弱记序》中,借托描述土耳其苏丹"以其黑暗守旧之治法,晏然处诸欧列强狡窟之中,偃然卧国民愤怒革命之上"的历史,阐发变法势在必行的道理。否则就是不被列强亡国,国内也会爆发革命。正由于坚持这样的立场,康有为戊戌维新失败后,逐步堕落为反对革命的保皇派。

第三,康有为的"仿洋改制"还反映了他的英雄史观。他把中国变法的全部希望寄托于光绪皇帝一人之身,一再强调"自古非常之事,必待大有为之君"②。因此,中国的变法维新就要靠光绪皇帝的"乾纲独断","以君权雷厉风行"来实现。故而,他为光绪树立的榜样就是"以君权变法"的俄国彼得大帝和日本的明治天皇;他的"仿洋改制"的核心就是"以俄彼得之心为心法,以日本明治之政为政法"③。

对于开国会这个资产阶级的根本性政治要求,康有为在《日本变政考》中虽然也认为这是日本变法的"大纲领"、"维新之始基",但是又认为"吾今于开国会,尚非其时也","惟中国风气未开,内外大小,多未通达中外之故"。因此主张"惟有乾纲独断,以君权雷厉风行,自无不变者。但当妙选通才,以备顾问。若各省贡士,聊广见闻而通下情,其用人议政,仍操之自上,则两得之矣"④。康有为在《波兰分灭记》中还以波兰国会为反面教训,认为议会内"尊卑之分极严",办事"游移推委",只要"有一人阻之,虽最良之策不得行"⑤。若开国会反而成为变法的阻碍,还不如像俄国、日本那样以君权变法更有把握。而且,康有为也希望通过尊君权和进入制度局之类机构,充当光绪变法的主要顾问,掌握新政实权。所以康有为在"百日维

---

① 康有为:《进呈法国革命记序》,《戊戌变法》(三),第7—8页。
② 康有为:《上清帝第二书》,《戊戌变法》(二),第153页。
③ 康有为:《上清帝第五书》,《戊戌变法》(二),第195页。
④ 康有为:《日本变政考》,故宫藏进呈本。
⑤ 康有为:《波兰分灭记》,故宫藏进呈本。

新"过程中,反复强调的要求是"开制度局于宫中以筹全局"。过去不少治戊戌变法史的学者常引用所谓康有为代阔普通武起草的《请定立宪开国会折》,提出"立定宪法,大开国会","人主尊为神圣,不受责任"是康有为的主张,这是不符合康有为当时思想的。此折与《戊戌奏稿》中的某些奏折、变政考序,都是后来伪造或改篡的。如在《戊戌奏稿》中,还把《恭谢天恩并陈编纂群书以助变法折》改为《谢赏编书银两,乞予定开国会期折》;又把《进呈波兰分灭记序》原文所强调的"开制度局以变法",改篡为"付权于民"、"开国会而听之民献"。这些都是《戊戌奏稿》编者在辛亥革命前后,企图掩饰康有为戊戌年间的尊崇君权思想而加上去的,不足为研究康有为真实主张的凭据。

第四,康有为宣传"仿洋改制"时,还常常为了自己的政治需要,篡改或捏造外国的历史事实,曲解外国历史经验。我们认为"洋为中用",即利用外国历史经验教训为本国现实服务,首先应该尊重历史事实,按照客观历史本来面目,科学地总结历史经验教训,阐明历史发展规律。而康有为在利用各国历史为中国变法服务时,却常常篡改历史,甚至把完全是中国的东西硬塞在外国历史之中。如把他的变法主张套在波兰《五·三宪法》之中。有时则夸大史实、曲解史料为自己的观点辩护。如夸大法国革命死亡人数,美化路易十六为"恭俭之君",称三条实美为"草茅之士"等,这都是不可能正确总结历史经验的。

尽管存在以上种种局限性,我们还是应该承认康有为的"仿洋改制"基本上是符合时代潮流和民族利益的,也是摸索救国道路和推动变法运动的一种方式,在当时起了积极作用。这正说明康有为不愧是中国近代向西方寻找真理的代表人物之一。

(原载《论戊戌维新运动及康有为梁启超》
论文集,广东人民出版社,1985年)

试论清末京城立宪派

关于清末新政与清末立宪运动的历史,已为国内外学术界所关注,也取得了不少研究成果。然而以往对清末立宪派群体和个案的研究,大多集中在京外各省及海外的立宪派士绅、立宪派团体与各省咨议局议员等等。尤其是江浙、两湖、两广、四川、云贵、东三省等地区的立宪派士绅及其代表人物。至于清朝中央政府的预备立宪活动,则较多集中于朝廷亲贵大臣及资政院方面。[①]

那么,在清朝中央政府所在地北京,是否也有一批具有官绅身份的立宪派人士在活动呢?这在以往的著作和论文中很少提及。笔者通过对北京大学图书馆珍藏的《汪荣宝日记》手稿等史料的深入研究分析[②],认为实际上在清末北京的政治舞台上也有一批立宪派人士十分活跃,而且对推动清末

---

① 关于清末立宪派与立宪运动的研究著作,较系统的有台湾学者张朋园的《立宪派与辛亥革命》(台北商务印书馆,1969年第1版,吉林出版集团有限责任公司,2007年最新版)、张玉法的《清季的立宪团体》(台北中研院近代史所1971年初版,1985年再版)。内地学者胡绳武、金冲及:《论清末立宪运动》(上海人民出版社,1959年),李时岳:《张謇与立宪派》(中华书局,1962年),韦庆远、高放、刘文源:《清末宪政史》(中国人民大学出版社,1993年),侯宜杰:《二十世纪初中国政治改革风潮》(人民出版社,1993年)等。

② 《汪荣宝日记》为北京大学图书馆珍藏稿本,共三册(宣统元年至宣统三年,即1909—1912年年初),一千多页。影印本见《北京大学图书馆馆藏稿本丛书》第1册,天津古籍出版社,1987年10月。最初的介绍和研究成果见王晓秋:《清末政坛变化的写照——宣统年间〈汪荣宝日记〉剖析》,《历史研究》,1989年第1期。

宪政改革产生了不小的影响。这批人的身份、经历和思想、活动具有许多共同特点，而与京外的地方立宪派士绅又有不少差别，因此我们不妨把这个群体称之为京城立宪派。

本文试图以汪荣宝等人为中心，论述京城立宪派的构成和代表人物，其活动特色和影响，以及他们在辛亥革命前后的应变态度，以补充以往立宪派研究中的一个薄弱环节。

一、清末京城立宪派的构成和代表人物

立宪派顾名思义是主张君主立宪的一个政治派别。它是在20世纪初清政府实行清末新政和预备立宪的背景下，由鼓吹君主立宪、参预宪政改革、推进立宪运动的人士所组成。

以往立宪派研究的对象，主要是各省主张君主立宪的绅商、立宪团体或国会请愿团体的成员、各省咨议局议员和中央资政院内各省民选议员，还有海外鼓吹君主立宪的团体和成员。

有的研究也涉及清政府主张或支持君主立宪的亲贵大臣、地方督抚和驻外使臣。如曾做过出洋考察政治或宪政大臣的载泽、端方、戴鸿慈、李盛铎、达寿，资政院总裁溥伦，部院大臣善耆、毓朗、袁世凯、徐世昌、张百熙，驻外使臣孙宝琦、汪大燮、胡惟德等。但这些人处于清王朝统治集团的上层，有的属于清政府筹备立宪的决策者、执政者，并非严格意义上的立宪派，也不是本文所要论述的构成京城立宪派的主要成分。

严格意义的立宪派，主要是指那些不属于清朝统治集团上层或者是在野的，而且一定程度上能够反映中国资产阶级利益要求的士绅、商人、官员等人士。例如我们常视为立宪派典型代表人物的张謇、汤化龙、汤寿潜、谭延闿、蒲殿俊等人。张謇一人就兼有士、商、官、绅等几重身份。而各省的立宪派骨干、咨议局议员、资政院民选议员，也大多是具有一定功名（如秀才、举人、进士）和一定社会地位（往往有官职或官衔）、一定资产（有的开办企业或商店）的地方士绅、官商名流。可是与上海、天津、汉口等工商业城市以及江浙、两广、两湖等地区不同，在北京这类绅商名流的人数并不多，而且他们的社会影响和在政坛的活动能量也不太大。因此这类人士也很难成为

京城立宪派的核心和骨干。

那么所谓京城立宪派的核心、骨干,究竟是一些什么人物呢?我通过对《汪荣宝日记》及其他史料的认真分析,发现活跃在清末北京政坛上的京城立宪派骨干主要是以下一类人士。他们大多是归国的留日学生,而且多数学过政治、法律。他们大多是清政府中央各机关的中层官员,而且多数在与宪政改革有关的机构中任职。他们共同主张君主立宪,努力推进宪政改革,而且之间有着密切的交往、联系和政治活动。他们不仅是君主立宪的大力鼓吹者,而且又是宪政改革的实际操作者。在辛亥革命前夕他们基本上都投靠了袁世凯,民国初年成了北洋政府的高官。

这一类京城立宪派的核心骨干和代表人物主要有汪荣宝、曹汝霖、章宗祥、陆宗舆等人。提起他们的名字,尤其是曹、章、陆,人们可能立即会想起五四运动时,他们作为北洋政府对日交涉的要员,被北京的学生们痛斥为三大"卖国贼"。但是人们可能很少了解或研究过他们在清末时期作为京城立宪派代表人物的经历和活动。因此下面先介绍和比较一下他们的生平,尤其是清末时期的职务和经历。

汪荣宝,字衮甫,号太玄,江苏吴县人,生于1878年。他早年肄业于上海南洋公学,1901年赴日本留学,曾在东京早稻田大学等校学习政治、法律和史学。归国后任京师译学馆教员。1908年任民政部右参议,后迁左参议、左丞,并兼职于修订法律馆与宪政编查馆。1910年任资政院钦选议员,1911年任协纂宪法大臣,还被指派为《法令全书》总纂。他在清末北京的政治舞台上十分活跃,交接各方人士,积极鼓吹君主立宪,并且是清政府钦定宪法草案和一系列法律、法令的主要起草者。武昌起义后他投靠袁世凯,曾为其起草南北交涉电稿和优待清室条件奏稿等重要文件。民国初年充任临时参议院议员、国会众议员、宪法起草委员,后任中国驻瑞士、日本等国公使,1933年去世。

曹汝霖,字润田,上海人,生于1877年。1900年赴日本留学,先后入早稻田专门学校、东京法学院(今中央大学)学习政治、法律,鼓吹君主立宪。1904年归国,任商务部商务司行走。1905年通过留学生特科考试,获进士出身,授商部主事。后任外务部右参议、右侍郎。民国后曾任参议院议员、外交部次长,参与对日二十一条谈判。后任北洋政府交通总长兼财政总长。

晚年迁居上海、香港、日本、美国，1966年死于美国。

章宗祥，字仲和，浙江吴兴人，1879年生。1899年赴日本留学，初入第一高等学校，后转入东京帝国大学法科。在日留学期间与曹汝霖结为好友。1903年毕业回国，1905年获进士出身，任北京进士馆教习。继任法律修订馆纂修官，1905年与董康合译《日本刑法》并编纂商法。后任农工商部主事、民政部提调、宪政编查馆编制局副局长。1909年任北京内城巡警厅丞，又任法律编纂局编修、内阁法制院副使等职。辛亥革命后投靠袁世凯，参加南北议和，1914年任北洋政府司法总长并代农商总长，段祺瑞内阁司法总长。1916年任驻日公使，后迁居青岛、上海，1962年死于上海。

陆宗舆，字闰生，浙江海宁人，生于1876年。1899年自费赴日本留学，入早稻田大学政治经济科。1902年回国，曾任进士馆教习、警官学堂教习。1905年任巡警部主事，随载泽出国考察政治。1907年任奉天洋务局总办，1909年任宪政编查馆馆员，1910年选为资政院议员，1911年任印铸局长。民国后为参议院议员，1913年任驻日公使，1918年任印制局总裁，1941年死于天津。

比较一下他们四个人的生平，特别是在清末时期的经历，我们可以发现许多共同点。如他们的年龄相近，当时都是30岁左右的中年人。籍贯都是江浙地区人。他们都在1900年前后赴日本留学，而且均在日本学过法律、政治。回国后都曾在清末宪政改革机构任职，都曾参与起草清朝宪法或各种法律的工作。清末他们都曾担任过清政府中层官员。在辛亥革命前后他们都投靠了袁世凯，民国初年成为北洋政府要员，而且都参与过对日外交。由于他们之间有这么多共同点，特别是年龄相仿、学历相同、意气相投、主张相近、地位相似，因此他们往来频繁密切，拉帮结伙，形成一股政治势力。在《汪荣宝日记》中可以查到大量他们交往、聚餐、集会、密谈的记录。曹汝霖在其回忆录中也说："我与汪衮父（汪荣宝）、章仲和（章宗祥）、陆闰生（陆宗舆）四人，每逢新政，无役不从，议论最多，时人戏称为四金刚。"① 与他们来往密切的还有杨度（字皙子）、金邦平（字伯年）、良弼（字赍臣）等一批归国留日学生，构成了活跃在北京政坛上的一股政治势力——京城立宪派。

---

① 曹汝霖：《曹汝霖一生之回忆》，中国大百科全书出版社，2009年，第62页。

二、京城立宪派的活动特色和影响

京城立宪派的核心骨干成员由于其出身、学历、思想、地位、职务等种种因素影响,他们的活动方式和作用影响,具有自己的特色,并与京外、海外立宪派有着明显的差别。

第一,京外、海外立宪派主要通过著书立说、报刊舆论、组织立宪团体、发动请愿运动等活动方式,并以各省咨议局为主要活动舞台。而与其不同,京城立宪派则主要通过实际参与清政府各种立宪立法活动的方式,以宪政编查馆、法律修订馆和资政院作为他们的主要活动舞台。

主张君主立宪,这是所有立宪派共同的思想基础,而京城立宪派的骨干,几乎都是日本留学生,在日本学过政治、法律。他们希望中国能走日本明治维新的道路,在维持清王朝君主政权的前提下,仿效日本的君主立宪制度,自上而下地实行宪政改革。他们回国后正值清政府开始清末新政,实行预备立宪,并设立各种宪政改革机构。他们的学历和学识受到清政府的重视,很快都被网罗到这些机构内,并赋予重任,有的还一身兼任数职。而他们也认为有了用武之地,便运用自己在日本学到的政治法律知识,积极投入清末官制改革、宪法起草和法律、法规制订等活动中去,企图以此推动中国的君主立宪进程,维护和巩固清王朝的统治。

早在1905年载泽、端方等五大臣出洋考察日本和欧美政治之时,京城立宪派骨干如陆宗舆等就充当他们的随员,为他们调查采访和编译资料。陆宗舆回忆自己"随端、泽两专使放洋",到德国考察宪政、法律,常参考"所携之日本国法学诸书,颇有译自德国者,资为借鉴,莫不奉为至宝"。① 而当时正在日本的杨度等人,更是为五大臣起草考察报告,鼓吹"仿行宪政"出了大力。

清政府在清末新政和预备立宪期间曾成立了一系列推行法制和宪政改革的机构,而京城立宪派成员则是这些机构的中坚力量和许多法律、法规的起草者。

---

① 陆宗舆:《陆闰生先生五十自述》,北京日报承印,1925年,第4页。

最早成立的是设立于1904年5月15日的修订法律馆,由刑部(后改法部)左侍郎沈家本主持。他聘用了一批东西洋归国留学生,首先翻译各国法律书籍,如日本、德国、法国等国的刑法、民法、商法等。1907年,沈家本任修订法律大臣,修订法律馆脱离法部独立,并开始以编纂新律为主要工作。同年11月25日,沈家本奏调"法学精研或才识优裕"之36名入馆办事,其中就有章宗祥、曹汝霖、陆宗舆等人。1908年10月28日法律馆又奏请选派12名咨议官,包括汪荣宝、金邦平、良弼等人。从1907年至1911年,修订法律馆修订、编纂了不少法律,其中京城立宪派成员起了重要作用。如汪荣宝是修订法律馆第二科总纂,参与了《大清新刑律》、《大清民事诉讼律草案》、《大清刑事诉讼律草案》、《法院编制法》等法律、法规的编纂。章宗祥、陆宗舆等对这些法律的编纂和修改,也起了重要的作用。曹汝霖还参与了《大清商律》的编纂。可以说京城立宪派对中国最早的近代法制建设,作出了很大的贡献。

其次是考察政治馆,它是1905年11月为配合五大臣出洋考察政治而设立的,其职责是"延揽通才,悉心研究,择各国政法之与中国治体相宜者,斟酌损益,纂订成书,随时呈进,候旨裁定"。① 其馆务由政务处王大臣主持,而具体立法起草等则主要是由馆员汪荣宝、曹汝霖、章宗祥、金邦平等承担。

随着1906年9月1日清廷颁布上谕,宣布"预备仿行宪政",宪政改革进入了具体操作阶段。

官制改革是宪政改革的第一波。1906年9月6日清廷设官制编制馆于海淀朗润园。先由庆亲王奕劻,后由直隶总督袁世凯主持,下设起草、评议、考察、审定四课。其中汪荣宝、曹汝霖、金邦平等为起草课委员,陆宗舆等为评议课委员。曹汝霖回忆,他们当时对清廷此举"期望很深,以为有行宪希望"。② 因此宿于朗润园中,每日赶拟说帖,附以条例,然后呈袁世凯阅定。11月2日官制编制馆向清廷呈递了《厘定中央各衙门官制缮单进呈

---

① 《设立考察政治馆参酌各国政法纂订成书呈进谕》,《清末筹备立宪档案史料》上册,中华书局,1979年,第43页。

② 《曹汝霖一生之回忆》,第59页。

折》,提出以立宪国三权分立原则来改革中央官制,裁撤军机处,设立责任内阁等。结果遭到朝廷权贵和保守派官僚的反对,被清廷否决。参与起草的留日学生甚至还遭到守旧御史的攻击和漫骂。"窃惟我国有大变革,有大制作,岂借一二部日本缙绅成案与十数名留学生所能订定?"①

1907年8月13日,庆亲王奕劻奏请将考察政治馆改为宪政编查馆,成为清末筹备立宪的枢纽机关。宪政编查馆由军机处王大臣庆亲王管理,下设总务处、编制局、统计局、官报局和译书处。其职责主要是:"议覆奉旨交议有关宪政折件及承拟军机大臣交付调查各种;调查各国宪法、编制宪法草案;考核法律馆所订法典草案,各部院、各省所订各项单部法;调查各国统计颁成格式,汇成全国统计表及各国比较统计表。"②根据1907年档案记载,宪政编查馆职员中有41位留日学生,其核心机构编制局,共有职员21人,留日学生占16人。如章宗祥担任副局长,汪荣宝、曹汝霖、恩华担任正科员,胡棪泰、嵇镜等为副科员。③ 1909年陆宗舆也调任宪政编查馆馆员。1909年1月又在宪政编查馆内设立考核专科,考核京内外筹备立宪事宜的进展。杨度、章宗祥等任会办,汪荣宝等任帮办。

1908年宪政编查馆起草《资政院院章》,汪荣宝与章宗祥、曹汝霖等是主要的草拟者和修改者。《汪荣宝日记》对此有详细记载。如1909年3月21日记载:"与润田(曹汝霖)同往仲和(章宗祥)家,商资政院章。"④而据8月28日日记,《资政院议员选举章程》也主要是汪荣宝与章宗祥两人所拟。

起草宪法是筹备立宪中最重要的工作。1908年7月22日谕旨令宪政编查馆王大臣先将"君主宪法大纲"编定,作为将来编纂正式宪法的准则。庆亲王奕劻等首先确定了"巩固君权"的编纂原则,然后让汪荣宝等留日学生参考日本帝国宪法"拟就各节",其中以"汪荣宝、杨度所拟居多",最后由奕劻等"再三考核,悉心厘定"。1908年8月27日,正式公布《钦定宪法大

---

① 御史赵炳麟奏新编官制权归内阁流弊太多折,《清末筹备立宪档案史料》上册,第443—444页。
② 《宪政编查馆办事章程》,《清末筹备立宪档案史料》上册,第49页。
③ 宪政编查馆职员衔名及出身表,见尚小明:《留日学生与清末新政》,江西教育出版社,2003年,第160页。
④ 《汪荣宝日记》1909年3月21日。北京大学图书馆藏稿本。

纲》共23条,基本上是一个保障君权的文件。

　　汪荣宝还是清末钦定宪法草案的主要执笔者。《汪荣宝日记》详细记载了过去鲜为人知的钦定宪法草案的起草过程。《宪法大纲》公布后,宪法全文的起草工作却一直被拖延,直到1910年11月5日,清廷在立宪派的强烈要求下,才不得不颁布上谕,命贝勒溥伦与贝子载泽两人为纂拟宪法大臣。1911年3月20日又命度支部侍郎陈邦瑞、学部侍郎李家驹与民政部左参议汪荣宝三人为协同纂拟宪法大臣。7月3日以上五人开始在皇宫焕章殿办公,处理筹拟宪法事务。宪法草案的实际执笔者则是汪荣宝与李家驹两人,他们在7月6日一起前往京郊十三陵,8日开始草拟宪法。首先起草了凡例六条,接着又拟订宪法章目,共分10章,其体系基本上是仿照日本帝国宪法,只不过当时清政府存在着摄政王执政的特殊情况,故又专门加上"摄政"一章。在十三陵,汪荣宝面对明陵史迹,吟诗抒怀,"但使君臣同一体,更无来者吊兴亡",① 幻想君主立宪政体能挽救清王朝的衰亡。回到北京后,他们于7月13日向溥伦等汇报,"均以为然,即呈递监国（即摄政王）恭候训示"。此后汪荣宝与李家驹便潜心起草宪法各章具体条文,每拟一部分便请诸大臣议论修改、然后进程摄政王载沣审批。至9月20日已基本上把钦定宪法"全部凡八十六条,一百十六项"起草完毕。然后陆续定稿和进呈。10月12日他们还在忙着准备再进呈一批条文,由溥伦亲自填写正文,汪荣宝与李家驹装订圈点。10月30日上谕仍让溥伦等"迅将宪法条文拟齐,交资政院详填审议,候朕钦定颁布"。② 然而两天后的11月2日,驻守直隶滦州的新军统领张绍曾发动"兵谏",要求立即召开国会,并仿英国之君主宪章制定宪法,否则就要进兵北京。摄政王慌忙表示接受要求,并命资政院当天就匆匆制订和通过了作为宪法要点的《宪法重大信条十九条》,因此汪荣宝等起草完成的大清钦定宪法最后未能正式出笼。

　　综上所述,京城立宪派充当了清末推动和操作各项宪政改革的重要力量,是清末一大批法律、宪政改革法规文件以至钦定宪法草案的主要执笔者,对清末宪政改革作出了重要贡献。同时他们毕竟不是执政者和决策者,

---

① 《汪荣宝日记》1911年7月10日。
② 着溥伦等迅拟宪法条文交资政院审议谕,《清末筹备立宪档案史料》上册,第97页。

在各种法律、法规尤其宪法的起草过程中仍处处受到清廷最高统治者要求保障君权的制约。

第三,与京外立宪派主要为地方绅商,难以见到清廷中央权贵,至多运动地方督抚不同,京城立宪派由于其所处地位、条件,往往能以立宪言论当面劝说清廷上层亲贵大臣,以至最高统治者。他们活跃于清末京城政坛,交接各方,对上联络京内王公贵族大臣,对下交往京外地方立宪派人士和各省资政院民选议员。这在《汪荣宝日记》中也有大量记载,他们往往能起到地方立宪派人士难以起到的作用。

1907年初,曹汝霖曾获慈禧太后和光绪皇帝召见,当面陈说立宪主张,慈禧太后询问他日本立宪、开国会的经过,并问日本的宪法是什么宗旨?日本国会的议员是怎么选举的?还问他听说日本国会里有党派,是否时常有吵闹的事?曹汝霖回答,日本有政友会、进步党等党派,"在开会时,因政见不同,时有争辩,但临到大事,朝议定后,两党即团结起来,没有争论了。臣在日本时,适逢对俄开战问题,争得很厉害,后来开御前会议,日皇决定宣战,两党即一致主战,团结起来了"。太后听了,将手轻轻地在御案上一拍,叹了一口气说:"唉,咱们中国即坏在不能团结。"曹汝霖听了乘机进言:"以臣愚见,若是立了宪法,开了国会,即能团结。"太后听了很诧异的神气,高声问道:"怎么着,有了宪法国会,即可团结吗?"曹说:"臣以为团结要有个中心,立了宪,上下都应照宪法行事,这就是立法的中心。开了国会,人民有选举权,选出的议员,都是有才能为人民所信服的人,这就是领导的中心。政府总理,或由钦派,或由国会选出再钦命,都规定在宪法,总理大臣有一切行政权柄,即为行政的中心……臣故以为立了宪,开了国会,为团结的中心,一切行政,都可顺利进行了。""太后听了,若有所思,半顷不语。"①

汪荣宝等也与不少王公大臣密切交往,鼓吹立宪,而且由于他们的学识和谋略,颇受权贵们的器重,视为智囊。从《汪荣宝日记》上可以看到汪荣宝经常出入肃亲王善耆王府,善耆任民政部尚书,是他的顶头上司,而且倾向和支持君主立宪。当汪荣宝得知自己获协同纂拟宪法大臣的任命后,连忙向善耆请教。善耆叮嘱他"草案谨慎秘密"。汪心领神会,特地记入日

---

① 《曹汝霖一生之回忆》,第67—68页。

记,并在"谨慎秘密"四个字旁加了圈。与汪荣宝等经常交往的还有资政院总裁,贝勒溥伦和军咨大臣贝勒毓朗、贝子延鸿等满族亲贵。汪曾劝说他们支持立宪和早开国会,甚至请延鸿等人去劝说摄政王,缩短开国会期限。

在1910年7月21日资政院的筹备会上,汪荣宝向议员演说"日本第一期帝国议会历史"。8月9日的筹备会上,他又演讲了"日本第二期议会历史"。他希望资政院能以日本帝国议会为榜样,真正成为中国议会的基础。资政院议员的定额共200人,其中一半是钦选议员,包括王公贵族48人,各部院衙门官吏32人,硕学通儒与纳税多额者各10人。另一半是由各省咨议局议员中互选后经该省督抚审定的所谓民选议员。汪荣宝即作为从部院官员中钦定的议员,又是与京外民选议员有着较多共同语言的立宪派人士。他在资政院台前幕后十分活跃,常常起到上下沟通、左右折冲的作用。

在1910年10月22日资政院全体会议上,一致通过了速开国会的决议,当时汪荣宝心情非常激动,情不自禁带头三呼万岁。"余以得意之极,大呼'大清国万岁!今上皇帝陛下万岁!大清国立宪政体万岁!'众和之,楼上旁听之内外国人亦各和之。"他认为这是资政院开院以来"第一次有声有色之举矣!"这也是京城立宪派在资政院政治舞台上的一次有声有色的精彩表演。但是尽管资政院通过了提前到宣统四年召开国会的决议,各地立宪派也发动了多次国会请愿运动。可是清朝最高统治集团仍不肯放松自己的权力,作出哪怕是微小的让步。摄政王召集会议政务处王大臣商议,仍然决定最早只能在宣统五年开国会。11月3日,立宪派议员在资政院听到这个消息后不禁大失所望。溥伦召集汪荣宝等钦选议员,要他们"设法镇定,毋再反对",并让他们"密探民选诸君意见"。会后,汪荣宝即与民选议员中的骨干分子藉忠寅、罗杰、易宗夔、雷奋等会谈,探听他们的反应。晚上回到家中,又写信给满族亲贵延鸿,"力请设法再行提前一年"召开国会。他在信中反复剖析利害关系,"略言今日危急存亡之际,朝廷政策以鼓舞人心为第一要义"。但是这种用心良苦的劝说以至哀求仍无效果。第二天延鸿告诉他,虽然谒见摄政王时"已竭力铺陈",可是"摄政屈于群议,亦无如何"。①京城立宪派企图通过劝说清廷统治集团上层,推进宪政改革的希望

---

① 《汪荣宝日记》1910年11月3日—11月4日。

最终都落了空。

三、京城立宪派在辛亥革命前后的应变态度

京城立宪派原希望通过学习日本明治维新,推进中国宪政改革,制订各种宪政文件、法律、法规,实现立宪法、开国会的君主立宪政体目标,来维护和巩固清王朝的统治。可是清廷统治集团上层的顽固,使他们一次次地失望。而革命派发动的武装起义,更使他们感到忧虑。武昌起义后,他们探听消息,看风使舵,周旋于清廷权贵和各种势力之间,进行种种应变活动和幕后策划。汪荣宝的日记为我们了解京城立宪派的应变态度,提供了十分具体生动的史料。[①]

1911年10月10日武昌起义的消息传到北京,汪荣宝就在当天日记中写道"闻湖北兵变,武昌已陷"。次日又闻"汉阳陷"。他急忙四处打听消息,"夜间以电话询诸宪、报馆,则云果然"。13日他又到官报局查询新闻,"闻有湘、豫、皖三省同时响应鄂乱之说","各处传来乱耗,多言长沙已陷,长江流域均有摇动之势"。汪荣宝不禁惊叹:"中原鼎沸,大乱成矣!"他继续探听消息,晚上又打电话问曹汝霖,曹答未闻长沙失守。接着又打电话给吴禄贞,吴说据长沙法国领事来电报告之,长沙已于昨晚失守。夜里又接到冯梦华的电报,"谓安庆芜州等处岌岌可危"。

10月15日,汪荣宝见到"京师市面萧条,不胜杞忧"。他和一些同乡"聚谈乱耗",惶惶不可终日。当时北京谣言纷传,往往一天里能听到各种相反消息,令人不知所措。总之,这一段时间,汪荣宝等主要是探听消息,观察形势。他们虽然已看到形势对清政府很不利,但对其挽救危局的能力尚抱一线希望。10月26日,清廷发布关于四川保路风潮的上谕,"大略谓惩治肇乱地方官,释放无辜被拘诸绅"。他认为"有此二事,亦足以挽回人心一半矣!"又见到"本日上谕盛宣怀革职永不叙用,斯足以伸国论而平公愤矣!"

---

① 以下加引号未加注者,均引自《汪荣宝日记》,《北京大学图书馆藏稿本丛书》第1册,天津古籍出版社影印本,1987年。

在 1911 年 10 月 27 日资政院的会议上,立宪派议员纷纷为清政府出谋献策,提出种种对付革命的"弭乱案"。经过讨论后,通过三项决议:一、罢免亲贵内阁,二、将宪法交资政院协赞,三、解除党禁。议长又指定汪荣宝等起草议案。汪不愿担当,力辞而易人。散会后他就去找陆宗舆、章宗祥,谈到"日来京师谣言甚多,或云民政大臣将勒令内城汉民移往外城,或云禁卫军队将对于汉人起暴动,以致人心惶惶,纷纷迁避。如不设法镇抚,恐生意外"。他们又与曹汝霖一起,"商议运动政府明降谕旨,解释辟疑"。

1911 年 10 月 30 日,汪荣宝见到清政府同意资政院三项要求与摄政王引咎自责的上谕,对清政府仍抱有幻想。"窃意朝廷既有悔祸之意,流血惨祸或可免乎?"但是到晚上,汪荣宝一家人已经对北京的安全不放心,聚议如何避难,决定由其弟媳等先行,"分携子孙辈,赴津暂避"。

11 月 2 日,由于滦州张绍曾部举行兵谏,提出政纲十二条,清廷为救危急,仓皇命资政院立即起草宪法信条。汪荣宝觉得自己几个月来草宪所花的功夫都白费了,不由得感到灰心丧气,"未及散会,先行退出"。次日,见到立即颁布宪法信条的上谕,感叹:"朝廷如此让步,是亦可以已矣!"曹汝霖也批评道:"回想当年代表团请愿,驱逐出京,今者统帅兵谏,立即照准宣誓,早知今日,何必当初? 由此政府威信坠地,政治等于儿戏。"①

此后,汪荣宝等京城立宪派对局势越来越悲观,对清政府和资政院也越来越不信任。11 月 4 日汪荣宝在日记中写道:"观各处来电,日来外间舆论,对于资政院之举动,颇致不满。自汉口虐杀事件起,南中民情益愤,无论如何调停恐终无效。"当天闻"上海已有革命军占据制造局,并焚烧官署"。第二天又听说"杭州亦已被占","夜间闻苏州亦不守"。11 月 7 日,传闻"保定失陷",又听说山西巡抚吴禄贞被刺,众人相顾失色,惊呼"北方大局将不可收拾矣!"吃饭时,又"闻吏部衙门起火,益惊骇"。汪荣宝决定次日就带家属到天津避难。因为"出京者纷纷","车中拥挤,已无立足之地","勉强就道,狼狈不堪言"。

11 月 12 日,汪荣宝在天津听说"南京确已无事,并闻武昌有和平解决之说"。资政院新总裁李家驹也来信说:"京师现在无事,大局颇有转机",

---

① 《曹汝霖一生之回忆》,第 94 页。

请各议员早日回京开会。汪荣宝又出来活动,与杨度、陆宗舆等人商议组织一个政治团体,"名为国事共济会",并向资政院提出陈情书,"请召集国民议会解决近日纷争之问题",仍幻想以国民会议调停大局,度过危机。

11月14日汪荣宝回到北京,此时袁世凯已按宪法信条出任内阁总理,资政院议员推汪荣宝等四人到锡拉胡同谒见袁世凯。袁"首述主张君主立宪大宗旨及理由,次述对于信条上种种疑问,次言对内对外各种困难情形,末言辞职之意"。汪荣宝等便一一为之解释,并劝其"当以天下为己任,不可固辞"。

满族亲贵们对形势反应也不相同。肃亲王善耆是强硬派,他贬低革命势力,竟然认为"东西各省之纷扰殆同儿戏,倘中央政府立定脚跟,各省自然瓦解"。他劝汪荣宝"镇定毋自惊扰"。而贝子延鸿则已丧失信心,当谈到汪荣宝当年写信请他力促提前召开国会一事,"谓君等未尝负大清,大清实负君耳!言之惨然"。

革命形势发展很快,11月下旬南京已被革命军攻克,"于是长江流域全入民军之手矣"。然而资政院开会时,"尚有多数议员主张痛剿者"。汪荣宝讥讽他们"真可谓至死不悟矣!"此时他的思想已有变化,当徐佛苏向他鼓吹"南北分立说"时,他认为"所言亦颇有理由"。11月26日,他就到日本人开的理发店里剪去了辫子。这时离发布剪辫上谕还有十多天,这说明他已经对清王朝表示绝望。

与此同时,汪荣宝等京城立宪派进一步向袁世凯靠拢。11月29日,汪荣宝与袁世凯谈了一个小时,"告以大势之所趋及国民意向之所在,不宜过事拂抑"。袁也对他"极言外交危急","现在总以赶速平和了结为要"。汪认为袁的话"持之有故"。袁的亲信徐世昌也来找汪荣宝,声称革命党在东北奉天、大连的举动有日本人相助。一旦革命党发动,日本就会乘机出兵占领奉天;另外英国将进兵广州,法国将进兵云南,"如再不解决,必召瓜分之祸"。希望汪荣宝"设法将此意宣告国民,先将奉天暴动暂行按住,徐商和平解决之策"。汪答应到天津与曹汝霖等商办。他当天下午就赶往天津,次日便向曹汝霖、杨度等人转告徐世昌之意,共商对策。12月8日,他们听说南北双方在汉口开和平会议,又商议组织团体,相机辅助。

12月11日,曾广为奉湖北军政府之命进京游说袁世凯,请汪荣宝牵线,并向他介绍武昌的情况。"言彼党宗旨,愿以共和之名,暂行开明专制之精神,项城(袁世凯)如果有意,决无人愿与争总统之一席。"汪荣宝准备通过蔡廷干介绍曾广为夫见袁世凯,"一探其意见"。后来虽与蔡接洽,却遭袁拒绝接见。

12月12日,汪荣宝在天津草拟了南北媾和条款9条。他认为以共和制代替君主制,中华民国取代大清国已是大势所趋,不可抗拒,只能在此前提下竭力为清王室多争取一些特权与利益,并以约法形式确保下来。他向陆宗舆、曹汝霖建议,以此条款游说徐世昌并转呈袁世凯。陆宗舆表示反对,而曹汝霖则看到"南方坚持共和"、"川陕均有电告急"、"外债又无从借贷",断定清王朝已无法维持,因而支持汪荣宝将这些条款"转达东海(徐世昌),忠告项城(袁世凯)"。汪立即写信,把私拟条款寄给徐世昌。后来袁世凯采纳其主张,修订为向清廷逼宫和与南方革命势力交涉的所谓清室优待条件。

1911年12月30日,孙中山被各省代表选为中华民国临时大总统,袁世凯便唆使段祺瑞、冯国璋等北洋将领通电反对共和,向革命势力施加压力。汪荣宝担心和谈破裂,"似此情形恐成南北分治"。其实,他上了袁世凯的当,以为"袁相虽力主和平,而军队激昂联名请战,内阁无法弹压如何?"因此惴惴不安,"慨念前途,忧惶无措矣!"

在这段时间汪荣宝等京城立宪派的心态、感情也有变化,不再骂革命党为"乱逆",而给予同情甚至赞扬。1912年1月15日,汪荣宝在日记中叙述上海来信,"此次革命几乎万众一心,各以死自誓,虽妇孺走卒并无不踊跃赞成"。1月15日,他看到日本报纸《大阪朝日新闻》译载的南京临时政府的一份报告,竟大加赞誉,甚至称其"光明俊伟,可与美洲宣布独立文(指美国独立宣言)并传矣!"

汪荣宝对于皇族顽固派和北洋将领反对共和十分愤慨,决定辞职。他以为如果能按他的建议实现请帝退位,"如此和平的解决,岂非国家之福?"然而皇族会议"仍不得要领"、"又生波折"。"连日廷议,多数反对共和"。"京师人心极为恐慌","暗杀叠出,危机四伏。若大局再不解决,悲京津之乱即在目前"。他愤怒斥责:"年少皇族之肉岂足食乎!"

袁世凯见以武力压迫革命势力让步的目的已经达到,又指使一个多月前誓死反对共和的那批北洋将领反过来通电要求共和。汪宝荣看到通电,开始觉得"殊举出人意之外",转而恍然大悟,明白这些举动都是袁世凯的安排,顿时心悦诚服:"项城布道,着着进步,机会已熟,解决不难矣!"然后又看到袁世凯对清廷封侯的辞表,"语极敏妙",更是钦佩不已,称袁"真天下英雄也!"他终于看清了风向,决心投靠袁世凯。曹汝霖也十分佩服袁世凯之"手段灵敏"。"从没有露出不臣态度,对南示以可战之力而不用武力,俟水到渠成,自然达到目的,避免篡夺之名,而得篡夺之实,其手段可谓敏且妙矣!"①

2月5日,袁世凯的心腹梁士诒和阮忠枢写信给正在天津的汪荣宝,转达袁世凯的命令,催促他赶快回京"襄理阁务"。第二天,他立即乘快车回到北京,直接到内阁见梁、阮,梁士诒召集袁的谋士幕僚商量请帝退位之后"应办各事","请人各就所见言之"。梁一一记下,预备着手办理。从此,汪荣宝就成为袁世凯智囊团的要员,忙于为袁起草各种善后文件和南北交涉电稿。

2月9日,南方立宪派首领张謇听说汪荣宝已辞职,就请他回来南方商谈国事。他打电报回答:"国体将决,此间正在准备,稍缓即归。"到内阁后,梁士诒以南方激烈反对优待条件,"恐生枝节,亟需设法疏通"。汪荣宝便给张謇去电,"讲述东三省情形,毋再以虚文惹起反动"。希望张謇督促南方革命派接受袁世凯的优待清室条件。南北商定清室优待条款后,梁士诒让汪荣宝起草正式奏章,并转述袁世凯的各点修改意见。他立刻动笔,下午"四时许脱稿"交梁,准备第二日逼宫时进呈。当天晚上汪回到天津,第二天内阁又来电话催促汪荣宝与陆宗舆速回北京,因清帝退位诏书马上就要发表,"应办文牍甚多,故项城命促余等速回也"。当天,他就为袁世凯起草了电稿与信稿各7件。

2月12日,国务大臣请旨发表清帝逊位声明,汪荣宝等都到内阁静候,"惴惴恐有中变"。至中午,"各大臣到阁,一切照办矣!"汪荣宝在日记上大发议论:"大清入主中国,自顺治之年甲申年至今宣统三年辛亥,凡历十帝二百六十八年,遂以统治权还待国民,合满汉蒙回藏五大民族为一大中华民

---

① 《曹汝霖一生之回忆》,第97页。

国,开千古未有之局。因由全国志士辛苦奔走之功,而我隆裕太后尊重人道,以天下让之,盛心亦当今我国民感念于无极矣!"而且感慨:"自古鼎革之局,岂有如今日之文明者哉!"既喜庆共和之成功,又感恩于清廷之让位,害怕暴力革命,拥护袁世凯掌权,这就是当时汪荣宝等京城立宪派的心态。

孙中山为了限制袁世凯的势力,要求袁到南京就职。袁的亲信幕僚又纷纷活动。汪荣宝除了给南方参议院议员杨翼之等去电外,还专门发电报给上海的汪精卫,"均言明袁公不能离京之故,嘱其设法调停"。另外由陆宗舆致张謇电,"词意略同"。他们还用如果南方"坚执不变","必致彼此龃龉,又生波折"相威胁。2月15日,南京参议院选举袁世凯为中华民国临时大总统。汪荣宝认为"众望所属,决难推辞,虽有少数人反对,无足轻重也!"袁世凯还假惺惺表示要发电辞谢,周围亲信"均立持不可固辞","乃允暂时担任"。于是,由汪荣宝拟电报数封,交孙中山、黄兴及南京临时参议院。

1912年2月17日,正是农历除夕,汪荣宝的心情相当愉快,早起走上北京街头,"一路见五色旗飘扬空际,气象一新"。次日春节,汪荣宝、曹汝霖、章宗祥还到总统府向袁世凯贺年。2月19日,他在辛亥年日记的扉页写下了"革故鼎新"四个大字。从汪荣宝的日记中,人们可以感受到历史潮流浩浩荡荡不可阻挡,革故鼎新乃大势所趋。同时也可以看到汪荣宝等京城立宪派如何由幻想以君主立宪挽救清王朝,到逐步对清政权失望以至完全绝望,最后投靠袁世凯,赞成共和的变化轨迹。

(原载《北京社会科学》,2009年第3期)

试论辛亥革命的世界意义

当我们用世界眼光和国际视野去考察百年前的辛亥革命时,我们不仅要看到它是中国近代历史上一次极其重要的具有划时代意义的革命,而且也要看到它也是20世纪初世界历史上一次具有巨大影响的历史事件。因此,我们不仅要深入研究和阐发辛亥革命在中国的伟大历史意义,同时也应该深入研究和阐发辛亥革命的重大世界意义。

以往对辛亥革命的世界意义较少有专门的研究和探讨。即使在关于中国近代史和辛亥革命史的论著中,一般也只是简单罗列几条结论,而且往往过于笼统和抽象。那么,怎样才能进一步认识辛亥革命的世界意义呢?我认为不但需要站在世界和时代高度的宏观理论分析,而且需要作扎扎实实具体深入的微观实证研究。从超越中国地域局限的大量外国史料和史实出发,去进行认真的解读、剖析和阐发。本文试图把两者结合起来,对辛亥革命的世界意义作比较深入的再探讨。

一

1916年9月,孙中山在浙江海宁观看钱塘江大潮时,受到汹涌澎湃的浪潮启发,写下了著名的题词:"世界潮流,浩浩荡荡,顺之则昌,逆之则亡。"①我认为辛亥革命的世界意义,从宏观上讲,正是顺应了20世纪初世界民主革命和民族解放运动这两股世界与时代的历史潮流。

列宁对中国辛亥革命的世界意义也有深刻的论述。他指出:辛亥革命不仅标志着"地球上四分之一的人口可以说已经从沉睡中醒来,走向光明,投身运动,奋起斗争了",②而且也意味着"极大的世界风暴的新的发源地已经在亚洲出现"。"我们现在正处在这些风暴以及它们'反过来影响'欧洲的时代。"③他还认为:"亚洲的觉醒和欧洲先进无产阶级夺取政权斗争的开始,标志着20世纪初所开创的全世界历史的一个新阶段。"④

二

辛亥革命的世界意义,首先表现在它沉重打击了帝国主义的殖民体系和侵略势力。过去我们在阐发这一意义时,常常强调因为清政府已经成为帝国主义的走狗,清政府已是"洋人的朝廷",所以推翻清政府也就是打击了帝国主义在中国的统治。但是仅仅这样解释还不够全面,而且过于简单化。实际上,中国当时是帝国主义列强在东方的最大一块半殖民地,也是列强在亚洲激烈争夺的"仅有的富源"。帝国主义列强通过军事、经济、政治和外交等各种手段,特别是强迫清政府签订一系列不平等条约,攫取了中国大量领土、主权和财富,腐败卖国的清政府已沦为帝国主义统治中国的代理人和驯服工具。因此,帝国主义决不愿意中国通过辛亥革命变为一个独立自主的国家,也不愿意中国成为一个民主富强的国家,当然更不愿意中国从其掠夺、奴役的对象变成与其竞争、抗争的对手。我们可以从帝国主义列强对辛亥革命的种种反应言行中,具体考察辛亥革命究竟如何打击了帝国主

---

① 刘望龄辑注:《孙中山题词遗墨汇编》,华中师范大学出版社,2000年,第217页。
② 列宁:《新生的中国》(1912年11月8日),《列宁全集》中文第二版,第22卷,人民出版社,1990年,第208页。
③ 列宁:《马克思学说的历史命运》(1913年3月1日),《列宁全集》中文第二版,第23卷,第3页。
④ 列宁:《亚洲的觉醒》(1913年5月7日),《列宁全集》中文第二版,第23卷,第161页。

义殖民主义侵略势力。

受辛亥革命冲击最大的莫过于日本帝国主义。日本统治集团最不愿意看到自己的主要侵略扩张对象通过革命变成民族独立和民主共和的国家。日本前首相、军阀、元老山县有朋一语道破天机。他说:"日本不希望中国有一个强有力的皇帝,日本更不希望那里有一个成功的共和国。日本所希望的是一个软弱无能的中国,一个受日本影响的弱皇帝统治下的弱中国,才是理想的中国。"①因此,日本政府一开始就对辛亥革命抱着仇视敌对的态度。

武昌起义的第二天,日本驻汉口总领事松贞村雄在给日本外务大臣的报告中,就把革命军称为"暴徒"。②日本政府闻讯立即增派军舰到长江中下游一带,一边保护日本在华利益,一边监视革命军的行动。同时伺机进行武装干涉,甚至阴谋策划分裂和蚕食中国。日本陆军和海军分别拟定了出兵占领大沽口和长江口等战略要地的计划。驻华公使伊集院彦吉甚至还建议:"趁此绝好时机,亟应在华中、华南建立两个独立国家,而使满清朝廷偏安华北,继续维持统治。"③

辛亥革命的一大丰功伟绩就是推翻了统治中国几千年的君主专制制度,建立了共和国,这对犹在天皇制统治下的日本冲击很大。日本军部担心中国的共和革命会引起日本天皇制的危机。陆军的一个文件警告:"日本帝国将为民主国欤,抑为君主国欤? 此所谓天下成败之秋也。"④政论家德富苏峰甚至把中国革命比作"瘟疫",叫嚷:"鼠疫乃有形之病,共和制乃无形之病。"⑤当时,有一位英国作家曾这样生动描绘日本统治集团对中国建立共和制度的恐惧心情,"如果近在咫尺的中国,一个中央君主制王朝,能够像一个苦力一样,被一脚踢开,那么,在日本为什么不能这样呢? 如果在

---

① 密勒:《民主政治与远东问题》,引自沈巨光:《日本对中国辛亥革命的态度》,《国外中国近代史研究》第 2 辑,中国社会科学出版社,1981 年,第 328 页。

② 松村驻汉口总领事致外务大臣电(1911 年 10 月 11 日),《日本外交文书选择——关于辛亥革命》,中国社会科学出版社,1980 年,第 3 页。

③ 伊集院驻清公使致内田外务大臣电(1911 年 10 月 28 日),《日本外交文书选译》第 112 页。

④ 信夫清三郎:《日本外交史》中译本,上册,商务印书馆,1980 年,第 277 页。

⑤ 德富苏峰:《对岸之火》,《国民新闻》1911 年 11 月 12 日。

中国,清王室能够被发给年俸而令其退位。那么,这同样的办法,难道不会施用于日本的天皇与藩阀官僚吗?"①

正是由于上述原因,日本政府在辛亥革命期间,曾经竭力企图在中国维持君主政体。1911年12月22日下午,日本驻华公使伊集院彦吉对袁世凯说:"万一贵国变成共和国体,我国国民在思想上必受到不少影响。仅从此点出发,我国也要支持贵国实行君主立宪,并尽可能促其实现。"②12月24日,日本天皇召开研究对华方针的元老会议,再次重申:"帝国政府认为确立君主立宪制度为解救清国时局之最良方策。"③由于革命形势的迅猛发展和列强的意见分歧,日本政府才无可奈何地表示:"暂时听任事态之自然发展",并希望清政府"充分理解帝国政府曾为清国皇室及其国民煞费苦心,直到最后仍在尽最大努力设法维持"。④

日本统治集团还害怕中国的辛亥革命会刺激朝鲜等日本殖民地的民族解放运动,并助长日本国内革命思想的传播,动摇他们的统治。日本驻朝鲜殖民总督寺内正毅指出:"中国共和论对我国人心影响甚大,实为可惧。试观今日我新闻界青年之辈种种议论,即可得知。"他强调,"当局须对这种趋势有相当之认识方可"。⑤日本报纸《大阪朝日新闻》更明确提出:"我国如果同情邻国的叛乱(指中国的辛亥革命),就会影响新附的鲜民(指刚成为日本殖民地的朝鲜人民)。而且一方面严禁国内的危险思想,一方面又承认外国的危险行为,这在逻辑上也是矛盾的。"⑥因此,日本《报知新闻》公开鼓吹:"必须最低限度地抑制清国的祸乱,以杜塞两国彼此的危机。"⑦

当时帝国主义列强对中国辛亥革命引发中华民族的觉醒和反帝国主义情绪普遍感到担忧。1912年3月22日,法国驻华公使馆武官高拉尔德给

---

① A. M. 波列:《日本的外交政策》,伦敦,1920年,第64—65页。
② 伊集院驻清公使致内田外务大臣电(1911年12月13日),《日本外交文书选译》第312页。
③ 内田外务大臣致伊集院驻清公使电(1911年12月24日),《日本外交文书选译》第316页。
④ 内田外务大臣致伊集院驻清公使电(1911年12月26日),《日本外交文书选译》第326页。
⑤ 信夫清三郎:《日本外交史》中译本(上册),商务印书馆,1980年,第376页。
⑥ 《大阪朝日新闻》1911年10月27日。
⑦ 《报知新闻》1911年11月14日。

法国陆军部长的一份报告中说:"在这儿的常驻外交代表们几乎一致认为,排外情绪隐藏在所有中国人的灵魂中,不管是'旧式的'或者是'少年中国'时代,某一次事端、一个谣言或仅仅是骚乱的延长,都足以使排外情绪表现出来。"①1912年12月20日,英、法、德、日、俄、美六国驻上海总领事给南北议和双方代表的照会说:六国政府认为"目前中国战事的继续进行,不仅使该国本身,而且也使外国人的重大利益和安全将遭受严重威胁"。②

法国驻华公使裴格1911年12月8日致法国外交部长的信中,对辛亥革命冲击法国侵略势力及其在印度支那的殖民统治忧心忡忡。他说:"实际上,将逃不脱这种必然的后果,即本来是一场反满清皇朝的运动,突然变成反对外国人的行动,并且可能给印度支那带来一系列困难,它们也许会年复一年地骚扰边界地区,甚至引起我殖民地内部的混乱。"③

在中国拥有最多侵略利益的英国帝国主义,也担心辛亥革命损害他们的既得利益,而希望稳定局势,维护在中国的半殖民地统治秩序。武昌起义后,英国政府不仅用武力保护其在汉口的殖民据点租界的安全,而且还想趁机扩大租界的范围。英国驻华舰队司令温思乐海军中将鼓吹:"为了各国租界的安全起见,绝对有必要把这些租界扩展到铁路线,而且把那些居住在这个中间地带的中国人驱逐出去。"④

为了维护帝国主义的侵略权益,列强曾支持中国保持君主立宪而不是共和制。1911年11月14日,英国驻华公使朱尔典曾对袁世凯的儿子袁克定表示:"外国人的一般看法认为,此问题最好的解决办法是,保留满清王朝作为国家的象征元首,而同时如所承诺地作立宪的改革。共和政体的政府在我看来仍不适合于中国,而是一项冒险的尝试。"⑤因此英国支持袁世

---

① 高拉尔德致陆军部长先生(1912年3月22日),法国陆军部档案,《辛亥革命史资料新编》第7册,湖北人民出版社,2006年,第416页。
② 朱尔典爵士致格雷爵士函(1912年12月28日)附件2:同文照会。《英国蓝皮书有关辛亥革命资料选译》上册,中华书局,1984年,第270页。
③ 裴格致外交部长先生(1911年12月8日),法国外交部档案,《辛亥革命史资料新编》第7册,第238页。
④ 朱尔典爵士致格雷爵士函(1911年11月27日),《英国蓝皮书有关辛亥革命资料选译》上册,第87页。
⑤ 朱尔典爵士致格雷爵士函(1911年11月24日),英国外交部档案,《辛亥革命资料新编》第8册,第100—101页。

凯以"妥协辅之以武力"对付南方革命派并维持君主立宪的方针。相反,英国政府对孙中山的态度却是比较冷淡甚至苛刻的。1911年11月,孙中山即将途经香港回国时,英国驻华公使朱尔典向外交大臣格雷报告:"本人与香港总督皆认为,鉴于局势变化,我们无法阻止孙中山过境香港。但必须警告他不可停留香港从事革命活动。"①唯恐影响英国在香港的殖民统治。

美国驻华公使馆代办威廉1911年10月12日在给美国政府的报告中,认为武昌起义是中国"自太平天国事变以来最严重之叛乱"。②从美国侵华利益出发,美国政府对袁世凯和孙中山的评价和态度截然不同。1912年1月16日,美国驻华公使嘉乐恒在致国务卿诺克斯的报告中,赞扬袁世凯是"今日中国最富才干之人",而认为孙中山只是一个广东地方性的政治人物。因此,"孙逸仙能否掌握全局并统帅倒满之后各种不同之冲突势力及利益,颇值怀疑"。③

沙俄帝国主义也不愿中国通过辛亥革命强大起来,而更希望中国分裂。1912年1月10日,俄国外交大臣沙查诺夫在给沙皇尼古拉二世的奏章中提出,俄日两国是中国的邻国,"在中国有远比其他各国重要的政治利益。因此,俄日两国应利用目前特别有利的时机,以巩固其在华地位,并制止中国政府近年来所追求的、旨在反对俄日两国上述重大政治利益的政策"。④1912年11月9日,俄国代理外交大臣尼拉托夫在致俄国驻北京公使廓索维慈的信中说:"我们认为,将中国划分成一个个在某种程度上独立的邦,符合广义理解的我国利益。"⑤

帝国主义列强的这些言论,不正是他们受到中国辛亥革命的冲击同时又竭力维护与扩大其侵略利益的有力证据吗?

---

① 朱尔典爵士致格雷爵士函(1911年11月20日),《辛亥革命资料新编》,第8册,第106页。
② 杨日旭:《美国国务院外交关系文书中关于中山先生的记载》,见《孙中山先生与近代中国学术讨论集》第2册,台北,1985年,第201页。
③ 同上书,第201—202页。
④ 外交大臣呈尼古拉二世奏章(1912年1月10日),《俄国外交文书选译》,中华书局,1988年,第257—258页。
⑤ 代理外交大臣致驻北京公使廓索维慈,《俄国外交文书选译》,第200页。

三

辛亥革命的世界意义还表现在它是20世纪初亚洲民族解放运动的重要组成部分和"亚洲的觉醒"的主要标志。中国辛亥革命推翻清王朝封建统治和君主专制制度的成功,极大地鼓舞和推动了亚洲各国的民族解放运动和民主运动,而且孙中山和中国革命党人还积极支持和援助亚洲各国的民族解放斗争。

列宁曾经把20世纪初中国、印度、印尼、波斯、土耳其等国民族解放运动的高潮,称为"亚洲的觉醒",而且特别高度评价中国的辛亥革命。1913年5月16日,他在《真理报》发表《亚洲的觉醒》一文,指出:"中国不是早就被公认为是长期完全停滞的国家的典型吗?但是现在中国的政治生活沸腾起来了,社会运动和民主主义高潮正在汹涌澎湃地发展。""民主革命席卷了整个亚洲。"他还说亚洲"几万万受压制的、由于处在中世纪的停滞状态而变得粗野的人们觉醒过来了,他们走向新生活,为争取人的起码权利,为争取民主而斗争"。① 列宁在《马克思学说的历史命运》一文中还说:"不管各种'文明'豺狼现在切齿痛恨的伟大的中华民国的命运如何,世界上的任何力量也不能恢复亚洲的旧的农奴制度,不能铲除亚洲式和半亚洲式国家中的人民群众的英勇的民主精神。"②

辛亥革命对亚洲民族解放运动的鼓舞、推动和支持,是有大量历史事实可以证实的。

例如,中国辛亥革命使正处于革命低潮的越南革命者深受鼓舞,重新振奋和组织起来,推动了越南民族解放运动新高潮的出现。越南革命运动领导人潘佩珠于1912年年初来到中国广州,接着其他越南革命者也纷纷前来,两三个月内就聚集了一百多人。1912年2月,越南革命者在广州沙河抗法英雄刘永福故居的刘氏祠堂集会,决定把原来主张君主立宪的越南维

---

① 列宁:《亚洲的觉醒》(1913年5月7日),《列宁全集》中文第2版,第23卷,第160—161页。
② 列宁:《马克思学说的历史命运》(1913年3月1日),《列宁全集》中文第2版,第23卷,第3页。

新会改组为争取民主共和的越南光复会。通过革命纲领为"驱逐法贼,恢复越南,建立越南民主共和国"。推举潘佩珠为总理,领导机关分为总务、评议、执行三个部,并决定组织光复军,制定国旗、军旗,还仿效孙中山发行军用票的方法筹集资金。可以明显看出,越南光复会从纲领到组织、活动,都深受中国同盟会和辛亥革命的直接影响。当时越南人民还在家里公开悬挂孙中山和黄兴的照片,以表示对中国革命领袖的敬仰。

中国革命党人也积极支持和援助越南民族解放运动。1912年2月,孙中山于公务繁忙之中在南京接见了潘佩珠,并邀请他旁听了中华民国临时参议院的会议。黄兴也与潘佩珠进行了几次会谈,黄兴表示"我国援越,实为我辈不可辞之义务",[①]还建议越南革命者派青年学生入中国军校或军营,以储备革命人才。以后,便有不少越南革命青年进入广东、广西等地军事学校学习,为越南革命培养了一批军事人才。潘佩珠从南京回广州途经上海,拜访了当时的上海都督陈其美,陈其美慷慨赠其革命经费四千元和炸弹30枚等武器弹药。

为了推动越南民族解放运动的发展,在孙中山和中国同盟会的积极支持下,1912年8月,中越两国革命者在广州共同组织了一个援越抗法的革命团体振华兴亚会,有200余人参加。以中国同盟会会员邓警亚任会长,越南潘佩珠为副会长。该会的宗旨是"振华以兴亚","第一步为援越南,第二步为援印度、缅甸,第三步为援朝鲜"。[②] 该会还计划筹组援越军,后因形势变化而未能实现。

韩国(朝鲜)民族解放运动也受到辛亥革命很大影响。1897年朝鲜改国号为大韩帝国,1910年被日本吞并沦为殖民地。不少韩国爱国志士流亡到中国东北等地。中国爆发的辛亥革命使他们感到振奋和鼓舞,有的韩国革命者特地赶往南京和上海,近距离观察感受中国革命,并探索韩国民族独立解放的道路。如韩国爱国者李泰俊在1911年末流亡中国的动机就是"对日本帝国主义的残酷镇压的怨恨日益加深的时候,被震撼天下的内地的革

---

① 《潘佩珠年表》第78页,见陈锡祺主编:《孙中山年谱长编》上册,中华书局,1991年,第669页。

② 《潘佩珠年表》第84页,引自杨万秀、周成华:《孙中山与越南》一文,见林家有、李明主编《孙中山与世界》,吉林人民出版社,2004年,第561页。

命军消息所感动而启程的"。① 后来任上海韩国临时政府外务部长的金奎植也是听到辛亥革命消息而于1912年秋天流亡上海的。而郑元泽则是获悉"中国正在兴起孙中山和黄兴为中心的革命运动,韩国的有志青年也参加了"的消息后,于1913年年初流亡上海、南京。

与辛亥革命及中国革命党人发生更密切关系的是韩国独立运动领袖申奎植。他在1911年11月下旬,中国武昌起义消息传到韩国后,便从汉城出发渡过鸭绿江,经沈阳到北京。12月中旬,又离开北京,途经天津、济南、青岛到上海。在上海他参加了中国革命党人戴季陶创办的《民权报》的工作,并在该报发表文章,还使民权报社成为上海流亡韩国学生的联络处。申奎植曾写汉诗献给孙中山和黄兴,歌颂中国革命和革命领袖,诗中写道:"共和新日月,重辟旧乾坤,四海群生乐,中山万岁尊。"②而黄兴曾回信表达对韩国民族解放运动的支持,表示要"永远协助韩国人,使之迅速成功,共享自由幸福"。③ 1912年4月申奎植终于在上海见到了敬仰已久的孙中山。他在孙中山下榻的汇中旅馆经胡汉民介绍拜见了孙中山,受到孙中山的热情接待。虽然交谈时间不长,但对申奎植鼓舞很大,他不禁激动地高呼:"中华民国万岁!""亚洲第一位总统万岁!"并在1912年4月18日的《民权报》上发表了《拜谒孙中山记》一文。④ 申奎植在上海还曾与宋教仁、陈其美等人交往,并受到过上海都督陈其美的援助。

申奎植等韩国爱国志士在中国辛亥革命的鼓舞启下,开始探索韩国民族救亡光复祖国的道路和方法。1912年7月,他们在上海组织了爱国团体同济社,以互相帮助、同舟共济为名团结韩国流亡者和青年学生开展爱国救亡活动,为以后进一步发展独立运动和成立上海韩国临时政府打下基础。申奎植后来担任1919年在上海成立的韩国临时政府的法务部长和国务总理。同时,韩国革命者又与中国革命党人联系,共同创办了新亚同济社的组织,有不少中国同盟会重要人物参加,如宋教仁、陈其美、胡汉民、戴季陶、廖

---

① 裴京汉:《武昌起义后中韩纽带的开始》,《辛亥革命与二十世纪的中国》,中央文献出版社,2002年,第2029页。
② 裴京汉:《武昌起义后中韩纽带的开始》,《辛亥革命与二十世纪的中国》第2043页。
③ 同上书,第2031页。
④ 《拜谒孙中山记》,《民权报》1912年4月18日,第11页。

仲恺等,成为中韩两国民族解放运动互相支援和联络的纽带。

此外,辛亥革命还对印度尼西亚等东南亚国家的民族解放运动产生过影响,这种影响主要是通过当地华侨起作用的。

如中国武昌起义爆发和中华民国成立的消息传到印度尼西亚(当时称荷属东印度,是荷兰殖民地)时,印尼广大爱国华侨欢欣鼓舞,热烈庆祝中国革命的成功。1912年2月,雅加达等地华侨上街游行,升挂中华民国五色旗,燃放鞭炮,却遭到荷兰殖民当局镇压。荷兰殖民政府逮捕华侨多人并发布禁旗令。在中华民国政府的强烈抗议和印尼华侨的坚持斗争下,荷兰殖民政府被迫答应释放被捕华侨,取消禁旗令。

辛亥革命不仅大大提高了印尼华侨的反抗荷兰殖民统治的斗争意志,而且也刺激和推动了印尼人民的民族解放运动,1912年成立了伊斯兰联盟等民族主义组织。印尼独立运动领导人之一穆罕默德·哈达在一次演说中曾指出:"1911年中国革命推翻了世代相传的满洲政权,而代之以中华民国,要与欧洲国家享有平等权利和地位。中国内地发生的这个伟大事件中唤醒了印尼华侨心中的民族精神。他们对自尊心的觉悟表现在他们的日常行为之中。而这种情况也激动了印尼人民之心,并且促进了由伊斯兰联盟组织起来的最早的人民运动的出现。"①

辛亥革命对印度的影响以前研究较少。实际上孙中山、章太炎等在日本流亡期间就与印度爱国志士交往,并关心印度反抗英国殖民统治的民族解放斗争。辛亥革命后,印度革命者对孙中山更加仰慕,印度民族解放运动领袖甘地、高士等都把孙中山看成现代中国的缔造者。印度革命家哈尔·达雅尔在美国时曾会晤过孙中山。1913年他在美国旧金山建立太平洋沿岸印度人协会即卡德尔党时,把孙中山作为这个组织最崇敬的世界民族英雄之一。卡德尔党成员还常拿孙中山领导的中国辛亥革命来鼓舞自己的斗志。该党领导人之一穆拉·辛格说:如果中国人能建立共和国,印度人为什么不能?"我们必须走中国和另外国家所走的路,实现印度的革命。"②

---

① 周南京:《印度尼西亚华侨华人研究》,香港社会科学出版社有限公司,2006年,第91页。
② 古普塔:《印度革命运动史》,孟买,1972年,第42页。转引自林承节:《中印人民友好关系史》,北京大学出版社,1993年,第99页。

值得注意的还有辛亥革命对日本民主运动的影响。当时日本的一些进步人士发表了不少声援中国革命,支持中国实行共和制和反对政府干涉中国的言论。同时也希望通过对中国革命的同情和支持,来表达对当时日本天皇、军阀、官僚专制统治的不满和反对,并借此启发民众的觉醒。因此也可以说中国的辛亥革命直接影响和推动了日本大正初年的护宪运动和"大正政变"。

《社会政策》主编和田三郎发表文章批判鼓吹干涉中国革命的言论。他指出:如果因为中国不采用日本一样的君主制就要干涉,那等于"以别人不与自己戴同样的帽子就去打那个人的头一样,是野蛮的,粗暴的"。他还说:"我国人民虽然愚昧,但如果眼前展现出比我国先进之国家,实施自由之政治,则不能不觉醒。一旦觉醒,就将打破官僚统治。"他还一针见血地揭露,"现今的官僚政治家不正是有恐于此,才想假借皇室安危之名,干涉中国的共和制吗?"① 早稻田大学教授永井柳太郎也指出要支持中国革命,首先应在日本"唤起国民运动,驱逐阀族统治"。②

由于日本藩阀、军部的横行和对宪政的破坏,激起日本广大民众的愤怒,加上中国辛亥革命和民主共和思想的刺激鼓舞,日本在1912年(日本大正元年)到1914年爆发了两次声势浩大的护宪运动,推翻了两届军阀反动内阁,在日本历史上又被称为"大正政变"或"大正维新"。正在日本护宪运动蓬勃开展之际,孙中山于1913年2、3月来到日本考察,并到各处演说介绍中国革命经验和共和政体的由来,这无疑在日本护宪运动烈火上加了一桶油,对日本人民争取民主维护宪政的斗争,产生了积极的影响。一位日本诗人特地写了一首《给孙逸仙的诗》:"呜呼,一世之鼓吹家,无冕的革命王孙逸仙,乞月淹留二月春,待日本宪政花开时,采一枝樱花来相赠。"③ 反映了日本人对孙中山的仰慕并期望护宪运动胜利的心情。日本学者稻垣伸太郎认为:"在大正新时代的新政治之一,就是要去除藩阀、官僚这些明治时代留下的弊害,进行政治上的一大革命。也就是说,大正维新意味着第二个

---

① 和田三郎:《国际上的社会政策》,《社会政策》1911年12月号。
② 永井柳太郎:《代中国人作文嘲笑日本人》,《中央公论》1913年1月号。
③ 儿玉花外:《给孙逸仙的诗》,《太阳》1913年3月号。

中国革命。"①

四

辛亥革命的世界意义还体现在它在世界上的思想影响。尤其是孙中山提出的三民主义思想以及振兴亚洲、世界大同、天下为公等思想主张,对亚洲以至世界各国也产生了巨大而深远的影响,这也是值得我们认真发掘和深入阐发的。

孙中山的三民主义思想,是当时亚洲民主革命和民族解放运动思想家所提出的思想主张中最为丰富、完整,也是影响最大的思想。

列宁1912年7月15日在俄国《涅瓦明星报》上发表了《中国的民主主义和民粹主义》一文,对孙中山的三民主义革命纲领给予高度评价。他指出:"孙中山的纲领的字里行间都充满了战斗的、真诚的民主主义。""这是带有建立共和制度要求的完整的民主主义。它直接提出群众生活状况及群众斗争问题,热烈地同情被剥削劳动者,相信他们是正义的和有力量的。""我们现在看到的是真正伟大的人民的真正伟大的思想;这样的人民不仅会为自己历来的奴隶地位而痛心,不仅会向往自由和平等,而且会同中国历来的压迫者作斗争。"②同时,列宁也深刻地剖析了孙中山民生主义经济纲领中的民粹主义和空想社会主义色彩,指出"中国的民主主义者真挚地同情欧洲的社会主义",但提出的却是一个"十足资本主义的土地纲领"。③列宁还告诫中国将来的无产阶级政党在批评孙中山的小资产阶级空想观点时,"大概会细心地挑选出他的政治纲领和土地纲领中的革命民主主义内核,并加以保护和发展"。④列宁的这些论断是值得我们好好领会和深思的。

孙中山的思想早在他流亡日本时就受到亚洲各国革命青年的推崇。当时与孙中山有交往的菲律宾民族解放运动领导人彭西,1912年在马尼拉出

---

① 稻垣伸太郎:《中国革命和我们的阀族政治》,《日本及日本人》1913年1月15日。
② 列宁:《中国的民主主义和民粹主义》(1912年7月15日),《列宁全集》中文第2版,第21卷,第427页。
③ 同上书,第430页。
④ 同上书,第432页。

版了《孙逸仙——中华民国的缔造者》一书,热情赞扬孙中山是一位冷静而有理想的思想家、演说家。他写道:"孙中山善于把远东各国的共同问题综合起来加以研究。因此,他成为一群来自朝鲜、中国、日本、印度、暹罗和菲律宾的青年学生的热情鼓动者之一。"①

孙中山三民主义思想对亚洲国家的影响,可以举一个典型的例子。

印度尼西亚民族解放运动的著名领袖、印尼共和国的缔造者苏加诺,曾多次谈到他如何深受孙中山三民主义思想的影响。1956 年 10 月 4 日,苏加诺总统访华期间在清华大学的演说中回忆道:"在青年时代,我阅读过三民主义,我不是一次,而是两次、三次、四次,从头到尾地详细阅读三民主义。作为一个青年,我受到孙逸仙博士所提出的三民主义的鼓舞,三民主义即民族、民权、民生,鼓舞了我的灵魂。"②苏加诺还说,后来他把孙中山的三民主义思想和接触到的其他理论及印尼的实际情况相结合,成为 1945 年提出的"五民主义"——"潘查希拉"(即"印度尼西亚建国五原则")。

1956 年 8 月 15 日,苏加诺在雅加达为宋庆龄举行国宴的演说中,也讲到"我曾经把三民主义读过多少遍,它鼓舞我去斗争和热爱我的国家和人民"。他还说,他是在阅读了孙中山的著作之后,才第一次知道"亚洲是一家"这个概念的。他认为"孙中山不但是中国的领袖,而且也是整个亚洲的领袖。"③

苏加诺还曾经对印尼记者陈盛智说过:"本人从 18 岁起,参加伊斯兰联盟,那时不知什么叫民族主义,后来拜读了孙中山先生的学说,才知道民族主义的重要。孙先生的民族主义,不单为中国,它并且适用于亚洲一切弱小民族。所以我敢说,要实现孙先生的理想,一定要使亚洲没有一个被统治的殖民地,为此,我对中国寄予极大希望,希望中国将援助要求解放独立的亚洲民族。"④

---

① 彭西:《孙逸仙——中华民国的缔造者》,转引自周南京:《菲律宾与菲华社会》,香港社会科学出版社有限公司,2007 年,第 179 页。
② 苏加诺在清华大学的演说(1956 年 10 月 4 日),《新华半月刊》,1956 年第 21 期。
③ 苏加诺在招待宋庆龄国宴上的演说(1956 年 8 月 15 日),周南京、孔远志主编:《苏加诺、中国、印度尼西亚华人》,香港社会科学出版社有限公司,2003 年,第 119 页。
④ 苏加诺对印尼华人记者陈盛智的谈话(1947 年),周南京、孔远志主编:《苏加诺、中国、印度尼西亚华人》,第 116 页。

孙中山的三民主义以及振兴亚洲、世界大同、天下为公等思想对韩国、越南、菲律宾、印度等国革命者都有影响,在此不再一一列举了。

总之,辛亥革命的世界意义,还是一个需要不断开拓和深入挖掘、尚有很大潜力的课题,有待我们作进一步的研究和探讨。也希望世界各国学者发掘和利用各种外文资料,共同探讨这一课题。

民国元年孙中山与袁世凯北京会谈新论

孙中山被解除中华民国临时大总统职务以后，曾应袁世凯的邀请，于1912年8月赴北京与袁会谈，共商国是。这是民国初年孙中山革命生涯中的一件大事，对研究辛亥革命和当时孙中山的思想、活动、心理均十分重要。可惜过去由于史料不足和视角不同，对此事似尚少专门考证研究，有些论述、评价也欠深入全面。本文试图在梳理、考订有关史料的基础上，对1912年孙袁会谈的经过、内容和评价，作一新论，特别是着重探讨当年孙中山先生改造中国的理想宏愿和良苦用心。

一、孙袁会谈史料史实之梳理考订

历史研究必须建立在对史料史实梳理考订的基础上，才能作进一步分析论述。由于1912年孙袁会谈是秘密会谈，参与人员极少，事后又未公布谈话记录。现存档案中至今尚未发现有关记录，因此缺乏完整资料。目前刊出的谈话内容大多摘自当时报刊的零星报道和个别人的回忆。因此台湾1981年8月出版的《国父全集》第二版第2册仅记录了孙袁关于消纳军队实为军民分治之要着的谈话。① 内地1982年7月出版的《孙中山全集》第2

---

① 国民党中央党史委员会编印：《国父全集》第2册，台北，1982年8月1日再版，第828页。

卷,也只收录了孙袁关于蒙藏问题和借款的三次谈话要点。① 台湾1969年11月出版的《国父年谱》(增订本)仅笼统地记述了民国元年8月24日孙中山抵北京与袁世凯谈铁路、外交、实业问题。② 内地1991年8月出版的《孙中山年谱长编》也只是概括介绍"8月至9月在北京与袁世凯多次会谈"。③ 但据凤冈及门弟子编《三水梁燕孙先生年谱》所述,孙中山在北京"与袁会晤共十三次,每次谈话时间自下午四时至晚十时或十二时,更有三四次谈至二时后者。每次会晤,只孙袁及先生(指梁士诒)三人,屏退侍从,所说皆国家大政"。④ 该书言孙袁会谈仅有总统府秘书长梁士诒一人参与,恐有夸张。据当时任北京政府国务院秘书长的张国淦回忆"就可知者,有二次国务员在坐,有三次总理在坐,府院秘书长同在坐"。⑤ 另据冯耿光回忆1912年8月26日上午袁世凯到石大人胡同迎宾馆回拜孙中山并会谈时,他和大礼官黄开文也在场,并记载了袁世凯进屋后忘了脱军帽摘佩刀的窘相。⑥ 而9月16日袁世凯为孙中山举行饯别宴会并谈话时,还邀请了黄兴和杨度作陪。可见梁士诒所说的会晤次数及每次谈话时间、参与人员也未必确切。而且《三水梁燕孙先生年谱》中仅记录了孙袁"一夕"谈练兵修路的谈话,及孙中山与梁士诒的一次交谈。该书还写道:"孙袁会晤,在当时关系国家前途甚重大。十三次谈话,所语为何,唯先生(指梁士诒)知之最详,但二十年来,未尝语人。民国二十一年,先生欲将自己经历编成政书,曾语其秘书某曰'孙袁会晤,可勒成一部专书,容吾暇时述之'。乃先说以上两事。未几,先生竟归道山,孙袁谈话,竟成天上曲矣,惜哉!"⑦孙袁会谈至今未发现会谈原始记录,梁士诒的专著又没写出,确实是莫大遗憾,亦是研究1912年孙袁会谈的最大困难。

---

① 中国社会科学院、中山大学等合编《孙中山全集》第2卷,北京中华书局,1982年7月第1版,第412、427—428、451—452页。
② 罗家伦主编、黄季陆增订《国父年谱》(增订本)上册,台北国民党党史编纂委员会,1969年11月增订版,第479页。
③ 陈锡祺主编:《孙中山年谱长编》上册,中华书局,1991年8月,第715—717页。
④ 凤冈及门弟子编:《三水梁燕孙先生年谱》,民国二十八年初版铅印本。
⑤ 张国淦:《孙中山与袁世凯的斗争》,《近代史资料》,1955年第4期。
⑥ 冯耿光:《孙中山与袁世凯的第一次会见》,《上海文史资料》第15辑。
⑦ 凤冈及门弟子编:《三水梁燕孙先生年谱》,台湾商务印书馆影印,1978年。

目前关于孙袁会谈的历次谈话内容,基本上都是摘自当时各种报刊上的新闻报道。以当时革命派的稳健派和激进派在上海主办的报纸《民立报》和《民权报》报道最多,其他还有《申报》、《时报》、《天铎报》、《民主报》、《太平洋报》等报刊以及梁士诒、张国淦、冯耿光、黄远庸等人的回忆。上海王耿雄先生曾致力收集孙中山先生事迹、佚文及报刊报道,先后编集了《孙中山史事详录1911—1913》(天津人民出版社,1988年)和《孙中山集外集》(上海人民出版社,1990年),其中辑录了《孙中山全集》中未刊的孙袁十一次谈话要点。黄宗汉、王灿炽先生编的《孙中山与北京》(人民出版社,1996年)一书也引用了这些史料。笔者为了对孙袁会谈作进一步分析研究,特地查阅了1912年全部《民立报》、《民权报》和《申报》,并考订上述其他史料,对1912年孙袁会谈的次数、日期、地点、方式、话题、资料出处作一览表如下:

1912年8—9月孙中山与袁世凯在北京会面会谈一览表

次数	时间	地点	方式	话题	资料出处
第一次	8月24日晚	铁狮子胡同总统府	袁举行欢迎宴会后谈话	袁致欢迎词,孙致答词,建议修铁路,孙责问袁为什么杀张振武等。	《民权报》8.26、《申报》8.20;〔美〕林百光《孙逸仙传记》
第二次	8月26日上午	石大人胡同迎宾馆	袁回拜孙并谈话	袁问孙各国政治学术本源,孙问袁中国财政外交情形。	《民立报》8.28
第三次	8月27日晚	总统府	袁约孙谈话并宴会	关于蒙藏问题等	《天铎报》9.4
第四次	8月28日晚	总统府	袁宴请孙并谈话	袁致词,孙致答词,谈政党内阁等问题。	《民立报》8.30 《申报》9.7
第五次	8月29日晚	总统府	会谈	关于迁都、外交、修铁路、练兵、蒙藏等问题。	《民立报》9.31 《天铎报》9.3

续表

次数	时间	地点	方式	话题	资料出处
第六次	8月30日晚	总统府	会谈	铁道、外交、实业等问题	《时报》9.6
第七次	8月31日晚	总统府	会谈	借款、军民分治、西藏问题	《民权报》9.6
第八次	9月1日晚	总统府	会谈	借款、蒙藏问题	《天铎报》9.3—4《民权报》9.3
第九次	9月2日晚	总统府	会谈	协议发起救国社以化除党争	《天铎报》9.6
第十次	9月3日晚	总统府	会谈	迁都等问题	《申报》9.11《时报》9.12《天铎报》9.10
第十一次	9月4日晚	总统府	会谈	借款、财政、国民捐等问题	《天铎报》9.10—11《民立报》9.11《民权报》9.9
第十二次	9月5日晚	总统府	会谈	蒙藏问题等	《天铎报》9.9
第十三次	9月6日晚	总统府	袁举行饯别宴会并谈话	关于革命是否成功,商榷会谈大纲八条等	《孙中山轶事集》;《民立报》9.22

从以上一览表中可以看出从8月24日至9月16日期间,目前有报刊报道的孙袁会面、会谈共十三次,其中三至四次是宴会并谈话。主要涉及的话题有政治方面的政党、内阁、军民分治、消除党争、练兵、迁都等问题;经济方面的修筑铁路、兴办实业、借外债、发行国民捐等问题以及外交、蒙古西藏边疆等方面问题。实际上研究孙袁会谈不能孤立地只看报刊透露的会谈内容,还应结合孙中山在北京期间出席的各种会议、会见时所作的几十次讲演、谈话,这些讲演内容大多已由当时报刊作公开报道,比较详细,不少已收入《孙中山

全集》，可以说大体上也是孙中山在与袁世凯会谈中的基本立场观点和思想主张，亦可补充孙袁会谈本身史料不足。因此笔者把孙中山在北京期间除了与袁世凯会谈、宴会以外，所出席的各种会议、会面的时间、地点、会议名称、演讲或谈话的主要内容及《孙中山全集》第 2 卷中所刊页码，亦列一览表如下：

孙中山 1912 年 8.24—9.17 在北京出席各种会议、会面及讲演一览表

时 间	地 点	会议或会见名称	讲演或谈话主要内容	《孙中山全集》第 2 卷页码
8 月 25 日上午	湖广会馆	北京同盟会本部欢迎会	团结一致巩固民国	第 406—407 页
8 月 25 日下午	湖广会馆	国民党成立大会	建党宗旨、民生主义等问题	第 407—411 页
8 月 26 日	迎宾馆	会见国务总理陆征祥	巩固民国不外整顿内政及联络外交	第 411—412 页
8 月 27 日	迎宾馆	会见各国公使、招待各界人士		
8 月 28 日	迎宾馆	与内地报记者谈话	蒙藏问题、银行团借款事	第 413—414 页
8 月 28 日	迎宾馆	与亚细亚日报等报记者谈话	修筑铁路等问题	第 416—418 页
8 月 29 日中午	金鱼胡同那桐宅	国务院各总长欢迎宴会		
8 月 29 日下午	万牲园	北京广东公会欢迎会	广东省三大问题：政治、经济、军队铁路建设问题	第 419—420 页
8 月 29 日下午	万牲园畅观楼	全国铁路协会欢迎会	铁路建设问题	第 420—422 页
同上	同上	北京邮政协会欢迎会	介绍外国邮政、电报	第 422 页

续　表

时　间	地　点	会议或会见名称	讲演或谈话主要内容	《孙中山全集》第2卷页码
8月30日下午	湖广会馆	北京学界欢迎会	学界与革命、学问为立国根本	第422—424页
8月31日下午	万牲园畅观楼	参议院欢迎会	迁都问题	第425—426页
同上	香山会馆	广东香山会馆公宴		
9月1日下午	万牲园畅观楼	军警界欢迎大会	军警为立国之基本	第428—429页
同上	雍和宫	蒙藏统一政治改良会欢迎会	蒙藏问题、五族共和	第429—430页
9月1日晚	六国饭店	蒋翊武、邓玉麟、胡培德等欢迎宴会	铁路计划	《孙中山集外集》第64页
9月1日下午	安庆会馆	北京报界欢迎会	铁路、借款等问题	第431—435页
同上	同上	中华民国铁道协会欢迎会	铁路建设问题	第435—437页
同上	北京贫儿院	北京贫儿院欢迎会	民生主义与国家社会主义	
9月3日	织云公所	五族合进会与西北协进会欢迎会	五族共和	第438—440页
9月4日下午	湖广会馆	共和党本部欢迎会	政党问题、民生主义	第440—442页
同上	同上	国民党理事会	推辞理事长	《孙中山集外集》第65页
同上	迎宾馆	与时报记者黄远庸谈话	中央地方关系、铁路等问题	第442—446页

续表

时间	地点	会议或会见名称	讲演或谈话主要内容	《孙中山全集》第 2 卷页码
9 月 5 日	灯市口教堂	基督教会等六教会欢迎会	宗教与政治	第 446—447 页
9 月 5 日晚	迎宾馆	答谢各界茶话会	外交问题	第 447—449 页
9 月 6 日上午	八旗生计会所	在京满人欢迎会	政治改革、五族一家	第 450 页
9 月 6 日晚	南口	京张铁路同人欢迎会		
9 月 10 日	后海醇亲王府	访前清醇亲王载沣	五族共和、共跻富强	《孙中山集外集》第 191 页
9 月 11 日	南横街粤东会馆	广东旅京同乡欢迎会	琼州(海南岛)开发问题	第 453—468 页
9 月 12 日	金鱼胡同那桐宅	前清皇族欢迎会		
9 月 14 日	迎宾馆	招待北京报馆同人	借款、修铁路等问题	第 456—468 页
同上	公使馆	拜会驻北京各国公使		
9 月 15 日	湖广会馆	国民党本部欢迎会	政党、铁路问题	第 469 页
同上	织云公所	北京回教俱进会欢迎会	宗教平等	第 477 页
同上	迎宾馆	招待参议院议员茶话会	铁路、借款、地价等问题	《孙中山集外集》第 66—67 页
9 月 16 日下午	迎宾馆	招待十三国驻京公使		
9 月 16 日晚	迎宾馆	国民党理事会茶话会	讨论国民党对政府态度	

二、孙中山北上的宗旨和宏愿

1912年8月23日《民权报》曾有题为《孙中山北行之伟愿》的报道,声称"本报兹得确实消息,孙先生之行抱极大主义,未行之时手编《中华民国共和真理》一书,分类二十五部,内中安置满族、抚慰蒙藏人士尤为详细,此次北行将此篇携之而往,意欲与袁商榷一切,如果合言,拟赴外蒙古一行。"①虽然该报所说的孙中山手编《中华民国共和真理》一书始终未能面世,所谓书中二十五部详细内容不得而知。但是我们仍可以找到一些报道孙中山北上宗旨、计划、政见的史料。

早在1912年6月初,已有报刊报道孙中山北上之目的、原因。如《江西民报》1912年6月20日报道孙中山北上政见为:"(一)婉商各公使早换国书,(二)代华侨求参政权,(三)调停借款,(四)劝募华侨国民捐,(五)提倡募集国内公债,(六)调停党派,(七)解散军队,(八)发行国债票。"上海《申报》6月4日也有类似报道:"孙中山赴京原因为(一)调停党派,(二)拟来北方提倡民生主义,(三)因满蒙一带对于共和恐不能确实承认,拟遍游一次,以侦察北方之真情,(四)因外债累起波折,拟竭力提倡国民捐……(五)华侨要求代议权,中山极为赞成,特来代为说明理由,以求参议员之同意,(六)因南洋华侨对于国民捐极为热心,将来与总理商定鼓励办法。"②

8月23日,孙中山在塘沽答记者问时说道"予此次北来之意,不外调和南北感情,巩固民国基础"。③ 8月27日《民立报》透露"中山先生拟特约袁总统作十日畅谈,如海军港问题,如对外政策,如银行政策,如振兴实业政策,如国防问题,如整理军队办法,如借债问题,如铁路政策,皆将尽情商榷,蕲有完善之国事大方针云"。

8月27日《民权报》报道:"孙中山先生抵京后会晤袁总统所提议之事件凡十二项,现在商议一切进行方法,一、组织有力政府,二、统一全国政治,

---

① 《孙中山北行之伟愿》,《民权报》1912年8月23日。
② 王耿雄编:《孙中山史事详录1911—1913》,天津人民出版社,1986年9月,第317页。
③ 《在塘沽与某报记者的谈话》,《孙中山全集》第2卷,第405页。

化除南北畛域,三、要求各国承认,四、整理财政,五、整顿边防,六、遣散军队,七、输入外资问题,八、军民分治问题,九、铁路政策,十、教育方针,十一、维持立法机关,十二、振兴内国制品。"

另据《民权报》8月29日报道:"孙中山先生宣布自己宗旨及政见:(一)男女平权,(二)大铁道计划,(三)尊重议院,(四)南北万不可分离,(五)大局急求统一,(六)报界宜造或健全政论,(七)决不愿居政界,唯愿作自由国民。"

9月2日《民权报》又透露:"宋教仁向人言","近中山先生已与袁世凯商议四大事,一、将财政事宜竭力整顿,决意借用外债,惟借债不可过多,过多则负累太重,非我国民力所能胜,且恐启政府奢侈之心。二、外交问题,宜视理之曲直以定交涉之强硬与否,至各国承认民国一层不必着急,我内政果能统一,各国自同时正式承认。三、蒙藏问题,当以激烈手段解决,一面派员宣导民国德意,以启其内向之心。四、遣散军队问题,宜南北同时举行,但宜行之以渐决,不可操切从事云"。

根据以上史料和孙袁十三次会谈以及孙中山在北京期间三十多次演说、谈话内容,我们可以归纳和分析孙中山先生此次北上的三大宏愿。

其一是统一中国的宏愿。孙中山早在1912年1月1日就职临时大总统的宣言书中,就宣布要实行五个统一,即民族之统一、领土之统一、军政之统一、内治之统一、财政之统一。① 而到8月孙袁会谈时中国的形势却是政潮起伏、南北不和、各省不稳、兵变遍地,还有边疆危机。而且列强尚未承认中国,沙俄怂恿外蒙独立,英国唆使西藏分裂。孙中山希望通过北上与袁世凯会谈,"收和平统一之功",因此一再重申北上宗旨是"统一全国政治,化除南北畛域","南北万不可分离,大局急求统一","调和南北感情,巩固民国基础"。

维护中国领土完整和中华民族统一,制止蒙古西藏分裂,也成为孙袁会谈的一个重要话题。孙中山指出:"现在蒙藏风云转瞬万变,强邻逼视,岌岌可危,凡我国人,莫不注目。"并主张"此后蒙、藏消息,责成各该处办事长

---

① 《临时大总统宣言书》,《孙中山全集》第2卷,第2页。

官逐日报告一次,由政府再分送各报登载。既免误传,且得真相。"①还建议"一、速颁待遇西藏条例。二、加尹昌衡宣慰使衔,只身入藏,宣布政府德意,令其自行取消独立"②。他"深信中国必能恢复已失之疆土,且绝不需要外力之帮助"③。孙中山在多次讲演中强调民族平等团结。他在9月1日出席蒙藏统一政治改良会欢迎会上演说时,竭力劝导蒙藏同胞"了解共和之真理与吾内地同胞一致进行,以共享共和之幸福",而不要受"外人挑弄"。④ 对于外交问题,孙中山主张"改变闭关主义而为开放主义",⑤积极引进外资,争取各国承认,同时又要维护国家主权和统一。

其二是建设中国的宏愿。1912年4月1日,孙中山在临时大总统解职后的饯别会演说中曾谈到:"今日满清退位,中华民国成立,民族民权两主义俱达到,唯有民生主义尚未着手,今后吾人所当致力的即在此事。"⑥孙中山在北上前夕即8月22日曾写信给宋教仁,吐露心声。他认为"民国大局,此时无论何人执政,皆不能大有设施。盖内力日竭,外患日逼,断非一时所能解决。若只从政治方面下药,必致日弄日纷,每况愈下而已。必先从根本下手,发展物力,使民生充裕,国势不摇,而政治乃能活动。弟刻欲舍政事,而专心致志于铁路之建筑……拟先来北京一行,以觇人心之趋向"⑦。孙中山解职后从国家和人民长远利益出发,志愿致力中国经济建设,振兴实业,发展生产力,以巩固民国物质基础,适应世界现代化潮流。因此他在北上宗旨中一再宣称"拟来北方提倡民生主义","此次赴京之目的,则在鼓励发达中国实业,盖此为方今最要之举也"。⑧

孙中山在中国现代化建设中首先抓住铁路建设为关键和突破口。这也是他建设中国宏愿中的重要内涵和孙袁会谈的中心议题。孙中山反复强调修筑铁路的重要性,1912年8月29日他在全国铁路协会欢迎会上指出:

---

① 《与袁世凯的谈话》,《孙中山全集》第2卷,第412页。
② 《在北京与袁世凯的谈话》,《孙中山全集》第2卷,第427—428页。
③ 《在北京与〈内地报〉记者的谈话》,《孙中山全集》第2卷,第414页。
④ 《9月1日孙先生欢迎会记》,《民立报》1912年9月8日。
⑤ 《孙先生迎宾馆答礼会记》,《民立报》1912年9月12日。
⑥ 《在南京同盟会会员饯别会的演说》,《孙中山全集》第2卷,第319页。
⑦ 《致宋教仁函》,《孙中山全集》第2卷,第404—405页。
⑧ 《特约路透电》,《民权报》1912年8月26日。

"特今日中国既贫且弱,曷克臻此。故欲能自立于地球上,莫如富强。富强之道,莫如扩张实行交通政策。世人皆知农、工、商、矿为富国之要图,不知无交通机关以运输之,则着着失败……故今日欲谋富国之策,非扩充铁路不可。"①"以国防而言,以政治而言,以文化而言,铁路皆有极大之关系。"若能修通铁路"我国兵力可以保护边围,就可以巩固国防","铁路为人所夺,国即为人瓜分","总之,今日修筑铁路,实为目前惟一之急务,民国之生死存亡,系于此举"。②至于修路经费困难,孙中山主张引进外资和借外债,他认为只要政策得当,借款筑路有利无害,"但能兴利,又无伤主权,借款自不妨事"。孙中山自告奋勇,说"兄弟现于政界务脱离关系,惟于铁道则引为己任,极力提倡"。"今当国疾民贫之时,我国立国之本,当以建筑铁路为第一政策,兄弟主张于十年内修二十万里铁路,借六十万万外债以为资本,实救国之要着。"③他还认为练兵和铁路"两策以铁路为先,工商、教育可一呼而起。若路不成,有兵亦无所用"④。

孙中山通过与袁世凯会谈,终于争取到袁世凯颁布临时大总统命令,授予孙中山"筹划全国铁路全权"。他要求交通部"将全国各干线、支线,已办、未办、道路险夷,款多少?从速分别详细绘图,即日送交,以便会商各界分股兴筑"⑤。并乘火车亲自视察了京张铁路。孙中山还设计了建设三大铁路干线的计划,南路自广东经广西、贵州、云南、四川、西藏至新疆天山之南;中路起长江口经江苏、安徽、河南、陕西、甘肃至新疆伊犁;北路自秦皇岛经辽东、蒙古至唐努乌梁海。通过这三条东西大干线与已规划的南北干线相配合可贯通全国,不仅能促进工商业和巩固国防,而且有利于开发西部、北部地区,尤其是边疆和少数民族地区,还可实行东南部向西北部的移民政策。⑥

孙中山在北京还大力倡议开发海南岛,建议改琼州为省,并与各界联合

---

① 《在北京全国铁路协会欢迎会的演说》,《孙中山全集》第2卷,第420页。
② 《在北京报界欢迎会的演说》,《孙中山全集》第2卷,第433页。
③ 《在北京报界欢迎会的演说,附同题异文》,《孙中山全集》第2卷,第434—435页。
④ 《与〈亚细亚日报〉记者的谈话》,《孙中山全集》第2卷,第415页。
⑤ 《致交通部函》,《孙中山集外集》,上海人民出版社,1990年,第352页。
⑥ 《黄远生遗著》上册,第2卷,商务印书馆,1884年,第181页。

提出《琼州改设行省理由书》，认为有利于开发天然资源、巩固海防和提高少数民族地区文化教育水平。此外他还与袁世凯谈到国民公债、民捐等问题。

其三是改造中国的宏愿。孙中山北上还抱着改造中国政治、军事的宏愿。在与袁世凯会谈中，针对袁提出的军民分治，指出："军民分治，法美意良，唯须规定一妥善之法，务使分治得宜，两方俱有完全之责。然军权亦不可尽归都督，须由军长与兵士分掌之，庶免仍蹈专制故智。故消纳军队，实为分治之要着。"①在与袁世凯讨论分权集权问题时主张"有限的中央集权，其意谓：司法、交通、外交、军事、财政则宜归之于中央，其他则宜由地方自理。"②并对改造政府、调和南北提出三点解决方法：1. 中央政府必须开诚布公，2. 取决于国民民意，3. 组织强有力之政府。袁世凯询问如何解决各省暗潮、冲突？孙中山"则以通电各省，使遵守约法，勿越权限，为解决争竞之办法"。③ 这些都是孙中山企图以民主政治思想改造中国政治的一些主张。

孙中山在京期间一件大事是成立了国民党，这也是改造中国政治的一个重大举措。他在国民党成立大会上指出："国家之有政党，原以促政治之进行，故世界文明各国，无不有政党以维持之。今日合五大政党为一国民党，势力甚为伟大，以之促进民国政治之进行，当有莫大之效果。"④孙中山改造中国政治的另一措施是主张迁都。他认为："北京乃民国首都，而东交民巷乃有大炮数尊，安置于各要隘，殊与国体大有损辱。且北京乃前清旧都，一般腐败人物，如社鼠城狐，业已根深蒂固，于改良政治颇多掣肘。又以地势衡之，北京地点偏于东北，当此满蒙多事之秋，每易为外人所挟制，故迁都问题，实为目前之急务。"⑤"试思举一国之首都，委之他国人代为守护，是可忍孰不可忍，所以予有迁都之建议也。"他主张迁到南京、武昌或开封。9月3日与袁世凯第十次会谈时，孙向袁建议迁往河南开封。袁世凯当然不肯离开北京和北洋老巢，便立即拒绝，说："我本河南省人，岂有不愿，特此

---

① 《在北京与袁世凯的谈话》，《孙中山全集》第2卷，第427页。
② 《记者眼光中之孙中山》，《时报》1912年9月6日。
③ 《与袁世凯第九次的谈话》，《孙中山集外集》，第187页。
④ 《在国民党成立大会上的演说》，《孙中山全集》第2卷，第410页。
⑤ 《在北京与各报记者的谈话》，《孙中山全集》第2卷，第426—427页。

着为事实上所万不能行者云。"①

孙中山当时对建设中国改造中国尚抱很乐观的态度,在袁世凯的欢迎宴会上甚至认为"以我五大族人民既庶且富,又能使人人受教育,与列强各文明国,并驾齐驱,又有强兵以为之盾,十年后当可为世界第一强国"②。

三、孙中山北上的苦心和意义

对于1912年8、9月孙中山的北上及孙袁会谈,以往的论著较多强调其消极负面作用。有些论著认为孙中山北上是"上了袁世凯的大当","读一下孙中山当时在同袁世凯会见后的言论,可见他是多么深地落进了袁世凯设立的陷坑"。"孙黄与袁的会谈,在政治上犯了一个明显的严重错误","把革命党人引上一条错误的道路,从而使革命力量遭受进一步的严重损失"。③

毋庸讳言,孙中山此次北上对袁世凯做出了一些妥协让步,而且没有采取适当策略抑制袁的野心,反映其对袁世凯的反动本质认识不足,客观上削弱了革命党人的警惕性,有利于袁世凯摆脱困境和巩固权力,这方面以往论著分析较多,本文不再重复。但是我认为不能把孙中山的北上及孙袁会谈简单归结为孙中山的"幻想"、"上当"和"严重错误",而应该历史地分析当时的客观形势和各种因素,并要深入考察孙中山对袁妥协的策略意图及其改造中国的良苦用心,肯定孙中山北上也具有一定的积极意义。

当时客观形势确实很严峻险恶,可以说是既有内忧又有外患,既有南北矛盾冲突又有革命派内部分歧。孙中山为了调和南北、稳定政局,巩固民国基础和共和成果,争取一个进行经济建设的安定统一的政治环境,从中华民国和中国人民长远利益出发,发展生产力,从事铁路建设,而决心不顾个人安危,不计个人得失,毅然北上。这是值得肯定无可厚非的。而且当时袁世凯的反动面目尚未充分暴露,其镇压民主势力的准备尚未完成,表面上仍表

---

① 《北京11日电》,《时报》1912年9月12日。
② 《在北京袁世凯欢宴席上的答词》,《孙中山全集》第2卷,第419页。
③ 参见胡绳武、金冲及著:《辛亥革命史稿》第4卷,上海人民出版社,1991年,第385页;章开沅、林增平主编:《辛亥革命史》下册,人民出版社,1981年,第426页等著述。

示效忠共和并对孙中山百般笼络。不仅隆重欢迎,殷勤接待,而且会谈中假意奉承、甚至连称"卓见极是"。在这种情况下,孙中山对袁世凯的赞扬肯定和妥协让步,一方面反映孙对袁认识警惕不够,被假象蒙蔽。另一方面也说明袁世凯的反动面目有一个暴露过程,而孙对袁也有一个认识过程,在当时就要求孙与袁决裂或针锋相对斗争是不合情理的。

其实孙中山在北上和与袁会谈中对袁世凯也并非都是无原则迁就。有史料记载在8月24日孙中山抵北京当晚与袁世凯第一次谈话时就尖锐责问:"你为什么置张振武于死地?"当袁辩解后,孙又斥责袁"你相信你的恐惧心可以辩护你的行为是对的吗?"①另据有人回忆9月16日在袁世凯举行的饯别宴会上,袁世凯急欲刺探孙中山的意志,佯作酒醉,俯孙曰:"方今革命克告成功,先生奔走数十年之目的已达,中华革命于是告终矣乎?"孙中山莞尔从容对曰:"满清幸已推翻,如云国中革命从此告终,恐未必然。"②袁闻语失色,孙仍坦然。在孙袁会谈中,关于军民分治、集权分权等问题也有不少分歧,成立国民党以及主张迁都也是对袁的牵制,并表现出孙中山维护民主的良苦用心。正因有此基础,故1913年3月"刺宋案"发生后,孙中山能很快猛醒,认清袁的反动面目,以致主张武力讨袁。

正如前面所述孙中山是带着统一中国、建设中国、改造中国的宗旨和宏愿北上的,他希望通过对袁的一些妥协让步换取对中国铁路建设和发展实业的领导权,发展生产力以巩固国民经济、国防基础。为此孙中山先生确实是煞费苦心,不惜多次与袁商谈铁路及借款问题,终于取得了"筹划全国铁路全权"。他还在各种场合宣传鼓吹,并亲自考察京张铁路,为铁路建设四处奔波,不遗余力。

孙中山在北京逗留25天期间,不辞劳苦,出席北京各界人士的欢迎会、谈话会并作演讲达三十多次。对象既有国务院总理、部长、参议院议员等政界要人,又有同盟会、国民党、共和党等党派成员,还有学界、报界、军警界等各界人士,铁路、邮政等行业协会,广东、香山等同乡会,蒙、藏、满、回族、回教、基督教等民族、宗教团体,以至前清皇族、各国公使、外国银行团等,在北

---

① 《与袁世凯第一次的谈话》,《孙中山集外集》,第178页。
② 《在北京袁世凯饯别宴会上的谈话》,《孙中山集外集》,第193页。

京这个清王朝和袁世凯统治的中心,进行了广泛的统一中国、建设中国、改造中国的宣传,扩大了三民主义和民主共和思想在北方的影响。使听讲的北京各界各族人士受到很大教育和启发,其积极意义也是不应低估的。

孙中山北上前夕曾发生张振武、方维被袁世凯杀害事件,许多人担心赴京危险,劝其不要去。临行甚至还有一位女士上船要以死相阻。而中山不顾个人安危,毅然表示:"去是我的责任,因张振武的无故被杀,内战可以因此而起。我们必须保持中华民国的统一。倘使我不到北京去,国民都要以为我惧怕袁氏。倘使我去,国民都要想我是保护他们利益的。"①因此孙中山到北京时受到北京各界人士的热烈欢迎和热情颂扬。《民立报》1912年8月30日报道孙中山24日抵北京时,"中外人士齐集车站,欢声雷动,人民万人空巷,夹道欢呼,争瞻孙中山颜色,人心振奋,民国统一之局,顿现曙光"。《民权报》8月25日转载路透社电讯:"一般舆论皆谓孙君抵京,可谓民国历史之一大纪念,即最守旧之人民,以孙君虽经多人劝其勿作此行,并尚有人加以恫吓,而孙君竟置之不顾,毅然来京,其度量自超人万万。故北人咸相钦怆,不负英雄之望也云云。孙君抵此后,人心已大为感动,公认其为中国资格最高之伟人。"②京都人士以一瞻孙中山风采为快,以致连市场上孙中山的相片也被抢购一空。同时,孙中山致力社会事业,不计个人名利地位的崇高品质和人格魅力也受到北方人民称颂。北京"各报评论孙君极为赞诩,谓孙君弃临时总统之位如敝屣,足以愧讽今日一般争权夺利诸官员云"③。

总之,尽管1912年孙袁会谈的结果是对袁世凯有利,削弱了革命派的警惕,巩固了袁的地位。但是如果作全面具体评价的话,也应该看到孙中山北上宣传民主共和,团结各界人士、推动实业建设等方面的积极作用,尤其是应深入具体考察分析孙中山在1912年孙袁会谈中改造中国的宏愿和苦心。

(原载《北大史学》第9辑,2003年)

---

① 《与从者的谈话》,《孙中山集外集》,第178页。
② 《特约路透电》,《民权报》1912年8月25日。
③ 《特约路透电》,《民权报》1912年8月26日。

五四运动在东京新探

看到题目,可能有人以为我是写错了字,五四运动明明是在中国北京,怎么会在日本东京呢？其实没错,本文要讲的正是五四运动期间中国留日学生在日本东京举行的游行示威斗争的史实。这一段鲜为人知的历史,应该成为五四运动史上值得记录的一页。

五四运动的爆发与日本侵华有着密切关系,巴黎和会上对山东问题的处理是五四运动的直接导火线。其起因是第一次世界大战中,1914年8月日本对德宣战,派兵两万多人登陆中国山东,占领了胶州湾等地。1915年1月日本又向袁世凯政府提出了妄图把中国变成其殖民地的"二十一条"要求。1918年5月,日本还迫使段祺瑞政府签订《中日共同防敌协定》,进一步扩大对华侵略。

中国留日学生有着爱国、革命的传统,早在1918年5月,在东京的留日学生首先发动了反对《中日共同防敌协定》的斗争。协定还没有签字的时候,留日学生已获知消息。5月6日晚7时,各省各校中国留学生代表就在东京神田区一个叫做"维新号"的中国饭馆内举行秘密会议。到会代表有46人,另有回国先遣队10人整装待发,准备会议一结束就立刻出发回国宣传。会议主席首先指出:"此次日本借口共同出兵,提出二十条件,迫我政府承认,看秘约的内容,凡军政、财政、警政的主权以至矿山采掘权、铁路电信敷设权,都要送给他。"所以我们听此消息,"义愤填胸,力图挽救"。各省同乡会、各校同窗会联合会议已决议留学生全体归国,这次会就要进一步决定归国后的方针和归国的秩序等问题。主席还建议,"往上海的以唤醒国民,援助政府一致对外为主";"往北京的则以哀恳政府不予签字为主"。① 这时,突然有日本警察数十人闯入,"不问情况,将在座诸人乱打,刀砍足踢,掀桌倒椅"。当时中国留学生与日警辩论,"你们无故凌辱我们学生,是何道理?"日本警察竟骂道:"你们亡国奴,还配讲什么文明!"并对学生拳打脚踢,然后押往警察署。当时居住在神田中华青年会的中国留学生王拱璧等亲眼看到日警押着被捕留学生代表由西而来,"两手皆被反缚,头无帽,足下靴不整,衣服大部撕破,破头烂额者约有半数,有面上血迹模糊者,有跛足者,有伛偻者,皆现咬牙忍痛之状,惟皆面无惧色,慷慨前行,恍如就义之士押赴刑场"②。街上竟有日本人谩骂"豚尾奴,亡国奴,你也知道我帝国之威力吗?"而居住于青年会、上野馆等处的中国留学生则高呼"中华民国万岁!""努力前进,勿忘今夕之耻!"被捕留学生在狱中受到种种虐待侮辱,"令人肺肝破裂!"甚至警察署长也动手殴打学生,并声称日本订约,纯粹是为了"保护中国",实行"中日亲善"。留日学生则痛斥日本"保护其名,侵略其实",还用"亲善"两字哄我政府、哄我国民,暗地里就实行侵略主义,真是口蜜腹剑!"③经过一夜刑审直到清晨才把学生释放。

为反对日本政府的侵略暴行,唤起国民救亡图存,留日学生组织了"留日学生救国团",纷纷罢课回国。1918年5月至8月,已有大批留日学生回国,前往上海、北京和各省进行爱国宣传。回到上海的留日学生张有桐等人,首先向上海各报发表声明,阐述进行反对《中日共同防敌协定》的反帝爱国运动的重要意义,并派出代表到各校去联系和宣传。回到北京的留日学生如李达、阮湘、龚德柏、王希天等人,则和北大学生邓中夏、许德珩等人联系。5月20日晚在北京大学西斋饭厅召开大会,有北大学生和各校代表参加。留日学生代表在会上痛陈了他们在东京遭受的种种屈辱事件,号召国内学生起来斗争,废除卖国协定。北京学生当场表示要同留日学生共同进行斗争,决定第二天举行请愿游行。1918年5月21日,北京大学、北京高

---

① 王拱璧:《东游挥汗录》,见《近代史资料》,1955年第2期,中华书局。
② 同上。
③ 同上。

师、北京高工、北京法专等校二千多名学生,集中在新华门大总统府门前,要求取消《中日共同防御协定》,还派出许德珩、段锡朋等 8 名代表,捧着请愿书去见北洋政府大总统冯国璋。这是在留日学生斗争影响下发生的中国近代史上第一次学生大规模请愿斗争,也可以说是 1919 年五四运动的一次预演和序幕。这以后回国的留日学生如彭湃等还分散到各地展开爱国宣传和联络活动。他们大声疾呼"头可断,血可溅,此约不可认也!"①一部分回国留日学生,迫于政府压力,不久又重渡日本复学,到 1919 年 5 月再次掀起爱国运动。

1919 年五四运动爆发前,留日学生已对巴黎和会进展情况十分关注,他们在日本消息较灵通,对中国外交的失败痛感担忧和愤慨。4 月 11 日,以彭湃为首的三百多名留日学生在东京火车站狠狠教训了请假回国的北洋政府驻日公使章宗祥。彭湃给了他一拳,学生们还把写了"卖国贼"、"祸国"的血旗扔入车中。这是爱国学生和亲日派官员的第一次面对面交锋。5 月 4 日,留日学生救国团分别致电国内南北方政府,"山东青岛系我生死,国命危在旦夕,乞电专使严拒签字,决裂宁勿屈,生等誓死为后盾!"②还通电全国:"外交失败,国势愈危,凡我国民,应同悲愤,共图挽救,此正其时。"又致电出席巴黎和会的中国专使:"祈勿签字,速退和会。"上年归国的留日学生黄日葵等,还参加了 5 月 3 日北大的集会和 5 月 4 日天安门的游行。

5 月 6 日,日本《朝日新闻》等报纸纷纷报道了 5 月 4 日北京发生大规模学生游行并火烧赵家楼、痛打章宗祥以及许多学生被捕的新闻。东京留日学生也热血沸腾,群情愤慨,于当天在东京神田区中国青年会开会,决定5 月 7 日举行集会和示威游行。但他们四处寻租会场,均被日本警方干预未成。最后决定改在永田町中国驻日使馆俱乐部集会。但到 5 月 7 日早晨,发现使馆四面路口已布满日本军警,东京赤坂宪兵队还出动了五六十名骑马宪兵。留日学生们无法进入使馆,便临时决定分两大组活动,一组从葵桥电车站下车,在附近小公园集合,一组从三宅坂电车站下车,在德国大使馆门口集合。"每组分为 5 小队,每队设队长 1 人,交涉员 1 人,掌旗 2 人,排队进行,分别向各国驻日使馆投递宣言书,若我国使馆不准逗留,即于日

---

① 上海《民国日报》,1918 年 5 月 25 日。
② 彭明:《五四运动史》,人民出版社,1984 年,第 359 页。

比谷公园聚齐解散。"①下午2时左右,留日学生赴两个电车站已各达千余人,"来者尚不绝于道"。三宅坂一组整队向各国使馆前进,打出白布大旗,上书"五七国耻纪念"、"直接收回青岛"、"打破军国主义"、"保持永久和平"等口号。行到德国大使馆旁巷口时,日本军警突然袭击,向学生挥刀乱砍,马队也冲入学生队伍冲踏,尽管不少学生受伤,仍整顿队伍继续前进。经过英国、法国使馆时,学生代表向英、法外交官递交了宣言书。走到大手町时,学生队伍又遭到大批军警的阻拦、殴打并抢夺旗帜,又有不少学生受伤和被捕。最后"奋死力争,方脱重围"。

葵桥方向的中国留学生队伍经过美国、瑞士、俄国使馆,也向各国外交官递交了宣言书。然后走到中国公使馆附近,已有日本宪兵、警察六七百人,"荷戈林立",封锁路口。学生派代表前去交涉,军警"忽作长蛇阵重围环攻",刀枪齐下,马蹄纷沓,情景比大手町更为惨烈。一位山东学生杜中为保卫国旗被打得半死。还有一位湖南十来岁小学生李敬安也惨遭日警毒手,受伤倒地,日警就用佩刀击其头部,经其他学生冒死抢救仍被抓走。当时又有一批学生被捕。日警还不准学生们乘车,只得忍痛步行回神田中华青年会。学生团干部决定首先调查学生受伤、被捕人数,设法营救。据不完全统计,此日受重伤者有27人,其中山东杜中生命垂危,广东彭湃、湖南龚结柏等都被打得头破血流。被捕者35人,其中湖南谭政、四川黄季陆等23人经严刑毒打后于次日晚上放出,而赵云章、杜中等12人则被关入东京监狱,被判3至10个月徒刑。1919年5月7日东京留日学生的这场爱国运动就这样被日本帝国主义政府残酷镇压了。

回顾90年前东京三千中国留日学生这一幕轰轰烈烈、可歌可泣的反帝爱国运动,充分表现了留日学生的爱国主义和英勇献身精神,也是对国内五四学生运动的有力响应和声援。同时也充分暴露了日本帝国主义政府对中国爱国学生运动的仇视和野蛮镇压。这一场斗争不应为历史所遗忘,在五四运动史和中日关系史上都是值得记载和研究的一页。

(原载《中日关系史研究》,2009年第2期)

---

① 实藤惠秀:《日中非友好の历史》(日文),日本朝日新闻社,昭和四十八年,第339—341页。

辑二 中国与世界

晚清中国改革先驱者的世界认识

一个自我封闭的国家,一个不认识世界的国家,是无法实现近代化的。晚清中国的改革先驱者们在认识世界和走向近代化的道路上,经过了漫长、曲折、艰难的历程。本文试图通过鸦片战争时期的魏源、洋务运动时期的郭嵩焘和戊戌维新时期的康有为这样几位晚清中国走向世界的杰出代表人物及其著作,勾画出19世纪下半叶,为争取中国的独立、富强和进步,改革先驱者们如何一步步认识世界和推动中国近代化进程的历史轨迹。

一、魏源与睁开眼睛看世界

长期以来,中国历代王朝的统治者都把中国看成是世界的中心,以"天朝上国"自居,而把其他国家视为野蛮落后的"夷狄",应向自己朝拜进贡。清朝乾隆皇帝给英国国王乔治三世的敕书中就宣称:"天朝统驭万国,一视同仁。"乾隆年间编纂的《皇朝文献通考》对世界的描述是:"中土居大地之中,瀛海四环。"而乾隆与嘉庆年间所编的两部《大清会典》中,竟把西方国家包括英国、荷兰、意大利、葡萄牙等,都算作中国的"朝贡国"。1840年,英国发动的鸦片战争,像晴空霹雳,惊破了中国封建统治者的迷梦。可是他们对驾着炮舰入侵的英国人,却"实不知其来历"。道光皇帝仓皇向大臣询问英国究竟在什么地方?到底有多大?他甚至连英国是大西洋岛国这样的地理常识都没有,居然提出英国是否与俄罗斯接壤这样荒唐可笑的问题。鸦片战争中国失败丧权辱国的结局,说明了对世界愚昧无知的可悲。

受到鸦片战争的强烈刺激,中国官僚和知识分子中间的一批爱国开明的有识之士开始睁开眼睛看世界,了解国际形势,研究外国史地,总结失败的教训,寻找救国的道路和御敌的方法。而鸦片战争及战后闭关大门的开放,也使他们能够通过收集传入的外国报刊、书籍、地图,以及战争中审问英军俘虏和向外国商人、传教士直接询问等各种方式,获得许多世界知识。

林则徐(1785—1850)可以算得是近代中国睁眼看世界的第一人。他被道光皇帝派到广东领导查禁鸦片和抗英斗争时,就组织人翻译各种西方书刊。1841年,他组织翻译了英国人慕瑞的《世界地理大全》,并亲自加以修改润色,编成《四洲志》一书。书中叙述了世界五大洲三十多个国家的地理历史,是中国近代第一部比较系统介绍世界地理的书籍。不过,该书基本上还只能算是一部译作。

林则徐在广东禁烟抗英有功,却遭到投降派的诬蔑陷害,竟被道光皇帝下令革职并流放新疆。1841年6月,林则徐在北上途中经过镇江会见了好友魏源。两人同宿一室,彻夜长谈。林则徐把自己在广州收集翻译的一部分外国资料和《四洲志》书稿交给了魏源,嘱托他进一步研究外国史地,编撰一部新书。魏源(1794—1857),字默深,湖南邵阳人,是当时著名的学者。他受托后立即埋头著述,除了引用《四洲志》全文外,还征引了历代史志、中外著作、翻译书刊、奏稿文件等各种资料,终于在1843年1月编成《海国图志》50卷共57万字。以后又陆续加以修订增补,1847年补充为60卷,1852年又增加到100卷。百卷本全书约88万字,并有各种地图75幅、西洋船炮器艺图说42页。其内容除世界各国的历史地理以外,还有总结鸦片战争经验教训论述海防战略战术的《筹海篇》、翻译西人论述的《夷情备采》及西洋科技船炮图说等。这是近代中国人自己编撰的关于世界史地的第一部重要著作,也是当时东亚国家关于世界知识最丰富的一部巨著。当时中国人编写的其他关于世界史地的著作,还有徐继畬的《瀛环志略》、梁廷枏的《海国四说》等。

魏源的《海国图志》冲破了"中国中心"、"天朝上国"等传统旧观念,树立了中国并非世界中心而只是世界一员,而且应向外国的长处学习的新世界观念。他把香港英国公司绘制的地球全图放在全书之首,如实反映世界整体面貌和中国在世界上的位置及大小。书中强调"以夷人谈夷地",利用外国资料,力图介绍世界各国的真实情况及各种近代自然科学知识。更可贵的是,他在《海国图志》中提出了"师夷长技以制夷"的思想,就是要了解世界形势,学习外国先进的军事和科学技术,以实现富国强兵,抵御外国侵略的目标,开创了中国近代向西方学习、探索近代化道路的时代新风,对以后的洋务运动、维新运动都具有重要的思想启蒙意义。

值得注意的是,魏源的《海国图志》很快就传入日本,广泛流传并引起强烈反响,推动了日本的开国与维新。据长崎进口汉籍账目档案,《海国图志》传入日本最早是在1851年,由中国赴日贸易商船带去3部。但被长崎奉行所官员发现书中有涉及天主教的文字,按德川幕府的《天保镇压西学令》上交幕府,最后由官方的御文库和学问所征用。以后仍不断有《海国图志》输入的记载,而且由于在市场上供不应求,书价不断上涨。《海国图志》受到日本有识之士的重视,纷纷加以翻印、研读、评论。据笔者在日本各图书馆调查所见,仅仅自1854年至1856年的3年之中,日本出版的关于《海国图志》的选本就有21种之多。其中按原文翻印的翻刻本和加训读符号的训点本有6种,日文翻译的和解本有15种。选本的内容有关《筹海篇》、《夷情备采》、武器图说的有5种,关于美国的有8种,关于英国的3种,关于俄国的2种,其他关于法国、德国、印度的各1种,从中也可以反映出幕末日本人对世界各国不同的关心程度。

中国近代第一部介绍世界史地和海防知识的名著《海国图志》传到日本,对同样面临西方列强冲击、急于了解世界和加强海防的幕末日本人士有很大的启发和帮助。因此当时日本学者杉木达高度评价道:"本书译于幕末海警告急之时,最为有用之举。其于世界地理茫然无知的幕末人士,此功实不可没也。"[①]学者南洋梯谦甚至推崇《海国图志》是一部"天下武夫必读之书也"[②]。幕末维新思想家佐久间象山、吉田松阴等都深受《海国图志》影

---

① 杉木达:《美理哥国总记和解跋》,常惺簃刊行,日本安政元年(1854)。
② 南洋梯谦:《海国图志筹海篇译解》序,再思堂,1855年。

响。象山甚至把魏源称作自己的"海外同志"①。松阴被囚于野山狱中仍潜心钻研《海国图志》。因此中国近代著名思想家梁启超在一篇文章中认为:"日本之平象山、吉田松阴、西乡隆盛辈,皆为此书所刺激,间接以演尊攘维新之活剧。"②

遗憾的是,《海国图志》在中国反而受到统治者的冷落。清朝皇帝和权贵们在鸦片战争后不仅不吸取教训亡羊补牢,改弦更张,反而迷信和议,苟且偷安,依然麻木不仁,不肯积极认识世界。正如魏源所揭露的那样,如果有人主张师夷长技造船制炮,则被斥为"糜费",如果有人建议翻译洋书、了解外情,则必被指责为"多事"③。以至日本人士也为之扼腕叹息。学者盐谷宕阴感叹:"呜呼,忠智之士,忧国著书,不为其君所用,而反落他邦。吾不独为默深悲矣,而并为清帝悲之!"④

二、郭嵩焘与走出国门看世界

19世纪40—50年代最初开眼看世界的先驱者们尚未有机会走出国门。他们描述世界史地的著作,主要是参考西方人编著的书籍、地图和中国的史志、游记等资料编成。由于条件局限,基本上是依靠别人的知识和经验来间接地认识世界。对西方"长技"的认识,也仅停留在武器、科技等方面。

19世纪60年代开始,在太平天国农民起义和第二次鸦片战争的双重打击下,清朝统治集团为挽救自己的统治,进行了一场以"自强"、"求富"为目标的洋务运动。洋务运动以学习西方军事、工业、科技、教育为主要内容。为此,清政府开始陆续派官员出国游历考察,派外交官长驻外国,还派留学生出国留学。中国少数官僚和知识分子终于有机会跨出国门,通过自己的眼睛观察外国,主动地、直接地去认识世界。俗话说"百闻不如一见",这些人自然会产生新的世界认识,同时也会发生与传统保守势力的冲突。郭嵩

---

① 佐久间象山:《跋魏邵阳圣武记后》,《日本思想大系》55,岩波书店,1917年,第415页。
② 梁启超:《论中国学术思想变迁之大势》,《饮冰室合集》第1册文集之七,中华书局,1989年,第97页。
③ 魏源:《海国图志·筹海篇》,岳麓书社,1998年,第26页。
④ 盐谷宕阴:《翻刊海国图志》序,江都书林,1854年。

焘就是这批洋务官僚知识分子中的佼佼者,同时又是一位孤独的先行者。梁启超曾经这样描写过他:"光绪二年,有位出使英国大臣郭嵩焘,做了一部游记。里头有一段大概说,现在的夷狄和从前不同,他们也有二千年的文明。嗳哟,可了不得,这部书传到北京,把满朝士大夫的公愤都激动起来了,人人唾骂……闹到奉旨毁板,才算完事。"①

郭嵩焘(1818—1891),字伯琛,号筠仙,湖南湘阴人。19岁中举人,29岁成进士,历任翰林院编修、江苏道台、代理广东巡抚、兵部、礼部侍郎,跻身于封建士大夫上层。他曾在上海、广东接触过西人、西学,认为办洋务必先"通其情、达其理"。郭嵩焘虽然与曾国藩、左宗棠、李鸿章等洋务派首领关系颇深,却批评他们提倡的练兵、制器、造船、筹饷,都是"末也",而认为西方的"政教",即政治、法律、教育,才是"本也"。可见他在出国前见识已超过同时代洋务派官员。

1876年,清政府任命郭嵩焘为"出使英国钦差大臣",这是近代中国向西方派遣的第一位驻外公使。在当时,多数封建官僚知识分子都自命清高,轻视涉外事务,甚至把出使外国视为放逐苦差,因此很多人都劝他辞谢使命,以保声名,有人还以为他"可惜"、"苦命"。连慈禧太后也对他说:"这出洋本是极苦差使","你须是为国家任此一番艰难"②。郭嵩焘此时虽已年近60,有病在身,但考虑到国家多难,任重道远,而且可以进一步"通察洋情"、"探究西学和西洋政教",因此毅然受命。

郭嵩焘于1876年年底由上海出发,1877年1月21日抵伦敦,至1879年1月31日离英归国。他在英国虽然只有两年时间,但作为中华帝国出使西方世界的第一位高级官员,经过亲自观察与思考,对世界尤其是西方政治与文化,生发出许多新的认识。首先是通过实际考察,他认为对西洋各国再不能以夷狄视之,指出"西洋立国二千年,政教修明,具有本末"。他敢于承认西方资本主义文明已超过中国封建文明,并列举大量事实说明欧洲国家的文明程度。如出席伦敦万国公法学术讨论会,见其"议论之公平、规模之

---

① 梁启超:《五十年中国进化概论》,《饮冰室合集》第5册文集之三十九,第42页。
② 郭嵩焘:《伦敦与巴黎日记》,岳麓书社,1984年。郭嵩焘言论引文大多出自该书,不再一一加注。

整肃",在中国从未见过。承认落后是进步的起点,郭嵩焘树立这种世界认识是需要很大的勇气和理智的。

其次,郭嵩焘对西方世界长处的认识不同于一般洋务派官员常说的练兵、制器(办工业),而更注重西方资产阶级民主的政治制度。他认为,"西洋所以享国长久,君民兼主国政故也"。他对西方国家的议会制加以赞扬,不仅亲临会场旁听,而且向人询问并作笔记,还把心得写信告诉亲友、上奏朝廷,希望改革中国政治。他还参观西方监狱等司法机构,对其整洁严明赞叹不已。郭嵩焘批评李鸿章等洋务大员"专意考求富强之术,于本源处尚无讨论,是治末而忘其本,穷委而昧其源也"。同时,他还提倡学习西方资本主义的经济、文化和教育。他一边实地考察西方国家的工厂、学校,一边探讨西方的经济、教育理论。他主张在中国发展民族企业,以利民政策达到民富的目的。并强调教育在建设近代文明中的重要作用,建议多办学校,多派留学生,学以致用。他还呼吁加强对西方文化学术的介绍和研究,使中国人了解世界,跟上世界发展潮流。他在日记中曾经详细地记述了希腊学术史和欧洲科学史,可能是近代中国最早的介绍。

值得一提的是郭嵩焘在英国还曾会见日本人士,与他们探讨近代化的途径,并对中日两国学习西方的情况加以比较。他在伦敦曾会见赴英考察的日本前大藏大辅井上馨,畅谈经济税收等问题,并询问井上馨读过哪些洋书,记下了亚当·斯密、约翰·穆勒等名字。他在日记中赞叹井上馨"所言经国事宜,多可听者。中国人才相距何止万里,为愧为愧!"他还比较当时中国在英国的留学生不过数人,而且全是学海军的,而日本在英国的留学生则有二百多人,仅伦敦就有90人,学习各种技艺。郭嵩焘就亲自见过二十余人,"皆能英语"。有一位名叫长冈良之助,原是诸侯,也在英国学习法律。他深深感到日本全面学习西方,日新月异,连西方人也佩服其"求进之勇",而中国人仍然"自以为安",不禁"深为忧惧"。

由于郭嵩焘的世界认识超过了前人和同时代人,竟遭到保守势力的诋毁和围攻。他出使之初,曾把途经香港、新加坡、锡兰等地到伦敦的50天见闻写成《使西纪程》一书抄寄总理衙门刊印。因为书中赞扬了西方的政治和文化,并批评中国官员不明时势虚骄自大,立刻引起轩然大波,遭到保守势力的围攻。李慈铭竟责问他"不知是何肺肝?"翰林院编修何金寿甚至弹劾他"有二心于英国"①。以致清政府下令把《使西纪程》毁板,禁止刊印。

在出使英国期间,郭嵩焘又遭到顽固派副使刘锡鸿的诬蔑陷害。刘锡鸿向朝廷揭发郭嵩焘的所谓"三大罪",实际上非常可笑。第一件是说郭嵩焘参观甲敦炮台时披了洋人的衣服。他认为"即令冻死,亦不当披!"第二件是指郭嵩焘见到巴西国王时起立,认为"堂堂天朝,何至为小国主致敬!"第三件是揭发郭嵩焘到白金汉宫听音乐,取节目单是"仿效洋人所为"。刘锡鸿还抄录英国蓝皮书中称誉郭嵩焘的一段议论,作为其里通外国的证据。郭嵩焘上疏为自己辩解,反而遭到朝廷的斥责。国内保守势力也纷纷要求将他撤职查办,"以维护国体人心"。在这种形势下,郭嵩焘只得自行引退,奏请因病辞职,清政府很快另派曾国藩的儿子曾纪泽接任驻英公使。郭嵩焘回国后再也不受任用,甚至回到故乡湖南,还受到当地守旧士绅的敌视和谩骂。他却坚定地表示"谤毁遍天下,而吾心泰然"。这位近代中国第一任驻外公使,宁可做一个在认识世界和走向世界历程上充满悲剧色彩的孤独的先行者。

三、康有为与仿洋改制看世界

1894年至1895年的中日甲午战争在给中国带来巨大历史灾难的同时,也刺激了中华民族的觉醒。甲午之败、马关之辱和接踵而来的瓜分狂潮使中国人普遍产生了亡国灭种的危机感和难于立足于世界民族之林的耻辱感。先进的中国人开始把认识世界与顺应世界潮流变法维新、救亡图存紧密地结合起来。戊戌维新运动的领袖康有为就是其中杰出的代表人物。

康有为(1858—1927),名祖诒,字广厦,号长素,广东南海人。青年时代他除学习传统儒学外也钻研西学,了解世界大势和各国历史。甲午战争后康有为奔走呼号,陈述时势之险恶、救亡之危急。他对世界形势作了新的认识和判断,强调当今世界是一个列国竞争的世界,各国"争雄竞长,不能强则弱,不能大则小,不能存则亡"②,而中国"既不能出大地之外,又不能为

---

① 王闿运:《湘绮楼日记》,商务印书馆,1927年。
② 康有为:《日本变政考》序,北京故宫博物院藏进呈本。

闭关之谋",只有在竞争中求生存。康有为放眼世界,比较研究各国历史与政治,一方面看到亚非许多国家被西方列强宰割,都是"守旧不变,君自尊,与民隔绝之国也",说明守旧就会亡国,可作前车之鉴。另一方面他又看到欧美一些国家和日本通过资产阶级革命或改革走上富强之路,可作学习榜样。例如俄国通过彼得大帝改革,"变政而遂霸大地";日本经过明治维新,"改弦而雄视东方"。因此他得出结论:在当今竞争的世界上,要救亡自强,"除变法外,别无他图"①。

过去论者常常强调,康有为的"托古改制"即把儒家圣人孔子说成变法改制的祖师爷,为其发动维新提供历史根据。而笔者认为,康有为的"仿洋改制"才是其发动维新运动的最重要的理论根据,而且更集中地反映了他认识世界、要求向西方学习、走资本主义近代化道路的政治主张。也是他在戊戌维新期间花精力最多的一项工作。

在以康有为为首的维新派的大力宣传鼓动下,许多人认识到要救中国只有维新,要维新只有学外国,年轻的光绪皇帝也决心实行变法。可是究竟怎么样学外国,外国有哪些变法经验教训呢?皇帝与大臣们都"不知万国情状"。因此康有为决定下工夫编纂一批列国变政考进呈给光绪皇帝,介绍各国变法经过,"究其本原,穷其利弊",总结历史经验教训,提出中国近代化的蓝图,以供中国变法维新借鉴采用。据康有为自编年谱,他在1898年戊戌维新期间,先后向光绪皇帝进呈了《俄彼得变政记》、《日本变政考》、《波兰分灭记》、《列国比较表》及法国、德国、英国变政考等书。这些书除了《俄彼得变政记》外都没有刊印,以往一般认为经过戊戌政变早已被销毁,难于再睹其真面目了。然而值得庆幸的是,除了英、法、德等国变政考尚无下落外,康有为当年进呈给光绪皇帝的《日本变政考》、《波兰分灭记》等书仍原璧保存于北京故宫博物院内。笔者1980年初在故宫发现《日本变政考》进呈原本后,曾在《历史研究》杂志发表长篇考证评介文章②。下面对康有为为仿洋改制而写的3部外国变政考略作介绍。

---

① 康有为:《上清帝第五书》,《康有为全集》第4集,中国人民大学出版社,2007年,第6页。
② 王晓秋:《康有为的一部未刊印的重要著作——〈日本变政考〉评介》,《历史研究》,1980年第3期。

《俄彼得变政记》于1898年3月进呈光绪,并收入同年4月上海大同译书局出版的《南海先生七上书记》之中。康有为希望光绪皇帝"以俄大彼得之心为心法","以君权变法"。他首先要求光绪学习彼得大帝顺应历史潮流树立变法决心。其次要求光绪学习彼得"破弃千年自尊自愚之习",仿行"万国之美法"。最后,针对中国守旧顽固势力千方百计阻挠破坏变法,他希望光绪学习彼得大帝"乾纲独断",雷厉风行打击旧势力。这部书对光绪皇帝下决心下诏维新起了很大作用。

《波兰分灭记》共7卷,是百日维新后期即1898年8月中旬进呈,其目的和重点是如何扫除变法的阻力把变法进行到底。康有为用这部书为光绪皇帝提供了波兰由于变法不及时、不果断,遭到守旧派破坏和外国干涉,以致变法失败被瓜分灭国的惨痛教训,作为中国的"前车之鉴"。光绪阅后很受刺激和启发,增强了变法的勇气,不久就采取了撤去礼部六大臣职务等打击守旧势力的重大行动。

康有为所写外国变政考中最重要的一部,也可以说是他的仿洋改制维新思想的代表作是《日本变政考》。这是他奉光绪皇帝旨意于1898年7、8月间分卷陆续进呈的。我在故宫发现的进呈本正文共2函12卷,另有附录《日本变政表》1卷,约15万字左右。《日本变政考》是一部编年体史书,以明治元年至明治二十三年,按时间顺序分条记载日本明治维新后的大事和各项改革措施,并加上自己的按语,一方面分析日本政府采取此项改革措施的原因、方法和意义,论述其成效、利弊,另一方面则结合中国实际情况,提出中国变法维新的具体建议,集中体现了康有为的变法主张。可以说是一份中国通过变法维新向西方和日本学习实现近代化的蓝图。

康有为通过对世界的认识和对东西方各国历史的分析比较,选择了日本明治维新作为中国维新变法最理想的榜样。他认为日本经过明治维新达到富国强兵和甲午战争取胜的成效已足以证明变法的必要和可能,而日本明治维新的具体步骤措施也为中国变法指明了改革的途径和方法。日本变法的利弊曲折,则提供了借鉴的经验教训,可以"收日人已变之成功,而舍其错戾之过节"。康有为幻想依靠光绪皇帝像明治天皇一样亲掌大权发号施令,以君权在中国实现自上而下的资产阶级改革。而且日本与中国地理、风俗、文化相近,学习日本变法有许多方便条件和有利的心理因素。因此康有为在《日本变政考》的最后断然宣称:"我朝变法,但采鉴于日本,一切已足。"

《日本变政考》不仅描述了日本明治维新改革的整个过程,也涉及中国戊戌维新所需变革的各个方面。康有为把自己仿洋改制的主张、建议,有时寓意于记载日本维新的史实之间,有时则直接阐发于自己所写的按语之中。他把这部书进呈给光绪皇帝,希望此书成为光绪皇帝变法的指南、实行戊戌维新和中国近代化的蓝图。所以他在书的跋语中对光绪说:"切于中国之变法自强,尽在此书,臣愚所考万国书,无及此书之备者。""我皇上阅之,采鉴而自强在此。若弃之不采,亦更无自强之法矣!"①俨然有欲以一部书救中国的气概。光绪皇帝见到《日本变政考》果然如获至宝,一卷刚进,又催下卷,"日置左右,次第择而行之"。百日维新期间光绪的许多新政命令诏书都参考了《日本变政考》的内容。但是,由于中国戊戌维新与日本明治维新的时代、国情、条件都有很大不同,尤其是中国新、旧势力力量对比太悬殊,1898年9月21日,以慈禧太后为首的强大守旧势力发动政变,百日维新迅速失败。光绪皇帝被幽禁于中南海瀛台,康有为、梁启超被迫流亡海外,连《日本变政考》等书也被长期打入冷宫无人知晓。中国近代化又遭到了一次挫折和延误。

近代中国人认识世界和走向近代化的道路尽管艰难曲折,却在不断前进。中华民族经过一个多世纪的努力奋斗,终于昂首走向世界,自立于世界民族之林,开创了现代化建设的新时代。

(原载《光明日报》1996年1月30日)

---

① 康有为:《日本变政考》跋,北京故宫博物院藏进呈本。

晚清中国人走向世界的历史轨迹

在21世纪的今天,随着中国改革开放的发展和世界经济日益全球化,中国人走向世界,早已是极为普通平常的事情了。只要看一看北京首都机场的盛况,每天有多少中国代表团出访外国,又有多少中国游客赴海外旅行,便一目了然了。

可是,当我们把目光回溯到一百多年前的晚清时代,中国闭关锁国的大门刚刚被西方列强敲开的时候,走出国门、走向世界的中国人,尤其是政府官员,只是凤毛麟角,屈指可数。而且他们的脚步是那样蹒跚、踉跄。

那么,晚清中国人究竟是怎样一步一步地走向世界的呢?他们都是些什么人,通过什么途径,走向世界的呢?他们在走向世界的过程中遇到了什么样的艰难遭遇和曲折故事呢?本文试图把晚清中国人走向世界的历程,大致分为三个时期,简要描述其变化发展的历史轨迹。

一、19世纪40—60年代:华工、洋人雇员和最初的外交使团

鸦片战争前,清政府实行海禁政策和闭关政策,严格限制中国人出海贸易和旅行。1840年英国发动了鸦片战争,用军舰大炮敲开了中国的大门。1842年签订的中英《南京条约》开放了上海等5个沿海通商口岸,从此外国商人、传教士、外交官、军人、旅行家等等大批涌入中国。但中国人出国却为

数很少。

19世纪40—60年代出国的中国人大致有以下几类人:

第一类是被西方殖民者诱拐贩卖的中国契约华工,当时被称为"苦力"或"猪仔"。厦门和澳门一度成为所谓苦力贸易的中心。外国洋行及其雇用的买办、掮客,诱骗华工签订契约搭乘外国轮船出洋,贩卖到急需劳工的古巴、美国、秘鲁、澳大利亚等地。据统计,从1847—1852年,厦门已输出华工8281名,而从1856—1864年,澳门每年送出的华工约有一二万人。这些华工在贩运途中和劳动场所,遭到非人待遇,被当作奴隶和牲畜一样残酷虐待,死亡和伤残率很高,生活极为悲惨。这与非洲黑奴贸易一样,根本不是正常的国际人员交往。后来还有一些华侨和华工出海来到东南亚各国开垦和移民。

第二类出洋的中国人是个别从事对外贸易的商人或替西方商人、洋行、外国外交、宗教、文化教育机构团体服务的买办、雇员、翻译。例如福建人林鍼,受雇于厦门美商,1847年6月到美国,工作一年多后于1849年3月回国,他写了一部《西海纪游草》,是晚清中国人最早的美国游记。书中介绍了自己在美国的见闻,还记录了他在旅美期间援助被英人诱骗到纽约的26名华人打官司回国的故事。又如广东南海文人罗森,寓居香港时认识了英国传教士卫廉士,1854年由其推荐担任美国培理将军远征日本舰队的汉文翻译。随培理舰队到过日本横滨、下田、箱馆等地,参与了日美订约、开埠过程,回国后写了一篇《日本日记》,在香港发表,这是晚清中国人第一部日本游记。还有苏州文人王韬曾受雇于英国传教士在上海开办的墨海书馆。1867年应英国传教士理雅各邀请,赴欧洲访问。王韬曾在英国牛津大学讲演孔孟学说和中英关系,可以说是晚清第一位在欧洲大学讲坛上宣讲中国文化的中国学者。他还把自己携带的一批中文书籍赠送给大英博物馆。1870年回到香港后,办了《循环日报》,还写了《普法战记》。

第三类是由外国传教士带到西方留学的中国青少年。其中最有名的是1847年被美国传教士、香港马礼逊学堂校长布朗带到美国马萨诸塞州留学读书的容闳、黄宽、黄胜三人。容闳1854年在美国耶鲁大学毕业,成为第一个从美国大学毕业的中国人。后来他又曾带四批中国幼童赴美留学,被称为"中国留学生之父"。黄宽后来在英国爱丁堡大学医科毕业,成为经过欧洲医科大学正规训练的中国第一位西医。

第四类出洋的中国人则是由外国人士带领前往西方游历访问的少数中国官员。例如1866年清政府海关总税务英国人赫德要请假回国结婚,总理衙门便派遣了前山西襄陵县知县斌椿与其子广英以及凤仪、德明、彦慧等3名同文馆学生,随赫德赴欧洲观光游历。他们在英、法、荷、德等9国游历了7个月后归国,这是晚清中国官员走出国门海外游历的第一次尝试。他们所写的游记如《乘槎笔记》、《航海述奇》等记录了晚清官员对欧洲最初的见闻。还有1868年的蒲安臣使团。这是清政府向海外派遣的第一个肩负外交使命的正式外交使团,却偏偏要请一位外国人即刚卸任的美国公使蒲安臣来率领,并授予"办理中外交涉事务大臣"的头衔。为了维护面子和平衡列强关系,使团成员还包括两名清政府总理衙门的章京志刚、孙家谷,以及一名英国人柏卓安和一名法国人德善。使团自1868年2月出发,1870年10月回国,历时2年8个月,访问了欧美11个国家。使团基本上被美国人蒲安臣操纵了领导权,他四处包揽交涉、谈判,甚至擅自与外国缔约,而中国使臣几乎成了点缀品和观光客。近代中国政府第一个外交使团竟然由外国人率领和控制,使这次走向世界的行动抹上了屈辱的色彩。但是蒲安臣使团毕竟跨出了中国外交走向世界迈向国际社会的第一步。使团里的中国官员也通过出访大开眼界,接触了新事物、新思想,这可以从他们的游记,如志刚的《初使泰西记》、孙家谷的《使西述略》、张德彝的《欧美环游记》等书中看出来。

二、19世纪70—90年代:驻外使节、游历官员与官派留学生

19世纪70年代,清政府开始向外国派遣外交使节、独立的游历考察官员和官费留学生,中国人由完全被动到逐渐主动地走向世界。

1860年第二次鸦片战争结束之后,列强通过《北京条约》取得公使驻京权利。西方国家陆续派遣公使驻华,并在北京开设公使馆,在上海等地开设领事馆。而清政府直到70年代才开始派遣赴外使臣。最早在1870年派遣三口通商大臣崇厚为出使法国特使、钦差大臣,其使命只是为"天津教案"向法国道歉。1875年任命的出使英国钦差大臣郭嵩焘,最初的使命也是为

了"马嘉理案件"赴英国道歉,然后才转为长驻英国的晚清第一位驻外公使。当时中国官员均以出洋为"畏途"、"苦差",郭嵩焘开始也以年老多病请辞,经慈禧太后亲自召见,劝他"须为国家任此艰苦",这才勉强接受。出国后,郭嵩焘能认真考察和分析西方国情和现状,在日记和报告中对西方文明有些肯定的描述。不料竟遭到顽固保守派士大夫的群起攻击。尤其是驻英副使刘锡鸿还打小报告诬告郭嵩焘"崇洋媚外"、"有失国体",甚至有"私通洋人之嫌",最后任期未满就被清政府调回。他写的《使西纪程》一书也被禁止发行并毁版。这位晚清中国人走向世界的先行者,最后落得悲剧性下场。自1877年至1878年,清政府陆续在英国、法国、德国、日本、美国等国开设了驻外使馆,派遣了驻外使团,还在旧金山、古巴、新加坡等地开设了领事馆。早期的中国外交官群体为晚清中国人走向世界、认识世界起了重要作用,如郭嵩焘、曾纪泽、薛福成、黄遵宪等人都撰写了许多考察研究外国的报告、日记和著作。

19世纪70—80年代清政府还主动独立地派出一些官员出洋考察、游历和调查。例如1874年清政府曾派出陈兰彬、容闳等官员专程到美洲古巴和秘鲁调查华工受虐待状况,力图维护华工权益。1876年派遣浙海关文案李圭与海关洋员一起前往美国费城参观世界博览会。李圭从上海出发,途经日本,渡太平洋到美国,再横渡大西洋到欧洲,最后经地中海、红海、印度洋又回到上海。他写了一部《环游地球新录》,不仅记录了费城世博会及各国见闻,而且以亲身经历证明了"地球确实是圆的"。1879年官员徐建寅受北洋大臣李鸿章派遣到欧洲订购铁甲舰,同时考察了各国工厂。他写的《欧游杂录》是中国官员第一次对欧洲近代工业进行深入考察的珍贵记录。这个时期地方大员也开始派员出国游历考察,如1878年四川总督丁宝桢派江西贡生黄楙材游历考察缅甸、印度等国。1879年两江总督、南洋大臣沈葆桢派遣道员王之春赴日本,名义上是观光游历,实际上还负有对日本调查侦察的任务。他回国后写了《东瀛录》,书中还附有日本地图。1886年两广总督派记名总兵王荣和等游历南洋群岛,考察华侨状况。

1887年清政府还通过考试,从中央六部中下级官员(如郎中、员外郎、主事)中选拔钦点了12名海外游历使,分别派赴亚洲、欧洲、南北美洲二十多个国家,进行了为期两年的、以调查研究外国情况为主要任务的海外游历考察。海外游历使们最远到达了南美洲的智利、巴西等国,其路程之远及所到国家之多,是前所未有的。而且游历取得的外国调查研究的成果也是空前的。其中仅兵部郎中傅云龙一人就撰写了游历日本、美国、加拿大、古巴、秘鲁、巴西等国的调查报告和游记、纪游诗等共达110卷之多。可惜这批海外游历使回国后却没有被重用,也没有让他们在外交岗位上发挥作用,他们的外国调查研究成果也被束之高阁未受重视,以致这样一次走向世界的举动,竟然渐渐被历史所埋没和遗忘。

这个时期清政府开始向海外派遣官费留学生。最早是官派幼童留美。1871年在容闳的建议下,曾国藩和李鸿章联名奏请派幼童赴美留学,获清廷批准。在上海设立出洋肄业局招生,从1872年至1875年先后分四批派遣120名10—16岁幼童赴美国留学。他们被分散安排在美国居民家中住宿,在美国的中学毕业后,陆续有五十多人考入耶鲁、哈佛、哥伦比亚等美国大学学习。留美幼童在美国学习勤奋,生活丰富多彩,同时思想、习俗也渐渐发生变化,如见了官员不愿下跪,要求穿西装,剪辫子,进出教堂等,因此被守旧顽固派攻击为"适异忘本,目无师长",要求将留美学生赶快撤回。加上当时美国出现排华风潮,清政府在1881年决定将留美幼童全部撤回,以致幼童留美计划半途而废,令人遗憾!这些留美学生回国后不少人成为清末民初中国政界、军界、外交界、科技界和教育界的著名人物,为中国的现代化建设作出了贡献。如主持修建京张铁路,被誉为"中国工程师之父"的詹天佑、民国第一任内阁总理唐绍仪、清华学堂校长唐国安、北洋大学校长蔡绍基等。

1877年至1897年清政府又先后派遣了4批共八十多名学生留学欧洲,主要是英国和法国。因为这些学生大多数是从福州船政学堂学生中选拔的,赴欧主要是学习海军和造船和驾驶专业,故史称留欧船政学生。这些学生回国后成为中国早期海军和造船工业的骨干,为中国近代海军的创立、发展和工业化作出了贡献。晚清北洋舰队的主要将领、舰长如刘步蟾、林泰曾、邓世昌、林永升等都是留欧船政学生,并都在甲午战争中英勇为国捐躯。还有近代著名的启蒙思想家、翻译家、民国初年北京大学第一任校长严复,当年也是官派留学英国的船政学生。1896年清政府还选派了唐宝锷等13名学生赴日本留学,这是中国第一批官派留日学生。

值得注意的还有 1896 年李鸿章的出洋。当时清廷派大学士李鸿章为特命头等钦差大臣出席俄国沙皇尼古拉二世的加冕典礼。他负有"联俄拒日"的使命,与俄国政府签订了《中俄密约》,还应邀访问了德国、法国、英国、美国、加拿大等国,会见了各国元首和政要,如英国女皇维多利亚、德国首相俾斯麦、美国总统克利夫兰等。李鸿章使团是 19 世纪清政府派出的最高级别外交使团,此行共历时 190 天,水陆行程 9 万里,是晚清中国人走向世界历史上一件大事。

三、20 世纪初:赴日留学、考察与五大臣出洋

1895 年甲午战争后,中国民族危机空前严重,广大爱国知识分子强烈要求向西方与日本学习,通过改革或革命救亡图存。因此在 20 世纪初出现了一个赴日本留学和考察的热潮,成为晚清中国人走向世界第三个时期的新特色。当时清末新政急需人才,清政府实行提倡、鼓励官费、自费并举赴日留学的政策。1905 年废除科举考试后,出洋留学也成了知识分子的重要出路。而且日本政府采取主动吸引中国留学生的政策,加上赴日留学路途近、交通方便、费用省、文字习俗相似等因素,都是留日热潮形成的重要原因。留日学生从 1901 年的 200 多人,1903 年增到 1300 多人,1904 年 2400 多人,1905—1906 年猛增到 8000 多人,达到最高潮。大批中国青年学生争先恐后涌向日本留学,有的甚至夫妻、父子全家赴日。后来因中、日双方的限制政策和国内教育的逐渐普及、欧美国家也积极招收中国留学生,留日热才逐渐降温。1908—1909 年减到 5000 多人,1911 年辛亥革命后许多留日学生回国投身革命。与 19 世纪清政府派往欧美的官费留学生大多学习理工和海军不同,20 世纪初以自费生为主的留日学生学习的专业非常广泛,从政法、文史、军事、外语、师范到理工、农医、商业以及音乐、美术、体育等等,而其中以学政法和陆军为最热门。很多留日学生在日本吸收新知识、新思想,参加爱国运动,逐渐从改良走向革命。他们利用在海外求学的条件,组织革命团体,出版革命书刊,使日本东京成为 20 世纪初中国革命派的主要海外基地。孙中山领导的同盟会的主要骨干如黄兴、宋教仁、胡汉民等都是留日学生。重要的革命宣传家如陈天华、邹容及历次武装起义的指挥和

骨干如刘道一、秋瑾等,也都是留日学生,他们为发动辛亥革命推翻清王朝作出了重大贡献。

另外,归国的留日学生也是清末新政改革的骨干力量。筹备立宪、法制改革、教育改革、军事改革的许多建议、法令、制度都是他们起草的。不少归国留日学生成了清政府各种新政机构的官员和新军的各级军官。

除了赴日留学外,20世纪初还有大批中国官员、士绅、文人、学者或官派或自费赴日本考察游历。他们调查考察日本新政,涉及的范围很广,从宪政、法律、军事、教育、工业、商业、农业、交通到司法、卫生、监狱等等。如教育方面从大学、中学、小学到职业学校、女子学校、聋哑学校、幼稚园,都有深入考察。他们还撰写了不少调查报告和考察记,为中国改革和建设提供借鉴和参考。

这个时期还应特别提到1905—1906年的五大臣出洋,它标志着晚清中国官员在走向世界的历程上又迈出了一大步。1905年由于民族危机加深和日俄战争的影响,中国要求立宪的呼声日益高涨,驻外公使和地方督抚也纷纷奏请仿效日本与欧美的政治,实行君主立宪。清廷决定派王公大臣出洋,深入考察欧美与日本的政治,归国报告后再作决策。于是就有了1905年的五大臣出洋。这次出洋的特点是官员级别高、随员多、目标明确、效果显著。出洋人选几经变动,最后派出的是镇国公载泽、户部侍郎戴鸿慈、湖南巡抚端方、山东布政使尚其亨和顺天府丞李盛铎五人,全都是王公亲贵和一、二品大员。还选调了近百名素质高的官员和归国留学生为随员。出洋目的是"分赴东西洋各国,考求一切政治,以期择善而从"。他们分成两路先后考察了欧美13国和日本,共半年左右。其中载泽一行重点是考察日本和英国、法国,戴鸿慈、端方一行重点是考察德国、美国和俄国。他们的考察虽以宪政为中心,但实际调查范围很广,涉及议会、政府、司法、工厂、银行、学校等,并请外国政治家和学者讲解宪政原理和各种制度,还大量收集、翻译各类外国图书资料。因此五大臣出洋收获丰硕,效果明显,直接推动了清政府预备立宪的决策。他们一回国就向慈禧太后和光绪皇帝复命,力陈中国立宪之必要,终于促使清廷在1906年9月1日正式颁布"仿行立宪"的上谕。他们还向慈禧和光绪进呈了介绍各国政治的《欧美政治要义》《列国政要》等书和大批外国书籍,对清末新政和预备立宪的各项改革和制度、法律建设有重要参考价值。

此外,戊戌变法失败后被迫流亡海外的维新派领袖康有为、梁启超等也周游列国,考察和分析各国政治和文化,撰写游记。如康有为写了《欧洲十一国游记》,梁启超1902年美洲之行,写了《新内地游记》。他们的著作为中国人认识世界提供了新的视角和资料。

综上所述,我们可以看到晚清中国人特别是中国官员走向世界的一个大体发展轨迹。从在洋人带领下走出国门,到中国人独立周游世界;从选拔中下级官员海外游历,到派遣王公大臣出洋考察;从出洋观光或泛泛调查异国风情,到全面深入考察外国国情特别是政治制度;从回国后默默无闻几乎被历史遗忘,到推动立宪决策发挥重要作用。反映晚清中国官员在走向世界的艰难曲折道路上,一步一步地在前进,逐步地迈向国际社会,登上世界舞台。但同时也暴露了清王朝的衰败和腐朽,终究不能挽救其最后灭亡的命运。此外晚清走向世界的中国留学生也经历了从留美幼童的半途而废,到留欧船政学生的甲午悲剧,再到留日学生的革命风潮。中国爱国青年学生通过走向世界,走向革命,终于成了清王朝的掘墓人。

(原载《文史知识》,2011年第2期)

1887年海外游历使新探

关于晚清中国人走向世界的历史，其中19世纪下半叶清政府陆续向国外派遣使团、外交官、留学生的历史，已经受到国内外学术界的关注，并取得了不少研究成果。如对斌椿使团、蒲安臣使团，郭嵩焘、曾纪泽等驻外使臣，容闳与留美幼童、留欧船政学生等等的研究。然而，令人感到惊讶和遗憾的是，对于1887年清政府同时派遣12名海外游历使分赴世界四大洲二十多个国家游历考察这样一次走向世界的盛举，长期以来竟然在各种清史、中国近代史和中外关系史著作教材中，均无记载。甚至专门研究近代中国人走向世界和海外游历的著作和文章中，也很少涉及。它几乎成了一段被遗忘被埋没的历史。

有鉴于此，笔者近二十年来锲而不舍，潜心这项研究课题，力图挖掘和探索这段一度辉煌而又被遗忘埋没的晚清历史。本文将首先论述1887年海外游历使在历史上的地位和特色，阐明为什么说它是19世纪80年代中国人走向世界的一次盛举？它究竟在哪些方面超越前人甚至打破历史的记录？并且简要介绍1887年清政府派遣海外游历使的背景、由来、选拔考试、游历章程、人员统计及游历概况。其次论述海外游历使归国的境遇与这段历史被遗忘和发掘的经过。如他们回国后的任用、奖励情况，如何受到压制和忽视？这段历史又怎样逐渐被淡化和遗忘？以及我们今天该如何通过史料的收集梳理，重新发掘这段被埋没的历史。本文最后还要探讨1887年海外游历使被遗忘埋没的原因,以总结历史的经验教训。他们回国后为什么没有受到应有的重视,不能发挥应有的作用?调研成果也未能产生应有的影响,究竟原因何在?

一、晚清中国人走向世界的一次盛举

为什么要把1887年清政府派遣海外游历使之举,称为晚清中国人走向世界的一次盛举呢?这是因为它超越前人,打破了好几项历史的纪录。

为了说明这个问题,有必要先简单回顾一下清代中国人走向世界的历程。在1840年鸦片战争之前,由于清政府实行闭关政策,严格限制中国人出海贸易和旅行,极少数能去西方的中国人,一类是跟随西方天主教传教士搭乘外国商船到欧美旅行和留学的中国人,如随耶稣会传教士赴意大利和法国学习的中国天主教徒。还有一类是在沿海航行遇到风暴而被西方船只救起带往欧美国家的中国商人和船民,如口述《海录》的广东人谢清高等。而鸦片战争后,19世纪40—50年代出国的中国人则主要是以下几种人,一种是被西方殖民者诱拐贩卖的中国契约华工,又被称为"苦力"或"猪仔"。另一种是从事对外贸易的中国商人和替西方洋行或外国外交、宗教、文化教育机构团体服务的买办、雇员、翻译。如1847年受美国商人雇用赴美的林鍼,写过一部《西海纪游草》。还有广东南海人罗森,被美国培理舰队聘为汉文翻译,1854年随培理赴日本,参与日本神奈川条约的签订,回国后写了《日本日记》,刊登在香港中文月刊《遐迩贯珍》上。第三种是由外国传教士带到西方留学的中国青少年,其中最著名的是1847年被美国传教士、中国香港马礼逊学堂校长布朗带到美国留学的容闳和黄宽、黄胜等人。

第二次鸦片战争后的19世纪60年代,清政府才开始派遣官员和使团出国。最早是1866年(同治五年)利用海关总税务司英国人赫德请假回国结婚的机会,派前山西襄陵县知县斌椿带领其子广英还有德明(即张德彝)、凤仪、彦慧等三位同文馆学生,一起随赫德赴欧洲游历。这是近代中国第一个官派游历使团。接着,1868年清政府又向海外派遣了第一个正式外交使团蒲安臣使团。这是以刚卸任的美国驻华公使蒲安臣为团长,加上两位清政府总理衙门章京志刚和孙家谷,还有一位英国人驻华使馆翻译柏卓安和一位法国人海关职员德善组成。晚清中国官员走向世界就是在"洋大人"的带领和操纵下跨出了第一步。而1870年清政府派遣的第一位贵族大臣外交特使崇厚,其出洋使命则是为"天津教案"向法国政府道歉,充满了屈辱的色彩。甚至1875年清政府派遣的第一位出使外国钦差大臣、驻英公使郭嵩焘,最初的使命也是因"马嘉理案件"而赴英国道歉的。其后的19世纪70—80年代,清政府陆续派出了一批驻欧美和日本等国的使臣与外交官。同时还派遣一些官员赴欧美和日本考察、调查或游历。如1876年参观美国费城世界博览会的浙江海关文案李圭。1874年调查美洲古巴、秘鲁华工问题的陈兰彬与容闳。1879年受北洋大臣李鸿章派遣到欧洲考察工厂并订购铁甲舰的徐建寅。同年受南洋大臣沈葆桢派遣到日本侦察的王之春等。此外还有1872—1874年容闳带领赴美留学以后又于1881年全部撤回的四批留美幼童,以及1877年开始福建船政学堂派出的留欧船政学生。

以上便是1887年海外游历使派遣前中国人走向世界的概况和背景。总的特点是步履蹒跚,行为被动,甚至常带屈辱色彩,对外国调查研究也不够深入。

那么1887年清政府派遣海外游历使之举又是怎样一次盛举,打破了那些历史纪录呢?

其一,清政府破天荒第一次为中央各部保举出国的几十名官员举行了别开生面的选拔考试。这次考试完全不同于以往的科举考试,只考外交与洋务方面论文,笔试后又经总理衙门大臣面试,最后由皇帝亲自圈定12名海外游历使,可谓是清代历史上选拔出洋官员的一次创举。

1887年清政府派遣海外游历使之举实缘起于1885年1月(光绪十年十二月)御史谢祖源的一份奏折《时局多艰,请广收奇杰之士游历外洋》。他在奏折中对同治以来派遣出使人员的状况提出批评,认为以往的出使人员特别是使馆各级外交官真正由科举正途出身的不多,传统文化修养不足,素质太差,而且出国后耳濡目染易被"洋化",不堪担当出使重任。因此他主张要选拔科举正途出身的翰林院、詹事府、六部的士大夫出国游历,从中培养出使人才。谢祖源建议:"今翰詹部属中,不无抱负非常者,可否令出使大臣,每国酌带二员,给以护照,俾资游历。一年后许其更替,愿留者听。其才识出众者,由出使大臣密保,即备他日使臣之选,亦可多数员熟悉洋务之人。"①它实际上是代表了通过科举考试获得进士功名的所谓正途出身,而又未被重用的翰林院及六部中下级官员说话,争取出洋游历和充当使臣的机会。

谢祖源的奏折获得了光绪皇帝、慈禧太后及周围亲贵大臣的赞同。光绪皇帝便谕令总理衙门议奏。1885年3月27日(光绪十一年二月十一日)总理衙门大臣庆郡王奕劻等向皇帝复奏。首先肯定了出洋游历和培养使才的必要性。"是以欲周知中外之情,势必自游历始。""今外务日繁,诚宜广为储才,以收群策群力之效。"然后婉转地反驳了谢祖源的批评,"历年奉使及参佐人员,亦多取材于曾任翰林詹部属之人",至于使馆随员翻译则不能光讲学历出身,而应从需要与能力出发。最后复奏表示接受谢祖源的建议并稍加变通。"至翰詹部属中,如确有制器、通算、测地、知兵之选,坚朴耐劳,志节超远,可备出洋游历者,可否请旨饬下翰林院、六部,核实保荐,并资送总理各国事务衙门考核,再行奏请发往各国游历。"②

总理衙门大臣奕劻等议覆御史谢祖源奏请派员游历外洋的奏疏,得到了光绪皇帝的批准,并通知了翰林院、六部及驻外使馆。但具体实施却一直拖了下来,各部门并不积极,未见动静。直到1887年1月3日(光绪十二年十二月初十)光绪皇帝又下谕旨:"前据谢祖源奏请饬保荐出洋人员,经总理衙门议覆,请由翰林院六部核实保荐,现在凡及两年,尚未据保荐有人,着该衙门传知翰林院、六部迅即查明有无可以保荐之员,限三个月内咨覆该衙门,勿再迟延,钦此。"③

在皇帝严旨催促下,六部不得不开始陆续保荐本部官员,选拔游历使的程序终于真正启动。总理衙门也于1887年5月18日(光绪十三年四月二十六日),特别拟定了《出洋游历章程》,"缮呈御览"。④《章程》共14条,是一份派遣海外游历使的基本纲领性文件,同时也包括了一些具体实施细则。《章程》第一条规定选派出洋游历官员的人数,由于经费只能从出使经费中

---

① 葛士濬编:《皇朝经世文续编》卷一二〇,光绪二十四年,上海宏文阁藏版。
② 同上。
③ 《大清德宗景皇帝实录》卷二三六,北京中华书局,1987年影印本。
④ 《总理衙门各国事务衙门庆郡王奕劻等奏为拟游历人员章程事》,王彦威辑、王亮编:《清季外交史料》卷七一,民国二十年北平清季外交史料编纂处铅印本。

节省出来,因此人数只得限定十至十二名。第二条规定采取考试选拔方式,由于"各衙门人员之愿出洋者,固不乏有志有才之士,然其中志大才疏,于洋务一道难以体贴者,亦恐难免"。因此各衙门保举人员"名单会齐之后",拟由总理衙门"定期传集考试,以定去取"。第三条规定游历期限为二年。第四条规定游历使的薪水待遇。第五条规定交通费的报销。第六条规定薪水的预支和借支办法。第七条规定差旅费报销细则。第八条建议游历使随时咨询驻外使领馆。第九条规定了游历使调查考察的任务,要求游历使"游历之时应将各处地形之要隘、防守之大势以及远近里数、风俗、政治、水师、炮台、制造厂局、火轮舟车、水雷炮弹,详细记载,以备考察"。第十条鼓励游历使学习外语与西学。第十一条规定游历使回国后应向总理衙门总结汇报,清政府将根据其成绩优劣,分别给予保举官职和奖励。第十二条关于领取护照。第十三条规定游历使领到护照后应尽快动身,不必等齐后同时出洋。第十四条规定了游历使的请假制度。这份相当细致周密的《出洋游历章程》经过光绪皇帝朱批"依议"之后,派遣海外游历使的计划就正式进入了考试选拔和派遣的实施阶段。

1887年6月12日至13日(光绪十三年闰四月二十一日至二十二日),在北京总理各国事务衙门所属的同文馆大厅内,举行了两场别开生面的考试,这就是中国近代史上第一次选拔出国游历官员的考试。与传统的科举考试科目不同,这次既不考四书五经,也不考八股诗文,而只作关于边防、史地、外交、洋务方面的策论。

这次考试是由总理衙门大臣主持的,当时掌管总理衙门的王大臣是庆郡王奕劻,他在1884年取代恭亲王奕䜣,而从出题到阅卷具体主办这次考试的,则是上年(1886)从出使英国公使任满回国任总理衙门大臣的曾纪泽。根据曾纪泽本人日记的记载,此次游历使选拔考试考场设在总理衙门所属同文馆大厅内,试题由曾纪泽亲自拟定。6月12日考吏、户、礼三部保送人员,由曾纪泽与沈秉成、续昌监考阅卷。6月13日考兵、刑、工三部保送人员,由曾纪泽与福锟、廖寿恒监考阅卷并最后判定名次。六部共保送人数为76人,实际出席考试人数为54人。①

---

① 曾纪泽:《曾纪泽日记》下册,岳麓书社,1998年,第1597页。

至于考试的题目,据应试的兵部郎中傅云龙记载,第一天的试题是"海防边防论"与"通商口岸论",第二天的试题是"铁道论"与"记明代以来与西洋各国交涉大略"。① 两天考试共初步录取28人。其中兵部郎中傅云龙名列第一,1887年10月28日的《申报》特地在头版刊登了他的试卷《记中国明代以来与西洋交涉大略》,"愿与留心世事者共击节赏之"。②

通过选拔考试初步录取的28名六部官员,先由总理衙门大臣接见面试,以"观其器识"。然后再带领这些官员向皇帝引见,最后由光绪皇帝亲自用朱笔圈定傅云龙等12人为正式钦定游历使,派遣他们分别游历亚洲、欧洲及南北美洲各国。这12名海外游历使的姓名、籍贯、出身、职务和年龄状况如下:傅云龙、浙江监生,兵部候补郎中,46岁。缪祐孙,江苏进士,户部学习主事,33岁。顾厚焜,江苏进士,刑部学习主事,44岁。刘启彤,江苏进士,兵部学习主事,33岁。程绍祖,江西监生,兵部候补主事,38岁。李秉瑞,广西进士,礼部学习主事,32岁。李瀛瑞,山东进士,刑部候补主事,40岁。孔昭乾,江苏进士,刑部候补主事,31岁。陈爔唐,江苏进士,工部学习主事,31岁。洪勋,浙江进士,户部学习主事,32岁。徐宗培,顺天监生,户部候补员外郎,32岁。金鹏,广西进士,户部学习主事,33岁。③

如果我们对以上名单中的数据作一个计量统计分析的话,可以发现这批海外游历使的一些共同特点。第一,他们基本上都是科举正途出身,其中进士9名,监生3名。第二,他们基本上都是中央六部衙门五六品的中低级官员,其中有五品郎中1名、员外郎1名,六品主事10名。而且又都是候补官员,大多是闲职的六部京官,其中户部4名,兵部3名,刑部3名,工部、礼部各1名。第三,其籍贯以江浙籍居多,其中江苏5名,浙江2名,广西2名,江西、山东、顺天(北京)各1名,这可能与江浙文化较发达思想较开放有关。第四,其年龄均为三四十岁,正是思想较敏锐、精力较充沛之时,其中31—38年龄组有9人,40—46岁年龄组有3人。可见,经考试选拔录取的1887年海外游历使,基本上是一批文化素质较高,有进取心而又年富力强,

---

① 傅云龙:《游历日本图经余纪》,见《走向世界丛书》第1辑,第3册《甲午以前日本游记五种》,湖南长沙岳麓书社,第192页。
② 《申报》1887年10月28日第1版。(光绪十三年九月十二日)
③ 据《申报》1887年10月28日第1版公布的考试录取考察游历人员名单。

希望通过出洋游历改变生活经历并得到仕途提升的中央政府机关里的中青年中低级官员。

其二,清政府第一次同时派遣12位官员前往亚洲、欧洲、南北美洲的几十个国家,进行为期两年的游历考察,最远到达南美智利和加勒比海的古巴等国。其路程之远及所到国家之多,都是史无前例的。而且这批游历使全部是中国官员,无一洋人参与,并在所到之处,进行了大量调查研究、友好外交和文化交流活动。

根据《光绪朝朱批奏折》中总理衙门1887年8月28日(光绪十三年七月初十)的奏报,总理衙门把12名钦定游历使分成5组,并分别确定了游历应往之国。具体分别派遣名单如下:第一组傅云龙、顾厚焜前往日本国、美利坚合众国、附英国属地之在美利加者(即加拿大)、秘鲁国、附日斯巴尼亚国(即西班牙)属地古巴及巴西国游历。第二组刘启彤、李瀛瑞、孔昭乾、陈爔唐,前往英吉利国及印度等处之英国属地,法兰西国及阿尔吉利(即阿尔及利亚)等处之法国属地游历。第三组李秉瑞、程绍祖前往德意志国、奥斯玛加国(即奥地利)、荷兰国、比利时国、丹玛国(即丹麦)游历。第四组缪祐孙、金鹏前往俄罗斯国游历。第五组洪勋、徐宗培前往西班牙国、葡桃牙(即葡萄牙)国、意大利国及瑞典、哪威(即挪威)各国游历。① 仅在该名单中已指明的游历任务国已有亚洲、欧洲、北美洲、南美洲、非洲的21个国家,而实际上根据游历使后来的行程游记,他们游历的国家及途中顺带考察游历的国家更大大超过了这个数字。他们游历的路程之远和所到国家之多,打破了历史的记录。在此之前1868年派遣的蒲安臣使团最多到过美洲的美国和欧洲的英国、法国、瑞典、丹麦、荷兰、普鲁士、俄国、比利时、意大利、西班牙等11国。而明代郑和下西洋最远也只到了东非的肯尼亚。②

下面再以几组游历使的游历路线和里程为例作具体介绍。如傅云龙、顾厚焜一组1887年10月2日从北京起程,先到天津和上海考察一些洋务企业,收集资料,聘雇翻译仆役,作出国准备。11月12日从上海出发,乘船先到日本游历考察6个多月后,再乘船横渡太平洋,于1888年5月14日到

---

① 《光绪朝朱批奏折》,中华书局,1996年,第一一二辑,第692—693页。
② 英国人孟席斯虽提出了郑和发现美洲之说,但是尚未得到可靠史料证实。

达美国西海岸旧金山,随后坐美国南太平洋铁道公司的火车横穿美国到首都华盛顿。9月下旬自美国东北部乘火车到加拿大蒙特利尔和首都渥太华等地短期游历。然后再回到美国游历,并从南部佛罗里达州乘船去古巴。在古巴游历后,1889年1月乘船到加勒比海的海地、多米尼加及中南美洲的哥伦比亚、巴拿马、厄瓜多尔,1月15日抵达秘鲁首都利马。在秘鲁游历后,绕道智利、阿根廷、乌拉圭,3月7日到达巴西首都里约热内卢。游历巴西之后,经西印度群岛于4月19日返回美国纽约,对美国作第三度考察,又从东部乘火车横贯美国到西部旧金山。5月11日离美乘轮船西行,再次横渡太平洋到日本。在日本又作了5个月考察后才乘船于1889年10月21日回到上海。11月11日回北京销差。据傅云龙自己统计,总共日程为26个月,770天。总行程为120844华里(60422公里),其中海路81549华里(40774公里),陆路38264华里(19132公里)。傅云龙一行重点游历了上谕指定的日本、美国、加拿大、古巴、秘鲁、巴西6国,并顺途考察了哥伦比亚、巴拿马、智利、阿根廷、乌拉圭等5国,往返共游历11国。①

还如派往欧洲游历的洪勋、徐宗培这一组,于1887年初冬,在上海乘坐德国商船赴意大利,途中曾停泊香港、新加坡和锡兰(即今斯里兰卡)的科伦坡,经印度洋、阿拉伯海到亚丁,渡红海、苏伊士运河,入地中海。在游历了意大利之后,经奥地利赴德国柏林,再北行游历瑞典、挪威,然后经丹麦、德国到比利时,再至法国首都巴黎。又渡英吉利海峡到英国首都伦敦。由伦敦出发,经西班牙抵达葡萄牙的里斯本。在葡萄牙游历一个月,再经西班牙,至意大利,最后仍乘德国商船回中国,历时近两年。据洪勋自己统计行程包括船路6万余里,铁路约4万余里,此外马车、步行等约数千里,"总计何止10万里"。② 游历国家也超过指定的西班牙、葡萄牙、意大利、瑞典、挪威5国,沿途还考察了英国、法国、德国、奥地利、丹麦等国。

再如派赴俄国游历的缪祐孙、金鹏一组,1887年10月29日从上海乘德意志公司萨克森号轮船启程,途经香港、新加坡、锡兰、意大利、德国等地

---

① 据傅云龙:《游历图经余纪》卷一、卷二,并加考订。《游历图经余纪》均见傅云龙《西政丛书》,光绪二十一年铅印本。
② 洪勋:《游历闻见总略》,王锡祺辑:《小方壶斋舆地丛钞》再补编,第11帙,上海著易堂,光绪二十三年。

抵达俄国首都彼得堡,然后前往莫斯科,又南下基辅,第比利斯、巴库、萨拉托夫,再往东经尼什诺夫哥罗德、秋明,越乌拉尔山,穿过西伯利亚,经托木斯克、克拉斯诺雅尔斯克,抵伊尔库茨克。最后从恰克图,经外蒙古库伦(今乌兰巴托)、张家口等地返回北京。从现有资料看,缪祐孙是晚清中国第一个由官方派遣横穿俄国欧亚和西伯利亚地区游历并留下详细记录的清朝官员。

游历使们到欧美各国游历,路途漫长艰辛,在海上常常遇到狂风骇浪,往往晕船不能进食。有的路途十分险恶,如傅云龙等经过南美洲南端麦哲伦海峡时,"狂风迅烈,昏雾迷漫,涛浪猛恶",轮船驶过后,大家不禁"额手喜若更生"。有的地方正值瘟疫流行,如傅云龙等到巴西首都里约热内卢时,当时正流行霍乱,"死者日二百有奇",旅行过境者"皆弗登岸"①,但他们坚持登岸实地考察。有的游历使在途中劳累致病,游历使孔昭乾与李瀛瑞竟然在国外游历期间病故身亡,以身殉职。

游历使们在国外进行了不少外交活动,会见各国总统、国王及部长等官员,虽然大多属于礼节性拜访,但毕竟加强了中外联系和友谊。如傅云龙在游历期间曾会见了美国总统格罗弗·克利夫兰、秘鲁总统尼古拉斯·彼罗拉、智利总统何塞·曼努埃尔·巴尔马塞达、巴西国王佩德罗二世等各国元首和日本首相伊藤博文等政府首脑。美国总统克利夫兰称傅来自"文物大国",并询问其"来程去路",还说"你官兵部,可惜敝国兵无奇制堪供游目"。② 洪勋在意大利参加宫廷舞会并见到意大利国王洪伯尔特一世,国王说:"与先生相见,孤之幸也,愿永敦相好,商务繁兴,国之福也。"③

游历使们在各国还进行了一些中外文化交流活动。如傅云龙曾和许多日本文人学者交往、唱和诗文,并为他们题字、作诗、写序,还在日本寻访中国古典珍籍佚书。赴欧游历使们也参观了欧洲各国的博物馆、美术馆,还往往签名题词留念。游历使在海外还特别注意与侨居各国的华商、华工接触,调查了解他们的生活状况和疾苦要求,有时还应邀为当地华侨会馆题写匾

---

① 傅云龙:《游历巴西图经余纪》。
② 傅云龙:《游历美利加图经余纪》。
③ 洪勋:《游历意大利闻见略》,洪勋的游历各国见闻均见《小方壶斋舆地丛钞》再补编,第十一帙,上海著易堂,光绪二十三年。

额和楹联。

其三,这次游历考察所取得的对外国调查研究的成果之多,也是打破历史纪录的。游历使们撰写了几十种对外国调查研究的著作、考察报告及海外游记、日记、笔记和诗集等,其数量在中国人介绍研究外国的历史上是空前的。

总理衙门在制订《出洋游历章程》时就规定了游历使的调查任务和考察内容,而且要求回国后必须向总理衙门呈明所著书并择优请奖。一些胸怀大志有抱负的游历使也不愿把这次出洋的游历仅仅当作一般例行公事去应付差使,或只是以游山玩水了解异国风情为满足,而是把这次出洋游历看成观察世界施展抱负的好机会,并把它作为调查研究、著书立说,以帮助国人认识世界借鉴外国的千秋大业。正如当时的驻日公使黎庶昌赞扬傅云龙时所指出的"夫游历,官事也,懋元(傅云龙字)不肯视为官事,直以千秋著书为业,寓乎其间"。① 游历使们访问各国政府机关、议会团体,参观各类工矿企业、各级学校,考察港口、铁路、邮政,调查兵营、炮台、监狱,游览各地博物馆、动植物园、教堂寺庙,了解当地民俗民风等等。游历使们通过广泛深入的调查研究,获得了大量关于世界形势和各国国情的第一手资料、最新信息和感性认识,并在此基础上,撰写出一批有分量的游历考察报告和游记。

12名海外游历使之中,以选拔考试第一名傅云龙最为勤奋,成果也最为卓著。仅仅他一个人在游历期间撰写的外国调查研究著作和海外游记、纪游诗就达110卷之巨。大致可分三类,一类是外国调研著作,傅云龙称为《游历图经》。采用中国传统史地书籍中图经的体裁,即以地图、表格为主体,配以简明的文字叙述评论。他每到一个游历国,便努力收集该国地理、历史、政治、经济、民俗等方面资料,并亲自察访,实地踏勘,还绘制各种地图、统计表,力图向国人提供该国真实详细的国情资料。他奉命重点游历考察6国,写下游历图经6种共86卷。其中包括《游历日本图经》30卷、《游历美利加图经》32卷、《游历英属加纳大图经》8卷、《游历古巴图经》2卷、《游历秘鲁图经》4卷、《游历巴西图经》10卷。每种图经下分若干大类和子目,如《游历日本图经》分为天文、地理、河渠、国纪、风俗、食货、考工、兵制、

---

① 黎庶昌:《游历日本图经》卷末题识。光绪十五年德清傅氏铅印本。

职官、外交、政事、文学、艺文、金石、文征等15大类183个子目，共30卷，堪称是黄遵宪《日本国志》以后晚清中国人日本研究的又一部力作。① 而《游历美利加图经》则分11大类162个子目，32卷，更是晚清中国人对美国研究的一部空前巨著。他的游历古巴、秘鲁、巴西图经，恐怕也是晚清中国人对这几个中南美洲国家所作的最详细深入的调查研究报告。

傅云龙的第二类著述是海外游记，他称之《游历图经余纪》，共有15卷。其中包括《游历地球图》1卷，《游历天时地理合表》1卷，《游历日本图经余纪》3卷，《游历美利加国图经余纪》4卷，《游历加纳大图经余纪》1卷，《游历古巴图经余纪》1卷，《游历秘鲁图经余纪》2卷，《游历巴西图经余纪》1卷和《余纪叙例》1卷。这实际上是傅云龙在各国的游历日记，具体记录了游历旅程、行踪、考察、游览活动、著述情况及感想议论。《图经》为纪事体"以地为主"，《余纪》为编年体"以日为主"，"图经以所游之国为范围，而余纪就一日之见闻"②两者可以互相补充对照。第三类是海外纪游诗。傅云龙每游历一国还即兴写了不少诗篇，回国后又加整理修改，编为《不易介集诗稿》，共有6种9卷。其中包括《游古巴诗董》1卷，《游秘鲁诗鉴》1卷，《游巴西诗志》1卷，《游日本诗变》4卷，《游美利加诗权》1卷，《游加纳大诗隅》1卷。这些诗有叙事，也有咏史、抒情，可以与《图经》、《余纪》对照起来读，相映成趣。

与傅云龙一起游历日本和南北美洲的顾厚焜则着重考察外国的政治和地理。他撰写了《日本新政考》、《美利坚合众国地理兵要》、《巴西政治考》、《巴西国地理兵要》、《英属加拿大政治考》、《秘鲁政治考》、《古巴政治考》等著述。顾厚焜的《日本新政考》虽从篇幅、内容和价值上比不上傅云龙的《游历日本图经》，但它专记日本明治维新后的新政，收集大量统计数据，还有对许多工厂企业的实地考察记录，特别是对于日本对外贸易、财政收支、银行、海军、学校等方面的调查甚细，对中国人了解日本明治维新后的国情颇有帮助。

---

① 关于对傅云龙《游历日本图经》的研究、介绍、评介，可参见王晓秋：《傅云龙〈游历日本图经〉初探》，《北京大学学报》日本中心十周年特辑，1998年。

② 傅云龙：《游历图经余纪》卷一五，余纪叙例。

奉派游历英国、法国及其殖民地的刘启彤也撰写了不少关于欧洲政治的调查考察报告,如《英政概》、《法政概》、《英藩政概》等,对英法等国的议会制度、官制、司法审判制度等都作了详细介绍,其行文条理清楚,简明扼要,流畅自然,较以往这方面的著作水平更上一层。同时他对各国铁路建设也非常关心,专门撰写了《欧洲各国火轮车道纪略》、《英国火轮车道编年纪略》、《英国各属地车道纪略》、《印度车道纪略》、《美国车道纪略》、《火车运客货考略》等文,编为《星轺考辙》4卷。该书可以说是当时中国人所写水平最高的关于铁路建设的著作。不仅有助于普及铁路知识,对在中国修建铁路也有很大的借鉴作用。

派遣游历西欧、南欧、北欧的洪勋也是一位著述甚丰的游历使。他撰写了许多游历闻见录,如《游历意大利闻见录》、《游历西班牙闻见录》、《游历葡萄牙闻见录》、《游历瑞典挪威闻见录》、《游历闻见总略》、《游历闻见拾遗》等。书中不仅记录描述了洪勋在欧洲各国游历的所见所闻,而且反映了他对欧洲各国政治、经济、社会、民俗等状况和问题的观察与思考。其他赴欧洲的游历使如孔昭乾在游历途中暴死,留下遗著《英政备考》,介绍了英国的书院、属地、矿业等情况,尤其是对中国人较少关注的英国殖民地马耳他和直布罗陀作了详细的介绍。李瀚瑞有一部游历著作《欧西风土记》,因患病身亡而未能完成。

奉派游历俄国的缪祐孙是游历使选拔考试的第二名。他对俄罗斯调查研究的成果是《俄游汇编》,共12卷。其中包括《俄罗斯源流考》、《译俄人自记取悉毕尔(即西伯利亚)始末》、《译俄人自记取中亚细亚始末》、《疆域表》、《铁路表》、《通俄道里表》、《山形表》、《水道记》、《舟师实》、《陆军制》、《户口略》和《俄游日记》等部分。《俄游汇编》考证精细,记载全面,不愧为晚清中国人实地考察研究俄国的一部空前力作。

游历使们的这些著作尽管重点、详略、体裁、文笔各有特色,但毕竟都是19世纪80年代对世界各国进行实地考察调查研究的成果。比起此前那些仅仅依靠翻译外国地理书或据道听途说传闻写成的所谓研究外国的著作来说价值要高得多,并向晚清中国人提供了当时世界各国真实具体的国情资料。

游历使们亲历亲闻欧美各国的资本主义政治制度和工业文明,对其立宪政体和议会政治、司法制度等,都作了不少介绍和评论,对于当时正在探索中国改革道路的人士也有一定启发。游历使们对于日本和欧美各资本主义国家的政治法律、经济管理、工矿企业、铁路航运、财政贸易、海陆军制、学校教育、文化艺术、民俗民风等各个方面,都进行了具体的考察和介绍,对于中国的改革和近代化建设都有一定参考借鉴价值。

游历使们为撰写这些调查研究外国的著述付出了辛勤的劳动。他们经常是在游历途中进行写作,"以行路之岁月倍于闭户著书,汽船才泊,笔不得停,一纸未终,火车复上"。① 而且是在异国他乡,还要克服语言不通、风俗不同、资料难寻等种种困难。必须要有强烈的责任感和顽强的毅力,才能坚持下去。如傅云龙自述:"每至墨枯笔秃,力难可支,辄自责曰'期近矣',自是四鼓辄起伏案。"②为此,他经常写作到深夜,甚至通宵达旦,废寝忘食,以至驻日公使黎庶昌盛赞"勤亦至矣!"并感叹道:"推是以治天下事,则亦何适而不办哉?"③

综上所述,1887年清政府通过史无前例的出洋官员选拔考试,最后由皇帝亲自圈定钦点了12位海外游历使。他们历尽千辛万苦,时达两年,分别游历了欧亚及南北美洲的几十个国家。最远到达中南美洲的古巴、秘鲁、智利、巴西,绕过南美洲南端的麦哲伦海峡。其游历路程之长,考察国家之多,打破了历史纪录。这批海外游历使在世界各国游历考察,并开展各种友好外交和文化交流活动。他们在游历期间还撰写一大批对外国调查研究的著述和游记,其成果之丰硕也是前所未有的。发生在19世纪80年代的这一历史事件,难道不能称为晚清中国人走向世界的一次盛举吗? 1887年海外游历使们用他们的非凡经历和成果,创造了一段相当辉煌的历史。

二、发掘一段被埋没和被遗忘的历史

当人们了解清政府1887年派遣海外游历使分赴欧亚南北美洲各国进

---

① 傅云龙:《游历日本图经》卷三〇。光绪十五年德清傅氏铅印本。
② 傅云龙:《游历日本图经余纪》。
③ 黎庶昌:《游历日本图经》卷末题识。

行的走向世界盛举之后,可能更想知道这批海外游历使回国后的命运如何？他们的才能有没有发挥作用？他们的著述有没有产生影响？这次走向世界的盛举究竟在历史上留下了什么样的痕迹？可是答案却是令人十分遗憾和惊讶的。

先看这批海外游历使回国前后的遭遇。1889年(光绪十五年)秋冬,在规定的游历期满后,游历使们陆续回国。可是其中有一位已在游历途中身亡,成了海外不归客,也是海外游历使中命运最悲惨的一位。他就是奉命赴欧洲游历的刑部主事孔昭乾,他是在英国游历期间精神病发作,1889年1月5日,在伦敦中国驻英公使馆自杀身亡的。当时正在南美洲游历的傅云龙从英国报纸上得到消息,甚为悲伤。1889年6月25日的《申报》上也报道奉派游历英法两国之主事孔昭乾"近在外洋身故",由驻英公使刘瑞芬"奏报九重,并恳赐恤"。① 还有一位赴欧游历使李瀛瑞也很不幸,他刚踏上祖国的故土,还没有来得及入京销差,就因在途中病重不治,在山东烟台一命呜呼。《清实录》光绪十六年六月戊申条中有"予游历南洋病故刑部主事李瀛瑞议恤"的记载。② 看来似乎是在南洋游历过程中病死的。但实际上据20世纪80年代在山东莱阳市瑞岭村发现的李瀛瑞墓志铭所述乃"期满归,道病疫于烟台,己丑十一月也"。③ 可见病故是在回国后的光绪十六年十一月即1889年12月死在烟台。次年五月葬于故乡山东莱阳水台村南。后来朝廷议恤,以"游历劳瘁","赠员外郎衔列刑部主事加四级"。④ 以身殉职,也不过是加赐一个员外郎衔。

实际上海外游历使们出洋两年,往返十万余里,艰辛备尝。任务繁重又经费不足,身处异乡客地,车马舟船劳累,饮食风俗不适,有些地方还正在闹瘟疫。因此致使不少人健康恶化,疾病缠身。如顾厚焜在游历美洲途中患病,"咳痰不已",只得提前回国。傅云龙到巴西游历时,正值巴西流行黄热病,首都里约热内卢每天死于疫病者二百多人。船上旅客怕危险都不敢下船登岸,只有中国游历使傅云龙一行为完成游历使命而登岸。再如缪祐孙

---

① 《申报》光绪十五年三月二十七日(1889年6月25日)。
② 《大清德宗景皇帝实录》卷二八六,第5页。
③ 《李瀛瑞墓志铭》,见《莱阳文史资料》第6辑。
④ 《李瀛瑞墓志铭》。

在俄国游历西伯利亚时患病,"痛苦万状",只得在伊尔库茨克租房一间,养病数月后,才启程回国,途中"病痛增剧,一路苦撑,才得回国"。① 还有赴欧游历使陈燨唐,回国后即在上海卧病不起,以致无法进京销差。

按《出洋游历章程》规定"各员游历回华,将所学习何业,所精何器,所著何书,呈明臣衙门之后",由总理衙门"择其才识卓越之员,奏请给奖"。② 但实际上海外游历使回国之后的奖励保举颇费周折。一来是游历使回国及销差日期先后不一,要等多数人销了差才能入奏保举。二来游历使尚未回国,国内官员已生妒意,担心他们得到保举超常升迁。因此御史何福堃上奏要求"预立游历人员得奖限制","请薄其奖叙,即有佳者,只可发往南北洋当差"。尚未保举,已造成不可重奖的舆论。缪祐孙见此情况叹息道:"受此一击,定难得大好处矣!"③ 在这种气氛下,总理衙门大臣也不敢轻易保举请奖,而要先对游历使所呈报告著述等加以审查考核,才能决定分别应否给奖和保举,以致保举时间拖延,保举级别也有意压低。

因此,直到1890年7月26日(光绪十六年六月初十)以庆郡王奕劻为首的总理衙门大臣才正式向皇帝上了《奏请给奖游历人员疏》,这离有的游历使回国时间已经差不多快一年了。从总理衙门的这份保奖奏疏中,我们可以分析出以下几点:第一是12位海外游历使中这次获得保奖的人员仅6人,即傅云龙、缪祐孙、刘启彤、顾厚焜、李秉瑞、程绍祖。其他半数人员如孔昭乾、李瀛瑞已故,陈燨唐病重,洪勋、徐宗培、金鹏则情况不明,可能尚未销差。第二是总理衙门对此次派遣的海外游历使总的评价是"查各员等分历欧美各洲,驰驱二十余国,艰苦备尝,不无微劳足录"。④ 只是肯定他们海外游历的辛劳。另外提到6位游历使"各呈有札记及翻译编选之册",比较重视他们的调研成果。而并没有对他们在海外的游历活动和促进中外友好及文化交流等方面贡献有所表彰。第三是在保奖的6位游历使中实际分了两个等级,一等是傅、刘、缪三人,表扬"傅云龙所著游历日本等国图经八十六卷,纂述较多,征引尚博,实属留心搜辑,坚忍耐劳。缪祐孙、刘启彤亦能探

---

① 缪祐孙:《俄游日记》。北京大学图书馆馆藏稿本。
② 《清季外交史料》卷七一。
③ 顾廷龙校阅:《艺风堂友朋书札》上册,上海古籍出版社,1980年,第246—277页。
④ 《申报》1890年8月14日。

讨精详,有裨时务"。特别指出傅、刘两人,"于外洋情形考究尤为详确",可称是"其中才识较优者",酌照"异常劳绩"请奖,可发往北洋差遣委用,而其他三人程绍祖、顾厚焜、李秉瑞则属二等,只给予照"寻常劳绩"保奖。第四是游历使被保举的官职大多只是遇缺即补和赏加虚衔。即使是以"异常劳绩"请奖的原兵部候补郎中傅云龙,原是三品衔分发省分补用知府,现保举"拟请免补知府,以道员分发省分即补,并赏加二品衔",已经算是超常升迁了。原兵部候补主事刘启彤为双月候选知府,"拟请免选知府以道员不论双单月选用,并赏加二品衔"。总理衙门还请旨将他们两人"发往北洋大臣差遣委用"。而原户部学习主事缪祐孙仅是"拟请免补主事,以本部员外郎遇缺即补,并赏加四品衔"。至于原兵部候补主事程绍祖只是"拟请以本部主事遇缺即补",①而原兵部候补主事顾厚焜、礼部候补主事李秉瑞连这样的保举也没有,三人都是"均请赏加四品衔",仅赏个虚衔,并非实职,只能耐心等待候补部内实缺或外派地方小官。

可见这批海外游历使尽管出洋后经历了两年艰辛历程,开眼界,长见识,并积累了不少外交活动的阅历和经验,但是回国后却没有真正得到重用,几乎没有一人被任命为出使外国使臣和各级外交官,在外交岗位上发挥作用。有的竟郁郁不得志,英年早逝,实在是很大的人才浪费和埋没。

游历使中获得最高评价的傅云龙一回国就遭丧子之痛,他的三个儿子范冕、范成和范焜在他回国前不到一个月,因患时疫在两天内先后病故。他在受到总理衙门保举后,1891 年被分发至北洋大臣李鸿章处,任命为北洋天津机器局会办,1895 年升总办,总算在洋务企业岗位上运用到在海外日本、美国等国考察学习到的企业管理制度和经验。但后来又遭到继任北洋大臣裕禄之亲信伍某的诬告而被迫离开北洋机器局。傅云龙曾深入考察研究日本与美国,了解世界形势,并积累了一些外交经验和见解,可惜未能在外交岗位上发挥其才能。

刘启彤被破格升迁为二品衔候选道发往北洋委用,由北洋大臣李鸿章任命为海防支应局会办。1893 年李鸿章还派他去山西、河北赈灾。刘启彤对父母极为孝顺,海外游历回国不久,因父亲去世,哀伤成疾,并报丁忧守

---

① 《申报》1890 年 8 月 14 日。

丧。山西赈灾回来又遭母亲病逝。"启彤奔丧归里,毁痛吐血,年四十有四卒。"① 刘启彤游历西欧,对英法政治和铁路建设均有钻研及论著,可惜英年早逝,不能发挥更大作用。

缪祐孙赴欧洲俄国游历两年,并对俄国进行了深入调查研究,回国却仍在户部当差。总理衙门保奖其为"以本部员外郎遇缺即补,并赏加四品衔",竟遭吏部非议。后来还是自己报考当上总理衙门章京,总算与外交事务沾上边。缪祐孙1891年进入总理衙门后,先是在司务厅任收掌,后又在俄国股当差,可以说他是游历使回国后唯一在外交部门工作的。不过他仍抱怨"事琐而劳,颇觉吃力",而且收入太少。由于在游历期间备尝艰辛,健康受到很损害。1893年8月13日突然中风,1894年8月26日在北京去世。与刘启彤一样,年仅44岁便英年早逝,"时人多惜之"。②

与傅云龙一起游历日本和南北美洲的顾厚焜虽然也有不少著述,但在总理衙门保奖时仅仅赏加四品衔,直到1898年戊戌维新时,仍是一位刑部主事。《光绪朝东华录》中记载"刑部奏代递主事顾厚焜呈请京城邮政,广设分局"。③ 后来曾外放出任过安徽庐州府江防同知。直到1901年清政府开始新政,下谕改革科举考试内容,增考中外政史策论等。为了适应考生们应试的需要,他编了一套赶考参考书《精选新政应试必读六种》,内容包括各国政治、各国艺术方面参考资料,这总算用上了一些他在日本和美洲游历获得的外国政治史地的知识。

李秉瑞与顾厚焜一样在总理衙门保举中只获赏加四品衔未予重用。他曾请求过李鸿章推荐去北洋工作,被李鸿章婉拒。后来李秉瑞辗转去了台湾,1895年参加台湾军民反割台抗日斗争。曾先后任"台湾民主国"军务衙门督办,内政衙门会办和外务衙门会办,还率众参加了抵抗日军的基隆攻防战,也总算多少运用了他在海外游历时所得到的外交、军事知识和经验,为保卫祖国神圣领土台湾贡献了一分力量。

另外几位游历使如洪勋、程绍祖、陈燨唐、徐宗培、金鹏等回国后的情况

---

① 《宝应县志》卷一二,1932年。
② 《江阴县续志》卷一五,民国九年。
③ 《光绪朝东华录》,中华书局,1958年,第4188页。

因缺乏资料而不详,总之都未获重用和担任外交官职务。

1887年海外游历使们在游历过程中和回国后,撰写了不少外国调查研究考察报告和海外游记、闻见录、日记、纪游诗等。除了一部分当时就已刊印并受到好评外,多数未受重视,以致被历史埋没,或束之高阁,尘封于书库之中。

傅云龙海外游历的各种著述,最早的是在1889年秋从日本游历回国前,在东京刊印完成《游历日本图经》和《游历古巴图经》两种,书的扉页题"光绪十五年夏六月印于日本"。傅云龙回国后把这两种刊本和其他各国《游历图经》及《游历图经余纪》的抄本一起交到总理衙门,并上呈光绪皇帝。因此总理衙门在保奖奏折中表扬他"纂述较多,征引尚博,实属留心搜辑,坚忍耐劳"。光绪十六年十月二十日光绪皇帝召见傅云龙时,也当面夸奖他"著书详细"。因此后来《游历日本图经》某些版本的扉页还盖了"御览"或"天语重褒著书详细"的印章。军机大臣翁同龢也在自己的日记中记载"傅云龙从日本游归,所著书甚多"。还称赞"此人笔下极好"。① 李鸿章在为《游历日本图经》作的序中也对该书给予高度评价:"繁而成体,博而得要,洵足备考镜之资,可谓用力勤而成书速矣!"② 而驻日公使黎庶昌在该书跋中更盛赞"余虽不敢谓东倭事迹虽以囊括无遗,而巨细精粗条理灿然,亦极著书之能矣!"③ 尽管如此,由于当时光绪皇帝与大臣们尚未有迫切学习日本维新的要求,因此对此书未予特别重视。而到甲午以后戊戌变法之时黄遵宪的《日本国志》和康有为的《日本变政考》才对光绪仿日维新发挥了重要作用。傅云龙的《游历美利加图经》和《游历图经余纪》有光绪二十一年(1895)《实学丛书》的版本。而《游历秘鲁图经》和《游历巴西图经》则到光绪二十七年(1901)才刊印出版。卷首还印有苏松太道严禁私自盗版翻印的告示。此外,在王锡祺编的《小方壶斋舆地丛钞》各编中也选编了傅云龙《游历日本图经》中的一些类目。至于傅云龙已刊未刊的游历图经、游记与纪游诗稿本大多收入《纂喜庐文二集》和《不易介集诗稿》中,现藏于杭州

---

① 《翁同龢日记》,中华书局,光绪十五年十一月十一日,光绪十九年十一月二十四日。
② 李鸿章:《游历日本图经·序》,光绪十五年冬十月。
③ 黎庶昌:《游历日本图经·跋》。

图书馆特藏室,一般人难以见到。

刘启彤所著游历欧洲考察英法政治的著作《英法政概》,光绪十六年(1890)由广百宋斋排印出版,6卷1册。后来也收入《小方壶斋舆地丛钞》再补编第十一帙,分别包括《英政概》、《法政概》、《英藩政概》三篇。1897年又被收入《西政丛书》第三函第二十四册,为慎记书庄石印本。出使英法意比公使薛福成曾在光绪十六年七月二十二日的日记中详细摘录了刘启彤《英政概》中关于英国议院的记载。刘启彤另一部调查研究西方铁路建设的著作《星轺考辙》于光绪十五年(1889)就由同文书局石印出版,李鸿章写信赞扬刘启彤对火车铁路的研究,"创始造端,又为当务之急,可谓善于择题矣"。① 因此后来张之洞要筹办芦汉铁路时,也想借调刘启彤去主持。

缪祐孙的《俄游汇编》于光绪十五年(1889)由上海秀文书局石印出版。书中若干部分也被《小方壶斋舆地丛钞》收录,该书还被收入《清史稿·艺文志》的书目之中。薛福成在其《游历英法意比四国日记》中曾大段摘录《俄游汇编》中对俄罗斯源流的考证。缪祐孙还将此书呈送李鸿章,李鸿章阅后也"甚见推许",还向他"殷殷访问欧事,并及边亭诸隘"。②

顾厚焜的《日本新政考》是游历使著作中完成得较早的,约在1888年3月从日本赴美洲游历前已脱稿排印成编。驻日公使黎庶昌在该书序中赞扬顾厚焜仅在日本"居游半载,遂能提纲挈领掇其国之大政,都萃而条列之","不繁言费辞,使全国维新治迹灿若列眉"。③ 该书另一版本是1897年的西政丛书本,由慎记书庄石印。另外《小方壶斋舆地丛钞》也全文收录了该书及美国、巴西地理兵要和巴西政治考。

洪勋撰写的游历欧洲的各种闻见录如意大利、西班牙、葡萄牙、瑞典、挪威闻见录及游历闻见总略、拾遗都被《小方壶斋舆地丛钞》收录在1897年出版的再补编第十一帙内,但没见到对这些著述的评论和反应。

李瀛瑞在游历欧洲期间撰写了《欧西风土记》,并翻译了西方制造工业之书,可惜他刚回国即病故。死后由其子李方伟将所著译之书上呈总理衙

---

① 李鸿章复游历英法等国兵部刘启彤,见李鸿章:《李文忠公尺牍》。
② 李鸿章:《李文忠公尺牍》,民国五年合肥李氏石印本,第67页。
③ 黎庶昌:《日本新政考序》,光绪十四年春于日本东京使署。

门,这些书稿可能已被总理衙门束之高阁,默默无闻不为世人所知了。

在英国自杀身亡的孔昭乾也有游历笔记,因其在国外暴死而未能完成,只得由其同僚们略加整理后上交总理衙门。北京大学图书馆善本部收藏有孔昭乾遗著稿本《英政备考》两卷。陈燨唐也有游历著作,据其故乡《江阴县续志》称其"游历英法,著有游编四册,以疾归"。① 但是这个"游编四册"究竟叫什么书,写什么内容却不得而知。徐宗培则在光绪十六年十一月(1890年12月)才呈交手枪及关于机器的书,到底是什么书也不清楚。至于李秉瑞、程绍祖、金鹏游历后有什么著述,尚有待进一步挖掘史料说明。

总的来说,1887年海外游历使的著述中,以傅云龙、刘启彤、缪祐孙、顾厚焜等人的著作当时获得出版并受到好评较多。他们的一部分著述及洪勋的欧洲各国闻见录,由于《小方壶斋舆地丛钞》的选录,得到一定的传播。其他人的著述或者未加刊印甚至不知下落。总之,作为两年海外游历的大量调查研究成果,并没有发挥其应有的作用和影响。

更令人惊讶和遗憾的是晚清中国人这样一次走向世界的盛举、一段颇为辉煌的历史,竟然逐渐被埋没和被遗忘,甚至在后人的史书和记载中难见其踪迹。

民国初年所编536卷《清史稿》中既无1887年派遣海外游历使的记载,也无12位游历使中任何一位的传记。清代国史馆所编的80卷《清史列传》中也没有他们的传记。笔者曾遍查《清代碑传文通检》、《清代三十三种传记综合引得》等关于清人传记的主要工具书,均无12位游历使的名字。

近一个世纪以来出版的大量清代通史著作中几乎都没有1887年派遣海外游历使的踪迹。如民国时期出版的黄鸿寿《清史纪事本末》80卷(文明书局,1915年)、许国英《清鉴易录》28卷(药思堂,1917年)、萧一山《清代通史》6册(商务印书馆,1928年)、孟森《清史讲义》(中国文化服务社,1947年);新中国成立后出版的戴逸主编《简明清史》(人民出版社,1980年)、郑天挺主编《清史》(天津人民出版社,1989年),以及90年代后出版的新成果,如王戎笙主编《清代全史》(辽宁人民出版社,1991—1993年)、朱诚如主编《清朝通史》(紫禁城出版社,2003年)。甚至最近出版的篇幅

---

① 《江阴县续志》卷一六,民国九年(1920),传记。

最大的清代编年史《清通鉴》22册300卷(山西人民出版社,2000年)和《清史编年》12卷(中国人民大学出版社,2000年)中也未提及此事。

近百年来出版的大量中国近代史通史著作虽然比较重视中外关系和中西文化交流,可惜也都没有提到1887年海外游历使之举,如1949年前出版的陈恭禄、蒋廷黻、郭廷以等人分别编著的《中国近代史》,到新中国成立后出版的范文澜、林增平、戴逸、胡绳等分别编著的《中国近代史》。近二十年出版的中国近代史通史著作至少有几十种,包括外国学者的著作如费正清主编的《剑桥晚清史》等也无一提及此事。

更专门的近代中外关系史、近代中国外交史上本应有所记载,但是很遗憾也是付之阙如。新中国成立前出版的如向达《中西交通史》(中华书局,1930年)、方豪《中外文化交通史》(独立出版社,1943年)、曾友豪《中国外交史》(商务印书馆,1926年)、蒋廷黻《近代中国外交史资料辑要》3卷(商务印书馆,1931—1934年)。新中国成立后出版的如王绍坊《中国近代外交史》(河南人民出版社,1988年)、赵佳楹《中国近代外交史》(山西高校联合出版社,1994年)、刘培华《近代中外关系史》(北京大学出版社,1986年)等书均无记载。就连1999年湖南人民出版社出版的彭小平著的《中国人走向世界的历史轨迹——中国海外旅行与文化交流》和2002年世界知识出版社出版的李喜所主编的五卷本《五千年中外文化交流史》,比较系统地介绍了从古代到近代中国人走向世界和中外文化交流的历史,而且重点叙述了晚清游历、出使、考察的历史,竟然也未提到1887年海外游历使的事迹。

1887年至1889年清政府派前12位海外游历使历时两年考察亚洲、欧洲、南北美洲的几十个国家,这样一次走向世界的盛举,居然几乎成了一段被人遗忘和埋没的历史,不能不令人感到十分遗憾和惊讶。

挖掘这一段被埋没的历史,通过收集史料,考订史实,搞清其来龙去脉,恢复其历史本来面目,并反思和探讨这段历史之所以会被埋没的原因,进而以史为鉴,总结历史经验教训,的确是一项具有很大学术意义和现实意义,同时又是极富吸引力和挑战性的研究课题。

笔者最早接触这段历史是在20世纪80年代初,在搜集研究近代中国人的日本游记时,找到了傅云龙的《游历日本图经余纪》,并加以标点、解说,收入湖南人民出版社1983年3月出版的《早期日本游记五种》一书。

后又收入钟叔河先生主编的《走向世界丛书》之一《甲午以前日本游记五种》(岳麓书社,1985年),从该史料出发,笔者对傅云龙1887年作为海外游历使时对日本的游历考察经过及其历史背景作了初步研究,并在拙著《近代中日启示录》(北京出版社,1987年)、《近代中日文化交流史》(中华书局,1992年)、《中日文化交流史话》(增订本,商务印书馆,1996年)等书中对1887年派遣海外游历使一事加以简要的叙述和介绍。1996—1997年,笔者在日本京都国际日本文化中心担任客座教授期间,又潜心研究了傅云龙《游历日本图经》30卷全书,并撰写了若干篇论文。笔者的研究视野和范围逐渐扩大到傅云龙的南北美洲游历,并进一步扩展到对1887年海外游历使的全面系统研究,撰写了《晚清中国人走向世界的一次盛举——1887年海外游历使初探》(《北京大学学报》,2001年第3期),并在中国社会科学院近代史研究所主办的第二届近代中国与世界国际研讨会和第二届北京大学文科论坛上作研究报告,还在国内外多次演讲,获得好评。最后在多年深入研究的基础上,笔者和自己的学生杨纪国一起完成了30万字专著《晚清中国人走向世界的一次盛举——1887年海外游历使研究》(辽宁师范大学出版社,2004年12月)。

回顾现代学者的研究著作中较早提及此事的是舒新城的《近代中国留学史》(中华书局,1927年),书中把游历与游学并提,有很简单的论述。以后台湾学者林子勋在《中国留学史》(台湾华岗出版有限公司,1976年)中也提到此事,并节录出了《出洋游历章程》,但他把游历使人数误认为是28员。钟叔河在《走向世界》(中华书局,1987年)和《从东方到西方》(岳麓书社,2002年)两书中,曾利用笔者标点解说的《游历日本图经余纪》和提供的相关材料,在"甲午以前的日本观"一章中论述了傅云龙的日本游历。最近出版的张海林编著的《近代中外文化交流史》(南京大学出版社,2003年)则参考了笔者的论文,叙述了1887年海外游历使的简况。外国学者的研究,特别要提到的是日本学者佐佐木正杨的《洋务运动时期清朝的外国事情调查》(收入其论文集《清末中国的日本观与西洋观》,东京大学出版会,2000年),较具体论述了此事经过并简要介绍了一部分游历使的生平。这是至今看到外国学者关于这段历史唯一比较详细的研究成果。

由于这段历史长期被埋没,挖掘史料,考订史实,作分析研究,经历了艰苦的历程。笔者主要从以下角度去发掘、利用、分析第一手原始资料,作为研究的依据和基础。首先是游历使的大量著述,包括考察报告、游记、笔记、日记、诗文等,这是最基础的史料,分散收藏于北京大学图书馆、国家图书馆、浙江图书馆等各图书馆,或刊录于某些丛书、类书、文集之中。例如笔者在北大图书馆找到了傅云龙撰写并已刊印的《游历日本图经》30卷、《游历美利加图经》32卷,《游历巴西图经》10卷、《游历古巴图经》2卷、《游历图经余纪》15卷,以及顾厚焜的《日本新政考》2卷、缪祐孙《俄游汇编》12卷,刘启彤《星轺考辙》4册等。北大图书馆甚至还藏有缪祐孙的《俄游日记》稿本和孔昭乾《英政备考》的未刊本等珍本。另外在《小方壶斋舆地丛钞》这套丛书的各编中可以找到顾厚焜的《美国地理兵要》、古巴、巴西、秘鲁等国政治考,刘启彤的《英政概》、《法政概》、《英藩政概》,洪勋的游历意大利、西班牙、葡萄牙、瑞典、挪威等国的闻见录等重要著述。还有一些游记诗文散见于这些游历使的文集诗集中,如傅云龙的《纂喜庐文集》、《不易介诗集》,缪祐孙的《柚岭诗抄》等等。

其次是档案史料,如第一历史档案馆收藏的军机处档案、总理衙门与外务部档案。档案中甚至还保存了傅云龙、洪勋等人游历各国的经费报销册。还有已刊的《清实录》、《光绪朝朱批奏折》、《光绪朝东华录》、《清季外交史料》、《续文献通考》、《皇朝政典类纂》等等。外国档案如日本外交史料馆所藏日本外务省档案等。

再次是报刊史料,如当时的《申报》等报刊的报道、评论等,可惜还缺少当时游历使所到国家的外国报纸的报道、评论,希望以后能有机会与外国外交档案一起加以收集和补充。

还有当时人的日记、书信、笔记、文集也是重要原始资料。如李鸿章的《李文忠公尺牍》中,李鸿章分别写给傅云龙、刘启彤、缪祐孙、李秉瑞等人的书信,《艺风堂友朋书札》中缪祐孙致缪荃孙的信,以及《曾纪泽日记》、《翁同龢日记》、李慈铭《越缦堂日记》、张荫垣《三洲日记》等,还有许景澄《许文肃公遗书》、黎庶昌《西洋杂志》等等。

考察游历使的生平经历的另一个重要史料来源是他的原籍的地方志。如考证傅云龙的生平最初是从其故乡浙江的《德清县新志》上发现他与他的儿子傅范初的两篇小传。而刘启彤的生平则是在其故乡江苏《宝应县志》上有他一篇小传。顾厚焜也仅有其故乡江苏《吴县志》中很简略的传记。在赴欧洲游历使李瀚瑞的故乡山东莱阳发现了他的墓志铭等文物。有些游历使至今尚很难找到他们的传记。

还应提到的是游历使后人提供的一些珍贵资料。特别是傅云龙的曾孙傅训成看到笔者的有关傅云龙的文章后特地赶到北京与笔者交流,并提供了家藏的傅云龙的行状、讣告、墓志铭和一些日记、书信抄件等珍贵资料。后来傅训成进一步收集整理其先曾祖的资料事迹,编写了《傅云龙传》(浙江古籍出版社,2003年)和《傅云龙日记》(浙江古籍出版社,2005年),并请笔者分别为这两本书写了序言。

通过以上这些史料的一点一滴的挖掘、收集、积累和梳理、分析,才使我们能够逐渐搞清1887年清政府派遣海外游历使的整个过程、游历使们的基本情况及其游历过程,以恢复历史本来面目,重现这一段长期被埋没、遗忘的历史。

三、探讨人才被埋没、历史被遗忘的原因

1887年的海外游历使既然是晚清时代中国人走向世界的一次盛举,加之游历使们又撰写了一大批外国调查研究的著述,有的还获得朝廷和官员学者们的好评,可是为什么这样一次盛举都会被慢慢淡忘,甚至逐渐埋没于历史沉淀之下,尘封于历史资料之中,以至默默无闻,鲜为人知,连历史学者都几乎把它遗忘了呢?清政府经过专门选拔考试,又经总理衙门大臣面试和皇帝亲自圈定钦点的12名海外游历使,经历千山万水、千辛万苦,分别游历欧亚及南北美洲的几十个国家,了解了不少世界形势和外国国情,积累了一些外交经验和西方知识,可是为什么他们回国以后几乎没有一个被任用为外交官发挥作用?他们勤奋努力写出来颇有见地的海外调研报告,为什么也很少受到重视和流传,产生应有的影响?这一切究竟是什么原因造成的?历史的经验教训值得我们认真思考总结。笔者试图从以下几个角度加以初步分析和探讨。

首先可以从清政府派遣海外游历使的动机和目标的角度来探讨。

1887年清政府派遣海外游历使之举从一开始就立意不高,目标不明

确,其效果影响不大,也是必然的。细考总理衙门的游历章程,并没有提出求知识于世界、借鉴外国经验、培养外交人才等较远大的动机和目标。而仅仅着眼于调查考察,只要求游历使"将各处地形要隘,防守之大势以及远近里数、风俗、政治、水师、炮台、制造厂局、火轮舟车、水雷炮雷详细记载,以备考察"①。选拔游历使时标准是"专以长于记载叙事有条理者入选",②即强调其调查写作能力。而回国保举时也主要看重其调查考察成果,是否"留心搜辑,呈有札记及翻译编选之册"③。对他们的海外促进中外友好和文化交流等方面贡献却不予表彰。以致多数游历使只是满足于记录所见所闻,或罗列现象,不加思考。如后来张謇批评的"仅观粗浅,莫探精微"④。即使其中有比较全面深入的外国调查报告,如傅云龙的游历各国图经、缪祐孙的《俄游汇编》也没受到应有的重视,发挥应有的作用。另有考察西方政治较有见识的著述,如刘启彤的《英法政概》,在中国较早地系统介绍西方的三权分立和议会制度,却由于政治环境的制约,也没引起清政府当权者的兴趣。直到十多年之后清政府要实行"新政"和预备立宪,才急忙派大员出国考察外国宪政。

游历使们的考察也没有重点分工,所以李鸿章批评"不如议定专门,博求详说,有裨实用",而且像造船制造和水师陆军等方面情况,"中外学者颇有汇集,然此事日新月异"⑤,如果游历使们仅仅翻译介绍一二种著作,显然是远远不够的。另一方面,清政府《游历章程》又提出游历与游学并举,规定"各国语言文字、天文算学、化学、重学、光学及一切测量之学、格致之学,各员有性情相近者,自能审责学习,亦可以所写手册交总理衙门查考"⑥。实际上游历使们游历的路程长、国家多、调查考察任务重,游历时间紧,精力有限,加上本身又缺乏西学基础素养,因此游学任务根本没法完成。

清政府也没有把这批海外游历使作为外交人才来加以培养锻炼和使

---

① 《清季外交史料》卷七一。
② 同上。
③ 《申报》1890年8月14日。
④ 张謇:《条陈立国自强疏》,《张謇全集》第1卷,江苏古籍出版社,1994年,第38页。
⑤ 李鸿章:《李文忠公尺牍》。
⑥ 《清季外交史料》卷七一。

用,加上清代官僚制度当时缺乏选拔职业外交官的机制。因此游历使回国后仍然是回到六部或外放地方任职,而不考虑充分利用他们通过这次宝贵的海外游历实践获得的海外知识和外事经验,发挥其外交人才的作用。12位游历使中竟然没有一个出任驻外外交官,只有缪祐孙一度担任总理衙门章京,还算与外交工作沾边。傅云龙、刘启彤分别任北洋机器局和海防支应局会办,也算与洋务有关。但是总的说来是浪费埋没了人才,也辜负了当时舆论要求从中培养一批出使人才的期望。如《申报》所指出的"中国之派员前往外洋游历,实为近日之创举","将欲资其游历之所见闻,备将来出使之用,又安得忽以视之?"①

如果我们对比一下1868年日本明治维新后派遣岩仓使节团海外游历的情况,就可发现巨大的差异。当年岩仓使节团赴欧美游历立意远大,目标明确,分工具体,成效显著。明治政府的动机就是"求知识于世界",即对欧美资本主义文明进行全面考察研究,以供日本改革借鉴,并寻求日本今后发展的道路和方向。日本政府和社会对此举极为重视和支持。太政大臣在给使团送行时甚至说:"日本内治外交,前途大业成败与否,在此一举。"②因此政府重臣要员几乎倾巢出动。游历考察目的很明确,正如岩仓使节团副使伊藤博文所说,"内政如何改革,应有何种法律、政务,应施何等之方略,外交应以何为标准,以及应如何交际等等","都是需要咨询和研究的"③。其立意之高与清政府派一些中下级官员仅仅注意调查外国地理、军事设施等相差何止千里!而且岩仓使节团成员考察调研重点各有明确分工,"分科各自负责其主管事物"进行考察。如大使岩仓具视重点考察各国宗室制度,副使木户孝允着重考察各国宪政,副使大久保利通重点考察各国工商业状况等等,因此取得了巨大成效,可以说为日本明治维新后日本确定近代化的道路和方向起到了决定性的作用。

其次可以从当时的内外环境,此举遭到保守势力攻击和所游历国歧视的角度来探讨。

---

① 《派员与随员不同说》,《申报》光绪十三年十月一日(1887年11月15日)。
② 大久保利谦:《岩仓使节之研究》,日本宗高书房,1976年,第120页。
③ 伊藤博文:《关于特命全权大使的意见书》。转引自吴廷璆主编:《日本近代化研究》,商务印书馆,1997年,第3页。

1887年海外游历使的派遣还受到社会偏见尤其是保守势力的攻击。同时在游历过程中,由于晚清国力衰败,游历使本身级别又低,往往遭到所游历国家的歧视和无礼对待,这也降低了这次海外游历的效果和影响。

早在1887年海外游历使派遣之时,一些有保守倾向的官员和知识分子就对此举不以为然,并冷嘲热讽游历官员。例如思想较为保守的晚清名士李慈铭在其《越缦堂日记》中就攻击去应试争取出洋游历的六部官员,"大抵非穷途无聊,即行险侥幸者耳"①,讥讽这些人只是在六部候补闲得无聊,又提升无望,才冒险找一条以海外游历为升官捷径的出路。这实际上是对那些胸怀大志真正想通过海外游历开眼界长才干为国效力得游历使的偏见。李慈铭还奇怪以往中国的士大夫均以出洋为苦差使,不屑为之,而现在海外游历居然成了热门,有科举正途出身的六部官员,居然还需要经过考试竞争入选,连像兵部郎中傅云龙这样钻研经学考据颇有建树的"饱学之士"竟也来应试。他不禁摇头感叹社会风气的变化,"国家考试,至有出洋游历一途,而应之者不乏考据人才,亦今日风尚使然也"。② 不过使他聊感自慰的是傅云龙在试卷中阐述了"西学中源论","引证甚博,推原化学、重学、汽学之法,实本于墨子"。③ 总算在一定程度上安慰和满足了中国士大夫保守自大的心理。

游历使在海外游历期间已遭到不少非议。有人造谣说游历使私带中国绸缎等物品,沿途出售,瞒关漏税,以牟取私利。甚至诬蔑某些游历使在外行为不端,滥交洋妇以至得病等等。游历使尚未回国,国内已经有不少官员产生妒意。如六部同僚担心他们得到保举超常升迁,以致"压其班次"。总理衙门章京则忌妒游历使们一旦分派到本衙门,"以熟悉夷情见长",会使自己相形见绌。于是御使何福堃上奏要求"预立游历人员得奖限制","请薄其奖叙,即有佳者,只可发往南北洋当差"。④ 尚未保举,已造成不可重奖的舆论,致使总理衙门不敢破格选拔和重用海外游历使出任驻外公使、参赞、领事等职。即使是对缪祐孙与程绍祖给予以本部员外郎、主事"遇缺即

---

① 李慈铭:《越缦堂日记》,光绪十三年闰四月二十四日。北京浙江公会,1920年,第48册。
② 同上。
③ 同上。
④ 同上。

补"这样很轻的保奖,竟然还遭到吏部的刁难,指责他们"既非总理各国事务衙门章京,又非同文馆学生出身,所保京职升阶班次,与定章成案均不相符,应饬另覆"。几乎保奖不成,后来经光绪皇帝朱批"缪祐孙、程绍祖均着原保给奖",才算通过。有些保守人士甚至把海外游历使简称"游员","视同游民、游勇等,安得委以重任?"①可见当时保守势力阻力之大。

游历国家的态度也影响了这次游历的成效。由于当时中国国力衰弱,游历使级别又低,有时会遭到所游历国家的歧视和冷遇。有些国家政府和官员对中国游历人员对该国军事、工业设施的调查考察不抱合作态度,甚至拒绝游历使参观炮台、船厂、军械库或购买地图、统计资料的要求。洪勋在意大利、瑞典、挪威游历时就遇到这种情况。缪祐孙要求参观里海船厂和大型铁甲舰时,也遭到俄方阻挠。俄方翻译"于要紧处言语便少",所以"奈总未透彻底蕴"。他在进入俄国西伯利亚地区游历时,发现俄国官员"多轻华人",而当他想搜寻俄国最新绘制的铁路图时,俄国地方官也予百般刁难。

第三,再从游历使的人选及其素质和知识结构的角度来考察。

海外游历的成效影响大小与游历使的人选及其素质也有很大关系。首先是派出的官员级别和地位太低。1887年派遣的海外游历使只是一些中央各部的中下级官员,即五六品的郎中、员外郎和主事,而且都是尚未得到实职的候补官员。由于级别低,到所游历国往往不受重视,如缪祐孙就抱怨当时俄国人得知他只是六品官员时,"皆甚轻慢"②。当他们辛勤游历两年回国后,仍不过是获得一个二品或四品虚衔,仍在本部补缺或外放低级地方官。游历使们人微言轻,因此他们的言论和著述,也难以发挥更大的影响,他们的事迹也逐渐被淡忘。对比日本岩仓使节团,成员都是明治政府的实权人物和部长、副部长级高级官员,在欧美考察回国后,有力地推动各项改革措施。因此后来中国维新派人士学习日本经验,纷纷要求派遣王公贵族大臣们出洋游历。

游历使人员的素质和知识结构也有些问题。1887年游历使虽然经过总理衙门出题考试洋务外交策论的选拔,但这些官员基本上都是科举出身,

---

① 《申报》1887年11月15日。
② 缪祐孙:《俄游日记》。

由传统文化学术培养出来的旧学人才,西学和外国知识很少,即使其中最出类拔萃的傅云龙也是如此。他们不通外语也没有外交经验,因此在国外调查交流都遇到很多困难。尽管有些游历使勤奋好学,有的甚至还想学外语、练翻译,但临时抱佛脚也来不及,而且时间精力有限,难以投入。如刘启彤出洋前曾准备学习外国语言,然后自己练习翻译外国书籍,但是后来一忙也只好放弃这个计划。缪祐孙在学会几句俄语后,也因忙于游历考察,无法坚持下去。还有的游历使身体素质不好,如孔昭乾据说出国之前精神已有病,以致在海外精神病发作自杀身亡。

第四,再从游历经费和游历使与驻外公使的矛盾角度加以剖析。

清政府由于财政困难,因此拨给海外游历使的经费不够充分,而且它的来源是"设法节省出使经费每年四万余两,以供派员游历之费"①。按《游历章程》规定游历使每月薪水仅200两,所雇翻译每月50两。游历使的薪水才相当于驻外公使馆的三等翻译。章程还规定游历使在游历途中舟车只能乘坐二等舱。虽然游历使在出发前可以预支6个月的薪水和1000两公项银,但是海外游历远涉重洋,花费大,又要保持中国官员的体面,所以经费常常短缺不足。而有些国家旅馆费和交通费十分昂贵,以至游历使们常常叫苦连天,有些地方只能走马观花,蜻蜓点水,甚至干脆不去了。例如傅云龙对加拿大这么个大国仅仅游历了几天工夫,主要也是由于经费的制约。到了有些城市,进了旅馆,一问价钱,吓得马上退了出来。至今中国第一历史档案馆尚存有傅云龙游历日本、美洲等地的报销册,详细开列了游历途中各种费用开支,并说明最后在日本刻印图经,"此两个月有余,未敢支薪水","马车及借助使署饭食皆用自薪水,未敢开销"。如此节省,最后只剩余银子4两7钱随报销册上交总理衙门。②

再举缪祐孙在俄国游历的开支为例,途中每次乘车马需花七八卢布,加上请俄国人吃饭送礼等,在俄国游历三个月左右,开销就达一千卢布,合400两银子。而从西伯利亚秋明到托木斯克时,虽然天气不好身体又患病,可是仍然"稍愈即便买车启程,因房租太贵,万难久住。前所过皆因此不能

---

① 《游历章程》,《清季外交史料》卷七一。
② 《傅云龙游历日、美等地报销册》,中国第一历史档案馆藏。

久停,然所费已不支矣"。① 为了节省旅费,缪祐孙只得抱病赶路,由于经费快花完,他原定到海参崴游历考察中俄东北边界的计划只好取消。所以后来郑观应指出造成1887年游历使成就不大的重要原因之一在于经费不足。"但闻每员薪水月仅二百金,以外洋用度之繁,应酬之巨,安得敷用? 亦只深居简出,翻译几种书籍,以期尽职而已,未能日向各处探访,时与土人咨询也。"②

1887年海外游历使与当时清政府驻外使馆的矛盾也影响了他们的游历成效。特别是总理衙门规定游历的经费要从出使经费中克扣出来。具体做法是出使东西洋各国大臣及出使西洋各国公使馆的参赞、领事、翻译、随员等的俸薪都要酌减十成之二,以此省下来的四万两银子充作游历经费。这样就造成驻外使馆人员与游历使人员之间经济利益上的矛盾,加上使馆人员还担心游历使回国后可以获得优待保举恐怕影响自己的升迁。因此有时竟发生驻外使馆人员刁难自己本国的游历使,或者不予关照和配合的现象。尤其是当时任驻俄德奥荷四国公使的洪钧与游历使的关系最不融洽。先是赴德国的游历使李秉瑞和程绍祖受到他的冷落。洪钧甚至禁止公使馆人员与他们交往,使两人备受冷遇,不久被排挤往比利时。比利时本来只是他们的"兼游之地",而李程两人宁可放弃自己奉命游历的主要对象国德国,"誓不返德"③。在这种情况下,游历效果可想而知。

赴俄游历使缪祐孙与驻俄公使洪钧的矛盾更为尖锐。缪祐孙到俄国后发现洪钧组织翻译的俄国地图不准确,提出重新翻译,因而得罪洪钧。然后又因为经费问题,再度交恶。洪钧以怕花费太多为理由,不让缪祐孙再度到俄国欧洲部分游历,而要他从西伯利亚直接回国,使他对俄国欧洲部分的考察不够细致。洪钧还捏造缪祐孙在俄国游历途中贩卖中国绸缎牟利和逃避关税的谣言,甚至告诉俄国外交部,以败坏缪的名声。同时洪钧还给李鸿章写信"痛斥游历"。缪祐孙虽然对洪钧一再退让,始终"待以长官之礼",但是担心这样下去,将会使游历一无所得。于是写信给总理衙门章京袁昶诉

---

① 《艺风堂友朋书札》上册,第299页。
② 胡秋原等编:《近代中国对西方列强资料认识汇编》第2分册第3辑,台湾中研院近代史研究所,1972年刊。
③ 《艺风堂友朋书札》上册,第300页。

苦,指责洪钧"实不喜游历者在俄国也。"还反驳了洪钧的造谣,表白自己从未携带中国商品出售,沿途俄国官员经常开箱查验可为证明。驻外公使与海外游历使的种种矛盾冲突都影响了游历的成效。

  经费不足及与驻外人员的矛盾还影响到海外游历使的续派和停派。总理衙门一度曾有续派海外游历使之议。但 1887 年派出的海外游历使尚未回国,驻俄公使洪钧已公开表示对游历经费占去出使经费份额的不满,上奏要求将游历所需经费单列,不要再与出使经费挂钩。总理衙门在议复时对以后是否续派海外游历也无信心,故表示待"现在游历人员期满后,再由臣衙门酌覆情形,奏明办理"。① 1889 年游历使回国后,曾有准备从海军衙门、神机营人员中选拔续派游历使之议。但后来又停止了续派。1892 年 12 月 4 日,总理衙门大臣恭亲王奕䜣等上奏中写道:"臣衙门因派员出洋游历需费浩繁,议将出使东西洋各国大臣及西洋参赞领事翻译随员等俸薪酌减十成之二……现在游历各员暂停续派,出使经费尚可捱过。臣等公同商酌拟请将出使西洋各国大臣及参赞、领事、翻译、随员薪俸加复一成,武弁、供事、学生薪数本属无多,均加复二成,庶于体恤之中仍寓撙节之意。"②可见海外游历使的确停止续派了,驻外人员的薪俸也得到部分恢复。直到 1895 年甲午战争后兴起维新运动,又有人提出派遣海外游历使的新建议。1898 年戊戌变法高潮之际,维新派极力主张派王公大臣出洋游历,礼部主事王照甚至上书建议请光绪皇帝亲自游历日本,还引发了一场守旧势力与维新势力的激烈斗争。20 世纪初,经过了义和团运动、八国联军战争,清政府内外交困统治风雨飘摇,在各种压力之下被迫实行新政改革。其后出现了官员出洋游历考察的高潮。1905 年甚至派亲贵王公载泽等五大臣出洋考察外国宪政,这段历史已有不少论著和研究成果了。

  历史是一面镜子,回顾历史,可以温故知新,鉴往开来。晚清时代,清政府于 1887 年选拔派遣了 12 名海外游历使,分赴四大洲几十个国家游历考察,成为晚清中国人走向世界一时之盛举,呈现一度之辉煌。可是由于当时历史条件、政治制度、社会环境以及种种具体原因和因素的制约,使这次海

---

① 《光绪朝朱批奏折》第 112 辑。
② 同上。

外游历没有达到应有的效果,游历使的才能和著述也没有发挥应有的作用。而这段历史却逐渐被淡化和埋没,甚至几乎被遗忘。今天重新发掘和探讨1887年海外游历使的历史,认真总结晚清中国人走向世界的经验教训,可能对于当代中国人走向世界和实现中华民族的伟大复兴,会有一定的借鉴和启示意义。

(初稿原载《北京大学学报》,2001年第3期,
增订稿原载《清史论丛》2007年号)

晚清中国官员三次集体出洋的比较

本文试图以清政府官员从19世纪60年代至20世纪初的三次大规模集体出洋为例,比较其出洋的背景、动机、成员、活动及走向世界的效果、影响等层面,进而探讨晚清中国官员走向世界的轨迹及其历史经验教训。

实例之一:蒲安臣使团(1868—1870)
——由洋人带队的中国第一个外交使团

晚清中国官员初次集体出洋,跨出走向世界和国际社会的第一步,应是清政府1868年派赴欧美的第一个正式外交使团蒲安臣使团。尽管在此前的1866年,清政府曾派前山西襄陵县知县斌椿率其儿子和三个同文馆学生,随回国休假的海关总税务司英国人赫德赴欧洲游历,开了晚清官员出洋的先例,不过那仅仅是一次试探性的观光旅行。

清政府首次向海外遣使乃形势所迫,同时也颇具戏剧性。19世纪60年代以来,西方列强陆续派遣公使常驻北京,而中国却尚未遣使出洋。清政府已深感:"近来中国之虚实,外国无不熟悉,外国之情伪,中国一概茫然,其中隔阂之由,总因彼有使来,我无使往。"① 尤其是1858年《天津条约》规

---

① 《筹办夷务始末》,同治朝,卷五〇,故宫博物院,1930年。

定的十年修约之期将至,清政府担心西方列强趁修约之机"索要多端",急欲事先遣使笼络各国。可是使臣的遴选和中外礼仪纠葛却成为两大难题。无论未出过国不通外语的总理衙门官员,或是毫无外交经验的同文馆师生,都不堪当此重任。"若不得其人,贸然前往,或致狎而见辱,转致贻羞域外,误我事机。"①

正当主持总理衙门外交事务的恭庆王奕䜣和文祥等大臣百般焦虑、忧心忡忡之时,在欢送卸任美国公使蒲安臣的宴会上,听到蒲安臣表示"嗣后遇有与各国不平之事,伊必十分出力,即如中国派伊为使相同"。② 奕䜣等不禁灵机一动,何不干脆请洋人为使呢?既可达到遣使出洋的实效,又能避免中外礼仪的纠葛。在取得蒲安臣的同意和赫德的支持之后,奕䜣正式向朝廷上奏"请派蒲安臣权充办理中外交涉事务使臣"。奏折中赞扬前美国公使蒲安臣"其人处事和平,能知中外大体,遇有中国为难不便之事,极肯排难解纷"。而且说明由于中外礼仪不同,"用中国人为使臣,诚不免于为难,用外国人为使臣,则概不为难"。③

于是开始组建清政府第一个外交使团。前美国公使蒲安臣摇身一变,成了中国皇帝的钦差,率领中国外交使团的"办理中外交涉事务大臣"。为了维护大清帝国的面子,清政府又任命了两名级别不太高的总理衙门章京,即记名海关道志刚和礼部郎中孙家谷,"赏加二品顶戴",也以同样的名义,会同蒲安臣办理中外交涉事务。为了不得罪英国和法国,寻求列强之间的平衡,又特地聘请英国驻华使馆翻译柏卓安和法籍海关职员德善分别担任"左协理"和"右协理"。此外,使团还包括中国随员、译员(大部分是同文馆学生)等共约 30 多人。

蒲安臣使团于 1868 年 2 月 25 日从上海出发,先乘船横渡太平洋到美国,访问了旧金山、纽约、华盛顿等城市。然后又横渡大西洋赴欧洲,访问了英国、法国、瑞典、丹麦、荷兰、普鲁士、俄国、比利时、意大利、西班牙等国。

---

① 《筹办夷务始末》,同治朝,卷五〇。
② 《筹备夷务始末》,同治朝,卷五一。
③ 同上。

直至 1870 年 10 月 18 日回到上海,历时两年八个月,先后访问了 11 个国家。①

对于蒲安臣使团应该给予客观全面实事求是的评价。

一方面,蒲安臣使团表现了清政府外交的半殖民地和屈辱色彩。近代中国第一个外交使团居然要由外国人来率领,晚清中国官员的第一次大规模集体出洋竟是在洋大人的带队和搀扶下,摇摇晃晃地迈出国门,小心翼翼地走向国际社会。美国人蒲安臣基本上操纵了使团的领导权。尽管组建使团时总理衙门曾有限制蒲安臣权限的如意算盘,向皇帝报告说:"凡于中国有损之事,令其力为争阻;凡于中国有益之事,令其不遂应允,必须知会臣衙门覆准,方能照行。在彼无可擅之权,在我有可收之益。倘若不能见效,即令辞归。"②使团出发前又给蒲安臣 8 条训令,要求他前往各国,所办之事,所到之处,都应与中国使臣"和衷商酌",大小事件都要"逐细告知"。遇到重大事情,必须与中国使臣一起"咨明中国总理衙门候议,再定准否"。③ 未授予其订约之权。可是当使团出国以后,蒲安臣便独揽大权,包办各种谈判交涉,甚至擅自订约。如在美国,蒲安臣多次单独与美国国务卿西华德秘密会谈,商订有利于美国输入华工及在华贸易、传教的《中美续增条约》(俗称《蒲安臣条约》)。中国官员直到举行签约仪式时,才被请去出席并画押、盖印,清政府事后也不得不予以批准。中国使臣志刚、孙家谷在前期几乎成了点缀品和观光客,主要活动是参观游览。直到 1870 年 2 月蒲安臣在俄国彼得堡因病去世,使团才由志刚主持。

另一方面,蒲安臣使团作为中国政府出访欧美的第一个正式外交使团,毕竟跨出了晚清官员走向世界、迈向国际社会的第一步,成为中国外交从传统走向近代、从朝贡体系转向条约体系的开端。出洋期间,蒲安臣还为使团设计了第一面中国国旗,即黄地蓝镶边,中绘一龙,长 3 尺,宽 2 尺,"与使者命驾之时,以为前驱"。④ 作为中国象征的黄龙旗飘扬在欧美各国,标志着

---

① 关于蒲安臣使团的详情可参见王晓秋指导闵锐武撰写的博士论文《蒲安臣使团研究》,中国文史出版社,2002 年。
② 《筹办夷务始末》,同治朝,卷五二。
③ 同上。
④ 志刚:《初使泰西纪》卷二,《走向世界丛书》,岳麓书社,1985 年。

中国第一次以主权国家面目出现在国际社会之中。蒲安臣使团在一定程度上完成了"笼络各国"的外交使命,得到了美、英等国政府不借修约干涉中国的承诺。《中美续增条约》也在客观上对赴美华工、侨民起了某种保护作用。同时,蒲安臣使团也为以后中国近代外交使节制度的建立开辟了道路。当时李鸿章就指出,此次乃"权宜试办,以开风气之先,将来使回,如查看有效,另筹久远章程,自不宜常令外国人充当"①,19世纪70年代清政府终于开始陆续派出驻外使节。蒲安臣使团里的中国官员也通过这次出访大开眼界,接触新事物,吸收新思想,并锻炼了外交才干。如使臣志刚参观美国国会后,赞扬议会制度可使"民情达而公道存"②,并深感国际交往之必要。志刚在出访期间也锻炼了外交能力,因此能在蒲安臣病逝后担当起领导使团的重任,主持了访问俄国等国时的交涉。参加蒲安臣使团的晚清中国官员对世界的认识、见闻和思想变化,可以从他们所写的几部游记,如志刚《初使泰西纪》、孙家谷《使西述略》、张德彝《欧美环游记》等书中看出来。

实例之二:海外游历使(1887—1889)
——几乎被历史遗忘的出洋盛举

19世纪70—80年代,清政府陆续向国外派遣驻外公使和外交官。第一位是1875年任命1877年正式到伦敦上任的驻英公使郭嵩焘,以后又派出了驻美国、日本、法国、德国、俄国等国的公使。1885年有一位御史谢祖源上奏,批评以往出使人员大多非科举正途出身,素质较差,对外国调查研究也不够,建议选拔一批文化修养较高的中央各部官员出国游历,可为国家培养外交和洋务人才。此奏得到皇帝重视,命总理衙门议奏和实施。由此引出了1887年清政府派遣一批海外游历使集体出洋、周游世界之举。③

在蒲安臣使团出洋20年之后的这批晚清官员集体出洋,又跨出了近代中国人走向世界新的一步,至少打破了好几项历史记录。

---

① 《筹办夷务始末》,同治朝,卷五五。
② 志刚:《初使泰西纪》卷二。
③ 关于1887年海外游历使的详情,可参见王晓秋、杨纪国著《晚清中国人走向世界的一次盛举》一书,辽宁师范大学出版社,2004年。

首先，这次出使的全部是中国官员，清政府破天荒第一次为中央各部保举出国的官员举行了别开生面的选拔考试。这次考试完全不同于以往的科举考试，考试由总理衙门主持，在同文馆举行。考试内容不考四书五经和八股诗文，而只做关于边防、史地、外交、洋务方面的策论。考试于1887年6月12—13日举行，由总理衙门大臣曾纪泽等亲自出题、监考、阅卷。吏、户、礼、刑、兵、工六部共保送了76名官员，实际应考者54人，经笔试初步录取28人。第一名是兵部郎中傅云龙，其试卷《记明代以来与西洋交涉大略》还被刊登在1887年10月28日《申报》的头版头条。初试录取之28名官员又经总理衙门大臣面试，"观其器识"，然后再向皇帝引见。最后由光绪皇帝亲自用朱笔圈定傅云龙等12人为钦定海外游历使。如果对这些人作个数量分析的话，可发现以下特点：他们都是科举正途出身，其中进士9名、监生3名；都是中央六部五六品中级官员（如五品郎中、员外郎、六品主事），而且基本上都是候补官员；籍贯以江浙籍居多，年龄大多三四十岁。

其次，清政府同时派遣12名海外游历使，分赴亚洲、欧洲、南北美洲的二三十个国家，进行为期两年的游历考察，最远到达南美洲的智利和加勒比海古巴等国，其路程之远及所到国家之多，也是前所未有的。

总理衙门把12名海外游历使及其随员、译员，分成5个组，分别派赴亚洲、欧洲、南北美洲，指定重点游历的国家已有美、英、法、日等21个国家。而实际上根据游历使们的报告和游记，他们所到的国家已大大超过这个数字。举傅云龙一组为例，他们先到日本考察6个月后，乘船横渡太平洋到美国，又乘火车横穿美国。然后到加拿大游历，回到美国，又乘船赴古巴考察。然后经加勒比海的海地、多米尼加和中南美洲的哥伦比亚、巴拿马、厄瓜多尔，到秘鲁游历。又绕道智利、阿根廷、乌拉圭到达巴西游历，然后经西印度群岛回到美国作第三次考察，再乘火车横贯美国东西部到旧金山，乘船再次横渡太平洋到日本又作5个月考察才坐船回到上海。傅云龙一行此次游历自1887年9月2日从北京启程，到1889年11月20日回到北京销差，共26个月770天，总行程120844里，重点游历6国，顺途考察5国，往返共经14国。不少地方如美洲南端麦哲伦海峡，恐怕是中国官员第一次经过的。而当年蒲安臣使团只到了欧美11国，在美洲仅访问了美国。这些海外游历使们在所到各国进行了不少外交礼仪及文化交流活动，会见了不少国家总统、国王和部长,加强了中外联系和友谊。他们还进行了大量参观访问和调查考察活动,涉及政府机关、军事设施、工厂矿山、学校图书馆、博物馆、动植物园等等。

第三,这次游历考察所取得的对外国调查研究的成果也是空前的。游历使们分别撰写了几十种对外国调查研究的著作、考察报告及海外游记、日记和诗文集。其中仅傅云龙一人就撰写了游历日本、美国、加拿大、古巴、秘鲁、巴西等六国的调查报告(称为《游历图经》)、游记(称为《游历图经余记》)和纪游诗,共达110卷之多。奉命游历欧洲的刘启彤也写了《英政概》、《法政概》、《英藩政概》、《欧洲各国火轮车道纪略》等著作。

因此我把这次清政府派遣海外游历使之举称为19世纪80年代"中国人走向世界的一次盛举"。可是令人惊讶的是,这批游历使回国后却没有受到重用,更没有在外交岗位上发挥作用。这样一次出洋盛举竟然渐渐被历史所埋没和遗忘,以致过去在各种清史、近代史、中国外交史和中外关系史的教材和著作中基本上都没有记载。

为什么会出现这样的怪现象呢?分析起来原因很多。首先清政府1887年派遣海外游历使之举,一开始就立意不高,目标不明确。当时总理衙门制订的《游历章程》,仅仅着眼于海外调查考察,要求游历使"将各处地形要隘,防守之大势以及远近里数、风俗、政治、水师、炮台、制造厂局、火轮舟车、水雷炮弹,详细记载,以备考查"。① 并没有指出求知识于世界、借鉴外国经验等更远大的动机和目标,也没有把这批海外游历使真正作为外交人才来加以培养、锻炼、使用。因此他们回国后仍然是回到六部或是派遣地方任职,而不是考虑利用他们通过这次宝贵的海外游历实践获得的海外知识和外交经验,发挥其外交人才的作用。12名游历使中竟没有一个出任外交官,著述最多的傅云龙和刘启彤也不过加赏二品衔以道员分派北洋,任北洋机器局和海防支应局的会办。

其次是受到保守势力和社会偏见的打击压制。早在选拔考试和派遣出洋时,已有人冷嘲热讽,讥笑这些官员只是在六部提升无望,才冒险以海外游历为升官捷径和出路。游历使在海外期间又有人造谣诽谤,诬告他们谋

---

① 《清季外交史料》,卷七一,北平清季外交史料编纂处铅印,1931年。

取私利、行为不端。待游历使快要回国时,又有人妒忌他们可能得到格外保举升迁太快。御史何福堃甚至专门上奏,要求"请薄其奖叙,即有佳者,只可发往南北洋当差"。以致他们回国后,总理衙门不敢提拔和重用他们出任公使等外交职务。

第三,与海外游历使本身的地位及素质也有关系。这次选拔和派遣的海外游历使级别和地位太低,只是五、六品候补官员,人微言轻,其言论和著述难以产生更大影响,甚至连所到游历国家也常加以轻视怠慢。游历使们周游世界辛辛苦苦写下的调研报告交到总理衙门后,大多被束之高阁,有的书后来还是他们自己花钱印刷出版的。另外他们基本上都是科举出身传统文化培养出来的旧学人才,西学和外国知识很少,更缺乏外交经验而且不通外语,因此在国外调查与交流都遇到很多困难。

第四,是受到经费的制约并与驻外使馆发生矛盾。清政府由于财政困难,拨给游历使出洋的经费不足,而且这笔 4 万两银子经费还是从各驻外使馆人员经费中克扣出来的(每人节省 20% 薪俸),因此造成驻外使馆人员与游历使间的矛盾,有的使馆不仅不提供方便反加种种刁难。

由于以上种种原因,1887 年清政府派遣海外游历使集体出洋的盛举,尽管又跨出了走向世界的一大步,甚至远至南美洲偏僻之地都出现了中国官员的身影。可是此举最终对中国政治、外交所起的作用和影响不大,致使这批风尘仆仆历尽千辛万苦周游世界的海外游历使多数在历史上默默无闻,渐渐被世人遗忘。这次走向世界的盛举也逐渐湮没于历史的尘埃之中而鲜为人知了。

实例之三:五大臣出洋(1905—1906)
——王公大臣走出国门考察政治推动立宪

19 世纪末至 20 世纪初,随着清末新政改革的需要和推动,晚清官员出国游历考察逐渐形成风气,而且出现要求王公大臣出洋的呼声,考察外国政治特别是宪政,也被提上日程。1905—1906 年的五大臣出洋,标志着晚清中国官员在走向世界的历程上又迈出了一大步。

早在 1895 年张謇为张之洞起草的《条陈立国自强疏》中就建议"亲贵

大臣及满汉世家子弟,尤宜选其贤者,遣出游历",因为"风气自上开之,视为下者事半功倍"。① 1898年戊戌维新期间,康有为特地代御史杨深秀起草了《拟请派近支王公游历折》。礼部主事王照甚至上书请光绪皇帝奉慈禧太后东游日本,"藉以考证得失,决定从违",结果被顽固派大臣斥为"用心不轨"。

20世纪初,经过了义和团运动、八国联军战争,清王朝内外交困,统治摇摇欲坠。1901年1月,镇压过戊戌维新的慈禧太后被迫宣布要"取外国之长"以"补中国之短",实行变法新政。② 同年张之洞、刘坤一联名所上《江楚会奏变法三折》中也明确提出"拟请敕派王公大臣"分赴各国游历。其理由是"亲贵归国,所任皆重要职事,所识皆在朝之达官,故其传述启发,尤为得力"。③ 1902年以后逐渐出现官员出洋游历尤其是赴日本考察的热潮,对推动清末新政的进展起了一定的作用。

1905年由于日俄战争和民族危机加深的影响,要求立宪的舆论日益高涨,驻外公使和地方督抚也纷纷奏请仿效日本及欧美政治,实行君主立宪。清廷决定派王公大臣出洋,深入考察欧美及日本等国政治,归国报告后再作决策,于是就有了1905—1906年的五大臣出洋。

这次五大臣出洋的特点是级别高、随员多、目标明确、效果显著。

清廷所派考察政治出使大臣的人选几经变动,最初曾想派贝子载振、军机大臣荣庆、户部尚书张百熙和湖南巡抚端方,后荣庆、张百熙不愿去,改为军机大臣瞿鸿禨与户部侍郎戴鸿慈。以后又因载振、瞿鸿禨公务在身,不能出洋,改派镇国公载泽、军机大臣徐世昌,不久又追加商部右丞绍英。1905年9月24日正值使团在北京正阳门车站上车准备出发时,遭革命党人吴樾炸弹袭击。绍英等受伤,徐世昌兼任巡警部尚书也走不了,又改派山东布政使尚其亨和顺天府丞李盛铎。因此最后真正出洋的五大臣是载泽、戴鸿慈、端方、尚其亨、李盛铎,全部是高级别的一、二品大员。镇国公载泽,姓爱新觉罗,满洲正黄旗人,是嘉庆皇帝第五子惠亲王之孙,其妻是光绪皇后隆裕

---

① 《张謇全集》,卷一,江苏古籍出版社,1994年,第39页。
② 《义和团档案史料》下册,中华书局,第914页。
③ 《光绪朝东华录》,中华书局,1958年,第4755页。

之姐妹,属近支王公,宗室贵胄,故出洋后常被外国报纸称为"亲王殿下"。他是深得慈禧太后宠信的满族亲贵。出洋前任盛京守陵大臣,回国后不久就升任御前大臣、度支部尚书。户部侍郎戴鸿慈与湖南巡抚端方都曾在慈禧西逃时护驾有功,获慈禧赏识,刚出洋就分别被升为礼部尚书和闽浙总督,回国后端方更调任两江总督兼南洋大臣。尚其亨是二品布政使,汉军旗人,并与慈禧沾亲。而李盛铎原是慈禧宠臣荣禄之心腹,此时被任命为出使比利时大臣兼考察政治大臣。可见五大臣都是地位显赫之高级官员。

五大臣出洋还选调了大批随员,选拔标准是"必须择其心地纯正见识开通者,方足以分任其事"①。随员不仅人数众多,而且级别较高、素质较好,不少人后来成为政坛和外交界的风云人物。他们先是奏调了38人名单,实际上后来分两路出发时,仅载泽一路在其日记上提到的随行或先遣人员名单已达54人。②戴鸿慈一路,其日记所记同行随员也有48人。随员中包括部分京官,如御史、内阁中书、翰林院编修,各部郎中、员外郎、主事等,不少人级别已超过当年海外游历使。还有地方官员,如道员、知府、知县,海陆军官如参将、都司,以及地方督抚派的随员和留学生等,有些是精通外语和外国情况曾经留学欧美、日本的归国留学生。其中包括民国时代当过内阁总理或部长、公使的熊希龄、陆宗舆、章宗祥、施肇基等人,还有袁世凯的长子袁克定。随员们各有分工,分别担任先遣联络、考察、翻译、编撰等任务。

五大臣出洋目标远大,任务明确,调研细致。1905年7月16日上谕规定目的是"分赴东西洋各国,考求一切政治,以期择善而从",并要求在国外"随事诹询,悉心体察,用备甄采,毋负委任"。③ 临行之前,慈禧太后和光绪皇帝连日召见考察大臣,认真听取了端方演讲《立宪说略》,④并让考察大臣带上些宫廷御点路上充饥。光绪帝还面谕军机大臣:考察政治是今天当务之急,务必饬令各考察大臣速即前往,不可任意延误。

载泽、尚其亨、李盛铎一行于1905年12月11日出京,1906年1月16

---

① 《清末筹备立宪档案史料》(上),中华书局,1979年,第3页。
② 载泽:《考察政治日记》,《走向世界丛书》,岳麓社,1986年,第571页。
③ 《清末筹备立宪档案史料》(上),第1页。
④ 《时报》1905年9月17日。

日抵达日本,后经美国赴英国、法国,最后到比利时,7月12日回到上海。戴鸿慈、端方一行于1905年12月7日出京,也先到日本参观,1906年1月23日抵美,后取道英、法,抵德国,然后考察奥地利、俄国、意大利,并游历丹麦、瑞典、挪威、荷兰、瑞士,7月21日回到上海。实际上前者重点是考察日本和英国、法国,后者重点则是考察德国、美国和俄国。

戴鸿慈与端方在出洋途中与随员详细讨论和制订了考察方针和计划,立宗旨以考察各国政体、宪法为中心。并作分工、专责任、定体例,勤采访,广搜罗,以图"他山攻玉","纲举目张"。①

两路考察大臣出洋为时半年左右,前后到了14个国家。每到一国游历结束时,都及时向清政府奏报考察经过和心得,并介绍该国的政治体制和统治得失、经验教训。他们考察虽以政治特别是宪政为中心,但实际调查范围很广,包括议会、政府机关、工厂、银行、学校、警察、图书馆、博物馆、动植物园,以至监狱、浴池等。并请外国政治家、学者讲解宪政原理和各种制度,还大量收集、购买、翻译各类图书、资料。②

五大臣出洋收获丰硕,效果显著,推动了预备立宪的决策。1906年回国后,载泽等编辑了书籍67种146册,并将其中30种分别撰写了提要,进呈光绪和慈禧御览。另将购回的400余种外交书籍送交考察政治馆备考。戴鸿慈、端方也带回许多书籍、资料,并赶写出介绍欧美各国政体制度的《欧美政治要义》供朝廷采择。以后又编写了介绍各国政治源流和概况的《列国政要》133卷。这些书对清末新政和预备立宪的各项改革和制度建设具有重要参考价值。

五大臣出洋所起的最重要作用是推动了清政府预备立宪基本国策的确定。他们一回到北京就直奔颐和园复命,慈禧太后和光绪皇帝立即召见他们。前后计召见载泽、戴鸿慈各2次,召见端方3次,尚其亨1次。他们在召见时力陈"中国不立宪之害及立宪之利",并一连上了好几份奏折,详加阐述。其中最重要的是载泽的《奏请宣布立宪密折》,为解除慈禧太后对立

---

① 戴鸿慈:《出使九国日记》,《走向世界丛书》,岳麓书社,1986年,第333页。
② 五大臣出洋的详情可参见王晓秋指导陈丹撰写的博士论文《清末考察政治大臣出洋研究》,社会科学文献出版社,2011年。

宪的思想顾虑,着重指出君主立宪有三大利,即"皇位永固"、"外患渐轻"、"内乱可弭",①为维护清王朝的统治开了一副包医百病的药方,令慈禧读后颇为动容。端方也上了《请定国是以安人计折》,洋洋万言,阐述考察欧美各国政治的结论:"东西洋各国之所以日趋强盛者,实以采用立宪政体之故。"因此"中国欲国富兵强,除采取立宪政体而外,盖无他术矣!"②1906年8月25日,清廷命醇亲王载沣和各军机大臣、政务处大臣及北洋大臣袁世凯等共同阅看考察大臣的条陈各折并会议讨论。这实际上是决定国策的重臣会议。会上多数人赞同立宪,少数人尚有保留。8月29日慈禧太后与光绪皇帝召见诸大臣,决定预备立宪。三天之后,即1906年9月1日,清廷正式颁布"仿行立宪"的上谕。可见五大臣出洋在清政府确定实行预备立宪国策的过程中起了十分关键的作用。

可是,五大臣出洋和清政府的预备立宪仍然不能挽救清王朝的覆灭。虽然以后又实行了改革官制,颁布宪法大纲,设立咨议局和资政院等一系列措施,但清王朝的腐败专制统治已像一座基础腐烂快要倒塌的房屋一样不可救药了。1911年,清政府实行了镇压立宪派国会请愿运动、成立皇族内阁、宣布铁路干线国有等一系列倒行逆施,最终引发了保路运动和武昌起义。1912年2月12日,清帝正式宣布退位,统治中国二百六十多年的清王朝终于寿终正寝。

通过以上三个实例的比较,我们可以看到晚清中国官员走向世界的发展轨迹。从在洋大人带领下走出国门,到中国人独立周游世界;从选拔中下级官员海外游历,到派遣王公大臣出洋考察;从泛泛调查异国风情,到重点考察外国政治;从回国后默默无闻几乎被历史遗忘,到推动立宪国策发挥重要作用……反映晚清中国官员在走向世界、认识世界的艰难历程中一步一步地前进,逐步融入国际社会,登上世界外交舞台。但同时也暴露了清王朝的衰败和腐朽,终究不能挽救其灭亡的命运。

(原载《学术月刊》,2007年第6期)

① 《清末筹备立宪档案史料》(上),175页。
② 《端忠敏公奏议》卷六,上海铅印,1918年。

晚清民初中国参与世界博览会的历史回顾和启示

回顾中国与世界博览会的历史渊源，可以追溯到晚清时期和民国初年。近代中国参与世博会的历史，有个变化发展的过程。如对世博会的认识，从只是"炫奇赛珍"，到可以"联交谊，振商务"。对世博会的态度，由疑惧、被动，到接受邀请，积极参展。参与世博会的方式，从私人展品到国家设馆，从海关包办到官商协力。它像一面镜子，反映出近代中国走向世界和现代化起步的艰难曲折历程。

第一届世界博览会是1851年在英国伦敦举行的。当时英国正处于工业革命的鼎盛时期，维多利亚女王通过外交途径邀请各国参展，期间还进行展品评比和文艺表演，奠定了以后各国举办世博会的基本模式。在俗称"水晶宫博览会"的伦敦世博会上，共有各国18000多商人提供的近10万件展品参展，组委会为其中的5084位参展商颁奖。中国的展品第一次在世博会上亮相，但都是以中国商人和在华英国人私人名义提供的。其中上海商人徐荣村的"荣记湖丝"荣获金银大奖。据1884年出版的《北岭徐氏宗谱》记载，徐荣村是广东香山人，道光中叶到上海经商，并充宝顺洋行买办。他经营丝茶出口贸易，重视质量信誉，"取材必精"，"一丝一茶，必居上品"。当他得知伦敦举办世博会的消息后，立即精选了12包"荣记湖丝"运往伦敦参展。起初因包装简陋遭到冷遇,但经数月展出,湖丝仍光彩夺目,终于荣获大奖,为国争光。评委会的《评审报告》的评语是"在中国展区,上海荣记的丝绸样品充分显示了来自桑蚕原产国的丝绸的优异品质"。据《评审报告》记载,当时在中国的一些英国外交官、商人也提供了一些中国产品参展,如茶叶、棉花、药材、瓷器之类农产品和工艺品,但基本上没有工业品,这也反映了当时中国与欧美工业国家的差距。

1867年在法国巴黎举行的世博会上,开始让各参展国建设自己独立的展馆。会上最引人注目的是英国的发动机、法国的炼钢炉和德国克虏伯大炮等工业产品。巴黎世博会上首次出现了中国人的身影,但他并不是参展官员或商人,而是刚好旅行到巴黎的中国文人王韬。他以游客身份参观了巴黎世博会,并写下了中国人最早记述世博会的游记。王韬在其《漫游随录》一书中描述巴黎世博会"物玩精奇","美不胜收"。他还听说有广东来的戏班在世博会场演出,"旗帜新鲜,冠服华丽",受到观众喝彩。

中国第一次派代表参展是1873年奥地利维也纳的世博会。这届世博会有30多个国家近7万家厂商参展。清政府应邀参展并委托海关总税务司英国人赫德全权负责有关事宜。赫德则指派粤海关副税务司英国人包腊为代表出席。海关从上海、天津、广州等14个城市征集了丝绸、茶叶、瓷器、中药等商品参展。由于清政府以为世博会只是"炫奇赛珍"的赛会,不加重视,又缺乏国际知识和外交人才,从此即放手让海关洋员包办参与世博会的事务,以致被人称为"赫德之赛会"。

中国官员第一次正式出席世博会是1876年美国为纪念独立百周年而举行的费城世博会。有来自35个国家的3万种产品展出。以前中国出席世博会的代表都是海关的外国职员,而此次代表团里也有一位中国官员即浙江海关文书李圭。他的游记《环游地球新录》卷一美会纪略,详细介绍了费城世博会的盛况与观感。赞扬其"基址之广阔,营构之奇崛,局变之恢宏,陈物之美备","志在联交谊,奖人材,广物产,并藉以通有无,是有益于国而不徒费"。李圭还记述中国馆占地8000平方尺,展品6801种。其中丝、茶、瓷器、绸货、景泰蓝等"在各国中推为第一",铜器、漆器、银器、藤竹器"次之"。有华商十余人在会中值班,会上瓷器被抢购一空,而绸缎、古玩等因价格太贵,"购者较鲜"。茶叶"掺杂太多",包装过大,丝斤"做法不善,粗细相杂",也不受欢迎。因此他认为中国商品若不加改进,"上何以裕国?下何以利民?"李圭还描述了各国的展品,尤其对美国的大型蒸汽机、抽水机、印刷机、打字机,英国的织布机,瑞士的钟表,德国的钢琴等,"皆赞叹不置",并认为中国也应"仿而行之"。李圭还遇到正在美国留学的一百多名留美幼童在老师带领下参观费城世博会。美国第 18 任总统格兰特还特地在费城接见了李圭和中国留学生。

1878 年,世博会在法国巴黎举行。共有 30 多个国家展出产品 5 万多件,爱迪生发明的留声机和钨丝灯泡成了最大亮点。中国也是参展国之一,展馆以"中华会所"命名。最受欢迎的中国展品是广东绣屏和象牙折扇。世博会结束后,清政府把这幢中华会所作为礼物赠送给法国政府。当时清政府驻法国公使馆参赞黎庶昌也参观了巴黎世博会,并在《西洋杂志》一书中记述了世博会的全貌和盛况。

1900 年,法国巴黎再次承办世博会。有 40 个国家参展,最受注目的是最新发明的电影机、无线电收发报机、千倍望远镜、X 射线仪等新科技产品。观众达到破纪录的 5000 万人。这届世博会中国馆占地 3300 平方米,共有 5 座建筑分别模拟北京城墙、万里长城、孔庙等中国标志性建筑。中国提供的展品仍以瓷器、绸缎等工艺品和茶叶、小麦等农产品为主,另有工匠数十人每天为观众表演中国传统手工艺品的制作。

1904 年美国举办了圣路易斯世博会,共有 60 个国家参展,参观人数近 2000 万。清政府首次以官方名义派遣高级官员率商人组团参加,标志中国政府正式登上世博会舞台。参展团由皇族贝子溥伦任正监督,并派副监督、候补道黄开甲先期赴美筹建中国馆。不过展品却仍以海关筹集的传统产品为主,更恶劣的是海关洋员竟把小脚女人、娼妓、乞丐、囚犯、鸦片烟鬼的塑像也作展品陈列,故意展示中国的落后面。对此,国人无不视为国耻,《东方杂志》刊文抨击"此次出品名曰陈赛,实无异于献丑也"。中国展品中还有一幅由美国女画家卡尔所绘的巨幅慈禧太后油画像,会后作为礼品送给美国政府。当时美国总统西奥尔·罗斯福专门在华盛顿白宫举行盛大典礼接收这幅画像。

1905 年世博会在比利时列日举行,共有 31 国参展。中国也是参展国之一,并实现了官商合作参展的尝试。清政府任命当时驻比公使杨兆鋆为参会钦差大臣兼监督,同时仍委托海关总税务司赫德负责赴会具体事宜。中国馆是一幢典型中式建筑,包括国亭1座、会所2间,市房14间。展品分官方与私人两类,官方展品仍由各地海关筹集,多数仍是传统农副产品和工艺品。商人参展不够踊跃,虽各省"出示招商",但只有17家华商参展。中国展品总共获奖牌百余枚。

1906年世博会在意大利米兰举行,有25国参加。中国应邀参展。清政府交由商部头等顾问张謇负责。张謇建议按商部所订《出洋赛会通行简章》,收回出洋赛会承办权,初步摆脱了由海关洋员包办的局面,并向制度化方向发展。张謇还牵头成立"七省渔业公司"汇集沿海各省产品参展。当时正在欧洲考察政治的大臣端方、戴鸿慈等也参观了意大利米兰世博会,感触颇深。他们回国后向清政府上奏,建议"仿外国赛会之例",在中国举办类似的博览会。

1911年意大利又在都灵举办世博会。经驻意公使吴宗濂争取,清政府才同意参会。由外务部与农工商部制订《参赛办法》与《参赛须知》,并严令禁止小脚绣鞋、鸦片烟具,春画图册等参展。中国参展物品主要是丝绸、瓷器、服装、景泰蓝、文具等传统商品,还有各地学堂学生的外文作业、江南制造局的军舰图纸等等。共获奖256项,其中沈寿的刺绣等4项获得"卓越大奖"。

近代中国参与世博会最成功的一次是1915年在美国旧金山举行的巴拿马世博会,乃因庆祝美洲巴拿马运河通航而得名。有31个国家参展,参观人数达1900万。早在1912年美国就派人到中国游说刚成立的中华民国政府派员参加。在辛亥革命后实业救国潮流推动下,民国政府作出参展决定,由工商部、农林部、教育部、财政部协同筹备,并任命陈淇为赴美赛会监督兼筹备巴拿马赛会事务局局长。各省也先后成立"赴赛出品协会"负责征集展品。共征得19省的十万余种展品。1914年年底,陈淇率四十余人代表团赴美。1915年3月,仿中国宫廷建筑风格的中国政府馆举行隆重开幕式,高挂中美国旗,奏中国国歌。这次参加巴拿马世博会,由于政府重视,官商协力,展品丰富,分别陈列在农业、工业、教育、文艺、艺术、交通、矿物、食品、园艺等9个馆展出。展品虽仍偏重于农业、手工业,但已有了近代工矿业、交通业如铁路、火车、轮船、厂矿的照片和模型参展。中国展品共获奖章、奖牌1211枚,为各国之冠,如茶叶、瓷器、丝绸、苏绣、贵州茅台酒等均获大奖。

从以上近代中国参与世博会的历史中,我们可以总结出不少经验教训和启示。世界博览会实际上是主办国和参展国展现国家综合实力和经济成就、科技水平以及宣传民族文化、促进国际交流、提升国际声望的重要舞台和大好机会。近代中国因为政府缺乏世界眼光、国际知识和外交外贸人才,思想保守,加上国力衰微,工业薄弱,科技落后,在世博会的参与上处于被动弱势状态,甚至长时期由海关洋员包办参展事宜。展品大多数是传统农业、手工业产品,缺乏现代工业制造业产品,更少自主创新的科技新产品。有些展品的质量和包装也比较粗糙,缺少竞争力。展品及展馆不能充分体现中华民族的优秀文化和民族精神,反而有时被海关洋员故意塞进一些丑化中国的缠足、抽鸦片等形象。直到清末收回世博会参办权,此种局面才有所改善。尤其是辛亥革命后,在实业救国浪潮推动下,民国政府重视,筹备人员得力,地方及民间积极参与,官商协力,终于在1915年巴拿马世博会上取得较大成功。这些都是值得我们以史为鉴的。

晚清民初中国人日本观的变迁

考察中日两国之间互相认识的过程,分析中国人的日本观与日本人的中国观的变迁,是日本研究和中日关系研究中非常重要的课题。这个认识过程是与中日两国之间关系以及两国自身政治、经济、文化以至思想观念的变化息息相关的。同时,它又反过来给予两国历史和两国关系的发展以重大的影响。

本文试图根据笔者在中国和日本收集的大量历史资料,着重对1840—1919年间,中国人对日本认识的逐渐深化过程,即晚清民初中国人的日本观的变迁,作一番比较系统的考察和剖析。

一、从轻视到重视

古代中国人对日本的认识,简单说来有两个特点。一方面中国是最早认识日本的国家。早在公元1世纪写成的《汉书》中已对日本有明确的记载:"夫乐浪海中有倭人,分为百余国"。而3世纪成书的《三国志》中的《魏志·倭人传》,更对日本列岛的政治经济与社会习俗作了近两千字的描述,至今仍为研究二、三世纪日本历史最权威的文献资料。以后历代中国史书中对日本的记载连续不断,自《三国志》到《清史稿》,有16部官修正史中专门列有日本传。

然而,另一方面古代中国对日本的认识进展却很缓慢,其主要原因是古代中国人对日本的轻视态度。也许是由于中国古代文明高于日本的缘故,加上中国知识分子浓厚的中华文化优越感和"华夷意识",一般中国士大夫把日本称之为"蕞尔三岛"的"东夷小国",不愿意花力气对它作认真的了解研究。在中国古籍中往往把日本描写成虚无缥缈的仙岛神州,任意涂抹神秘色彩。历代正史中的日本传也大多因袭陈说,较少有深入的研究。尽管明代为对付倭寇的需要,出现了一批介绍日本的著述,但总的说来,直到清代中叶,中国人关于日本的知识仍相当贫乏。例如乾隆年间查禁私钱,在沿海某地发现一枚日本的"宽永通宝"铜钱,满朝文武及各省大吏竟无人认识。朝廷还以为是有人私铸货币图谋不轨,严令追查,闹得"守令仓皇,莫知所措"①。可见当时对日本认识的无知程度。

鸦片战争以后,一些开明的中国知识分子开始睁眼看世界,研究介绍世界各国史地,寻求"制夷之策"。但是,他们注目的重点主要是侵略中国的西方列强,而对于东方邻邦日本,却仍然未给予重视。不过在某些著述中,已经开始把日本放在世界全局中加以考察,这毕竟是个进步。如福建巡抚徐继畬1848年编的《瀛环志略》10卷,其中第一卷就是东洋二国,即日本和琉球。书中写道:"东洋浩渺一水,直抵亚墨利加(阿美利加旧译)之西海,数万里别无大土,附近中国者,止有日本、琉球两国,盖神州之左翊也。"徐继畬还指出"西洋人海图将日本三岛列朝鲜以北,系属错误"。可是他自己对日本地理也没有正确的认识,书中竟然把日本说成由对马、长崎、萨峒马(即萨摩)三岛组成。实际上长崎、萨峒马同在九州岛,对马是朝鲜海峡中一小岛。作者承认自己对日本的了解很不够,原因是由于日本乃"海外远夷,招车罕至,往来者皆商贾之流,无由探悉其原委耳"②。

魏源的名著《海国图志》的50卷本和60卷本中均无日本,直到1852年增补为100卷本时才添上日本。他在"日本岛国录"部分,引用了《明史》、《海国闻见录》、《坤舆图说》等十几种中外文献,然而作为最主要资料用大字全文抄录的却仍是上述《瀛环志略》中关于日本的叙述,并据此批评了英

---

① 石韫玉:《吾妻镜补跋》,北京大学图书馆藏《吾妻镜补》抄本。
② 徐继畬:《瀛环志略》卷一,上海书店出版社,2001年,第17页。

国人的世界地图,结果也犯了与徐继畲同样的错误①。因而后来薛福成批评徐继畲与魏源道:"于西洋绝远之国尚能志其崖略,独于日本考证阙如。或稍述之而惝恍疏阔,竟不能稽其世系疆域,犹似古之所谓三神山之可望而不可至也。"②

可见直到近代初期,中国人对日本认识仍是十分模糊的,黄遵宪的两句诗:"只一衣带水,便隔十重雾。"③恰是这种状况形象的写照。19世纪60—70年代,开始引起中国人注意日本的是连续发生的三件事:1868年日本明治维新,1871年中日建交和1874年日本侵略台湾。明治维新是日本历史上具有划时代意义的转折点。推翻了德川幕府建立起来的明治政府进行了一系列的资产阶级改革,同时也试图打开与中国的外交贸易关系。1870年派柳原前光等来华谈判订约,清政府总理衙门最初以"大信不约"为借口加以拒绝,但洋务派官僚李鸿章却力主订约,他说:"闻该国自与西人订约,广购机器兵船,仿制枪炮铁路,又派人往西国学习各色技术,其志固要自强以御侮。究之距中国近而西国远,笼络之或为我用,拒绝之则必为我仇",并建议派外交官驻日,"借以侦探彼族动静,而设法联络牵制之"④。1871年中、日两国签订了《中日修好条约》和《通商条约》,并决定互派外交官,中日的建交遣使为中国人认识日本创造了有利条件。

日本明治维新这样的大事,最初并没有马上引起中国朝野应有的注意。直到1874年,日本公然派军队武装侵略台湾,才使中国的士大夫们大吃一惊,居然连"东夷小国"日本也敢来欺侮中国了,究竟日本国内发生了什么样的变化呢?于是他们开始睁眼看日本,注意了解分析日本的近况。目前所见中国人对日本明治维新最早的评论是1874年浙江海宁人陈其元所写的《日本近事记》。作者把明治维新看成是一次篡权夺位的改朝换代,而持完全否定的态度。他把幕府将军误认为日本国王,却把天皇重新执政斥为"篡国"。文中写道:"往昔日本国王不改姓者二千年,国中七十二岛,岛各

---

① 魏源:《海国图志》(百卷本)卷一七,光绪二十一年,上海积山书局石印本。
② 薛福成:《日本国志序》,光绪二十四年,上海图书集成印书局铅印本。
③ 黄遵宪:《近代爱国志士歌》,《人境庐诗草》卷三,钱仲联《人境庐诗草笺注》,古典文学出版社,1957年,第102页。
④ 李鸿章:《李文忠公全书》卷一七《奏稿》,上海商务印书馆,1921年。

有主,列为诸侯。""自美加多(即日语天皇之译音)篡国,废其前王,又削各岛主之权。岛主失柄而怀疑,遗民念旧而蓄愤,常望一旦有事乘间蜂起。"他对明治政府学习西方进行变法改革尤为反感,"使国中改西服,效西言,焚书变法。于是通国不便,人人思乱"①。作者甚至异想天开地鼓吹乘明治政府尚未巩固之机,派兵渡海征日,帮助幕府旧政权复辟。

然而在当时中国知识分子中也有不同的见解。如嘉兴人金安清的《东倭考》就对明治维新给予较高评价。他对明治维新"大政复古"的认识比陈其元清楚,指出这是"今之倭王驱将军而自主其权"。他认为日本的明治维新可以与中国古代战国时期赵武灵王习胡服骑射的变法相比,应予肯定。明治天皇"焚诗书,易服色,其远大之志,如赵武灵王之类,虽国中不尽驯服不顾也"②。因此,他坚决反对"征日论"。

1874年12月10日,李鸿章在给皇帝的一份奏折中,表达了他对明治维新的认识。奏折中写道:"该国近年改变旧制,藩民不服,初闻彼颇小哄,久亦相安。其变衣冠,易正朔,每为识者所讥。然如改习西洋兵法,仿造铁路火车,添置电报,开煤铁矿,自铸洋钱,于国计民生不无利益。并多派学生赴西国学习器艺,多借洋债,与英人暗结党援,其势日张,其志不小。故敢称雄东土,藐视中国,有窥犯台湾之举。"③说明李鸿章认识到日本敢于侵略中国台湾是明治维新后富国强兵的结果。他从洋务派的立场出发,赞成明治政府积极学习西方军事和工业技术,以及借洋债、派遣留学生等措施。但是对日本进行政治制度以及服装、历法方面的变革,则表示反对。并对日本企图"称雄东土,藐视中国",感到担忧。

二、从走马看花到深入调查研究

"百闻不如一见",近代中国人对日本的认识随着对日本的实地考察而逐步深化。

---

① 陈其元:《日本近事记》,王锡祺《小方壶斋舆地丛钞》初编,第10帙,台北广文书局1990年。
② 金安清:《东倭考》,《小方壶斋舆地丛钞》初编,第10帙。
③ 李鸿章:《李文忠公全书》卷二四《奏稿》。

明治维新后到日本进行实地观察的第一位中国官员是浙海关委员李圭。他于1876年奉命赴美参加美国建国百年纪念博览会的途中访问了日本。游览了长崎、神户、大阪、横滨等地。明治维新后日本的新气象给他留下了深刻的印象。他在《环游地球新录》一书中记载："大小塾房、邮政局、电报局、开矿局、轮船公司，皆仿西法，而设官为经理，举国迨遍。而于电报、邮政两端尤为加意，几堪与泰西比美。"他认为明治维新是日本由弱变强的转折点。"窃为日本一国，当咸丰初年仍是大将军柄政，君位几同虚设，国势极不振。"通过明治维新，"近年来，崇尚西学，效用西法，有益之举，毅然而改者极多。故能强本弱末，雄视东海，而大将军遂不专国政"①。

1877年，清政府正式派出了第一个驻日使团，首任驻日使臣是翰林院侍讲何如璋。他在赴任日记《使东述略》中叙述了出使日本的见闻，肯定了明治维新的成绩，同时也预料变法必然会遇到很大阻力，因而对维新能否成功抱有怀疑。他说："强公室，杜私门，废藩封，改郡县，举数百年积弊，次第更而张之如反手，然又何易也！"他根据实地考察，对日本的地理形势作了比较确切的描述，说明日本四大岛是本州、九州、四国与北海道。九州岛"西有长崎"，"西南曰萨摩"，"对马岛则近朝鲜数十里矣"②。这样就纠正了徐继畬、魏源等人的错误。

自从中国在日本设立公使馆、领事馆，有外交官长驻日本之后，中国的官员、文人联翩东渡。他们游览日本各地、广泛与日本人交往，写下了不少游记与诗歌。他们耳闻目睹日本维新后的进步，在著作和诗文中大多对日本明治维新表示同情与赞扬。如王韬的《扶桑游记》和王之春的《东游日记》都描写了日本维新后兴建铁路、电报、电话等所带来的便利，"斗巧争奇，令人目眩"。还盛赞日本的教育制度"诚善法也"。

也有一些中国士大夫顽固地站在守旧立场上，戴着有色眼镜观察日本，对明治维新处处看不顺眼，尤其对日本学习西方十分不满。如江西官员李筱圃1880年访日时写的《日本纪游》，指责日本维新改革后，"非但不能拒

---

① 李圭：《环游地球新录》，钟叔河主编：《走向世界丛书》，岳麓书社，1985年。
② 何如璋：《使东述略》，《走向世界丛书》何如华等《甲午以前日本游记五种》，岳麓书社，1985年。

绝远人,且极力效用西法,国日以贫,聚敛苛急,民复讴思德川氏之深仁厚泽矣!"①另一位访日人士的《日本杂记》也认为日本因学西方实行维新改革而贫困。作者甚至连日本仿造西洋机器与用西法训练军队也加以非难,"自以为富强可以立待,殊不知慕西法而无生财之道,适足以自耗其财。今日通商改用西法之后,国用不断,不得不苛敛于民"②。他们把日本当时的财政困难都归罪于学习西方,实行改革,无非为了说明祖宗之法不可变,一切只能墨守成规。

还有人在1879年写的《日本琐志》中列举了一些统计资料,分析日本现状,得出了明治维新可能要失败的结论。作者认为日本潜伏着严重的政治经济危机,"自效西法,废封建为郡县,前后旧职去爵去禄者不知凡几,此乱萌隐伏也。且国计日蹙,不得不多取之于民,而民怨,此亦乱萌隐伏也"。他列举了日本内债外债的统计数字,并警告滥发纸币将会造成货币贬值的危险。还指出日本严重的入超、金银外流、人多地狭、社会治安等问题,断言:"乱必在二十年间。"③这位作者虽然对明治维新的分析过于悲观,但他能透过表面现象,看到日本社会潜伏的各种问题,认识颇有独到之处。

上面介绍的一些看法,多数是来自短期访问日本的士大夫写的游记中走马看花、浮光掠影的印象,这仅是表面肤浅之识。从19世纪80年代起,一些中国驻日使馆人员和专门派赴日本考察的官员,对日本的历史和现状进行了比较广泛深入的调查研究,写出了一批较有分量和价值的著作,反映了近代中国人对日本认识的进步。

曾任驻日使馆随员的姚文栋,看到日本明治维新政府刊行《清国兵要地理志》发给日本军人,几乎人手一册。可是中国人对日本地理却茫然无知,很受刺激。便根据日本的地理书,并参考近人航海记录等有关资料,编成10卷8册《日本地理兵要》,1884年由总理衙门刊行,这是中国近代最早出版的一部详细的日本地理书。

另一位驻日使馆随员陈家麟,通过调查研究,于1887年编成《东槎闻见

---

① 李筱圃:《日本纪游》,《小方壶斋舆地丛钞》初编,第10帙,原书署名"阙名",经考证为李筱圃。
② 佚名:《日本杂记》,《小方壶斋舆地丛钞》初编,第10帙。
③ 阙名:《日本琐志》,《小方壶斋舆地丛钞》初编,第10帙。

录》4卷,对日本事情分成十几个类目加以介绍。他认为明治维新各项改革有利有弊,要加以区别分析。如"立学校、整矿务、开铁道、设银行,以及机器、电线、桥梁、水道、农务、商务各事,此利政也"。而"易服色、废汉学、改刑罚(刑律近效泰西,无笞杖名目,故国中盗贼之事近亦屡见)、造纸币(广造纸币,故民间大小交易俱无现镪)、加赋税以及用人(凡曾赴外国及能外国语言者无论贤否皆用之,故官场中流品殊杂)、宫室(大小官署皆改造洋房)、饮食(亦行西式)、跳舞之属,此弊政也"①。这种认识恐怕可以说是当时中国一般知识分子对日本明治维新的较有代表性的看法。

对日本研究最全面深入的当然还要数首届驻日使团参赞官黄遵宪。他于1877年随公使何如璋出使日本。在日本的5年期间,他广泛结交日本各界人士,并到日本各地深入考察,还大量收集日本政治、经济、文化等各方面资料,尤其是各机关发布的各种公报、法令、统计表等第一手材料。他在日本期间写作了二百多首关于日本的诗歌,编成《日本杂事诗》一书。并从1879年起,花了8年工夫,至1887年完成了巨著《日本国志》。全书40卷50万字,分国统志、邻交志、天文志、地理志、职官志、食货志、兵志、刑法志、学术志、礼俗志、物产志、工艺志等十二种志,从各个角度深入系统地研究了日本的历史和现状,内容十分丰富。《日本国志》堪称中国近代研究日本的集大成代表作,也是近代中国人对日本认识的里程碑。该书被"海内奉为瑰宝",在相当长时间里成为中国人认识日本最重要的参考书。

《日本国志》重点是研究日本的制度,总结明治维新的经验教训,为中国的维新变法提供借鉴。实际上,黄遵宪本人对日本明治维新的认识也经历了一个转变的过程。据他自己说,1877年刚到日本时,"时值明治维新之始,百废草创,规模尚未大定。论者或谓日本外强中干……纷纭无定论"。他所交往的日本人大多是些不满维新的旧学家,微言刺讥,咨嗟叹息,充溢于吾耳"。故而起初黄遵宪对明治维新也抱怀疑态度。然而随着对日本了解和研究的深入,逐渐改变了看法。他说:"及阅历日深,闻见之日拓,颇悉穷变通久之理,乃信其改从西法,革故取新,卓然能自树立。"以后黄遵宪出使欧美,又见到西方国家,"其政治学术竟与日本无大异"。而

---

① 陈家麟:《东槎闻见录》,《小方壶斋舆地丛钞》初编,第10帙。

且西方人士谈起日本也"辄敛手推服无异辞"。使他真正信服日本明治维新的成功,赞叹日本"进步之速,为古今万国所未有"①。

1887年,清政府通过考试选拔了12名官员,派遣分别游历日本和南北美洲及欧洲诸国。游历使团中最勤奋的是获得选拔考试第一名的兵部郎中傅云龙,他每到一个国家,即收集资料并撰写文字,绘制表格与地图,编为"图经"。仅《游历日本图经》就有30卷,包括天文、地理、考工、兵制、职官、外交、文学、风俗等部分,可谓是一部日本问题百科全书,为中国人认识日本提供了丰富的资料。

另一位游历使刑部主事顾厚焜考察后也编成《日本新政考》一书,共分洋务、财用、陆军、海军、考工、治法等9部90目,记载相当具体,对中国人认识日本也很有帮助。但是他对日本改革政治制度却大加批评,指责"日人乃好异矜奇,竟一变而无不变也,是诚何道也?""一旦举法度典章一一弃若弁髦,岂得谓是邦之福哉!"②

这段时期,中国的封建知识分子中,指责嘲笑日本维新的还大有人在。如1885年一位自称"四明浮槎客"的守旧儒生访问日本时,写了若干首竹枝词,讥讽日本学习西方:"国法纷纷日逐更,究依何国没权衡。昨天美法刚刚换,今又匆匆奉大英。"并指责日本改革是"暮令朝更,如同儿嬉。"还嘲笑日本变法"移风易俗太荒唐,正朔衣冠祖制亡"。"文明开化说常夸,真是吴牛井底蛙。"③

1893年访问日本的黄庆澄曾对这种陋识加以批判。他指出日本明治维新"仿行新法,甚至改正朔,易服色",乃是"急急于新耳目振国气者","虽贻千万邦之讪议而不之顾"。他赞扬日本维新领导人,"洞烛外情,知己知彼,甘以其国为孤注,而拼付一掷"。黄庆澄认为这才是"豪杰谋国","其深思远虑,非株守兔园册子者所可与语"④。

---

① 黄遵宪:《日本杂事诗定稿本自序》,《黄遵宪全集》(上),中华书局,2005年,第6页。
② 顾厚焜:《日本新政考序》,慎记书庄石印本,1897年。
③ 四明浮槎客:《东洋神户日本竹枝词》,王慎之、王子今辑《清代海外竹枝词》,北京大学出版社,1994年,第172页。
④ 黄庆澄:《东游日记》,《小方壶斋舆地丛钞》再补编,第10帙。

三、从全盘仿效到初步批判

历史的发展往往富于戏剧性。古代一千多年间日本人一直恭恭敬敬地以中国为师,处处向中国学习。然而,进入近代还不到半个世纪,中国人却迫不及待地要向日本求教了。之所以发生这样的变化,关键在于日本明治维新的成功,而转折点则是1894年至1895年的中日甲午战争。这场战争的结果,老大的清帝国竟然被新兴的日本一举击败,清政府被迫签订割地赔款丧权辱国的《马关条约》。

中国的爱国知识分子一方面愤怒谴责日本的侵略,把《马关条约》视为奇耻大辱而痛心疾首。另一方面,他们痛定思痛,首先要想一想为什么日本能够打败中国?通过对这个问题的思考,促使不少中国人对日本的认识发生巨大的变化。

康有为等维新派人士把日本在甲午战争中获胜的原因完全归结于维新变法。1895年他在《上清帝第二书》中指出:"日本一小岛夷耳,能变旧法,乃能灭我琉球,侵我大国。前车之辙,可以为鉴。"①他们从中得出结论:要救中国,只有变法维新,而要维新,就要学习西方。既然日本向西方学习有成效,成功地进行明治维新,实现了富国强兵,那么中国人为什么不能向日本学习呢?为了救亡图存,变法自强,哪怕卧薪尝胆,也要认真地向昨天的敌人日本学习。因此康有为明确地提出了"不妨以强敌为师资"的口号②。

为了学习日本,便需要进一步认识日本。中国近代维新思潮的兴起,推动了对日本的研究,而对日本的研究,反过来又促进了中国维新变法运动的发展。中国维新派人士几乎人人谈日本,个个推崇明治维新。他们还力图通过宣传明治维新来为中国变法运动制造舆论。康有为在1886年就开始研究明治维新。1897年编写了《日本书目志》,并在女儿康同薇的帮助下编撰《日本变政考》。梁启超则在1897年写了《记东侠》一文,歌颂日本维新

---

① 康有为:《上清帝第二书》,《戊戌变法(二)》,上海神州国光社,1953年,第153页。
② 康有为:《日本变政考》序,北京故宫博物院藏进呈本。

志士的献身精神。康同薇也在1898年春出版了《日本变法由游侠义愤考》一书,介绍日本维新志士在明治维新中的作用。湖南维新派骨干唐才常则鉴于"世罕知日本,罕知日本变法之难",特地编写了《日本安政以来大事略述》,扼要地介绍日本维新的历史及其中之艰难曲折。此文在《湘学报》上连载,对推动湖南的维新运动起了一定作用。1898年6月11日光绪皇帝下诏"明定国是",开始了"百日维新"。为了向光绪提供日本维新的具体经验,康有为进呈了经过补充润色并加大量按语的《日本变政考》13卷,它以编年史的形式,详细叙述明治维新的各项改革措施,评论其得失利弊,并结合中国实际情况,提出中国变法的建议。康有为把日本明治维新改革的重要性归纳为:"大誓群臣以定国是,立制度局以议宪法,超擢草茅以备顾问,纡尊降贵以通下情,多派游学以通新学,改朔易服以易人心数者。"[①]他在该书跋语中还宣称:"日本变政备于此矣。其变法之次第,条理之详明,皆在此书。其由弱而强者,即在此矣。"他主张全盘模仿日本,甚至断言:"我朝变法,但采鉴于日本,一切已足。"尽管光绪皇帝得到此书如获至宝,仿效明治维新,发布了一系列改革诏令。但是中国封建顽固派的势力远比日本维新时幕府的力量大得多,新旧力量对比悬殊,百日维新只是昙花一现。不久,慈禧太后就发动政变,光绪遭软禁,康、梁仓皇出逃,那部集中反映维新派日本观的《日本变政考》也被打入冷宫,长期未能公之于世。

戊戌变法的失败,并未减弱中国人了解日本、学习日本的热情。尤其是在20世纪初,清政府实行"新政",亦以日本为榜样,派出不少官员赴日本考察取经。还有一些官员和学者文人自费东渡游历。他们写出了一大批游记、考察记或调查报告,仅笔者所见就有近百种之多。如考察农工商业的有刘学洵的《游历日本考查商务日记》、黄璟《游历日本考查农务日记》、潘学祖《考察东瀛农工记》等,考察教育的有李宗棠《考察日本学校记》、吴汝纶《东游丛录》、项文瑞《游日本学校笔记》等,考察政治的有载泽《考察政治日记》、逯恩承《日本最近政学调查记》、刘瑞璘《东游考政录》等,考察军事、司法的有丁鸿臣《游历日本视察兵制学制日记》、雷延寿《日本警察调查提

[①] 康有为:《日本变政考·跋》。

纲》、王仪通《调查日本裁判监狱报告书》等等。

这些著作除了极少数只谈游山玩水、异国风情或敷衍交差外,多数还是对日本社会实际进行了一番具体的调查考察。不少人都在认真思考中国究竟向日本学习些什么?怎么学?并力图探讨日本的维新之要和富强之道。他们从各个方面、各种角度观察描述日本,大大加深了中国人对日本的认识。下面略举数例说明。如1898年到日本考察商务的中国政府特使刘学洵,受到日本朝野尤其是财界和工商界的隆重欢迎。他通过与日本各界人士会谈和参观各种工厂、商店,对日本资产阶级提出的"富国必以振兴商务为本"、"裕商即以保国"①等观点,十分欣赏,认为这就是日本富强的原因。而1901年罗振玉赴日本考察两个月后得出的结论则是:日本强盛的关键,"首在便交通,继在兴工业,三在改军制","军政修明而又加之以兴教育,国力乃日臻强盛"②。中国民族资产阶级代表人物张謇1903年应日本大阪博览会之邀请赴日参观后,特别强调教育救国与实业救国。他说,根据日本维新的经验,如果按其重要性排次序的话,应是:"教育第一,工第二,兵第三。"他还认为,"图存救亡,舍教育无由,而非广兴实业,何所取资以为挹注"③。有的人还把日本描绘成桃花源式的乐土。如1902年赴日考察农业的黄璟写道:"入其境,见夫田畴井井,厘若画图,男妇勤能,风物都美。古所谓野无旷土,国无游民者,不图得于今日遇之。"他还说:"遍国中学校如林,铁轨如织,无人不学,无学不精。凡商业、工艺、武备、警察、开垦、矿产诸大政,靡不悉心筹计,不稍留缺憾于纤微宜乎。"④

日本果真是这样尽善尽美吗?20世纪初,大批中国留日学生却有不同的感受和认识。他们大多是抱着向日本学习以挽救民族危亡的爱国热情东渡留学的。中国留日学生从半殖民地半封建的中国来到正在进行资本主义近代化建设的日本,一切都感到非常新鲜。他们看到日本工业的发达,教育的普及,对比自己祖国的落后,不禁感慨万分。湖南留日学生周家纯说:

---

① 刘学洵:《游历日本考查商务日记》,香山刘氏上海石印本,光绪二十五年(1899)。
② 罗振玉:《扶桑两月记》,教育世界社,光绪二十八年(1902)。
③ 张謇:《东游日记》,《张謇全集》第6卷,江苏古籍出版社,1999年,第514—515页。
④ 黄璟:《游历日本考查农务日记》,光绪二十八年(1902)刊本。

"自入长崎以来,流连异土,百感交并,及达东京,益怦怦不能自持者。"[①]可是,对中国留日学生刺激更深的却是由于祖国的贫弱而遭到日本人的歧视和侮辱。有的留学生经过马关中日订约之处,或是看到东京靖国神社陈列的甲午战争"战利品",不禁痛哭流涕,愤不欲生。有时穿着中国服装留着长辫的留日学生走在街上,竟有日本小孩跟在后面嘲骂"豚尾奴"。还有日本政府对中国留学生实行的种种歧视限制政策,如1905年颁布的所谓取缔规则等等。这一切都强烈地刺痛着留日学生的民族感情,激发起他们的爱国、革命热情,同时也使他们对日本有了更深刻全面的认识。留日学生的各种刊物,经常登载关于日本的评论和见闻,报道日本内政外交最新动态,并翻译日本报刊上的言论。他们还大量翻译日本书籍,介绍日本各方面的情况,加深中国人对日本的了解。中国人对日本的认识,逐渐克服全盘肯定的片面性,而开始对日本社会存在的问题和侵华政策进行初步的揭露和批判。

日本自明治维新后,一边发展资本主义,一边逐渐走上军国主义道路。日本统治集团一直以中国为对外侵略扩张的重点,并制定了以侵华为目标的内地政策。甲午战争后日本逐渐成为亚洲唯一的帝国主义国家,更加紧对中国的侵略。如积极参与八国联军侵华,在中国土地上进行日俄战争。辛亥革命时也企图趁火打劫。1915年更利用袁世凯称帝之机,提出把中国变为其独占殖民地的"二十一条"。这一切事实,都教育了中国人,日本的侵略打破了中国人学日本的迷梦。一些进步的中国人逐渐擦亮了眼睛,抛弃幻想,重新认识日本,揭露批判日本帝国主义的侵略本质。

目前所见近代中国人对日本帝国主义较早的公开批判,是留日学生中的无政府主义刊物《天义报》1907年11月刊登的刘师培所写的《亚洲现势论》一文。该文一针见血地指出日本帝国主义政府是"亚洲之公敌"。揭露日本帝国主义与西方列强相勾结,在亚洲侵略扩张。"故欲保亚洲之和平,以谋亚洲诸弱种之独立,则白种强权固当排斥,即日本之以强权侮我亚人者,亦当同时排斥。盖帝国主义乃现今世界之蟊贼也。"他还认为"帝国主义实政府压制民庶之先声","军国主义无非用多数人民之性命以保卫少数

---

① 周家纯:《致湖南青年劝游学外洋书》,《游学译编》第4期(1903年2月)。

有权力之人,复戕害境外无数之同胞,以增少数有权力之先宠"①。他主张亚洲各国民族解放运动应该和日本人民的革命运动互相配合呼应。

1915年日本帝国主义提出了灭亡中国的"二十一条",正在日本留学的李大钊代表中国留学生总会,起草了《警告全国父老书》。文章历数甲午战争以来日本的侵华罪行,并揭露日本帝国主义"当民国初建立之际,挑兄弟阋墙之机,射影含沙,无所不至"。"今更恃强挟迫,无理要胁,大欲难填。"日本帝国主义对中国的侵略行为"于日本为自杀,于世界为蟊贼,于中国为吾四万万同胞不共戴天之仇雠"。②1917年,李大钊又著文批判日本帝国主义鼓吹的"大亚细亚主义"。他深刻指出:日本"假大亚细亚之旗帜,以颜饰其帝国主义,而攫极东之霸权,禁他洲人之掠夺而自为掠夺,拒他洲人之欺凌而自相欺凌。"③1919年元旦,李大钊进一步剖析日本帝国主义的"大亚细亚主义"是"吞并中国主义的隐语"、"大日本主义的复名","不是平和的主义,是侵略的主义;不是民族自决主义,是吞并弱小民族的帝国主义;不是亚细亚的民主主义,是日本的军国主义"。④

中国的留日学生通过自己在日本的亲身体验和深入观察,对日本社会存在的贫富不均、阶级压迫、资本家的剥削、军阀的专制、统治集团的钩心斗角等等问题,也给予揭露批判。1919年4月,周恩来在结束日本留学生活归国前夕,游历了京都。"九天西京炎凉饱看",使他对日本社会有了更深入的认识。他在《雨后岚山》一诗中写道:"登高远望,青山渺渺,被遮掩的白云如带,十数电光,射出那渺茫黑暗的城市。此刻岛民心理,仿佛从情景中呼出,元老、军阀、党阀、资本家……从此后将何所恃?"⑤

1919年8月,戴季陶在《建设》第一卷第一期上发表《我的日本观》一文,可以说是辛亥革命以后中国人对日本认识的一个总结。他认为以前中国人观察日本人的错误,大约有三种:第一以为"内地侵略主义是几个元老

---

① 申叔(刘师培):《亚洲现势论》,《天义》十一、十二卷合册,1907年11月30日。
② 李大钊:《警告全国父老书》,《李大钊文集》(上),人民出版社,1984年,第121—122页。
③ 守常(李大钊):《大亚细亚主义》,《李大钊文集》(上),第450页。
④ 李大钊:《大亚细亚主义与新亚细亚主义》,《李大钊文集》(上),第609—610页。
⑤ 周恩来:《雨后岚山》(1919.4.5),《周恩来青年时代诗选》,人民文学出版社,1978年,第19—20页。

军人所信奉的,是当局的人自己特别主张的"。第二,"以为日本援助北方的军阀就是特别不好的,援助南方的似乎就是好的"。第三,"不加区别,不问理由,把日本对华政策的罪恶,当作日本全国国民的罪恶"。他深刻指出日本侵华政策的根源,"是在日本建国主义上","在日本统治者阶级的思想上,在日本政治社会的组织上"。因此在"军阀、官阀、党阀执政的时代",要日本放弃侵华政策是"万万做不到的"。"侵华政策是政治上、产业上特权阶级的责任","并不是日本的农夫工人的责任"。大多数日本人,"到底还是中国好朋友"。这反映中国人对日本认识的重大进展。戴季陶在该文开头还说:"我有一个希望,要想把'日本'这个题目,用我的思索评判的能力,在中国人的面前,清清楚楚地解剖开来,再一丝不乱地装置起来。"①说明了当时中国人已提出了更进一步全面深入地剖析日本,认识日本的要求。

通过上述关于近代中国人的日本观变迁过程的历史考察,可以为我们提供不少历史经验和启示。例如关于认识世界和研究外国的重要性。近代中国在历次对外交涉和战争中屡遭失败和耻辱,与昧于世界大势,不了解外国情况有很大关系。知己知彼才能百战不殆。清政府由于对日本认识的肤浅,对日本政治、经济、军事状况和实力缺乏正确分析,导致与日本关于台湾、琉球、朝鲜问题交涉和甲午战争战略指挥中的许多失误。相反,对世界形势及外国历史经验的研究介绍,则有助于促进中国社会的进步和近代化。如19世纪末对日本明治维新的认识和研究,有力地推动了中国的维新变法运动。黄遵宪的《日本国志》成为维新运动的启蒙读物。康有为的《日本变政考》则成为光绪皇帝实行百日维新的蓝图。

还有认识世界和研究外国的态度与方法。近代一些中国士大夫妄自尊大顽固坚持华夷意识和守旧立场。或者不屑于正眼看日本,或者戴着有色眼镜对日本的改革和进步,百般挑剔、嘲讽。还有些人虽然也到过日本,却因只顾游山玩水或仅为敷衍交差,故而也得不到什么深刻的认识。而像黄遵宪、傅云龙那样一些杰出的外交官和勤奋的游历使,则通过自己艰苦细致的调查研究和认真思考写作,编著了《日本国志》、《游历日本图经》等巨著,为中国人认识日本作出了卓越的贡献,这种精神是值得继承发扬的。同时,

---

① 戴季陶:《我的日本观》,《建设》第1卷第1期,1919年8月。

还要克服外国认识中的片面性,无论是认识日本或其他国家,那种盲目自大,一概否定,或者盲目自卑,全盘仿效,都不是正确的态度。应该对外国社会进行客观的辩证的具体分析,才能取其精华,弃其糟粕,透过现象,看到本质,获得全面科学的认识。

(原载《日本学》第3辑,1991年)

辑三　文献与传播

黄遵宪《日本国志》初探

在中国近代史学著作中,有一部书曾被"海内奉为瑰宝",①誉为几百年来少见的"奇作",②这就是黄遵宪的《日本国志》。

《日本国志》共40卷50万字,是中国近代一部深入系统地研究日本的巨著,也是近代中国人研究日本的集大成的代表作。它大大加深了中国人对日本的了解和认识,在近代中日关系史上占有重要的地位。

《日本国志》又是中国近代维新思想的重要著作之一,它鼓吹学习西方,效法日本,主张以日本明治维新为榜样,在中国实行变法,成为戊戌维新的启蒙读物,在中国近代思想史上闪耀着异彩。

一、《日本国志》的写作过程

研究日本的历史使命为什么会落到黄遵宪的肩上,他又是如何克服种种困难写出《日本国志》这样一部巨著的?

这要从黄遵宪的经历谈起。黄遵宪,字公度,广东省嘉应州(今梅县)

---

① 狄葆贤:《平等阁诗话》,钱仲联笺注:《人境庐诗草笺注》,古典文学出版社,1957年,第412页。

② 薛福成:《日本国志序》,陈铮编:《黄遵宪全集》下册,中华书局,2005年,第818页。

人。1848年（道光二十八年）生于一个封建地主家庭。他早在青少年时代就对科举八股制度不满，不愿关在书斋里用读经书、作八股、写小楷来消磨生命，而向往到广阔天地里去干一番轰轰烈烈的事业。他嘲笑那些只会死读古书、不懂天下大事的儒生，"乌知今日禆瀛大海还有大九洲？"①黄遵宪满怀爱国热情，留心时务，注意外交，探求救国救民的道路。他到过广州、香港、天津、烟台等地，见识较广，眼界开阔。他还研究过外国人编的《万国公报》和江南制造局翻译的西文书。他曾与张荫垣等"抵掌当世务"，畅谈时事，感慨"国耻诚难雪"，主张革新变法，"到此法不变，终难兴英豪"。② 他后来能写出《日本国志》，鼓吹效法日本明治维新，是有其思想基础的。

1876年（光绪二年），黄遵宪参加顺天乡试，中了举人。恰好也在这一年，他的同乡、翰林院侍讲何如璋被任命为第一任出使日本大臣。何如璋知道黄遵宪善谈时务并熟悉世界大势，便竭力邀他同行。黄遵宪不顾亲友们的阻拦和惋惜，毅然抛弃了科举仕途，选择了到海外从事外交工作的职业。1877年（光绪三年），他由何如璋举荐为出使日本使团的参赞官。在寄给朋友的一张照片上，他豪迈而又风趣地题了这样一首诗："如此头颅如此腹，此行万里亦奇哉。诸公未见靴尖趯，待我扶桑（指日本）濯足来。"③

1877年11月，黄遵宪随何如璋到日本。作为一个外交官，他主张中日两国平等相待，友好相处，各求富强，共御外侮。他在诗中指出：中日两国"同在亚细亚，自昔邻封辑。譬若辅车依，譬若倚角立。所恃各富强，乃能相辅弼。同类争奋兴，外侮日潜匿。解甲歌太平，传之千万亿"。④ 并提醒日本要警惕沙俄的侵略，"王告汝多士，豺虎在有北"。⑤ 同时，他坚决反对日本统治集团种种破坏中日友好、侵犯中国主权的行动。在日期间，或代公使起草奏稿，或与日方据理力争。

黄遵宪作为一个友好的使者，风尘仆仆地漫游日本各地，参加各种集

---

① 黄遵宪：《和周郎山见赠之作》，《人境庐诗草》卷一，《黄遵宪全集》上册，中华书局，2005年。
② 黄遵宪：《述怀再呈霭人樵野丈》，《人境庐诗草》卷二。
③ 黄遵宪：《将之日本题半身写真寄诸友》，《人境庐诗草》卷二。
④ 黄遵宪：《陆军士官学校开校礼成赋呈有栖川炽仁亲王》，《人境庐诗草》卷三。
⑤ 黄遵宪：《陆军士官学校开校礼成赋呈有栖川炽仁亲王》，《人境庐诗草》卷三。

会,结交各方面人士,并与很多日本人结下了深厚的友情。在他的诗文中提到的日本朋友即有数十人之多。在日本人大河内辉声整理的笔话中还保存了黄遵宪与日本友人的大量笔谈记录。①他还写了大量反映日本政治、经济、文化、风俗、景色等方面的诗歌,并和日本诗人唱和相赠,这些诗主要收在他的《日本杂事诗》和《人境庐诗草》第三卷中。他把自己的一部分诗稿埋在日本的土地上,至今日本琦玉县野火止平林寺内还有黄遵宪的"日本杂事诗最初稿冢"。因此,他博得了日本各界人士极大的尊敬和赞誉。据王韬说:"日本人士仰之如泰山北斗,执贽求见者,户外屦满。""每一篇出,群奉为金科玉律,日本开国以来所未有也。"②在中日文化交流史上谱写了动人的篇章。

可是,黄遵宪在日本的最大成绩,还是他通过深入系统的调查研究所撰写的巨著——《日本国志》。黄遵宪为什么要写这本书呢? 首先,他认为这是一个参赞官的责任,是加强中日友好和开展对日外交的需要。他说:"古昔盛时已遣轮轩使者于四方,采其歌谣,询其风俗,又命小行人编之为书,俾外史氏掌之。"而今天的参赞官"即古之小行人、外史氏之职也"。出使大臣忙于大事,"若为之僚属者又不从事于采风俗,何以付朝廷咨询谋之意?"③其次,他对当时中国对日本研究的状况很不满意,要提供日本真实详细的情况以改变中国人对日本的模糊和错误的认识。他多次指出:"余观日本士夫类能谈中国之书,考中国之事。而中国士夫好谈古义足以自封,于外事不屑措意。无论泰西,即日本与我仅隔一衣带水,击柝相闻,朝发可以夕至,亦视之若海外三神山,可望而不可及。若邹衍之谈九州,一似六合之外,荒诞不足议论也者。可不谓狭隘欤!"④中国的士大夫大多未到过日本,又无史书可凭借,狭隘也不足怪。自己身为驻日参赞官,承担这个任务是责无旁贷的。更为重要的是黄遵宪到日本已是明治维新9年之后,他亲眼看到日本通过一系列资产阶级改革所发生的巨大变化。日本变法后日益富强的现象

---

① 详见实藤惠秀、郑子瑜编校,早稻田大学东洋文学研究会出版的《黄遵宪与日本友人笔谈遗稿》,早稻田大学,1968年。又见《黄遵宪全集》上册之第五编,中华书局,2005年。
② 王韬:《日本杂事诗序》,《黄遵宪全集》上册,第4页。
③ 黄遵宪:《日本国志》自序,《黄遵宪全集》下册,第819页。
④ 黄遵宪:《日本国志》自序。

和国内外对明治维新的种种分歧看法,促使他下决心重点考察明治维新后日本的制度及其利弊得失。他刚到日本时,曾听到各种议论,以致对维新尚有怀疑:"时值明治维新之始,百度草创,规模尚未大定,论者或谓日本外强中干……纷纭无定论。余所交多旧学家,微言刺讥,咨嗟太息,充溢于吾耳。"①但是,日本学习西方的成效和变法自强的事实使他转变了认识:"及阅历日深,闻见之日拓,颇悉穷变通久之理。乃信其改从西法,革故取新,卓然能自树立。"②日本明治维新之成功更加坚定了黄遵宪的改良主义变法思想。他曾对何如璋说:"中国必变从西法。其变法也,或如日本之自强,或如埃及之被逼,或如印度之受辖,或如波兰之瓜分,则我不敢知。"③因此,他编写以介绍制度为主的《日本国志》,大力宣传日本明治维新的目的,是为"质之当世士夫之留心时务者",④就是要供国内有志维新之士借鉴,推动中国的变法自强。

《日本国志》究竟何时开始写作? 我认为收集材料工作从1878年(光绪四年)起已在进行。在《黄遵宪与日本友人笔谈遗稿》"戊寅(1878)笔话"中,可看到黄遵宪多次向日本友人询问、寻找日本典章、史籍:"仆急急欲得如史志诸书览之,恨其不知也。"⑤并请日本人石川英替他翻译日文书《国史略》中"政体"等部分。还表示"是书译毕,他尚有烦君者"。⑥ 正式动手编写约在1879年(光绪五年)。在《己卯(1879)笔话》中,他曾说:"近来方编《日本国志》,恐至明年此时方能脱稿。"⑦同年,他又写了100多首"日本杂事诗"。后来,他在《日本杂事诗定稿本自序》中说:"余于丁丑(即1877年)之冬,奉使随槎。既居东二年,稍与其士大夫游,读其书,习其事,拟草《日本国志》一书。网罗旧闻,参考新政,辄取其杂事衍为小注,串之以为诗,即今所行杂事诗是也。"所以也可以说《日本杂事诗》是《日本国志》的编写草本和诗歌版。日本人石川英在为《日本杂事诗》所作的跋中赞扬道:

---

① 黄遵宪:《日本杂事诗定稿本自序》,《黄遵宪全集》上册,第6页。
② 同上。
③ 黄遵宪:《己亥杂诗自注》,《人境庐诗草》卷九。
④ 黄遵宪:《日本国志》自序。
⑤ 《黄遵宪与日本友人笔谈遗稿》,第154页。
⑥ 同上书,第255页。
⑦ 同上书,第284页。

"上自神代,下及近世,其间时世沿革,政体殊异,山川风土,服饰技艺之微,悉网罗无遗。而词彩绚烂,咀英嚼华,字字征实,无一假借。"他对黄遵宪推崇备至:"公度来日本未及两年,而三千年之史,八大州之事,详确如此,自非读书十行具下能如此乎?"①日本杂事诗每首都是七言绝句,或一诗记一事,或数事合一诗,内容短小生动,富有特色。每首诗后面还附有长短不等的自注,以解释或补充诗意之不足。有的很长,自成一篇小文章。后来黄遵宪将自注的不少段落稍加修改或原封不动地写进了《日本国志》。

黄遵宪写作《日本国志》经历了艰难曲折的过程。他在1879年开始写草稿时,原打算一年左右脱稿。但到了1880年,他又说:"有志焉,而恐力未逮,至速亦须明年乃能脱草。""此事大难,恐不成书。"②黄遵宪把写作中遇到的困难归纳为"三难"。第一是"采辑之难"。"日本古无志书,近世源光国作大日本史,仅成兵刑二志,蒲生秀实欲作氏族、食货诸志,有志而未就。新井君美集中有田制、货币考诸叙,亦有目而无书,此皆汉文之史而残阙不完。"③由于史料缺乏,因此考证日本古代制度很困难。同时搞清当代制度也不容易,各种文件、布告、章程、年报数量很大,又都是日文,"不可胜译"。第二是"编纂之难"。由于语言障碍,询访困难。同时,"以外国之地,襄助乏人,浏览所及,缮录为劳"。④ 第三是"校雠之难"。"既非耳目经见之书,又多名称僻异之处"。而其中名词,有从日文译汉文的,也有从英文译日文再译成汉文的,或同字而异义,或有音而无义,所以校勘起来很麻烦。

虽然困难重重,有时甚至使他"搁笔仰屋,时欲中辍",但黄遵宪用顽强的毅力、辛勤的劳动克服了这些困难。他采集了二百多种参考文献,其中有中国史书、日本史书,还有明治维新以来日本政府各机关的大量文件。他还利用各种机会向日本学者询问、请教,有时还请他们帮助提供和翻译日文资料。1882年(光绪八年)春,他经过几度春秋寒暑的努力,刚写出草稿,却又奉命调任驻美国旧金山总领事,只得暂时放下《日本国志》的编写工作。他在离开日本之际,作诗留别日本友人,其中写道:"海外偏留文字缘,新诗脱

---

① 石川英:《日本杂事诗·跋》,长沙富文堂本,1898年。
② 《黄遵宪与日本友人笔谈遗稿》,第321页。
③ 《日本国志》凡例。
④ 同上。

口每争传。草完明治维新史,吟到中华以外天。"①日本人宫岛诚一郎也写诗唱和云:"佳篇上梓人争诵,新史盈箧手自满。""期君早遂经时志,海陆兼营两火轮。"②表达了对黄遵宪仰慕和期望之情。

黄遵宪离开日本后,当了三年半旧金山总领事,1885年(光绪十一年)8月由美请假回国,回到了故乡嘉应州。同年,张荫桓新任驻美公使,希望黄遵宪仍回旧金山,另外两广总督张之洞也请他巡察南洋群岛。黄遵宪一心要完成《日本国志》的写作,均辞谢不往,"乃闭门发箧,重事编纂"。这样又辛勤写作了二年,终于在1887年(光绪十三年)夏季完成了全书。他怀着激动的心情写了一首诗,题为《日本国志书成志感》。诗云:"湖海归来气未除,忧天热血几时摅?千秋鉴借吾妻镜,四壁图悬人境庐。改制世方遵白统,罪言我窃比'黄书'。频年风雨鸡鸣夕,洒泪挑灯自卷舒。"③黄遵宪怀着忧国忧民的满腔热情,在人境庐书斋中埋头著述。以日本明治维新当镜子,为祖国改革作借鉴。他把自己的《日本国志》比作明末清初进步思想家王夫之的《黄书》。在那风雨鸡鸣的岁月里,挑灯独坐,睁开熬夜发红流泪的眼睛,摊开稿纸挥笔疾书。黄遵宪前后花了八九年时间,才完成了这部40卷50万字的巨著。他把书稿抄写成四份,除自存一份外分送总理衙门、李鸿章和张之洞。但是这部书的出版问世还要经过一番曲折。1890年(光绪十六年)付刊于广州富文斋,却迟迟没有刻成。1894年他又把稿本邮到巴黎,请出使英、法、意、比四国大臣薛福成作序。直到1895年(光绪二十一年),《日本国志》才刻成正式出版,这时离他写完此书又有八年之久了。这种"光绪十六年羊城富文斋刊本"是《日本国志》的初刻本。以后的"光绪二十四年浙江书局本",也是初刻本的重刊本。1896年,黄遵宪又对《日本国志》加以修订,增删数千字,并撤去原书前面李鸿章批文和张之洞咨文,而加上了梁启超的后序,于1898年(光绪二十四年)又出了改刻本,而同年上海图书集成局铅印本、汇文书局木刻本与1901年上海书局石印本都是改刻本的重刊本。

---

① 黄遵宪:《奉命为美国三富兰西士果总领事留别日本诸君子》,《人境庐诗草》卷四。
② 宫岛诚一郎:《黄参赞公度君将辞京有留别作七律五篇》,见钱仲联《人境庐诗草笺注》,第121页。
③ 黄遵宪:《日本国志书成志感》,《人境庐诗草》卷五。

二、《日本国志》的内容和特色

黄遵宪的《日本国志》作为一部史学著作在写作上有些什么特色呢？

第一，黄遵宪摒弃了以往中国文人写史书时那种以"天朝上国"自居的妄自尊大态度，采取实事求是、尊重日本民族、两国平等相待的态度来写作。他尖锐地批评过去史臣们只尊本国，对其他国家则"北称索虏，南号岛夷"，自以为"崇国体"，实际上是一种"狭陋之见"。他主张"史家记述务从实录"，反对无端把别国君臣"易其名号"。他按照"名从主人"的原则，对《日本国志》中写到的官名、地名、事物名，"皆以日本为主，不假别称"，"曰皇曰帝概从旧称"。① 他希望中日两国平等相待，睦邻友好。指出："史家旧习尊己侮人，索虏岛夷互相嘲骂。中国列日本于东夷传，日本史亦列隋唐为元蕃传。中国称为倭王，彼亦书隋主、唐主，譬如乡邻交骂，于事何益？"因此，他在书中"谨遵条约睦邻国书称帝之意，参采中国、日本诸书，纪事务实，不为偏袒，曰皇曰帝，亦不贬损，所以破儒者拘虚之见，祛文人浮夸之习也"。②

第二，黄遵宪的《日本国志》既区别于以前那种摘引古书繁琐考据日本历史的著作，又不同于当时一些仅仅浮光掠影记录日本风俗、人情、景色的游记。他采取了史书中"志"的体裁，着重研究日本明治维新后的典章制度。他特别强调"检昨日之历以用之今日则妄，执古方以药今病则谬，故杰俊贵识时"③。因此，《日本国志》体现了"厚今薄古"、为中国改革提供借鉴的精神。他在书的凡例中声明："日本变法以来革故鼎新，旧日政令，百不存一。今所撰录皆详今略古，详近略远，凡牵涉西法，尤加详备，期适用也。"虽然明治维新以来日本的制度、政令变化频繁，甚至"朝令夕改，月异而岁不同"。但他仍不厌其烦，旁征博引，详细加以研究比较。书中所收资料一直编到他离开日本的前夕1883年（明治十三年），以便供中国有志于维新变法之士参考。

---

① 《日本国志》凡例，《黄遵宪全集》下册，第819—820页。
② 同上。
③ 《日本国志》卷四，邻交志。

第三，黄遵宪反对那种粗枝大叶、人云亦云的写作态度。他认为："不出户庭而论天下事则浮，坐云雾而观人之国则暗。"①所以他很重视亲自做实地调查研究，尤其注意收集第一手原始材料。他在《日本国志》中大量引用了日本政府各机关、各地方发布的各种公报、法令、统计数字。他认为"事非表则不详"，因此在书中列举了一大批各种类型的统计表。用清晰的表格和精确的数字来说明问题，使人印象深刻，一目了然。例如在"地理志"中，就附有府县沿革表、周围里数表、经纬度表、广袤及寒暖表、郡区町村表、名邑表、河川表、湖沼表、岛屿表、港湾表、开港场及居留地坪数租额表、官林个数表、官林段别表、官林段别及木竹表、民有耕地宅地段数表、地租改正未完民用耕宅地表、开拓使设置前北海道开垦地表、开拓使设置后北海道开垦地表等共 18 个统计表。这就远远胜过了那些对日本地理进行模糊笼统描述的著作，为中国人了解和研究日本提供了丰富、具体、可靠的材料。

第四，黄遵宪在书中不仅对日本的地理、历史、政治、经济、文化等各方面进行详细的介绍叙述，而且联系中国的实际进行深入的分析评论，可以说是"史论结合"。他模仿司马迁作《史记》加"太史公曰"的形式，在《日本国志》的每个志的前后或中间，以"外史氏曰"的方法来发表自己的见解和议论，几乎每段都是一篇小论文。另外在正文之中也常常加以小注，有长有短，对正文加以补充、考证或分析。他着重对日本明治维新后的各种政策措施进行剖析，总结明治维新的经验教训，并常常结合中国的情况加以对比、评论，能给人以很大的启发和帮助。这些论说比较集中地反映了黄遵宪的资产阶级改良主义思想。

《日本国志》的内容十分丰富，它包括卷首中东年表和国统志、邻交志、天文志、地理志、职官志、食货志、兵志、刑法志、学术志、礼俗志、物产志、工艺志等 12 种志。全书 40 卷，从各个角度深入系统地研究了日本的历史和现状，特别是明治维新后所实行的各项制度。同时也从各方面阐述了学习西方，效法日本，要求在中国实现变法维新、发展资本主义的改革思想。黄遵宪的《日本国志》作为 19 世纪七八十年代中国早期改革思想家的一部重

---

① 《日本国志》凡例。

要著作,与王韬的《弢园文录外编》、薛福成的《庸盦全集》、郑观应的《盛世危言》等书中表达的改革思想有很多共同点,但他是以写日本历史来阐发思想的,因此又具有自己的特点和风格,并有不少独到的见解。

下面试从几个方面,对《日本国志》的思想内容进行初步分析。①

第一,政治思想方面,主张变革,要求仿效日本变法自强。这是贯穿《日本国志》全书的一个中心思想。从开宗明义第一卷到最后第四十卷,始终反复强调"夫物穷则变,变则通"的观点。

在"国统志"中,黄遵宪研究了日本历史演变的特点,总结出四条"日本治乱之由"。即一、"外戚擅权,移太政于关白";二、"将门擅权,变郡县为封建";三、"处士横议,变封建为郡县";四、"庶人议政,倡国主为共和"。说明"物极必反,事穷必变",历史总是在不断变革前进这样一条规律。他认为日本明治维新正是在"霸政久穷,民心积厌,外侮纷乘,内讧交作"这样一种历史背景下发生的。他在分析明治维新成功的主客观原因时,特别突出维新志士在变革中所起的作用。他说:"日本今日之兴,始仆幕府,终立国会,固天时人事相生相激相摩相荡而成此局也。然二三豪杰,遭时之变,因势利导,奋勉图功,卒能定国是而固国本。"言外之意,中国也需要这样的志士仁人来倡导变法。黄遵宪在书中热情歌颂日本维新志士们虽然遭到幕府残酷镇压,"而人心益愤,士气益张","一往不顾,视死如归",真是"何其烈也!"他还专门写了《近世爱国志士歌》12首,宣扬日本维新志士的事迹,"以兴起吾党爱国志士"。②

在"地理志"中,黄遵宪指出日本地处海中岛国,过去也像中国一样"绝门自守,无见无闻,朦然未之知也。直至坚船巨炮环伺于门,乃始如梦之方觉,醉之甫醒"。在西方资本主义列强的侵略下,亚洲各国先后沦为殖民地半殖民地,唯有日本尚能保持独立地位。这是什么缘故呢?就是因为日本举国上下能够革新变法,"营筹画卒","亟亟力图自强"。结果,日本不但能自立于世界民族之林,而且还要"以英之三岛为比",挤入世界强国之列,这难道还不值得中国的爱国志士们深思吗!

---

① 以下引文除特别注明者外,都出自《日本国志》,故不再一一加注。
② 黄遵宪:《近世爱国志士歌》,《人境庐诗草》卷三。

针对中国顽固派所谓"祖宗之法不可变"的理论,黄遵宪认为社会越发展,法律制度应该越严密,必须根据形势,因时制宜地加以变革。他说:"积世愈多,即立法愈密",这是历史发展的必然趋势,即使圣君贤相也"不能不因时而增益"。他在"刑法志"里还讲述了自己的思想转变过程:"余读历代史西域北狄诸传,每称其刑简令行、上下一心,妄意今之泰西诸国亦当如是。既而居日本,见其学习西法如此之详。既而居美国,见其用法施政,乃至特设议律一官,朝令夕改,以时颁布,其详更加十百倍焉,乃始叹向日所见之浅也。"这种现身说法的宣传很有说服力。

那么,黄遵宪所向往追求的是一种什么样的制度呢?他在"学术志"中描绘了一幅比其他改良思想家著作更加全面具体的资本主义社会理想图。他说:"余闻东西之人,盛称泰西者,莫不曰其国大政事大征伐皆举国会议,询谋合同而后行。其荐贤授能,拜爵叙官,皆以公选。其君臣上下,无疾苦不达之隐,无壅遏不宜之情。其人皆乐善好施,若医院,若义学,若孤独园林,立于国中。其器用也,务以巧便胜。其学问也,实事求是,日进而不已。其君子小人,皆敬上帝,怵祸福。其法律详而必行,其武备修而不轻言战。"这一大段描写简直是一幅美妙的"乌托邦",集中体现了黄遵宪对西方资本主义制度的向往和美化。他希望用资产阶级的政治、经济、法律、文化教育制度来代替封建主义的制度,这在当时是一种进步的思想。当然,由于其所处时代、阶级的局限,他还根本不可能认识到资本主义制度的本质。

黄遵宪尤其羡慕西方资产阶级国家的法制,认为这是治国的根本。他说:"余观欧美大小诸国,无论君主、君民共主,一言以蔽之曰以法治国而已矣!"他接受了西方资产阶级"天赋人权"观念的影响,主张保护公民的权利,人人都应受到法律的约束,"人无论尊卑,事无论大小,悉予之权,以使之无抑;复立之限,以使之无纵。胥全国上下同受治于法律之中"。为此,他在"刑法志"中详细介绍了日本明治维新后仿照西法制订的法律制度,几乎全文抄录了日本1881年颁布的"治罪法"(即刑法),并加以提要说明,以供中国立法时参考。

黄遵宪主张学习西方官制,认为西方设官立政,"其分职施治,有条不紊,极之至细至悉,无所不到"。"举一国之财,治一国之事,仍散之一国之民。故上无壅财,国无废政,而民亦无游手。"很值得中国仿效。在"职官志"中,他在具体介绍了日本仿西法所订的各种官制后,也批评了日本少数巨藩把持政府的现象。指出当时日本"副岛、坂垣之请起民撰议院也,谓方今政权,上不在帝室,下不在人民,而独归于有司"。"此论一倡,众口嚣嚣。群欲仿西法以开国会,或斥为巨藩政府,或指为封建余威。"他还特地列了一张"明治维新以来大臣参议更替表",证明多数高级官员都出自萨摩、长门、肥前、土佐等几个强藩之中。可见,黄遵宪在书中对于日本明治维新的不彻底性也给予了一定程度上的批评。

在谈到日本社会状况时,黄遵宪很重视联合和团体的作用,这是其他改良思想家很少提到的。他说:"社会者,合众人之才力,众人之名望,众人之技艺,众人之声气,以期遂其志者也。"他认为人们联合起来力量最大,"凡世间物力皆有尽,独联合力无尽,故最巨也"。"余观西人行事类似联合力为之,自国家行政逮于商贾营业,举凡排山倒海之险,轮舶电线之奇,无不借众人之力以成其事。"他在"礼俗志"中列举了日本各种政党、团体、学会,指出日本人几乎"无事不有会,无人不入会"。并重点介绍了几个主张改革政体的政党,如自由会(即自由党)"自由者不为人所拘束之义也,其意谓人各有身,身各自由,为上者不能压抑之束缚之也";共和党、立宪党、改进党"皆主改革政体为君民共主者";渐进党"意亦主改革政体,但以渐进为义"。他还说明了政党团体的组织方法和活动形式,如推举总理、副理、干事。开会时,"总理举其立会之主义以告于众,众人者亦依次演述其所见"。"会中或论时事驳政体,刊之新闻纸,苟他党有不合者摘发而论之,则必往复辩论,务伸其说而后已。"当时中国尚无近代政党和政治团体,也缺乏这方面的知识。黄遵宪的介绍使中国知识分子耳目一新,对其以后开展政治活动、开办学会、组织团体以至政党,有一定的启发帮助。

黄遵宪通过研究日本历史和西方思想,对于日本要求兴民权、开国会、立宪法的自由民权运动表示同情。他认为过去日本老百姓没有地位,受压太深,"上之于下,压制极矣。此郁极必伸者,势也"。明治维新时,天皇为了结民心,在五条誓文中宣布"万机决于公论"。"论者曰此一时权宜之策,适授民以议政之柄而不可夺。数年以来,叩阍求请,促开国会者,纷然竞起,又有甚于前日尊王之说。"他觉得这个要求是合理的。"维新以来,悉从西法。更定租税,用西法以取民膏矣;下令征兵,用西法以收血税矣;编制刑律,用西法以禁民非矣;设立学校,用西法以启民智矣。独于泰西最重视之国会,则迟迟未行,曰国体不同也,曰民智未开也"。自然人民不满意了。政府"今日令甲,明日令乙,苟有不便于民,则间执民口,曰西法西法。"人民也同样可以以牙还牙,"亦取其最便于己者,促进国会,亦曰西法西法"。他认为这是"牵连而并及者,亦势也"。既然学习西方资本主义制度,就必然要立宪法、开国会。他列举了当时日本社会的两种舆论:一种为"守旧之说","曰以国家二千余载,一姓相承之统绪,苟创为共和,不知将置主上于何地?"另一种为"调停之说","曰天生民而立之君,使司牧之,非为一人。苟专为一人,有兴必有废,有得必有失,正唯分其权于举国之臣民,君上垂拱仰成,乃可为万世不坠之业"。他表面上似乎并没有表态,只说"十年以来,朝野上下之二说者,纷纭各执"。实际上从字里行间可以看出他是倾向于后一说的。他在另一处讲得更明白些,"近日民心渐染西法,竟有倡民权自由之说者。中兴之初,曾有万机决于公论之诏,而百姓执此说以要君,遂联名上书,环阙陈诉,请开国会而伸民权,而国家仅以迟迟有待约之,终不能深闭固绝而不许。前此已开府县会矣。"他预料"窃计十年之间必又开国会也",日本这个"二千五百余岁君主之国",终将会变成一个"君民共主"或者"民主"的国家。历史事实果然不出黄遵宪所料,在各阶层群众斗争的压力和推动下,日本政府终于在1889年(明治二十二年)颁布宪法,1890年正式召开帝国议会,成为一个君主立宪制国家。黄遵宪对日本开议会、定宪法和自由民权运动的态度,反映了他要为中国民族资产阶级和开明士绅争取政治权利的愿望。这种思想的产生也是受到西方资产阶级民主启蒙学说影响的结果。黄遵宪后来曾经回忆说:自己在日期间,民权之说正盛,"初闻颇惊怪,既而取卢梭、孟德斯鸠之说读之,心志为之一变,知太平世必在民主也"。①

对于日本当时已设立之府县会(即地方议会制度),黄遵宪在"职官志"中也作了详细的介绍和评论,从议员选举一直讲到议会的职能、开会的方式。他一方面赞扬"府县会议之制仿于泰西,以公国是而伸民权,意甚美也"。这使资产阶级和地方士绅可以取得一部分参政权。但另一方面,他

---

① 钱仲联:《人境庐诗草笺证》,第26页。

又注意到日本府县会议制度规定会议议决之后,仍要经知事允可才能施行,而且内务卿可依知事之请,解散议会,改选议员。他在研究了明治十二年"府县议事录"之后,表示怀疑,"未知其果胜于官吏否也?"他认为虽然人民自以为通过府县会议"分官之权,谋己之利",但实际上官吏仍能"操纵取舍于其间","以公济私","故议会者设法之至巧者也"。可见黄遵宪的眼光还是比较敏锐深刻的。

对国际政治问题,黄遵宪提倡加强国际交流,"艺术以相摩而善,武备以相竞而强,物产以有无相通,得以尽地利而夺人巧"。他在"邻交志"中赞扬日本善于学习外国长处的优良传统。同时,他坚决反对西方资本主义列强对东方弱小民族的侵略,因此他非常支持日本明治维新后为维护国家主权而进行的外交斗争。他指出:"其全国君臣上下所最注意者在改正条约。"赞赏日本政府把修改不平等条约、废除治外法权、收回关税自主权作为头等重大外交课题,认为值得中国仿效。他联系中国情况,痛陈治外法权"为天下不均不平之政",是使一个国家丧失独立主权的重要标志。

鉴于"今日之列国,弱肉强食,眈眈虎视"。黄遵宪认为必须加强武备,巩固国防。他强调"弛备者必弱,忘战者必危"。"今日之事,苟要禁暴戢兵,保大定功,安民和众丰财,非讲武不可矣!非讲武不可矣!"他在"兵志"中提到"日本维新以来,颇汲汲于武事",其兵制全取法西方,实力不断增强,甚至"虽艰难拮据,亦复费二千万之金银,竭蹶经营",建成一支海军。他提醒清政府要提高警惕,赶快抓紧海军建设。针对中国军事制度的弱点,他总结了英国发展海军的经验,认为除不断更新舰船、装备、武器之外,还要"兵权统于将","将材出于学","器用储于国",才能致胜。他强调军事制度和技术必须经常改革,如果英国"苟泥守其旧制,乌能强盛如此矣!"

黄遵宪在宣传西方资产阶级思想的同时,出于资产阶级改良派的软弱性和局限性,对资本主义社会的所谓民主尚存顾忌。如在前面提到过的那段描写资本主义社会理想图的话的后面,他又说这都是用了墨子的"尚同兼爱之说"、"其流弊不可胜言"。他声称如果按尚同兼爱学说推论下去,"则谓君民同权,父子同权","无尊卑,无亲疏,无上下","必有欲行均贫富,均贵贱,均劳逸之说",这是他所绝对不能接受的。他甚至断言:"吾观欧罗巴诸国,不百年必大乱。""当其乱时视君如弈棋","伏尸百万,流血千里"。

实际上表现了他对阶级斗争、暴力革命和社会主义学说的反对和恐惧。黄遵宪一边要改革封建制度,为民族资产阶级争取权利;一边又要保存封建统治,反对实现彻底的民主改革。出于这种矛盾心理,他对自己主张的改革也有所限制和保留。他在最后一卷中说道:"吾不可得而变革者,君臣也,父子也,夫妇也,凡关于伦常纲纪者皆是也。吾可得而变革者,轮舟也,铁道也,电信也,凡可以务财、训农、通商、惠工者皆是也。"所以,黄遵宪只能属于资产阶级改良派中间的温和派,不及谭嗣同等人那样激进。

第二,经济思想方面,黄遵宪主张学习西方和日本,发展资本主义的生产力和生产关系,保护和促进民族工商业,这是《日本国志》全书的一个重点。他在食货、职官、物产、工艺等志中,用了很大的篇幅加以阐述。他强烈呼吁改革旧制度,学习新技术,大力发展近代资本主义工业,"兴自古未兴之利"。他主张"山林薮泽不能封,矿穴宝藏不能秘,奇技淫巧不能禁,即其贸迁流散四出于海外者亦不能止"。表达了新兴的中国民族资产阶级的迫切要求。指出这是历史发展的需要,"时势之所趋"。并痛斥那些顽固派"犹拘泥古制,借口于生聚之谋,休养之德,亦未尝考古而准今,而欲匠人以栈为楹、以枘容凿也"。

黄遵宪极力宣传"矿山之利",驳斥了封建顽固派所谓开矿破坏风水、影响国体、聚众难散等等谬论。他大声疾呼:"惟此造化自然之利,又有泰国开掘之方,使其利可不劳而获,操券而得。转移富强之机不在此乎?"他鼓吹像日本那样保护和鼓励民族资本开矿,"借区开坑之法,皆听民为之,官特为设法以保护,派员以经理,岁课者税十一二而已"。或者"使官倡其利,召募豪商,纠集资本,明示大信,与民共之……不必官为开采也"。为了说明如何保护本国矿产利权,他特别介绍了日本政府的规定:"凡本国坑物不许外国人干预。有私与外人联合会社从事开掘者,查悉将所有物入官,并禁止营业。其延请外国矿学家襄助者必先以草约呈本局(指工部省矿山局),经本局验其学术,验其履历,方许雇人开坑人。乏资借金,外国不得指坑物抵押,所订私约,视为废纸。"《日本国志》中所谈到的这些都反映了中国民族资产阶级反对洋务派依赖洋人,出卖权利,压制民办,侵吞商股资本等恶劣行径的要求。

谈到铁路时,黄遵宪盛赞"铁道之便民生兴国产,盖利之尤大者。西法之有利无弊莫铁路若!"指出"西人之觇国势编政表者,每比较铁路之长短以衡论国计民生之盛衰"。因此各国政府争先设法兴造铁路,同时也大力支持民间合资修筑。在日本也有"民间联合会社以铁道经营者",由政府铁道局加以监督。黄遵宪还列表比较日本铁道建筑之费用与岁入之利息,说明中国如果修铁路必可获大利。他认为如果鼓励中国商民经营铁路事业,相信"如是数十年,铁道交遍于国中,可计日待也"。

黄遵宪非常欣赏日本明治政府推行的"殖物产、兴商务"(即"殖产兴业")的经济政策,盼望中国也能这样做。这种政策,就是运用国家政权的力量,动用国库资金,来加紧推行资本原始积累过程,并以国营军工企业为主导,大力扶植资本主义的成长。他指出明治政府在广开国营企业(如千住制绒所、爱知纺绩所、横须贺造船所、唐津石炭所等)、"招集群工,日事兴作"、用国家资本带头实现资本主义工业化的同时,还大力扶助私营企业,如"举国所有轮舶付之三菱会社,发给资金,使争内外航海之利"。"以官工所开炭山付之长崎商社,以劝民人开矿之业。"他十分羡慕西方和日本政府对本国私人资本的支持和扶植。"商民创建轮船铁路,国家有以官船给之者;有以官地付之者;有岁出官金以资助之者;有借给经费,免收利息,以助之转运者;甚有与商人订约,岁得四分五分利,苟经营不足此数,筹款以弥补之者。"对比中国现状,他万分感慨地说:"各国皆有,而我国独无,则利权尽为外人占据。"他强烈呼吁:"但使创立一轮船商会,无论其得利与否,此商会中有十余艘轮船,每岁所得转运之资及一百万,则此一百万金仍归吾民,不至为外人夺去,国家安得不设法保护乎!"他还指出:"凡创办之事根本甫立,外人争揽利权者,又往往倾资以争竞,设策以摇撼,故得利甚难。国家出资助之亦势之不得不然者也。"这些都是从中国民族资产阶级经济利益出发所提出的建议和要求。

黄遵宪还提倡发展科学研究和革新工艺技术。他指出:"今欧美诸国崇尚工艺,专门之学,布于寰区","富国也以此,强兵也以此"。他在"工艺志"、"食货志"中叙述日本重视科技工艺,政府派官员、专家前往世界各国考察新技术,归以教人。并设立专门学校,培养技术人才,还举办博览会,奖励技术革新。他以日本农业为例,说"日本农家向来惟墨守旧习,胶执成法,相沿千数百载。维新之后,国家既开劝农局,复设植物园,时以新法刊告于众,风气为之一变"。他批评中国"于工艺一事,不屑讲求,所作器物不过依样葫芦,沿袭旧式"。认为这都是"士大夫喜言空理、不求实事之过"。

关于财政改革方面,黄遵宪也有一套看法。他在"食货志"中指出:"余观西人治国非必师古……其于理财之道尤竞竞致意极之,至细至悉,莫不有册,借以征其实数。其权衡上下,囊括内外,以酌盈剂虚,莫不有法。"他认为主要是抓六个方面,即审户口,核租税,筹国计,考国债,权货币,稽商务。"六者兼得,则理财之道得而国富矣;六者交失,则理财之道失而国贫矣。"

他介绍了日本仿照西方,每年作预算决算,"书之于表,普示以民"的做法。建议中国也实行此法,每年公布预算决算,"既公且明,上下孚信","此理财之法最善也"。黄遵宪一针见血地揭露中国官吏不愿意这样做,是为了"得以上下其手,百端侵渔阳。利其用之不敷,得以推诿敷衍,无所事事,坐视政事之弛废、国家之贫乏、小民之困穷而漠然不顾"。

黄遵宪还着重指出借外债应当慎重。因为外债往往"利在一时,而害贻于他日。且利在邻国,而害中于本邦"。他严厉批判那种所谓弱国负债愈重,就愈能得到债权强国的保护而赖以不亡的谬论,认为这简直是"自暴自弃"的卖国理论。另外,他还以日本的教训警告清政府要防止滥发纸币和金银外流,避免造成"纸币日贱,物价日昂,贫民之谋生者,日难于一日"的后果。

黄遵宪从爱国主义立场和中国民族资产阶级利益出发,深刻地揭露了西方资本主义采用商品输出形式进行经济侵略,"但求取他人之财以供我用","以有尽之财填无穷之欲",实际上比割地赔款危害还要严重。因此他竭力鼓吹收回关税自主权,以保护本国民族工商业。他称赞日本维新以来"竞竞以殖产为亟务",所以工农业生产和对外贸易发展很快。如生丝出口英法,茶叶远销美国,海产输入中国,"竭精敝神以求之者,可不谓所先务欤!"明治十二年,日本政府还宣布对本国棉丝织品等一概免税输出。总之,"凡有可以拓商业、揽利权之法,皆依仿采择,一一举行",这正是中国民族资产阶级梦寐以求的愿望啊。

第三,文化思想方面,最突出的是黄遵宪提倡学习西学的思想,这在"学术志"中被发挥得淋漓尽致。他研究了日本学习西学的过程,特别指出:明治初年,日本政府曾派出重要官员访问欧美各国,"目睹其事物之美、学术之精,益以崇尚西学为意"。此后更加积极输入西方文化,并设立文部省,颁布学制,兴办各级学校,确立近代教育制度,还创办报纸,建立图书馆、博物馆,"由是西学有蒸蒸日上之势",取得了很大的成效。为了提倡西学,黄遵宪也采取了近代中国改良思想家们常用的"西学东源说",牵强附会地考证西学即"墨翟之法",而西法源于申韩,设官类乎周礼,行政近似管子,连近代西方化学、物理、数学的来源,也能从周秦诸书中找到。他企图论证西学与西法都是中国古代早就有的,只是后人把祖先的学问荒废了,反而被西方人传去博采广用,得到发展。因此,现在应该把它再学回来。"譬之家有秘方,再传而失之邻人,久而迹所在,或不惮千金以购还之。"他认为"百年以来,西国日益强,学日益盛,若轮舶,若电线,日出奇无穷"。"今轮舶往来目击其精能如此,切实如此,正当考求古制,参取新法,借其推阐之妙,以收古人制器利用之助。"他批判那些反对西学的中国封建顽固派"不耻术之失其传,他人之发明吾者,反恶而拒之,指为他人之学,以效之法之为可耻。实在是既不达事变之甚,抑亦数典而忘古人实学、本朝之掌故也"。他嘲讽那些顽固派,难道直到今日还不知道"弓矢不可敌大炮,桨橹不可敌轮舶"吗? 他说:"彼西人以器用之巧、艺术之精,资以务财、训农,资以通商、惠工,资以练兵,遂得纵横倔强于四海之中。"如果中国依然守旧不变,西方列强"挟其所强,日以欺侮我,凌逼我",连国家独立都难保,恐怕你们"簪笔雍容,坐而论道"的日子也不会长了。所以,就是为了维护国家的独立和民族的尊严,也应该学习西法、西学,"以为之辅"。他相信"以中土之才智,迟之数年,即当远驾其上","收效无穷矣"。黄遵宪不敢公开鲜明地宣传西学的优越性和西方资产阶级的学说,而采用这种曲折隐晦的论证方法,一方面是为了减少变法的阻力,同时也反映了他思想上的软弱性和理论上的落后性。

黄遵宪主张发展资产阶级文化教育事业。他尤其赞扬报纸"论列内外事情,以启人智慧"的重要作用。如在日本明治四年废藩立县改革过程中,"新闻论说颇感动人心"。到明治十一年,东京及各府县报纸已达231种,售数3618万份,"乃至僻村荒野亦争传诵,皆谓知古知今、益人智慧,莫如新闻"。他着重介绍了日本教育事业的发展,详细叙述了日本的教育制度、教育方法以及课程、经费等问题。还谈到学校设有生物、化学、物理、考古等实验室,以供学生"实地考验之用"。此外译西书为学生"分科学习之用",图书馆汇聚古今图书"以纵人观览",博物馆陈列欧亚器物"以供人考证"。黄遵宪介绍得知此具体细致,正是为了促进中国近代教育事业的发展。

在"学术志"中,黄遵宪还考察了日本的文字、语言的演变和特点,肯定日本创造假名,使文字与语言相合,"有裨于东方文教者多矣"。他主张中国的文字和文体也要改革。文字应该"愈趋于简,愈趋于便"。文体应该"明白晓畅,务期达意","适用于今,通行于俗"。他还希望能创造一种简易之法,"令天下之农工商贾妇女幼稚,皆能通文字之用"。

在19世纪八九十年代中国资产阶级改良维新思潮中,黄遵宪的《日本国志》以其鲜明的特色闪耀着异彩。他以日本明治维新成功的经验来指点中国革新变法的道路,用日本资产阶级取得的权益来表达中国民族资产阶级的要求,给予中国知识分子很多新鲜的启迪。然而,正是这个特点也暴露了他的弱点,他不敢正面抨击中国封建制度、直言不讳地喊出中国民族资产阶级的呼声,只能含蓄地托日本以言改制,希望清政府能以日本为榜样,实现中国式的明治维新。

三、《日本国志》的意义和影响

黄遵宪的《日本国志》在中外引起了很大的震动和反响。1894年(光绪二十年)春,黄遵宪把书稿寄到法国巴黎中国公使馆,出使英、法、意、比四国大臣薛福成接到后,迫不及待地浏览全书,不禁拍案叫绝,连声赞叹:"此奇作也,数百年来鲜有为之者。"[①]并欣然为此书写了序言。狄葆贤在《平等阁诗话》中也称誉《日本国志》一书,"海内奉为瑰宝","由是诵说之士,抵掌而道域外之观,不致如堕五里雾中,厥功洵伟矣哉"。1900年,新加坡林文庆博士在一篇关于中国维新之先导者的文章中,把黄遵宪的《日本国志》称为"关于日本的维新运动历史的经典性文献"。并认为此书与康有为的著作"对于中国所产生的影响,正如福楼梯尔(即伏尔泰)的史论之于法国

---

① 薛福成:《日本国志序》。

一样"。它们为中国的维新党人"开启道路"。①

《日本国志》为什么能引起如此轰动,获得这样高的评价呢?

首先,它大大加深了中国人对日本的认识。薛福成在序言中说:中日两国自明末以来,"虽同在一洲,情谊乖违,音向隔绝"。近代以来研究外国的学者如徐继畬、魏源"于西洋绝远之国尚能志其崖略,独于日本考证阙如。或稍述之而惝恍疏阔,竟不能稽其世系疆域,犹似古之所谓三神山之可望不可至也"。唯有黄遵宪的《日本国志》才第一次对日本作了全面深入的介绍。而更重要的是咸丰、同治以来,日本迫于外患,"廓然更张,废群侯,尊一主,斥霸府,联邦交,百务并修,气象一新,慕效西法,罔遗余力"。"富强之机转移颇捷,循是不辍,当有可与西国争衡之势,其创制立法亦颇炳焉可观。"②因此中国更需要迫切了解明治维新后的日本,探讨其能迅速富强的原因。而且中日建交后,两国关系微妙并日趋紧张。薛福成预料"自今以后,或因同壤而世为仇雠,有吴越相倾之势;或因同盟而互为唇齿,有吴蜀相援之形"。然而中国对日本了解太少,"稽其制而阙焉弗详,觇其政而瞢然罔省,此究心时务、闳览劬学之士所深耻也"。正是黄遵宪的《日本国志》回答了这些问题。所以薛福成认为应该"他日者家置一编验日本之兴衰,以卜公度之言之当否可也"。③

果然,不久就发生了中日甲午战争,老大的中国竟然被日本一举击败,以致屈辱求和、割地赔款。中国的知识分子在痛感"奇耻大辱"的同时,也更渴望知道日本是怎么强大起来的? 为什么竟能打败中国? 1895年中日马关条约签订后,袁昶到南京见张之洞时,随身带了《日本国志》,并对黄遵宪说:这部书如果早发表的话,可以省去我们对日赔款2万万两银子呢!④ 1896年,梁启超为《日本国志》写的后序中也指出:"中国人寡知日本者也。黄子公度撰《日本国志》,梁启超读之欣怿咏叹:黄子乃今知日本、知日本之所以强,赖黄子也。又潓愤责黄子曰:乃今知中国、知中国之所以弱,在黄子

---

① 吴天任:《黄公度先生传稿》,香港中文大学,1972年,第371页。福楼梯尔即18世纪法国著名启蒙思想家伏尔泰(Voltaire)。
② 薛福成:《日本国志序》。
③ 同上。
④ 黄遵宪:《〈三哀诗·哀袁爽秋京卿〉自注》,《人境庐诗草》卷一〇。

成书十年久,谦让不流通,令中国人寡知日本,不鉴、不备、不患、不悚,以至今日也。"把甲午中国战败归结于没有看到黄遵宪的书,这当然是夸大之言。但是也反映了《日本国志》不但加深了中国人对日本的认识,而且还激起人们进一步研究日本,总结经验教训,发愤图强的决心。黄遵宪的《日本国志》不愧是近代对日研究的集大成代表作,在相当一段时期内成为中国人了解日本的必读参考书。张之洞曾把它称为出使日本者必不可少之书。20世纪初涌向日本的大批中国留日学生更是从中得益匪浅,直到20年代还有人说:10万留日学生了解日本主要靠的是30年前黄公度《日本国志》一书。①

《日本国志》的写作和出版也进一步推动了中国对日本的研究。虽然它正式问世的时间较晚,但黄遵宪在驻日期间开始写作此书早已为许多中外人士知晓。80年代一些驻日或旅日官员因形势需要和受到黄遵宪的影响纷纷研究日本问题,写出了一批新著作。如曾任使馆随员的姚文栋1883年写了《日本地理兵要》和《东槎杂著》。他还收集了日本预算、决算、收入、支出、国债等统计数字,编了一本《日本会计录》。在日本使馆工作过的陈家麟也想像黄遵宪那样编一部日本通志,但因语言文字等方面困难,未能遂愿,只是把在日本的所见所闻分为几十个条目写出来,称为《东槎闻见录》(1887)。影响比较大的是刑部主事顾厚焜的《日本新政考》,他奉命游历日、美等国,专门考察了日本明治维新后的新政,1888年编成此书,内容分为洋务、财用、陆军、海军、考工、治法、纪年、爵禄、舆地等九部。与他同去日本考察的兵部郎中傅云龙也于1889年编成《日本游历图经》30卷,以叙述日本地理为主,附有各府县的地图,并有天文、地理、食货等类100多目。这些书向中国人介绍了日本明治维新后的种种情况,各有特色。但从内容的丰富、研究的深入,尤其是分析的深刻方面还是远远比不上《日本国志》的。《日本国志》出版后,常为各种研究日本的著作所引用,例如王先谦作《日本源流考》22卷,不仅大量引用《日本国志》的史实,而且还整段抄录黄遵宪用"外史氏曰"形式发表的评论。

至于90年代戊戌变法前夕改良派研究日本,主要是为维新运动制造舆

---

① 戴季陶:《日本论》,九州出版社,2005年,第1页。

论,这在一定程度上也受了黄遵宪《日本国志》的影响。最著名的就是康有为的《日本变政考》,还有其女儿康同薇写的《日本变法由游侠义愤考》等书。

  黄遵宪的《日本国志》最重要的意义和影响还是宣传了资产阶级变法维新思想,推动了戊戌维新运动。"要救国,只有维新,要维新,只有学外国。那时的外国只有西方资本主义国家是进步的,他们成功地建设了资产阶级的现代国家。日本人向西方学习有成效,中国人也想向日本人学。"①这是当时进步中国人的普遍想法。黄遵宪正是为中国人树起了日本这面镜子和榜样。《日本国志》详细介绍了日本通过明治维新走上资本主义近代化道路的具体历程,来作为中国实行维新变法的活生生的教材。日本原来和中国一样也是个闭关自守的封建国家,文化风俗也相近,同样遭到西方列强的侵略,都处于沦为半殖民地的危险境地。但是日本通过学习西方,维新变法,不但摆脱了半殖民地处境,而且日益富强,甚至能与西方强国争衡,这不是最有力地说明了变法维新的好处吗?日本学习西方有成效,中国为什么不能学呢?日本能变法自强,中国为什么不能做呢?这比一般的维新宣传更具有说服力和吸引力。黄遵宪在《日本国志》中还详细介绍了日本明治维新以来在各个方面自上而下所实行的改革措施及其实践效果,并分析其利弊得失、经验教训,进一步为中国的变法维新提供了具体的方法和步骤。总之,《日本国志》使中国要求维新救国的知识分子大开眼界,大受鼓舞,增强了变法的决心与信心,明确了方向和方法,即以日本为榜样,走明治维新的道路。因此也可以说它是一部维新变法的启蒙读物。

  《日本国志》对戊戌维新的影响推动,从维新派的领袖康有为、梁启超以及光绪皇帝身上也可以反映出来。

  康有为与黄遵宪是1895年在上海办强学会时认识的。黄遵宪登门拜访,"昂首加足于膝,纵谈天下事"。两人谈得十分投机,"自是朝夕过从,无所不语"。② 康有为几乎每次给光绪上书都要提到日本。百日维新期间,康有为向光绪皇帝进呈了《日本变政考》13卷,以日本明治维新的历史作为中

---

① 毛泽东:《论人民民主专政》,《毛泽东选集》第4卷,人民出版社,1960年,第1359页。
② 康有为:《黄公度诗集序》,《人境庐诗草笺注》,第2页。

国维新变法的教科书,希望光绪成为第二个明治天皇。他关于变法的各种具体措施的奏议,内容也大多是师法日本,有的就是参考黄遵宪的《日本国志》,甚至直接从其原文抄录过来的。例如1898年8月2日康有为上的"条陈商务折"中,关于日本政府派人往中西各国考察、归以教人,以及开农场、设学校、举行共进会等等100多字,就与《日本国志》"食货志"中的一段话几乎完全一样。可见《日本国志》对康有为的影响是非常之大的。

梁启超与黄遵宪是好友,两人过往通信甚密。梁启超还亲自为《日本国志》写后序,对黄遵宪及其著作十分推崇。他指出《日本国志》对于日本的政事、人民、土地及维新变政之由,简直像进其家门数柴米油盐一样清楚,"其言十年以前之言也,其于今日之事,若烛照而数计也"。他强调《日本国志》一书"其志深,其旨远"。因此读这本书应该"论其遇,审其志,知所戒备,因以为治。无使后世咨嗟而累欷也"。梁启超还在为学习西学而作的《西学书目表》中把《日本国志》定为必读之书,并列入长沙时务学堂的课程表和参考书目之中。

《日本国志》也引起了光绪皇帝和帝党大臣们的重视。1892年2月,在变法前夕,光绪为了吸取日本明治维新经验,急切地要参考黄遵宪的《日本国志》,亲自命令大臣立刻进呈,并先后索取二部。大臣没有及时送上,还遭到他的责备。帝党的主要人物翁同龢在日记上有这样的记载:"上向臣索黄遵宪《日本国志》,臣对未洽,颇致诘难。"①可以看出光绪对此书的重视程度。

黄遵宪不仅通过《日本国志》竭力宣传维新变法思想,而且身体力行,积极投入戊戌变法运动。1897年(光绪二十三年)6月,他被任命为湖南长宝盐法道,并署理湖南按察使。他到了湖南后便和湖南巡抚陈宝箴以及梁启超、谭嗣同等人一起,在湖南试行变法新政。他参与创办南学会、时务学堂、湘报、不缠足会。提倡发展商办矿务、机器垦殖,内河轮船等等。他经常在南学会发表演说,在《湘报》上刊登文章,议论中外大势,鼓吹地方自治。还效法日本警察局设立保卫局,整顿司法、监狱,使得"湖南之治称天下"。他希望把湖南建设成像日本萨摩、长门藩那样的维新基地。所以梁启超曾

---

① 《翁同龢日记》第六册,光绪二十四年正月二十三日,中华书局,1998年,第3093页。

颂扬"凡湖南一切新政,皆赖其力"。① 而湖南的顽固派则抱怨"自黄公度观察来而有主张民权之说","我省民心顿为一变"。② 8月11日,光绪任命黄遵宪为出使日本大臣,并多次饬令催促他"迅速来京",希望通过他争取日本支持中国变法。但是黄遵宪到了上海就病倒了,未能赴任。9月21日,慈禧太后发动政变,重新垂帘听政。黄遵宪在上海也被拘留于洋务局,软禁二日,方许回乡。黄遵宪想要在中国实现日本明治维新那样变法的希望破灭了,他哀叹:"忍言赤县神州祸,更觉黄人捧日难。"③他不懂得中国当时的形势和条件都与日本明治维新时大不一样了,帝国主义和中国的封建顽固派决不允许、中国软弱的民族资产阶级也没有能力通过自上而下的变法,使中国走上一条独立富强、发展资本主义的道路。

总之,黄遵宪是中国近代著名的政治家、思想家、外交家和杰出的爱国主义诗人,也是近代中日关系史上很有影响的重要人物。他的《日本国志》是近代研究日本的集大成的代表作,又是提倡仿效日本变法维新的重要著作,在近代中日关系史上是值得大书特书、深入研究的。

(原载《近代史研究》,1980年第3期)

---

① 梁启超:《戊戌政变记》,《饮冰室合集》第6册专集之一,中华书局,1989年。
② 宾凤阳等:《上王益吾院长书》,见《翼教丛编》卷五,武昌刻本,1898年。
③ 黄遵宪:《感事》,《人境庐诗草》卷九。

康有为《日本变政考》初探

日本明治维新对中国的影响与中国维新派仿效日本明治维新进行戊戌变法的主张,最集中地反映在一部书中,那就是中国资产阶级改良派领袖康有为所著的《日本变政考》。这部在中国近代史和中日关系史上都极为重要的著作,由于长期密藏宫中,难于睹其真面目。本文从介绍笔者所见故宫进呈本的版本谈起,进而对其写作与进呈的过程加以考证,澄清一些疑点,然后着重对此书的内容,即康有为效法日本改制的思想及其议会观,进行一些初步的探讨。

一、故宫藏《日本变政考》进呈本考证

康有为在其《康南海自编年谱》中曾多次提到他编写并向光绪皇帝进呈的一部书,名曰《日本变政考》。据云此书"凡日本事,自明治元年至二十四年,共十二卷。"他还声称:"每日本一新政,皆借发一义于案语中。凡中国变法之曲折条理,无不借此书发之,兼赅详尽,网罗宏大。"[①]可惜的是,由于此书长期秘藏宫中,未曾刊印,以至过去学术界在列举康有为的代表作

---

① 康有为:《康南海自编年谱》,中国近代史资料丛刊《戊戌变法》(三),上海神州国光社,1953年。又见《康有为全集》第五集,中国人民大学出版社,2007年,第96页。

时，几乎都未提这部书。在研究康有为戊戌维新期间的思想时，也大多根据其奏稿、年谱、书信、诗文和其他论著，而很少利用这部系统表达其变法主张的重要著作。由于张伯桢《万木草堂丛书目录》以及康门弟子陆乃翔等著《康南海先生传（上编）》所附南海先生所著书目，均称此书已在戊戌八月抄没，因此学术界也大都以为这部书在戊戌政变后已被抄没、销毁或遗失了。

台北中研院黄彰健曾利用院藏美国人玛丽·赖特（Mary. C. Wright）1947 年所摄的《日本变政考》显微胶卷，整理编入《康有为戊戌真奏议》（台北中研院，1974 年）一书，并称此书"实为研究戊戌四月光绪召见康有为以后康的主张最可信的原始资料"。黄彰健并未见到《日本变政考》的原本，但他断言"微卷所据底本有增注涂改，则此底本非戊戌年进呈正本，而系康氏自存之稿本"。究竟《日本变政考》进呈正本的真面目是什么样的呢？此书曾录目于 1933 年刊行的《故宫博物院殿本书库现存目》中。1980 年初，笔者在故宫博物院同志们的热情帮助下，终于见到了这部珍贵的资料。原来它在清代皇宫专放皇家藏书的昭仁殿里一直默默地躺了几十年。这部书共两大函，磁青色的绢面书套，左上角粘黄绫签题着"日本变政考上函（下函）"等字。两函内共有 12 卷，分订为 12 册，每册书均是磁青色绢面，白丝线装订。书宽为 15 公分半，高为 23 公分。每半页 8 行，一行最多为 22 个字，12 册，共 540 页，全书约 15 万字左右。后来，在故宫博物院书库里又找到了此书的一卷附表，即第 13 卷《日本变政表》，又称《日本新政表》，共 37 页，与上述 12 卷正文不放在一起。

引人注目的是每册书的左上角书名处都贴着黄绫做的"黄签"，无字，书背的上下角还包着一层黄绢做的"黄角"。每一函还附有写着书名的黄纸条。只有宫中呈给皇帝御览的书和皇室藏书才有这种规格。书内还发现挂有"清室善后委员会"的条子。因此，可以证实此书确是康有为戊戌年（光绪二十四年、1898 年）进呈给光绪皇帝后留存宫内的正本。书内白纸无界格，用墨笔抄写，字迹工整，但看来不是一个人的笔迹，有可能是康有为请几个人分别帮助誊写的。写错的字或修改之处，只有细心贴补，并无随意增注涂改之迹，也说明这是进呈皇帝的正本，而非康有为自存之底稿本。

二、《日本变政考》编写与进呈的经过

在评述《日本变政考》的内容之前，有必要先考察一下康有为写作和向皇帝进呈此书的经过，澄清其中的某些疑点。

康有为开始注意日本明治维新是什么时候呢？他曾回忆说："昔在圣明御极之时，琉球被灭之际，臣有乡人，商于日本，携示书目，臣托购求，且读且骇，知其变政之勇猛，而成效之已著也。臣在民间，募开书局以译之，人皆不信，事不克成。"①这就是说早在19世纪70年代末，康有为就开始读到日本书，了解日本明治维新的成效，并产生仰慕之心，主张翻译日本书籍了。

那么，康有为又是什么时候开始动手编写的呢？他在《康南海自编年谱》光绪二十二年（1896）丙申条内写道："自丙戌年（光绪十二年，1886）编日本变政记，披罗事迹，至今十年。至是年所得日本书甚多，乃令长女同薇译之，稿乃具，又撰日本书目志。"故宫本《日本变政考》的序言中也说："乙未和议成，大搜日本群书，臣女同薇，粗通东文，译而集成。"可见，他早在1886年已有意并着手抄录积累资料，开始编书，但那时条件尚不具备。1895年至1896年，他又得到了一大批日本书，这时，他的大女儿康同薇已十七八岁了，懂得些日文，帮他翻译编辑，终于完成了初稿。在1897年（光绪二十三年）刻成的《日本书目志》中，康有为列举了当时得到的一批日本近代史籍，如指原安三的《明治政史》、坪谷善四郎的《明治历史》、木村芥舟的《三十年史》等，都是他编写《日本变政考》的重要参考书。他说这些书"皆变政之迹存焉。吾既别为日本改制考以发明其故，而著其近世史之用。以告吾开新之士焉"。

1896年康有为写成此书初稿之后并没有立即刊印，而是等待机会进呈给光绪皇帝。1897年冬，他在给光绪的第5次上书中表白："职尚有日本变政之次第，若承垂采，当写进呈。"并希望这部书能发生巨大作用，"皇上劳精厉意讲之于上，枢译诸大臣各授一册讲之于下，权衡在握，施行自易，起衰

---
① 《康南海自编年谱》。

振靡,警瞆发聋"。① 1898年(光绪二十四年)初,这个机会终于到来了。正月初三,光绪命总理衙门王大臣约见康有为。康有为在应答时,竭力鼓吹效仿日本变法:"日本维新,仿效西法,法制甚备,与我相近,最易仿摹。"并说明自己"近来编辑有日本变政考及俄大彼得变政记,可以采鉴焉"。② 总理衙门大臣向皇帝汇报后,光绪"乃令条陈所见,并进呈日本变政考及俄彼得变政记"。于是,康有为"昼夜缮写日本变政考、俄彼得变政记二书,忙甚"。③

《俄彼得变政记》是二月进呈的,已收入光绪二十二年(1896)三月上海大同译书局出版的《南海先生七上书记》之中。至于这本关于日本变法的书究竟是何时进呈的,康有为自己也有不同说法。在故宫本《日本变政考》前面的识语中说:"是书经于二月恭进。"在《康南海自编年谱》中又具体说是三月初八(即公历3月29日),"是时以旅大事,朝廷震悚,不遑及内政,故写书已成不进,至初八日进呈"。实际上他把书交给总理衙门的日期根据《杰士上书汇录》应该是三月二十日(即公历4月10日)。《翁同龢日记》中记下了总署呈交光绪的确切日期,"光绪二十四年三月二十三日(即公历4月13日)……总署代康有为条陈折,变法;片一件,岁科试改去八股;并书三部:《日本变政记》、《泰西新政摘要》、《各国振兴记》"。

需要指出的是,戊戌三月进呈的并不是我们今天看到的这部《日本变政考》,而是《日本变政考》十卷初次进呈本。这两部书既有联系又有区别,人们常常容易混淆和产生疑问。甚至在康有为本人的记载中提法也很混乱,他在《康南海自编年谱》中对三月进呈的这个本子,就先后用过《日本变政记》、《日本变政考》、《日本变法考》、《日本变政纪》等名字。而《戊戌奏稿》所收这部书的序文又称《进呈日本明治变政考序》,使后人难以捉摸。其体例大致与《俄彼得变政记》相似,主要是从日本史籍摘编明治维新事迹而成,未加按语评论,分量也比较小。

光绪读到《日本变政考》初进本后就被吸引住了,明治天皇变法的决心

---

① 康有为:《上清帝第五书》,《康有为全集》第四集,中国人民大学出版社,2007年,第6页。
② 康有为:《康南海自编年谱》。
③ 同上。

和成效对他有很大的启发。康有为记道:"上读日本变政考而善之,而催总署议覆……上时决意变法。"1898年6月11日(阴历四月二十三日),光绪皇帝接受康有为等维新派的建议,下诏定国是,开始了中国近代史上有名的"百日维新"。6月16日(阴历四月二十八日),光绪正式召见康有为。在召见过程中,康有为又提到"臣于变法之事,尝辑考各国变法之故,曲折之宜;择其可施行于中国者,斟酌而损益之,令其可施行,章程条理皆已备具,若皇上决意变法,可备采择,但待推行耳"。光绪欣然说道:"然,汝条理甚详。"6月21日(阴历五月初三),光绪又命总理衙门大臣廖寿恒传令康有为:"即将所著日本变政考、波兰分灭记、法国变政考、德国变政考、英国变政考,立即抄写进呈。"①

既然康有为已经进呈了《日本变政考》,为什么光绪还要他再一次进呈《日本变政考》呢?这是因为当时已宣布开始变法维新,光绪希望康有为送来经过补充润色,特别是加上案语,具体提出中国应该如何变法的《日本变政考》,以备参考采择。康有为在《日本变政考》书前识语中也说明:"是书经于二月恭进,顷奉旨宣取。原本所译日文太奥,顷加润色,令文从字顺,并附表注,以便阅看。"另一个原因可能是前次进呈的《日本变政考》已被西太后拿走,所以要康有为再次进书。《翁同龢日记》提供了一条线索,他在记载了总理衙门代康有为条陈折片及进呈《日本变政考》等书之后,又写道:皇帝"命将康折并书及前两次折并《俄彼得变政记》皆呈(太后)慈览"。另外,康有为的门生陆乃翔、陆敦骙所编的《康南海先生传(上编)》中也说:"昔所进呈之日本变政考为西后取去。上复追原本,乃按照日本变法之次第,对乎中国应变之法,每条加议,博深切明,可立施行。"

那么,这部《日本变政考》又是在什么时候,用什么方式进呈的呢?据《康南海自编年谱》记载,自从1898年6月21日康有为奉旨要将《日本变政考》等书"立即抄写进呈"后,即把这件事作为自己头等重大任务,日夜赶写。当时,他已被任命在总理衙门章京上行走,"乃片陈谨当昼夜编书,不能赴总署当差"。"时上频命枢臣催所著各国变政书,乃昼夜将日本变政考加案语于其上。"他基本上是将原来的《日本变政考》加上案语,增补润色改

---

① 康有为:《康南海自编年谱》。

编而成。由于全书分量较大,光绪催得又急,因此进呈的方式并非全部写完再送,而是采取分卷陆续进呈的方法:"一卷甫成,即进上。上复催,又进一卷。"①梁启超在《戊戌政变记》中也说:"有为进呈之日本变政考,连日被促,一册甫上,阅日即催。"反映出光绪的迫切心情。这部13卷十几万字的著作,差不多用了一个多月的时间才陆续进呈完毕。因此从阴历六月底(即公历8月中旬)起,康有为开始进《波兰分灭记》、《列国比较表》,七月进《法国变政考》。德、英两国变政考是八月进呈的,这时,政变发生了。② 光绪二十四年七月初三(即公历8月19日)协办大学士孙家鼐的奏折曾提到:"查康有为编成俄彼得变政考、日本变政考、列国比较表、日本书目志,业已进呈御览。其各国变政之书,亦拟陆续写呈。"③这说明至迟到阴历七月初,康有为已将《日本变政考》全部进呈光绪御览了。

三、《日本变政考》内容分析

康有为的《日本变政考》是一部编年体的史书,从明治元年(1868)起,至明治二十三年(1890)止。按时间顺序,分条记载日本明治维新以后发生的大事。每卷记一年或数年。重点是日本明治政府所实行的各项维新变法措施,有时甚至大段摘译其法令、条例、章程或演说的原文。康有为在书前有序,书末有跋,还在很多条正文之后,以"臣有为谨案"的形式加上长短不等的按语。这些按语一方面分析日本政府采取此项改革措施的原因、方法、意义,论述其成效、利弊;另一方面,则结合中国实际情况,提出中国变法维新的具体建议,集中体现了康有为的变法主张。全书的序、跋、按语等加起来有3万多字,几乎占全书近1/4篇幅。其附录(即第13卷《日本变政表》)的前面也有序。表上题为《日本新政表》,分类罗列自明治元年至明治二十三年十一月(1868—1890)日本明治政府实行的改革措施。此表分为13个栏目:年,月,诏令,奏议,职官,文学,游历,农事,工政,商业,矿务,邮

---

① 康有为:《康南海自编年谱》。
② 同上。
③ 《戊戌变法档案史料》,中华书局,1958年,第455页。

电、航海、土地、户口、财赋、礼律、兵制、社会、交涉、杂事。查检颇为方便。

为了论证中国维新变法的必要与可能,宣传自己的变法主张,康有为深感仅仅借助"托古改制"以造舆论,是很不够的,还需要树立起一个现实的活生生的榜样,来劝说皇帝和说服群臣,这只有从世界各国的变法中去寻找。而日本的明治维新,在他看来就是最理想的样板。因此,康有为在《日本变政考》中断然宣称:"我朝变法,但采鉴于日本,一切已足。"①这部书反映了康有为效法日本改制的强烈要求。

如果说,康有为以往上书提到效法日本,主要是为劝说光绪变法的话,"百日维新"开始后,他进呈《日本变政考》的目的则是要通过进一步介绍明治维新的具体过程和措施,为中国变法提供借鉴。

康有为在《日本变政考》里指出"变法之道,必有总纲,有次第"(卷九)。他说:"恨旧日言日本事者,不详其次第变革之理",因此"无以窥其先后更化之宜"(序)。他在该书的跋里归纳了日本明治维新改革的要点,认为"其条理虽多,其大端则不外于:大誓群臣以定国是,立制度局以议宪法,超擢草茅以备顾问,纡尊降贵以通下情,多派游学以通新学,改朔易服以易人心数者。其余自令行若流水矣"。这正是康有为叙述日本变法措施的重点,又是他建议光绪实行变法的总纲。下面我们不妨就沿着这条线索,分析康有为在《日本变政考》中阐述的效法日本改制的具体主张。

康有为认为日本明治维新之所以成功,"是皆在日主发愤之一心,而成今日富强之大业也"(卷一)。"日本所以能自强者,皆由日皇能采维新诸臣之言,排守旧诸臣之议故也。"(卷二)因此中国实现变法的关键是要依靠光绪皇帝"乾纲独断,以君权雷厉风行"(卷一),他鼓励光绪坚持维新,不因顽固守旧势力的反对而动摇。他以明治维新史实为例,告诉光绪"天下无不变之法"(卷六)。日本变法改制连废藩这样的难事"卒能毅然行",可见"天下无难事,全在持之以定力耳。若瞻前顾后,委曲迁就,则无一事可办矣"(卷二)。他还指出:"新旧不两立","宜用一刀两断之法。否则新旧并存,骑墙不下,其终法必不变,而国亦不能自强也"(卷一)。康有为主张"维

---

① 康有为:《日本变政考》跋,北京故宫博物院藏进呈本。以下凡引自《日本变政考》一书者,不再注书名,只在引文后注明卷数或序、跋。

新之始,宜频有大举动,以震耸之"(卷一)。"盖国是不定,则令天下无所适从,故必御门大誓群臣,以维新之宗旨,布告天下,然后诸事有下手处矣。"(卷三)为了证明这一点,他把日本明治天皇于明治元年四月十四日发布"五条誓文"一事,说成明治元年正月元日之事,写在第一卷开头,并且改动了日皇誓文的内容和顺序,把原来第四条"破除旧习"放在第一条,以示突出,还加上了"咸与维新,与天下更始"这句原文中没有的话。又把第五条原文"求知识于世界"也改为"采万国之良法",以符合其写各国变政考的宗旨。接下去所录明治天皇元年正月元日的敕书,本来也是三月十四日发布的,敕书的内容也有改动,最明显的是添上了原文中没有的"失权削地"四个字,实际上是针对当时甲午战后中国面临割台澎、租港湾而言,以激励光绪加速变法。这也可以说是康有为"托日本改制"的一种策略吧。①

康有为还在书中反复劝说光绪要纡尊降贵、广结民心。他说:"日本维新之功,成于睦仁(即明治天皇)能以明诏激励忠义。而推其自来,孝明天皇优礼处士,召见慰抚,以得人心。故人人愿效图报,以收倾幕之功。人主欲转移天下,收揽大权,不过稍纡尊贵,假词色,即可得之,亦至易矣。"(卷一)他尖锐地指出:"人君身处亿兆之上,日理万机之繁,而高拱深宫,见闻狭隘,于天下之大势,国中之盛衰,乃瞢然无知,曰善亦善,曰恶亦恶,于形不审,于事岂能当哉?"(卷四)他劝光绪效法明治天皇亲临各地视察,使"上下之情通,则百事易举矣"(卷一)。他指出:"日本君位最尊,颇嫌亵近,少露面目。而新主睦仁,力矫昔习,用古巡狩之典,数巡览国中,几乎比日阅军操,视学艺,吊忠魂,问疾苦。凡议院、学校、工局、铁道、博物院、作工厂落成,皆亲莅之,谆谆戒谕。以人主垂意,人人感激,无不尽心,不敢欺隐,故学术蒸蒸,工械技巧日新月异也。"(卷四)

康有为从维新派的立场出发,呼吁光绪广集公议,任用新人。特别是破格提拔重用像他这样的"草茅之士",掌握新政大权。他强调"变法之始,首贵得人,君臣相得,有非常之任,然后有非常之功"(卷九)。他举了古今中外的例子:"昔先主得诸葛如鱼得水,苻坚得王猛以为朕之子房,军国内外

---

① 关于明治天皇发布五条誓文和敕书的时间、内容,可对照光绪二十八年广智书局出版、日本博文馆编、罗孝高译的《日本维新三十年史》第1编第1页和第2编第2页。

之务，莫不归之，故卒立大功。"他特别介绍日本明治天皇对伊藤博文"亦可谓知而能任，任而勿贰者矣"（卷九）。他说："变政全在典章宪法，参采中外而斟酌其宜，草定章程，然后推行天下。事关重大，每事当请上命核议，然后敢行，故非在宫中日日面议不可。""日本选伊藤为之，至今典章皆其所定。"接着他马上表白自己，"臣已尽采日本一切法制章程，待举而斟酌施行耳"（卷九）。康有为把自己比作诸葛亮、王猛、伊藤博文，想进宫主持制度局，充当光绪的变法总顾问，恳望光绪重用之情，跃然纸上。他在书中还多次叙述了明治天皇如何破除常格，重用维新志士："一时公卿宰执，皆拔自下僚，起自处士，归从外国游学，尽秉大政。即嘉彰亲王亦以贤用，无以以资地用者。"（卷一）他从切身体会出发，认为"盖破除资格勋藩之旧，采用草茅才俊之言，此事最难。日本维新之始，乃能行之"（卷一）。他还故意说："三条实美、岩仓具视二人，首倡变法者，为开新之功，从草茅拔用者，为日本名相第一。"（卷一）实际上，三条、岩仓都是出身于贵族大臣家庭，维新前已任高官，均非草茅之士。他之所以这样说给光绪听，显然是为自己和其他维新志士将来能以草茅之士出而为相制造舆论。在附录《日本变政表》的序中，康有为特别强调日本明治天皇"用人之始，即得三条实美、大久保、伊藤、大隈数人，数十年专信倚任之，其用人不杂也如此"（卷十三）。也是要求光绪皇帝始终信任和重用自己。

在《日本变政考》中，叙述最详细、所用篇幅最多的是关于日本官制的改革，康有为结合中国的实际情况做了很多精辟的分析和论述。他认为变官制是变法之本，"日本变法之始，先正定官制，可谓知本矣。盖一切事皆待官而办，苟官制不改，以数千年积弊之衙门，只能舞弊，而必不能兴利"。"日本变法，所以能有成者，以其变官制也"（卷二）。变法还必须大变、常变。"官者所以行其法也，其立官之制皆与其立法之制相因，此亦为夏葛冬裘，各有其宜，苟易其时，皆宜全变，不能中立两存者也。日本变法即大变官制，且日日议变之，务求美善。我今亦日日议变法矣，而官制未变，以旧人任旧官，据旧例而行新法，其所谓方凿而圆枘、欲行而求及前也"（卷三）。在官制改革中，康有为最重视的是设立制度局。他认为"专立此局，更新乃有头脑，尤为变政下手之法"（卷一）。他甚至认为开制度局是日本变法之一大关键："日本所以能骤强之故，或以为由于练兵也，由于开矿也，由于讲商务也,由于兴工艺也,由于广学校也,由于联外交也,固也,然皆非其本也。其本维何?曰:开制度局,重修会典,大改律例而已。盖执旧例以行新政,任旧人以行新法,此必不可得当者也。故惟此事为存亡强弱第一关键矣。"(卷二)康有为还具体叙述了日本从开对策所到立宪法、设议院的逐步演变过程。他把设民选议院说成是"维新之始基"、变法之"大纲领"(卷六)。因此在书中大力宣传"三权鼎立"的主张,反复鼓吹立宪法、设议院的必要。

作为中国民族资产阶级上层的政治代表,康有为还大声疾呼,为民族资产阶级争权利、谋利益,这在《日本变政考》中也是一项十分突出的内容。他反复强调"民为邦本"的观点,认为"民富斯国富,民强斯国强"(卷二)。他主张"民事不可缓","日本变法之始,不先买枪炮,不先置轮船,不先练洋操,而先留意于户籍、地图、备荒、赏罚、学校、商业等事,此皆孟子所谓民事不可缓也。盖国者积民而成者也,未有不讲民事而国能富强者也"(卷二)。他极力推崇日本明治政府以国家力量鼓励发展资本主义工商业的"殖产兴业"政策:"观其所以保商人,兴商利,除商害,助商本,一切推行,意美法良,无遗憾矣。自古能致富强,未有无其本者也。"(卷六)他认为"植产惠工,辅商补业乃是富国之根"(卷十)。并称赞日本举行劝业博览会是"富国智民之大政"(卷八)。他大力鼓吹仿效日本发展工业、铁路、造船、银行,还主张废除阻碍民间工商业发展的苛捐杂税。康有为在为资产阶级争取经济利益的同时争取政治权利,他特地介绍日本"各府县富有土地或工业商业纳国税多额者",可以担任贵族院议员。并评论说:"今欲筹款,必使民心所自愿者,道乃易行。故选富民为州县各省议局,诚不可不行也。"(卷十一)

康有为还注意提倡文化教育方面的改革,他在书中指出:"日本之骤强,由兴学之极盛。其道有学制,有书器,有译书,有游学,有学会,五者皆以智其民者也,五者缺一不可。"(卷五)谈到教育时,他说:"泰西之强由于人才,人才出于学校。日人变法,注意于是,大聘外国专门教习至数十人,小学有五万余所,其余各学皆兼教五洲之事,又大派游学之士,归而用之,数年之间,成效如此。"(卷四)他很赞赏日本天皇和政府注重教育,甚至以亲王邸作校舍,加案语曰:"日本变法,汲汲于开学集才,尚虑筑室迟迟,玩时愒日,乃假亲藩之邸,出梶井之宫,以为学舍,集天下之才而讲之,其兴学之速如此!"(卷一)关于派人出国留学问题,他认为变法要"取资各国","非派亲贵游学为之先导,以朝臣从之,并多派朝士游学",不能成就(卷二)。他指责清政府:"吾同治十二年,但派学童出洋数岁,其业未就而返,故成就无几。"(卷二)如果中国也多派大臣、士大夫"出学外国,分习诸科,则归来执政,人才不可胜用矣!"(卷二)康有为还推崇日本的新闻出版事业,甚至杜撰了一个由副岛种臣主持编书局并携带书局归野的故事,企望光绪同样命其设局编书。至于日本改朔易服,康有为认为这是"欲借变其外服以变易其心,不得已而行之也"(卷一)。中国如果能够"定心一意,雷厉风行以变之",也可以不必这样做。

总之,《日本变政考》描述了日本明治维新变法改革的整个过程,也涉及中国戊戌维新所需的各个方面的变革。康有为把效法日本改制的主张、建议,有时寓意于记载日本变政之史实之间,有时则直接发表于自己所写的案语之中。很多看法比黄遵宪的《日本国志》又进了一步,更加具体、明确。他把此书进呈于光绪面前,希望成为光绪皇帝变法的指南。因此,他在该书的跋语中,踌躇满志地宣称:"右日本变政,备于此矣。其变法之次第,条理之详明,皆在此书。其由弱而强者,即在此矣。""臣愚所考万国书,无及此书之备者。虽使管葛复生,为今日计,无以易此。我皇上阅之,采鉴而自强在此。若弃之而不采,亦更无自强之法矣。"(跋)口气之大,真有欲以一部书救中国之气概。

《日本变政考》进呈后的效果如何呢?光绪皇帝果然如获至宝,"阅之甚喜",一卷刚进,又催下卷,"日置左右,次第择而行之"。① 光绪的有些上谕、朱批也采用了《日本变政考》中的内容,因而引起朝臣们的惊讶,以为光绪的上谕是康有为代拟的。康有为在《康南海自编年谱》中十分得意地写道:"新政之旨有自上特出者,每一旨下,多出奏折之外,枢臣及朝士皆茫然不知所自来,于是疑上谕皆我所议拟。然本朝安有是事?惟间日进书,上采案语以为谕旨。"说光绪谕旨尽采自进书案语,那是康有为的自我吹嘘,然而,《日本变政考》对光绪的影响和在戊戌变法中所起的作用,无疑是不容低估的。

可是,由于帝国主义和中国封建守旧势力的阻碍和镇压,维新变法失败

---

① 陆乃翔、陆敦骙:《新镌康南海先生传(上编)》万木草堂刊本,1929年,第14页。

了。事实证明,康有为企图依靠一个没有实权的光绪皇帝,参考一部《日本变政考》,就能实现变法大业,这只能是幻想。

四、重评康有为的戊戌议会观

立宪法、设议会历来是资产阶级为了推翻或限制封建君主专制、实现资产阶级民主政治的根本性要求,因此它也是中国资产阶级改良派的重要政治主张之一。过去研究康有为关于议会问题的思想、观点,总感到材料不多。尤其是分析康有为戊戌变法期间的议会观,仅从其上书奏折还不足以窥其全貌。以前各家论著引为主要根据的康有为代阔普通武所作《请定立宪开国会折》,我认为也是不太可靠的。此折辛亥年(1911)被收入康有为的《戊戌奏稿》,下注:"代内阁学士阔普通武,六月。"可是,查明清档案馆所编《戊戌变法档案史料》,录有从军机处档案中找到的《内阁学士阔普通武折》,日期却是光绪二十四年七月初三日,内容虽也是请开国会,但是提法、行文、词句与《戊戌奏稿》上的大有出入,几乎无一处相同。如此折原文中不称"国会"而称"议院",并且丝毫没有"三权鼎立"、"人主尊为神圣,不受责任"等意思。即使是代拟草稿,与定稿相差也不会如此之大。若认为是阔普通武的前后两折,则用词如此不一致,也不大可能。因此,《戊戌奏稿》里代阔普通武作的《请定立宪开国会折》是值得存疑的。特别是这次研究《日本变政考》,看到康有为当时竭力主张缓开议会,"以君权雷厉风行",根本与阔普通武开上下议院的建议相违,更与《请定立宪开国会折》中所谓"立定宪法,大开国会","人主尊为神圣,不受责任"的提法相对立。而且,《康南海自编年谱》中还有这样一段记载:"内阁学士阔普通武尝上疏请开议院,上本欲用之。吾于日本变政考中,力发议院为泰西第一政,而今守旧盈朝,万不可行,上然之。"由此可以证明阔普通武请开议院折不是康有为所代拟,自然也就不宜用它作为研究康有为议会思想的根据了。

康有为关于议会、宪法的思想集中体现在《日本变政考》之中。这部书里不但详细深入地阐述了他对议会问题的观点,而且还谈到对三权分立、君权与民权的关系以及自由民权运动等问题的看法,反映了戊戌变法期间康有为在开议会与尊君权主张之间的重大变化,为我们研究康有为的"议会观",提供了大量丰富可靠的资料。

康有为在《日本变政考》中认为设立民选议院是变法的纲领:"夫人主之为治,以为民耳。以民所乐举乐选者,使之议国政、治人民,其事至公,其理至顺。"(卷六)他甚至还鼓吹"天之生人,并皆平等,故孔子谓四海之内皆兄弟也"(卷五)。这种认识带有西方"天赋人权"的资产阶级民主思想色彩,并反映了他为中国资产阶级争取政治地位的要求。康有为又从古代历史中找寻设立议院、君民共主的根据。他说:"昔先王治天下,无不与民共之。传言文王与国人交,洪范云谋及庶人,虞廷之明白达聪皆由辟门,周礼之询谋询迁皆会大众,凡此皆民选议院之开端也。"(卷六)可是,"三代之下,其君日尊,其民日卑,上下不交,于易为否。天下多乱而少治,难存而易亡,皆古义不明,驯至之弊"(卷六)。他尖锐地揭露批判:"遂至君尊极而无权,民卑极而愚鲁。外国来争,干戈不已,由是大权不失于内,则失于外。亚洲诸国,莫不皆然。夫近世民智日开,岂能复以循故以治之,但高拱深宫,不达外情乎?"(卷一)他认为设议院可使君民相亲相爱:"君之保民如保其子女,民之爱君如爱其父母,互相爱也,互相保也,虽万年长存而不亡可也。"(卷六)他十分向往这种所谓"君民共治"的君主立宪政体。竭力称颂:"此民选议院之良制,泰西各国之成法,而日本维新之始基也。"(卷六)因此康有为认为只有"改定国宪",即立宪法、设议院,改君主专制为君主立宪,才叫做真正的变法。他强调:"购船置械,可谓之变器,不可谓之变事。设邮便,开矿务,可谓之变事矣,未可谓之变政。改官制,变选举,可谓之变政矣,未可谓之变法。日本改定国宪,变法之全体也。总摄百千万亿政事之条理,范围百千万亿臣民之心志。建斗运枢,提纲挈领,使天下戢戢从风,故为政不劳而易举。"(卷七)所以他的《日本变政考》最后写到明治二十三年(1890)十一月二十九日天皇亲临国会开幕典礼,正式实行君主立宪,以此作为日本变法完全成功的标志。康有为总结道:"日本变法二十四年,而后宪法大成,民气大和,人士知学,上下情通。而后议院立,礼乐莘莘,其君亦日益尊,其国日益安,此日本变法已成之效也。"(卷十二)像日本那样保留天皇很大权力的君主立宪制度和资产阶级议会政治,正是康有为倡导变法运动的根本纲领,也是他孜孜以求的奋斗目标。

为了论证议院之必要,康有为还大力宣传"三权鼎立"的西方资产阶级政治学说。他认为西方和日本之所以富强就在于"政体之善",而最根本的就是立法、行政、司法三权分立。"三官立而政体立,三官不相侵而政事举"(卷一)。他批评中国官制三权不分,弊端丛生:"今吾中国百司,皆行政之官,无立法之官也。维新之际,由旧必蹶。而一切新政,交部议之,是以行法官为立法官,犹以手足而兼心思,虽竭蹶从事,而手足之愚,岂能思乎?惟有乱败而已"(卷一)。他称赞日本"变法之始,即知此义,定三权之官,无互用之害,……故其政日新月异,而愈能通变宜民,盖得泰西立政之本故也"。因此他声称"今欲行新法,非定三权,未可行也"(卷一)。康有为接受了孟德斯鸠"三权分立"的学说,主张立法与行政、司法分离,并进一步设议会为立法机构,这是他的资产阶级政治思想的重要内容之一。

为了解除光绪对立宪法、开议会及三权分立的顾虑,康有为又详细引用了日本宪法公布后,枢密院议长伊藤博文的一篇演说。在这篇演说中,伊藤解释制定宪法"不但无减君权,且益增助君权而壮国威也"。而三权分立也有助于加强君权。伊藤把君比作脑,把行政、司法比作四肢、五官,各有专司,"无分于脑之权,且益脑之权"。又把议院比作心,"脑有所欲为必经心,心斟酌合度,然后复于脑,发令于五官、四肢也。苟脑欲为一事,不经心议决,而率然行之,未有不失过也"。"然则民有议权之无减君之权,明矣。即心有裁酌之权,无减脑之权也"。伊藤指出:"此列国已行之政,宪法至公至深之理也。唯诸君无惑流言,一心以成一国之权,即辅弼君权也。"(卷十一)康有为在伊藤这一席话后面加上小注,赞曰:"论议法、行法、司法三权之故最透矣。"这篇经过康有为精心取舍的伊藤博文的演说,正是表达了康有为对君主立宪的认识。事实上,立宪法、开议会必然会限制君主专制、削弱君权,但他却把君权与国权联系起来,并用脑与心做比喻解释给光绪听,以图打消光绪对立宪法、开议会的疑虑。

在《日本变政考》里,康有为对日本要求立宪法、开议会的自由民权运动也表示了同情,他在书中叙述了日本自由民权运动进行集会、演说、请愿、结社和组织学会、政党的情况。认为"其谓国家之行政,与人之会进步相并而行,则为至理。国家新政多行一分,人民才识长一分,而议论增长。议论增长,国家政治亦随议论而增长"(卷十)。他写到日本坂垣退助等创设立志会,主张民选议院,"天下地方之士族皆奋志而起矣","一时会者甚盛,讨论新政施立自张之法",大大推动了日本的维新改革。因此,他认为日本变法"不二十年,而致富强,抗衡欧墨大国,则岂非士气之昌,而立志会有以激发砥砺之耶?使日本而禁制其士民之会,虽至今以弱亡,可以"(卷六)。他把日本创办立志会、开展自由民权运动提高到关系国家兴亡的高度,这也是为其创办强学会、保国会,开展维新运动张目。康有为在书中还提倡办学会:"若各学会则合大众之聪明才力,同讲一艺,精益求精。合大众之心思才力,同举一事,则尽善尽美。"(卷五)并以日本为例驳斥了中国顽固派对维新派办学会的污蔑。针对光绪对集会结社的顾虑,康有为说:"日本会党至盛,然其士民益智,其国益强,其主益尊,未闻有一酝乱之事,亦可以鉴矣。益民智则安处善乐循理,忠君爱国之心益固,虽诲之为乱,亦所不愿。传所谓有耻且格,岂待鳃鳃然为之防制哉?"(卷十二)

特别值得注意的是康有为在书中既强调开议会十分重要,又认为中国还不能马上开议会,而只能"以君权雷厉风行"(卷一)。他说:"惟中国风气未开,内外大小,多未通达中外之故,惟有乾纲独断,以君权雷厉风行,自无不变者。但当妙选通才,以备顾问,若各省员士,聊广见闻而通下情,其用人议政,仍操之自上,则两得之矣。"(卷一)他看不起也不相信人民群众。认为"民智未开,蚩蚩自愚,不通古今中外之故,而遽使之议政,适增其阻挠而已"(卷六)。他非常强调变法之次第,必须循序渐进,指出日本从变法开始到开议院经历了20多年,"吾今于开国会,尚非其时也"(卷六)。因此,他着重介绍日本在这个过程中所设的一些具有议政作用的机构如对策所、公议所、议政局、制度局、集议院以及地方府县议会,认为中国可以先设这些机构,逐步向议会过渡。他说:"今日最急之务,当仿日本成法,设集议院以备顾问,然后一切新政皆有主脑矣。"(卷二)他还认为:"国议院未可先开,若州县村乡议会则诚不可不开,以达民情也。"康有为反复论述了兴学校与开议会的关系,认为"民智不开,遽用民权,则举国聋瞽,守旧愈甚,取乱之道也。故立国必以议院为本,议院又必以学校为本"(卷十一)。

从康有为在《日本变政考》中表达的思想来分析,他对开议会是非常重视的,把它看成变法的纲领、维新之始基、变法成败的标志,甚至是立国之本。因为它是关系到这次资产阶级改革运动的目标和中国资产阶级能否取得政治权力的根本问题,所以他认为议会最终是必定要开的。但是,他为什么又认为中国当时还不能马上开议会,尚要"以君权雷厉风行"呢?这比起他在1897年年底上清帝第五书中主张的"自兹国事付国会议行","定宪法公私之分",看起来似乎是倒退了。我认为可能有以下几种原因:第一,他觉得当时中国赞成变法维新的势力,特别是民族资产阶级和资产阶级化的知识分子、开明士绅的力量还太薄弱,如果开起议会来,有可能被守旧顽固势力所把持,反而对变法不利。第二,他认为中国学校教育尚未普及,民智未开,如果马上开议会、兴民权,就会造成混乱甚至发生内乱。而且操之过急,反而会被守旧派找到反对的借口,增加阻力。因此,在开议会条件尚未成熟的情况下,宁可以"尊君权"来实现自上而下的变法。第三,尤其是1898年6月11日光绪下诏明定国是以后,康有为了解到光绪决心变法和对他的信任,便把全部希望寄托在光绪皇帝身上,更加相信必须"乾纲独断,以君权雷厉风行"来实行变法。第四,康有为个人还有很大的政治抱负,他希望通过尊君权和进入议政局、制度局这类机构,充当光绪变法维新的主要顾问,掌握新政实权,将来可以成为中国维新的元老、首相或第一任总理。总之,在康有为戊戌年间的"议会观"里,兴民权和尊君权,开议会与乾纲独断,是既矛盾又统一的。这种矛盾统一,也充分反映了中国民族资产阶级改良派的软弱性与两面性。

  康有为的《日本变政考》内容相当丰富,本文只是一个初步的介绍。这部书是研究康有为的政治思想和戊戌维新历史,以及近代中日关系史的珍贵资料,值得我们认真加以研究。

(原载《历史研究》,1980年第2期)

林之望《庚申日记》初探

1860年是中国人民永远不能忘记的国耻之年。在这一年10月,中国的首都北京第一次被西方资本主义侵略者所侵入,世界上最宏伟壮丽的皇家园林圆明园遭英法联军劫掠焚毁,清政府被迫与英、法、俄等国分别签订了空前丧权辱国的《北京条约》,中国的半殖民地化程度大大加深。关于这次国难的史料记载留下不多,有些史实尚待进一步研究考证。笔者最近在北京大学图书馆看到一部非常珍贵的日记手稿,对这段历史提供了相当具体可靠的第一手原始资料。

几十年前,前辈清史专家孟森先生曾见过这部日记,称之为"史料中的重宝",予以披露,并认为其作者是河南祥符人刘毓楠。然而,据笔者发现日记后面所附笔迹相同的《道台谢恩折底》考订,日记作者应为安徽凤阳人林之望。按其手书《谢恩折》底稿所列履历,林之望乃安徽凤阳府怀远县人,历任翰林院庶吉士编修、国史馆协修、监察御史、刑部给事中等职。咸丰十年(1860)八月,奉旨办理内城团防。此时正值英法联军进攻北京之际,林之望参与保卫首都治安重任。因此他对当时北京的情况了解甚详,故在其日记中都有具体生动的记录。从日记的笔迹、内容及作者身份等角度考证,该日记的作者似应是林之望,而非后面附有不同笔体履历的礼部郎中刘毓楠。因该日记主要记1860年(庚申年)9月至10月间之事,所以可称为

《林之望庚申日记》。①

林之望在《日记》一开始便记载了英法联军进逼北京与咸丰皇帝逃奔热河之事。八月初七（阳历9月21日），京东八里桥之役，"满蒙兵溃，胜保受伤，我军败绩，京城各门遂闭"。中国有史以来，来自西方的侵略者头一次兵临北京城下。清朝咸丰皇帝惊慌失措，第二天便逃奔热河行宫。皇帝离京避难，引起京城人心惶惶。林之望写道："圣驾携后妃诸王大臣侍卫等官，仓皇赴木兰而去。闻驻驾热河，人心大恐。"《日记》记载，次日（9月23日），"官眷商民人等，纷纷出城逃避，闻自彰仪门至保定一路，车马行人拥挤不断"。恭亲王奕䜣、豫亲王义道及文祥、周祖培等王公大臣受命留守北京，主持"抚局"。可是这些王爷大臣们也拿不出什么御敌之策。八月十一日（9月25日），他们"在内阁政事堂会议一次，均无定见"。唯一的措施是赶紧把在通州谈判时拘囚的英国官员巴夏礼，"由刑部放出，暂居高庙，供给丰美"。第二天又由前任粤海关监督恒祺出面向巴夏礼乞和。当时，僧格林沁的部队已退至安定门外，瑞麟的军队也退到德胜门外，但是这些将领却在阵前指挥混乱，"毫无布置"。北京的绅商企图以送礼求和，结果反而被辱。《日记》中关于此事有如下记载："二十日（10月4日），同仁堂乐宏宾、恒和木厂王海，邀众商等，备牛五十只，羊五百只，梨果各三十盘，并南酒等物，赴夷营求和。甫抵营，即被抢去，受辱受惊，人人怨恨，究不知系何人主见？殊可哂也。"

关于圆明园浩劫之经过，林之望在日记中也有记述。八月二十二日（10月6日），"僧王、瑞相兵俱溃，奔赴蓝甸（靛）厂、海淀等处"。接着，英法联军进入圆明园，"军号鼓乐齐鸣，先伐树株，随将宫室殿宇翰林花园焚烧"。管园大臣"文丰父子投福海死之，成庙老妃死节"。附近居民"惨苦不堪言状"。侵略者肆意抢掠，"宫中宝物，弃置满路"。九月初五（10月18日），英军火烧圆明园及静明园（玉泉山），"本日夜间，夷兵焚烧玉泉山，陈设各宝物，俱被抢去"。初六（10月19日）早上，英法联军又火烧清漪园（万寿山、即今颐和园），"夷兵焚烧万寿山，京城西北，黑烟弥天，竟日不绝，

---

① 林之望庚申日记已收入《北京大学图书馆馆藏稿本丛书》第13册，天津古籍出版社，1991年，第541—549页。

人心更加惶恐"。

《林之望庚申日记》详细记录了英法联军侵入北京城的具体经过。先是八月二十三日（10月7日），"夷兵烧德胜门角楼，复向西直门开炮"。清政府的达官贵人闻听洋炮声如惊弓之鸟四处逃奔。"恭王、桂相、文祥奔赴长新（辛）店，僧王、瑞相不知去向。"大臣"许乃普、沈兆霖、许彭寿、潘祖荫，闻在园同饮，仓猝而逃"。"军机章京曹毓瑛、曾协均、方鼎锐、钱应溥、王拯、杜来锡等，闻警亦各逃窜。"当天，恒祺亲自手执白旗将巴夏礼送回英营乞和。八月二十九日（10月13日），英国公使额尔金、法国公使葛罗率英法联军五六百名，"分为四起，进安定门"。"安定门楼中五虎杆下有大炮一尊，东边城上有小炮四尊，城楼下居中有大炮二尊，上下炮口，俱系向南。其城楼上，有夷兵二三百名，城下门首，有百余人，均手执长枪，来往巡逻。"这就是西方侵略者首次占领北京城门的实况。英法联军不但向顺天府尹（北京地方长官）勒索"牛羊鸡鸭等物"，还要"每日供给夷饷八千两"。侵略军在城内肆意烧杀奸淫抢劫，据《日记》记载："内城有一家中，男子被夷人杀者五六人，妇女被淫者四五人，旋即殒命。"

在英法联军的大炮直接威胁下，清政府被迫接受英法提出的侵略要求，签订丧权辱国的《北京条约》。据林之望在日记中记载，条约签字仪式是在礼部大堂进行的。九月初十（10月23日），清政府方面已经准备好一切，礼部大堂"灯彩辉煌，陈设华美"。留守北京的"王公、中堂、尚书、侍郎、九卿及武职等官，早往伺候"。可是侵略者却故意拖延要挟，从卯时一直等到午刻，"夷人不来"，文武百官只好"各自散去"。此时，圆明园余烬未熄，京城"西北火光烛天"，林之望不禁感叹："可怜亦可哀也！"九月十一日（10月24日）英使额尔金前往礼部签订《中英北京条约》。侵略者又大摆威风，"马步夷队，手持器械，照耀如雪，自东四牌楼直至礼部前，络绎不断。音乐前导，乘八人肩舆，至礼部大堂，与恭亲王分庭抗礼"。恭亲王只得率文武官员"迎至堂檐下"。签约时，"用钦差大臣关防，盖于和约，其形式似册页，约五六十张"。就在签约之时，"西北隅仍有黑烟冲天，不知何处被烧"。签约后，英方还要求将和约折底盖印画押交巴夏礼看过后知照各省。九月十二日（10月25日），奕䜣又与法国公使葛罗签订《中法北京条约》。

《日记》中记载的史实，形象生动地反映了清政府的腐败无能与侵略者的贪婪残暴,再现了 100 多年前中国被侵略受欺凌的国耻情景。这部日记不仅是研究第二次鸦片战争史和北京史的重要史料,也是进行爱国主义教育难得的原始资料。

(原载《北京日报》1990 年 10 月 16 日)

魏源《海国图志》在日本的传播和影响

倘若要论19世纪中叶传入日本而且影响最大的一部中国书籍的话,魏源的名著《海国图志》应该是当之无愧的。

《海国图志》在中国出版后不久即传入日本,仅仅数年之间,在日本竟出版了20余种翻印或翻译的选本,其速度之快,版本之多,在中外文化交流史以至世界出版史上恐怕都是罕见的。

《海国图志》在日本受到广泛的传播和推崇,成为日本幕末一代的维新志士争相传诵的启蒙读物,甚至被誉为"无与伦比"的"天下武夫必读之书",对日本的开国和维新都产生了很大的影响。

《海国图志》究竟如何传入日本?在日本有哪些版本?为什么会引起日本人那样大的兴趣?对幕末日本和明治维新到底产生了什么影响?本文试图依据笔者在中国和日本各图书馆和文库搜集到的各种中日文资料,对这些问题进行具体的考察和探讨。

一、《海国图志》的成书和传入日本

魏源(1794—1857),字默深,湖南邵阳人,是中国鸦片战争时期著名的爱国进步思想家。他一生著述丰富,而《海国图志》则是其最重要的著作。这部书是在鸦片战争的刺激和林则徐的建议之下写成的。

在鸦片战争之前。中国的封建统治阶级妄自尊大,闭目塞听,对世界形势茫然无知。1840 年鸦片战争的炮声像一声惊雷,打破了中国封建统治者的迷梦。英国船队兵临城下,可是清政府却"实不知其来历"。道光皇帝临时抱佛脚,急忙打听英国究竟在什么地方,有多大,"是否与俄国接壤"[①]?战争的失败以至丧权辱国的结局说明了清政府腐朽落后又对世界形势愚昧无知的可悲。受到鸦片战争的刺激,中国地主阶级知识分子中一批爱国开明的有识之士开始睁开眼睛看世界,了解国际形势,研究外国史地,总结鸦片战争失败的教训,寻找救国的道路和御敌之良策。正如魏源所说,这些都是"凡有血气者所宜愤悱,凡有耳目心知者所宜讲画也"[②]。鸦片战争以及战后闭关大门的开放,使他们能够通过搜集传入的外国报刊、书籍和地图,以及战争中审问英国俘虏和向外国商人、传教士直接询问等途径,获得了不少西洋知识。

在这种背景之下,中国近代出现了第一批介绍和研究世界历史、地理及现状的著作,其中最早的一部是林则徐的《四洲志》。林则徐是当时领导禁烟、抗英斗争的民族英雄,又十分关心世界大势,堪称"近代中国睁眼看世界的第一人"。他在广东任钦差大臣期间,就组织人翻译西文书籍和报刊。《四洲志》便是他在 1841 年组织翻译英国人慕瑞的《世界地理大全》并亲自加以编辑取舍和文字修饰而成的,书中叙述了世界五大洲三十多个国家的地理历史,是中国近代第一部比较系统介绍世界地理的书籍。不过,该书基本上还只能算是一部译作。

1841 年 6 月,林则徐遭投降派陷害被革职流放北上途中,经过镇江,会见了好友魏源。两人同宿一室,彻夜对榻长谈。林则徐将自己在广州组织人搜集、翻译的一些外国资料和《四洲志》的手稿,都交给了魏源,嘱托他进一步研究外国史地,编撰一部新书[③]。魏源也早有此意,故欣然接受。

魏源在与林则徐会晤以后便开始酝酿《海国图志》的编著,到 1842 年夏《圣武记》脱稿后更集中力量写作,终于在道光二十二年十二月(1843 年

---

① 道光朝《筹办夷务始末》卷四七,中华书局,1964 年,第 18 页。
② 魏源:《海国图志叙》,《魏源集》上册,中华书局,1976 年,第 208 页。
③ 魏源:《古微堂诗集》中有一首《江口晤林少穆制府》,诗后附注:"时林公嘱撰《海国图志》。"《魏源集》下册,中华书局,1976 年,第 781 页。

1月)编成《海国图志》50卷①。刊有道光二十二年(壬寅)的邵阳魏氏古微堂木活字本。1844年又有重印的道光二十四年甲辰本。以后,魏源又陆续加以修订增补,1847年补充为60卷,即道光二十七年的丁未本。1849年再加以若干修改为道光二十九年的己酉重订本。1852年又增补到100卷,即咸丰二年(壬子)的古微堂重刊定本百卷本。历时十载的《海国图志》编著增补工作至此才告结束。以后百卷本在国内曾多次重刊,前后约有近10种版本。

《海国图志》50卷本共57万字,另有地图23幅,洋炮图式8页。百卷本已增补到88万字,并有各种地图78幅,西洋船炮器艺等图式42页。《海国图志》百卷本主要包括以下内容:主体部分是关于世界各国的地理位置、历史沿革、政治制度、物产矿藏、宗教信仰、风土人情及中西历法、中西纪年对照表等的叙述,共占72卷,其中对英、法、美、俄等国介绍尤为详细。第二部分是《筹海篇》,虽只有4卷,却是全书重点之一,主要总结鸦片战争的经验教训,论述"师夷之长技以制夷"的主张和具体建议。第三部分是有关鸦片战争的奏折、上谕和林则徐组织编译的外文报纸上的资料,有《筹海总论》4卷和《夷情备采》3卷。第四部分是有关船、炮、枪、水雷等武器以及测量器具等制造和用法的资料、图样,共12卷。第五部分为《地球天文合论》5卷,介绍了地球运行,太阳中心说等近代自然科学知识。此外,还有世界地图和各地区、各国分地图78幅。因此,《海国图志》不仅是近代中国人自己编撰的关于世界史地的第一部重要著作,也是当时一部内容最丰富的有关世界知识和海防以至总结鸦片战争史经验的百科全书。

魏源编撰《海国图志》的资料来源,首先是林则徐的《四洲志》,他把《四洲志》全文87000多字分别辑入各卷之首,作为基本资料,然后在此基础上增补其他材料,并注明:"欧罗巴人原撰,侯官林则徐译,邵阳魏源重辑。"其次,他还引用了历代史志14种,中外古今各家著述70多种,各种奏折30多件,以及一些亲自询问外人了解来的材料。历代史志中用得最多的是《元

---

① 魏源在《海国图志自叙》中署称"道光二十有二载,岁在壬寅嘉平月",嘉平月即十二月。《海国图志》,岳麓书社,1998年,第3页。

史》、《明史》、岛志与国外见闻录,如王大海《海岛逸志》、谢清高《海录》、陈伦炯《海国闻见录》等。百卷本中还引用了徐继畬的《瀛环志略》。外人著作有艾儒略《职方外记》、南怀仁《坤舆国说》等二十余种,引用得最多的是英国人马礼逊的《外国史略》和葡萄牙人马吉斯的《地理备考》。书中的世界各国地图则来源于香港英国公司出版的《大宪图》。由于其资料的丰富和新颖,尤其是大量引用西方著作,"以西洋人谭西洋",使《海国图志》成为当时东亚水平最高的一部世界知识百科全书。

那么,《海国图志》又是怎样流传到日本去的呢?

明清两代到日本贸易的中国商船(日本人惯称为"唐船"),经常携带大批中国书籍到日本出售。有时一艘船就携有几百部之多。日本把这些书籍通称为"唐船持渡书"。幕府在长崎奉行所下,设有"书物目利"一职,以精通汉籍的官员充当,专门负责进口中国书籍的事务。他们留下了大量的进口汉籍账目(即"书籍元帐"),上面详细登记年份、中国商船的编号、船主姓名以及进口汉籍的书名、部数、价格等等,有时还注明此书被何人买走,对某些汉籍还作了内容提要(即"大意书")。这些账本为研究中国书籍在日本的传播,提供了非常具体、确切的资料。

根据日本关西大学教授大庭修所整理出版的长崎图书馆所藏江户时代书籍元帐,发现《海国图志》第一次传入日本的时间是1851年(日本嘉永四年)。那年由中国赴日贸易的二号商船带去《海国图志》3部,每部的价格是日币130目①(目是江户时代银货币单位,相当1两金货币的1/60)。当时长崎奉行所负责检查中国进口书籍的书物改役是向井兼哲,他发现《海国图志》中有介绍西洋情况与涉及天主教的文字,根据德川幕府发布的《天保镇压西学令》,这类书要交奉行所处理。向井兼哲便写了"大意书",向奉行所请示。因此,这3部《海国图志》并没有进入市场,而被上交到江户(东京)。最后的下落是由官方的御文库和学问所各征用一部,另一部则被老中(幕府将军以下最高级官员)牧野忠雅买去②。

1852年(嘉永五年)中国商船又带去1部《海国图志》,价格仍为130

---

① 大庭修:《江户时代唐书持渡书研究》,关西大学东西学术研究所,1967年,第565页。
② 大庭修:《江户时代日中秘话》,东方书店,1980年,第240页。

目,《书籍元帐》上记载此书由长崎会所保存。1854 年(嘉永七年)9 月,中国一号船主陶梅一下子运去了 12 部《海国图志》,另一位商人姚洪也带去 3 部,这时价格已经提高到每部 180 目了。这 15 部书的下落是官方征用 7 部,在市场上出售 8 部。到 1859 年(安政六年)由于《海国图志》在日本市场上供不应求,因此价格上涨到了 436 匁一部①(匁也是江户时代日本货币单位,与目价值相等)。

以上便是《海国图志》最初传入日本的大体情况。

二、日本出版的《海国图志》各种选本

魏源的《海国图志》传入日本以后,很快就受到日本有识之士的重视和欢迎,纷纷加以翻译、训解、评论和刊印。一时在日本出现了许多种翻刻本(即按原文翻印)、训点本(即在汉文上下旁边加上训读符号或假名)及和解本(即日文译本),均为《海国图志》的选本。

为什么会出现这种现象呢? 首先是由于《海国图志》的输入量有限,而且多数被政府机构和官员征用或买走,民间很难看到。日本文人赖醇在《海国图志训译序》中指出:"独憾其舶载不过十数部,故海内希睹无书焉。"把它们训译翻印出来,可以"使海内尽得观之,庶乎其为我边备之一助矣"②。著名学者横山湖山在《亚墨利加总记后编》的跋中也说道:"见近时夷情,思御侮之略,而《海国图志》一书,舶载极少,深藏秘府,人不易见。"③因此,广大日本民间人士迫切希望通过翻印,大量传播,以满足民众渴望读到《海国图志》的要求。

其次,对于一般日本人来说,汉文仍然不太好懂,故而需要加以训点或翻译,以有助于各级官员与民众广泛阅读流传。学者正木笃在《澳门月报和解》的自序中就曾说明,他从事翻译是为了"让武卫国吏以国文(即日文)

---

① 大庭修:《江户时代唐船持渡书研究》,关西大学东西学术研究所,1967 年,第 570、575、646 页。
② 赖醇:《海国图志训译序》,日本关西大学增田文库藏书。
③ 横山湖山:《亚墨利加总记后编跋》,日本关西大学增田文库藏书。

阅读,比兰文(即荷兰文)、汉文更容易理解"①。

最后,日本人士认为《海国图志》虽然十分有用,但是全书分量太大,于是便纷纷根据自己的选择和形势的需要,摘其精华或有关部分,进行翻印、训译、编成选本,并加以序跋,以抒发读后的感想和进行评论。

魏源的《海国图志》60卷本1847年刊行,1851年传入日本,增补的百卷本1852年才出版,1854年即输入日本。而在1854年,日本已经出现了若干种《海国图志》的翻刻本、训点本与和解本。这种翻译、出版中国图书的速度之快是惊人的。据笔者在日本访问期间在日本各图书馆寻访所见,并参考日本学者鲇泽信太郎的《锁国时代日本人的海外知识》等资料的不完全统计,仅仅在1854年至1856年的3年之间,日本刊印的《海国图志》的各种选本就达20余种之多。下面对这些版本一一加以简要介绍。

1854年(日本嘉永七年,同年底改元为安政元年),日本出版了由幕末著名学者盐谷宕阴和箕作阮甫训点的《翻刊海国图志》2卷2册。其内容主要是《海国图志》中的《筹海篇》。这部书为什么会出得这么快呢?盐谷宕阴在序言中说明:"此书为客岁清商始所舶载,左卫门尉川路君(即当时幕府负责海防外交的官员川路圣谟)获之,谓其有用之书也,命亟翻刊。原刻不甚精,颇多伪字,使予校之。其土地品物名称,则津山箕作庠西(即箕作阮甫),注洋音于行间。"②可见,日本人士是把《海国图志》作为一部对日本了解世界形势和加强海防极其有用之书,急于加以翻刻训点的,而首先刊印其中总结鸦片战争经验教训、论述海防策略的《筹海篇》,也正是这个缘故。

1854年还出了一种《澳门月报和解》1卷1册,由正木笃翻译。内容是《海国图志》中的收录林则徐组织翻译澳门西文报刊所编的《夷情备采》部分,其中包括论汉土、论茶叶、论禁烟、论用兵、论各国夷情等篇。另一种由大槻祯译的《海国图志·夷情备采》,与上述《澳门月报和解》的内容差不多,于同年由蕉阴书屋刊行。

由于当时美国与日本交涉较多,尤其是1853、1854两年,美国培理舰队

---

① 鲇泽信太郎:《锁国时代日本人的海外知识》,原书房,1953年,第145页。
② 盐谷宕阴:《翻刊海国图志序》,江都书林,1854年。

两次远征日本,并迫使日本签订了《神奈川条约》,敲开了日本锁国大门。因此日本人迫切希望了解美国的历史地理,而《海国图志》中的美国部分就成了他们的重要参考资料。仅1854年内,翻刻、译解《海国图志》美国部分不同名目的选本就有8种之多,有一种名叫《海国图志·墨加洲部》,共8卷6册,翻刻者是中山传右卫门;另有一套3种是由学者广濑达所译,包括《亚米利加总记》1卷1册,云竹小居出版;还有《续亚米利加总记》2卷2册;《亚米利加总记后编》3卷3册。此外,正木笃也译了两种,即《美理哥国总记和解》(由常惺簃刊行,有1册本与3册本)及《墨利加洲沿革总记补辑和解》。此外还有署名皇国隐士所译的两种:一种叫《新国图志通解》,4册,也是《海国图志》的美洲部分,"新国"即美洲新内地之意。书中把原著里的中国年号改为日本年号,固有名词都用日本假名,以便日本读者阅读。另一种叫《西洋新墨志》4卷2册,内容与正木笃译的《墨利加洲沿革总记补辑和解》大体类似,也改为日本年号,并配有"西洋五层大军舰图"等11幅插图。

  除了美国之外,当时与日本经常发生交涉摩擦的资本主义国家还有英国、俄国等国。因此1854年日本也翻译出版了《海国图志》中有关英国、俄国史地部分的选本。关于英国的,一种是正木笃译的《英吉利国总记和解》1卷1册,由常惺簃刊行。译者在序中指出:俄美虽类虎狼,而英国更加"强悍狡黠,黩武极力于剽掠"①,因此必须加以提防。另一种是小野元济的《英吉利广述》2卷2册,游焉社出版。关于俄国的则有大槻祯译的《海国图志·俄罗斯总记》1卷1册。大槻祯在自序中认为,"俄罗斯在坤舆中,称雄大之邦,而北方与我虾夷仅隔一衣带水,其形势情状,不可不详也"。魏源的《海国图志》"详叙其国事,读之多所发明,独惜武夫俗吏之不能遽解",故而翻译过来,可以"有补海防万分之一矣"②。

  1855年(安政二年)在日本又有5种《海国图志》的翻刻、翻译本问世。服部静远训译的《海国图志训译》分上、下两册,主要包括原著中有关炮台、武器、火药、攻船水雷图说等部分。卷首有赖醇写的序,书上还盖有"买卖

---

① 正木笃:《英吉利国总记和解序》,常惺簃刊,1854年。
② 大槻祯:《海国图志俄罗斯总记序》,《锁国时代日本人的海外知识》,第149页。

不许,三百部绝版"的官印。

南洋梯谦的《海国图志筹海篇译解》,3卷3册。该书基本上就是1854年盐谷、箕作的《翻刊海国图志》的日文译本。

盐谷宕阴与箕作逢谷又翻刻了一部《翻刊海国图志鲁西亚洲部》,2卷2册,由青藜阁发行。盐谷宕阴在《再书俄罗斯图志后》一文中指出:"讲究边防、最虑鄂房(即俄国),与我接壤,大我数十倍,为患最深。"①他们合作的另一部书是《翻刊海国图志普鲁社洲部》,1卷1册,这是江户时代唯一的一部关于德国史地的书籍。

此外关于法国的有大槻祯翻译的《海国图志·佛兰西总记》,1卷1册,由蕉阴书屋出版。

1856年(安政三年)又有两种《海国图志》的翻刻本出版。一种是盐谷宕阴和箕作逢谷的《翻刊海国图志英吉利国部》,共3卷3册,也是青藜阁刊行。盐谷宕阴在《题英吉利图志》中指出:"清之与英,尝有鸦烟事(即鸦片战争),故魏源氏纂是编于英夷特详。"他还认为:"清人畏英如虎",然而,"以余观之,英夷将不久而衰"②。

另一种是关于印度的,即赖醇训点的《海国图志印度国部附夷情备采》3卷3册。为什么要选择印度部分呢?家长政惇在《翻刻印度国志序》中认为这是由于印度的地理位置很重要,"亦可谓五大洲之枢纽"③。书中还附有"东南洋各国沿革图"、"西南洋五印度沿革图"、"小西洋利末亚洲沿革图"、"大西洋欧罗巴各国沿革图"等四幅地图。另外,作为该书附录的《夷情备采》部分中收录了以前各书未录的"华事夷言"、"贸易通志"、"译出夷律"等内容。

笔者根据在日本各图书馆寻访所见,并参考鲇泽信太郎《锁国时代日本人的海外知识》等资料,将1854—1856年日本出版的《海国图志》选本列表如表一。

---

① 盐谷宕阴:《再书俄罗斯图志后》,青藜阁,安政二年(1855)。
② 盐谷宕阴:《题英吉利图志》,青藜阁,安政三年(1856)。
③ 家长政惇:《翻刻印度国志序》,《锁国时代日本人的海外知识》,第143页。

表一　1854—1856年在日本出版的《海国图志》选本

出版年代	选本书名	卷册数	翻刻、训点、翻译者	内容
1854年（嘉永七年安政元年）	翻刊海国图志	2卷2册	盐谷宕阴、箕作阮甫训点	筹海篇部分
1854	澳门月报和解	1卷1册	正木笃译	夷情备采部分
1854	海国图志夷情备采	1卷1册	大槻祯译	夷情备采部分
1854	海国图志墨加洲部	8卷6册	中同传右卫门翻刻	美国部分
1854	亚米利加总记	1卷1册	广赖达译	美国部分
1854	续亚米利加总记	2卷2册	广赖达译	美国部分
1854	亚米利加总记后编	3卷3册	广赖达译	美国部分
1854	美理哥国总记和解	1卷1册 3册	正木笃译	美国部分
1854	墨利加洲沿革总记补辑和解	1册	正木笃译	美国部分
1854	新国图志通解	4册	皇国隐士译	美国部分
1854	西洋新墨志	4卷2册	皇国隐士译	美国部分
1854	英吉利国总记和解	1卷1册	正木笃译	英国部分
1854	英吉利广述	2卷2册	小野元济译	英国部分
1854	海国图志俄罗斯总记	1卷1册	大槻祯译	俄国部分
1855（安政二年）	海国图志训译	2册	服部静远译	炮台、武器、火药、攻船水雷图部分
1855	海国图志筹海篇译解	3卷3册	南洋梯谦译	筹海篇部分
1855	翻刊国图志鲁西亚洲部	2卷2部	盐谷宕阴、箕作逢谷	俄国部分

续　表

出版年代	选本书名	卷册数	翻刻、训点、翻译者	内　容
1855	翻刊海国图志普鲁社洲部	1卷1册	盐谷宕阴、箕作逢谷	德国部分
1855	海国图志佛兰西总记	1卷2册	大槻祯译	法国部分
1856（安政三年）	翻刊海国图志英吉利国部	3卷3册	盐谷宕阴、箕作逢谷	英国部分印度部分
1856	海国图志印度国部附夷情备采	3卷3册	赖醇翻刻	华事夷言贸易通志译出夷律

从上面这张一览表中可以看出，仅仅自1854—1856年3年之内，日本出版的关于《海国图志》的选本就有21种。其中翻刻、训点本有6种，日译本有15种，按选本的内容看有关筹海篇、夷情备采、武器图说等方面的有5种，关于美国的有8种，其他还有关于英国的3种，俄国的2种，法国、德国、印度的各1种，从中也反映出当时日本人对世界各国不同的关心程度。总之，像《海国图志》这样一部中国书籍在出版后的短短几年中，在另一个国家日本居然就有那么多种版本的翻印本和翻译本，这在世界各国文化交流史上恐怕也是十分罕见的。

三、《海国图志》对日本的影响

> 百事抛来只懒眠，衰躬迫及铺麋年。
> 忽然摩眼起快读，落手邵阳筹海篇。[①]

这是日本江户时代末年著名诗人梁川星岩的一首诗，描写他在读到魏源《海国图志·筹海篇》时那种兴奋激动的心情。

[①] 梁川星岩：《读海国图志后》，《梁川星岩全集》第2卷，梁川星岩全集刊行会，1957年。

《海国图志》为什么会引起幕末日本人士如此浓厚的兴趣,产生那样大的吸引力和启迪作用呢?

首先是《海国图志》使他们大开眼界,帮助他们了解到世界各国的情况。

锁国时代,日本人只能从来长崎贸易的荷兰商人那里得知一点十分有限的世界知识,因此当日本遭到西方冲击而中国的鸦片战争又向日本敲起警钟时,日本朝野上下痛感世界知识之贫乏与了解外国情况之重要。学者大槻祯在《海国图志·夷情备采》的序中指出:"海防之道,莫要于知夷情也。知夷情则强弱之势审,而胜败之机决矣;不知夷情,则事来乖错,变每出意测之外矣。故知夷情与不知夷情。利害之相悬,奚啻天渊哉!"他盛赞魏源的《海国图志》:"其叙海外各国之夷情,未有如此书之详悉者也。"所以他"因详以刊行,任边疆之责者,熟读之得其情,则战以挫其锐,款以制其命。国势一张,折冲万里,虽有桀骜之资,彼恶能逞其伎俩哉?"①

盐谷宕阴在《翻刊海国图志序》中说,从前中国人视外国,"不啻犬豕",对于外国地理政治,"懵乎如瞽矇摸器"。然而《海国图志》一书,介绍世界各国形势,"采实传信","精华所萃,乃在筹海、筹夷、战舰、火攻诸篇"。"夫地理既详,夷情既悉,器备既足,可以守则守焉,可以战则战焉,可以款则款焉,左之右之惟其所资。名为地志,其实武经大典,岂琐琐柳书之比。"②他还在《地理全志序》中强调了解世界知识的重要性,"今也夷欲罔厌,海运日熟。彼之来者岁益多,而我亦将有事于四瀛焉,则文治武德不得不俱资于地志也"。而在当时所有介绍世界舆地的书籍之中,他认为"以《海国图志》、《瀛环志略》为核实"③。

正木笃介绍道:"清魏源重辑《海国图志》若干卷。中有各国总记,实系欧罗巴人原撰而林则徐所译也。尝闻其所记载者,洋国政治风俗以及巧艺布帛飞潜动植之微,皆胪列而揭之。故欲知洋国之概,足以取证焉。"④

广濑达还指出,当今之人对于外国人或轻视傲然,或恐惧害怕,都是因

---

① 大槻祯:《海国图志·夷情备采》叙,日本关西大学增田文库藏书。
② 盐谷宕阴:《翻刻海国图志序》,江都书林,1854年。
③ 盐谷宕阴:《地理全志序》,爽快楼,1859年。
④ 正木笃:《美理哥国总记和解》上册自序,常惺簃,1854年。

为不了解海外形势的缘故。因此读《海国图志》"以了解海外形势"①,可以得到正在冲击日本的西方列强如美国、英国、俄国的许多具体情况,这样就有助于减少盲目性,采取正确的外交政策和海防策略,不至于像中国鸦片战争时的道光皇帝那样茫然无知,惊慌失措。

因此,中国近代第一部系统介绍世界史地的名著《海国图志》传到日本,对于幕末不太了解世界形势的日本人来说,简直是天赐之宝书,这部书打开了他们的眼界,武装了他们的头脑。所以杉木达在《海国图志美理哥国总记和解跋》中高度评价道:"本书译于幕末海警告急之时,最为有用之举,其于世界地理茫无所知的幕末人士,此功实不可没也。"②

《海国图志》不仅向日本人提供了世界史地知识,而且还总结了中国鸦片战争的经验教训,提出了不少加强海防,抵御外敌的建议。这对于幕末面临西方列强侵略、急于加强海防的日本人来说,也有很大的启发与帮助。

学者南洋梯谦曾叙述自己阅读《海国图志》的感受。开始他以为魏源所述御夷之术,"自谓出韬略之右",可能是自我吹嘘,"余以其为过情难信"。后来,他仔细读了《海国图志》,特别是其中的《筹海篇》,"谓水陆异战法,器械亦随变,惟巨舰大炮之尚。洋夷虽有英、佛(法)、俄罗、弥利(美)之别,而至器械则同,大舰与炮矣。于是有水手操麾弓马之将,就卒伍之势。"这才相信"魏氏之言不诬也!"并推崇《海国图志》是一部"天下武夫必读之书也。当博施以为国家之用"③。

幕末著名学者横山湖山在《英吉利广述序》中谈到自己对《海国图志》认识的转变过程,也很有意思。最初,他的学生小野元济译完《海国图志》的英国部分后,请老师一阅,却遭到横山的斥责:"咄!讲经读史塾规具在,汝何骋奇好新之为也!"④批评小野为了追求新奇,违反了讲经读史之道。然而,当横山认真阅读了小野的译稿,特别是看到魏源对英国侵略者狡黠的分析与所述海疆防御之策以后,十分佩服。不但改变了原来的看法,而且欣然亲自为小野元济译的《英吉利广述》写了序言。

---

① 广濑达:《亚米利加总记自序》,云竹小居,1854年。
② 杉木达:《美理哥国总记和解》上册跋,常惺簃,1854年。
③ 南洋梯谦:《海国图志筹篇译解序》,再思堂,1855年。
④ 横山湖山:《英吉利广述序》,游焉社,1854年。

当时不少日本人士都盛赞《海国图志》对日本加强海防所起的作用。如赖醇指出:"使海内尽得观之,庶乎其为我边防之一助矣!"同时,他又提醒:"然各国殊势,俗尚异宜,有彼此可通用者,有彼便而我不利者,要在明识采择焉耳。"①对于外国文化技术,只有结合本国实际,加以采择吸收,才是明智的态度。

可以说,《海国图志》影响了日本幕末的一代知识分子,尤其是给予那些要求抵御外敌、革新内政的维新志士以启迪,从而推动了日本的开国与维新。故而广濑旭庄在其《九桂草堂随笔》中赞叹《海国图志》是"无与伦比"的"有用之书"②。

四、《海国图志》与日本维新志士

中国近代著名思想家梁启超在 1902 年写的《论中国学术思想变迁之大势》一文中曾指出,《海国图志》"奖励国民对外之观念",致使"日本之平象山(即佐久间象山)、吉田松阴、西乡隆盛辈,皆为此书所刺激,间接以演尊攘维新之活剧"③。那么,佐久间象山、吉田松阴等日本维新志士究竟是如何受到《海国图志》影响的呢?对此应作具体的考察与研究。

佐久间象山是幕末日本著名的维新思想家,也是尊皇开国论的倡导者。他是信州藩人,1811 年生于信浓国松代城,自幼聪明好学,成年精通朱子学,开办象山书院。鸦片战争后,他认为方今之世,光有和汉学问是远远不足的,"非有总括五大洲的大经纶不可"。因此他热心研究洋学,特别是炮学。1842 年,佐久间象山曾向藩主上书,提出有名的《海防八策》,建议加强海防,铸造洋式大炮,训练海军,发展海运,起用各藩优秀人才,普及忠孝教育等。1851 年他在江户开办私塾,传授兵学与炮术,兼教汉学与洋学,融合东西学术,声名大震,弟子达 500 多人。1853 年佐久间象山又向幕府提出《急务十条》,重申加强海防、造舰、铸炮等建议。1854 年,因鼓励其学生吉

---

① 赖醇:《刻海国图志序》,《海国图志训译》,日本关西大学增田文库藏书。
② 尾佐竹猛:《近世日本的国际观念之发达》,共立社,1932 年,第 52 页。
③ 梁启超:《论中国学术思想变迁之大势》,《饮冰室合集》文集之七,中华书局,1989 年,第 97 页。

田松阴偷渡海外,而被牵连入狱7个月,在狱中写了《省謷录》。出狱后倡导尊皇开国论,严厉批判幕府的锁国和腐败无能,主张尊皇开国,加强海防,学习西方科学技术,改革内政,维护国家和民族的独立。1864年,被攘夷派刺杀。

佐久间象山在《省謷录》一书中,曾经谈到他读了魏源的著作《海国图志》和《圣武记》后的感想。他说,1842年(天保十三年),信州松代藩主真田幸贯担任老中,管理海防之事。当时正值中国发生鸦片战争,"英夷寇清国,声势相逮"。象山感慨时事,便向幕府"上书陈策"(即《海防八策》)。后来,他读到魏源的《圣武记》,原来也是"感慨时事之所著"。再看魏源写的《圣武记叙》,作于道光二十二年七月,仅比他十一月上书早4个月,"而其所论,往往有不约而同者"。象山不禁感慨万分,拍案称奇:"呜呼!予与魏,各生异域,不相识姓名,感时著言,同在是岁,而其所见亦有暗合者,一何奇也,真可谓海外同志矣!"[①]

佐久间象山虽然十分推崇魏源的著作,但他又不是盲目接受魏源的一切观点,而是结合日本的实际情况,提出自己的海防主张。他还对魏源的某些观点提出批评。如象山不同意魏源只强调坚壁清野,严密防守的战略,而主张讲究炮舰,主动出击敌人于外海。他指出:"魏云自上世以来,中国有海防而无海战,遂以坚壁清野,杜绝岸奸,为防海家法。予则欲盛讲炮舰之术,而为邀击之计,驱逐防截,以制贼死命于外海,是为异耳。"他还批评《海国图志》一书中关于炮舰之学,谈得太粗浅。认为"海防之要,在炮与舰,而炮最居首。魏氏海国图识中,辑铳炮之书,类皆粗漏无稽,如儿童戏嬉之为"。并指出其原因是由于魏源没有深入研究炮学,"凡事不自为之,而能得其要领者无之,以魏之才识,而是之不察。当今之世,身无炮学,贻此谬矣,反误后生,吾为魏默深惜之"[②]。

佐久间象山与魏源的思想都是在19世纪中叶西方列强对东亚侵略的转折时期产生的爱国革新思想。两人分别成为中日两国维新思想的先驱,

---

[①] 佐久间象山:《跋魏邵阳圣武记后》,《省謷录》,《象山全集》卷一,信侬每日新闻社,1934年,第12页。

[②] 佐久间象山:《省謷录》,《象山全集》卷一,第12—13页。

虽然身居东海彼岸,互不相识,却真可谓名副其实的"海外同志"。

受《海国图志》影响很大的另一位著名维新志士是佐久间象山的学生、尊皇攘夷论的倡导者吉田松阴。吉田是长州藩人,1830年生于长门国荻城,从小留意海防,16岁时就曾向藩主提出《异贼防御策》。以后到九州、江户游学,博览群书,并从佐久间象山习洋学。松阴在九州游学时,就曾从叶山左内处借阅了《圣武记附录》。他对魏源"夫制驭外夷者,必先洞察夷情"的观点产生强烈的共鸣,认为"不审夷情何驭夷?"1854年,他在佐久间象山的鼓励下,本着"察观万国情态形势,乃为规划经纬"的目的,企图利用美国培理舰队再次来日的机会,冲破锁国铁幕,乘美舰秘密偷渡去海外求学,可惜遭到美舰拒绝,不幸失败被捕,囚禁于野山狱中。

吉田松阴在狱中仍不忘探索救国之道,读了很多书,写下了《野山狱读书笔记》,其中多次谈到读魏源《海国图志》的体会。1854年11月22日,他在给梅太郎的信中称赞林则徐、魏源两人乃"有志之士",勤于"蟹行字"(即西学),著述出像《海国图志》这样的"好书"①。他在狱中曾多次写信给朋友催买《海国图志》一书。1855年2月26日,他终于得到了《海国图志》,如获至宝,立即反复阅读钻研。

吉田松阴在读了《海国图志·筹海篇》以后写道:"清魏默深的筹海篇,议守、战、款,凿凿中款。清若尽之用,固足以制英寇,驭俄法。"②他还评论《海国图志》收录西人报刊《粤东月报》(即《澳门月报》),"可见这等苦心思虑深远"③。松阴对《海国图志》一书给予高度评价,并说:"方今俄、美、英、法,纷纷来我国,魏源之书大行于我国。吾读此记,深感于此。"④他利用《海国图志》提供的世界知识,结合日本实际,一方面尖锐批评幕府的锁国政策:"不知外国的事情,徒守海岸,困于贫穷,诚为失策。英吉利、佛兰西等小国,能越万里远海统制别人,都是航海之益。"⑤另一方面提出了尊皇攘夷,维新改革的主张。他指出:"万国环绕,其势如此,若我茫然拱手立于其

---

① 《吉田松阴全集》第8卷,岩波书店,1935年,第298页。
② 《吉田松阴全集》第4卷,第37页。
③ 《吉田松阴全集》第9卷,第420页。
④ 《吉田松阴全集》第4卷,第52页。
⑤ 《吉田松阴全集》第5卷,第162页。

中,不能察之,实在危险得很。"认为"只有爱民养士,慎守边围,善保其国,才能于群夷争聚之中,举足摇手"①。

与佐久间象山一样,吉田松阴对魏源的某些观点,也提出了自己的不同见解。如关于西方列强之间的关系,魏源在《筹海篇》中认为可以利用俄、美、法之力以遏英,即所谓以夷制夷的策略。松阴却对此提出批评,指出:"此乃知其一而未知其二。凡夷狄之情,见利不见义。苟利则敌仇亦成同盟,苟害则同盟亦成敌仇,是其常也。"他还举例说如俄国与土耳其开战时,英法就曾一起援助土耳其(即指克里米亚战争),恐怕"英法联合之事,也出乎魏源考虑之外"。可见魏源的《海国图志》对世界形势的分析,仍有"不当之处"②。在这点上松阴是要比魏源的认识更加深刻些。

幕末竞相争读《海国图志》的著名维新志士还有横山小楠、桥木左内、安井息轩等人③,他们具体受到《海国图志》的什么影响,还可以作进一步的深入研究。

总之,《海国图志》传入日本以后,得到广泛的传播,产生巨大的影响,成为幕末日本朝野上下尤其是维新志士的重要启蒙读物,对于日本的开国和明治维新,都起到了一定的推动作用。可是,《海国图志》在当时的中国,却没有受到清朝统治集团应有的重视,以至日本人士也为之扼腕叹息。盐谷宕阴在《翻刻海国图志序》中感慨写道:"呜呼!忠智之士,忧国著书,不为其君所用,而反被琛于他邦。吾不独为默深悲矣,而并为清帝悲之。"④这确实是发人深省的。

(原载《中国典籍在日本的流传和影响》
论文集,杭州大学出版社,1990年)

---

① 《吉田松阴全集》第1卷,岩波书店,1935年,第349页。
② 吉田松阴:《野山狱文稿》,见增田涉:《西学东渐与中国事情》,岩波书店,1979年,第42页。
③ 井上清:《日本现代史(中译本)》(第1卷明治维新),三联书店,1956年,第215页。
④ 盐谷宕阴:《翻刻海国图志序》,江都书林,1854年。

日本《革命评论》与中国同盟会

同盟会1905年8月20日在日本东京举行成立大会,其骨干和成员大部分是中国留日学生。一贯支持中国革命的日本人士宫崎寅藏(号白浪庵滔天,故又称宫崎滔天)等也参加了成立大会,并被破例吸收为中国同盟会外籍会员。1905年11月,同盟会机关报《民报》创刊,宫崎寅藏把自己的住宅提供给民报作为发行所所址,并在门口挂上民报社牌子。他还积极联络同志创办了一份日文刊物《革命评论》,与《民报》相呼应,大力宣传与支持中国革命。

笔者最近又重新查阅了《革命评论》原刊从创刊号到最后第十号的全部内容,以及《宫崎滔天全集》、《萱野长知研究》等有关日文资料,并考证了《革命评论》所刊文章各位日本作者的笔名和原名。本文着重论述《革命评论》各号如何宣传和支持中国革命,以及《革命评论》社日本人士与同盟会、《民报》社的中国革命者之间的关系。

1906年8月12日,宫崎寅藏邀集萱野长知、清藤幸三郎、和田三郎、池享吉、青梅敏雄等人商议,决定创办一份日文刊物《革命评论》。9月1日设《革命评论》社事务所于东京神田区美土代町的萱野长知住宅。发行所是设于东京府多摩郡内藤新宿番集町的宫崎住宅。印刷所是位于东京神田区中猿乐町的秀光社。《革命评论》杂志的编辑人(即主编)是宫崎寅藏,发行兼印刷人为青梅敏雄。该刊为半月刊,1906年9月5日正式发行创刊号,至1907年3月停刊,共出了十期。①

创办《革命评论》的宗旨是什么呢?创办者之一萱野长知自述:"当时我们参加中国同盟会的同志间,认为中国和俄国为世界两大专制国,欲图世界和平与文明的发展,必须在这两大专制国实行革命。因此为了助成中国和俄国改变政体的革命,发行每月两次的杂志《革命评论》与中国同盟会的机关报《民报》相呼应,大力鼓吹革命主义。"②因此该刊以宣传和支持中国与俄国的革命为中心,辟有"欧洲革命大势"、"中国革命大势"、"东亚纪事"、"志士风骨"、"革命风流"等专栏。每期8页,另有附录2页,专登宫崎寅藏之兄宫崎民藏等编的《土地复权同志会纪事》。

《革命评论》第一号于1906年(明治三十九年)9月5日发行。第一版上刊登了《发刊辞》,文章虽未署名,但据《宫崎滔天全集》的编者断定"毫无疑问"是宫崎寅藏的手笔,并把它收入《宫崎滔天全集》第2卷。发刊辞是一篇充满激情的革命颂歌。作者首先指出:"余辈热望完全之和平,故而欢迎彻底之革命。欲破坏社会沉滞腐败之要素,欲开拓清新之新天地,唯有革命才能毕其功。"接着追溯了自法国大革命以来的欧洲资产阶级革命发展的历程,并对1905年俄国革命给予高度评价。文章对于中国革命思想的传播和革命运动的发展寄予热切的期望。作者认为目前中国"思想之革命兴,革命之崇拜兴,革命领域方以一泻千里之势恢弘扩大,其主张又与俄国革命党所提倡者一致无二。料想其革命爆发期之到来,恐将超出世人所预想之快也"。③ 这一期上还刊登了未署名可能也是宫崎写的《关于中国留学生》一文,赞扬中国留日学生"已怀激烈的革命思想,他们的两大主义是建设共和政府与平均土地,实行政治革命与社会革命"。作者认为"中国已经觉醒,中国留学生将是新中国的建设者"。所以他劝告日本当局和各界人士不要轻侮和嘲笑中国留学生。该期"东亚纪事"专栏里报道了本年七、八

---

① 《革命评论》全部影印本,见日本劳动运动史研究会编:《明治社会主义史料集》第8卷,明治文献资料刊行会刊印,1960—1963年。
② 萱野长知:《中华民国秘籍》,日本帝国地方行政学会,1940年,第85页。又见崎村义郎著、久保田文次编《萱野长知研究》,日本高知市民图书馆,1996年,第47页。
③ 《发刊辞》,《革命评论》第1号,1906年9月5日。又见宫崎龙介、小野川秀美编《宫崎滔天全集》第2卷,日本东京平凡社,1971年,第595—596页。

月内中国浙江、江西、江苏、安徽、湖南等地人民的反帝反封建斗争。作者写道:"黑云压空,疾风卷地,雷雨来临,中国已如在火山口上,不知何时就会爆发。"

1906年9月20日出版发行的《革命评论》第二号上刊登了宫崎寅藏署名火海渔郎的《中国留学生的责任》一文。他指出:"国无论东西,世不问古今,凡一国之元气者,惟赖青年以维持以发挥",因此,青年是"一国之生命也"。现在中国青年的一部分已经觉醒,"吸收新知识最多者是留学生也",故而"建设新中国也是留学生之责任也"。以此鼓励中国留日学生积极投身革命。同期宫崎还以火海渔郎笔名写了一篇《中国立宪问题》,通过对比中日两国国情的差异,批判清政府的预备立宪计划难以实现,不可能制止革命。这一期上还有和田三郎以怀仁笔名写的《帝王暗杀的时代》和《欧洲革命大势》,主要介绍俄国的革命形势。

《革命评论》第三号发行于同年10月5日,该期上又有宫崎寅藏以火海笔名所写的《中国革命与列国》一文,着重揭露帝国主义对中国的侵略,同时指出帝国主义侵华也给本国人民带来了痛苦。他说:"所谓帝国主义在某种意义上,是一种吞并主义。伴之而来的是扩张军备,而扩张军备又需要金钱。谁负担这些金钱?是人民群众。谁在战场上牺牲?又是人民群众。人民群众从征服别国得到什么好处?除重税之外,一无所得。"宫崎还认为中国革命将会影响全世界的命运。如果列强来干涉,则可能引发世界革命。因此"中国前途大有希望"。这一期上还刊登了和田三郎以怀仁笔名写的《俄国革命党的使命》和《俄国暗杀事件》,以及池亨吉以断水楼主人笔名写的小说《俄皇之犬》。

1906年10月20日出版的《革命评论》第四号上,刊登了"中国革命党首领孙逸仙"即孙中山的照片和宫崎寅藏署名火海的《孙逸仙》一文,热情宣传孙中山的革命事迹。宫崎赞扬孙中山是"据理义而建立主义,以救苍生于危困之中为己任之革命真英雄"。"彼乃身着自由、平等、博爱甲胄之革命化身也。"他还说:"熟知孙逸仙之部分日本人士曾云:彼为中国人之卓越者也。试问,超乎孙逸仙以上之人日本何处有之?余辈不幸,实未曾见。孙逸仙堪称旷世之才也。"该期还开始连载署名二楸庵可能是平山周写的长文《中国的秘密社会》,首先介绍了哥老会。而在11月10日出版的第五号上则着重宣传了兴中会,还刊登了《兴中会章程》全文和清政府悬赏捉拿孙中山等革命党人的告示。11月25日出版的第六号刊登了署名二楸庵的《清国的官吏社会》一文,深刻揭露了清政府官僚制度的腐败和黑暗,并指出"清朝的命运,历数已尽"。

1907年(明治四十年)1月1日出版的《革命评论》第七号,即1907年新年号,被命名为"支那(中国)革命号"。和田三郎以怀仁笔名写的《迎接革命的新年》一文,宣告"丁未之年(即1907),实为世界革命之年也。欧洲之俄国,革命运动将益增其势。东亚之中国将倾覆满洲朝廷,创立基于正义人道原则之自由新国体,以竭其全力期能贡献于世界之文明。世界之视听将悉集于此两国矣。""我们从人道大义出发,应该帮助中国和俄国的革命。"在"中国革命大势"专栏中则发表了池亨吉署名断水楼主人的《清朝之末路》,也公开断言清王朝必然覆灭。"丙午之岁既逝,清朝之末路既近。起哉,我所热爱之中国革命党诸君!奋哉,我所同情之汉种之民!"这一期的第一页还以显著位置刊登了发动长沙起义而牺牲的湖南会党首领马福益就义时的照片,称之为"中国革命之先驱",并有专文介绍其事迹。该期还以《中国革命殉难者小传》的通栏标题,用整整两个版面篇幅刊登了史坚如、邹容、陈天华和吴樾四位烈士的照片和小传。该期还登载了萱野长知用凤梨笔名写的关于民报一周年纪念大会的报道和孙中山在会上演说的全文。

《革命评论》第八号发行于1907年1月25日,刊登了俄国革命领袖列宁的照片和关于中国萍浏醴起义的通讯,并发表了起义军的檄文和告示。还有署名长安可能是平山周写的《清朝排斥新学》和《张之洞的密信》两文。并有萱野长知署名凤梨的《思想界的暗斗》,指出日本思想界出现了各种思潮的激烈斗争。2月25日出版的第九号头版刊登了署名葭湖可能是池亨吉或者是和田三郎写的《中国革命的过去、现在及将来》一文。认为孙中山是中国革命"集大成"的人物,将"在亚洲创立唯一的共和民主国"。另外,宫崎寅藏以火海笔名写的《中国革命之大势》,也认为中国革命已经发出曙光,各地人民纷纷起义,"以天时人事观之,都是清朝末路的征兆。"该期还发表了署名龙云的《中国革命之管见》和署名长安的《滑稽的中国立宪问题》。最后一期即1907年3月25日出版的第十号上刊登了宫崎寅藏署名火海的《革命问答》,答复读者对革命的疑问,说明革命并非就是无政府主义、社会主义或共产主义,而是追求四海兄弟自然自由的境界。该期还有署名南窗可能是清藤辛七郎写的关于中国革命形势的报道和评论,和田三郎署名怀仁的《天诛主义》。并刊登了章炳麟撰写的《邹容传》。

《革命评论》与同盟会机关报《民报》不仅互相呼应,而且两社同人之间有着深厚的友谊。《革命评论》的刊头四个字就是由《民报》主编章炳麟(号太炎)亲笔所题。《民报》第十二、十三期和临时增刊《天讨》,都曾为《革命评论》刊登大幅广告,并给予高度评价。"此种杂志,实活跃于地球表面之革命时运所生出。请观今日露西亚革命之现状,支那革命之暗流,独(德)、佛(法)社会党员之活动,伊(意)、西无政府党员之努力,英、米各国最显著之人权之发达,以及印度、南洋、亚非利加各民族,皆秤能反抗蹶起,谁云二十世纪,非世界革命社会改造之时代耶!"①《民报》第十期刊登的关于刘成禺编、孙中山作序的《太平天国战史》的广告上,也特别说明该书有"日本志士、《革命评论》杂志编辑人白浪庵滔天题词"。《革命评论》也经常为《民报》刊登广告,在它的创刊号上就刊登了《民报》的六大纲领,并向日本各界人士推荐:"《民报》乃中国革命党之机关报也,故欲知中国之新思想,中国民间之实情乃至革命党人之精神意气,不可不读《民报》也。"②从《革命评论》刊登的"编辑日志"中还可以看到孙中山、黄兴、宋教仁、章太炎等同盟会领导人与《革命评论》社同人互相往来拜访、宴请欢聚的热烈情景。1906年12月2日,《民报》社在东京锦辉馆举行创刊一周年庆祝大会,《革命评论》社全体成员都到会祝贺。会上黄兴请宫崎寅藏讲话,并介绍说"君赞助我国革命事业,备尝艰难险阻,百折犹不挠其志"。会场上"欢呼声如潮"。宫崎也当场慷慨陈词:"仆牺牲此身以赞助支那革命,数十年来饮食梦寐歌思哭怀胥不忘此。"当时"听者慷慨泣下",③会上洋溢着中日两国人民之间的深厚情谊,场面极其热烈动人。《民报》和《革命评论》都对这次盛会作了详细报道。

---

① 革命评论广告,《民报》第12期,1907年3月。
② 民报广告,《革命评论》第1号,1906年9月5日。
③ 民意:《纪十二月二日本报纪元节庆祝大会事及演说辞》,《民报》第10号。

《革命评论》鼓吹革命思想,激励革命意志,宣扬中国和俄国的革命事迹,因此深受中日两国革命志士和进步人士的欢迎和赞赏。在该刊"飞雁纷纷"专栏里,刊登了许多热情的来信,如日本著名社会主义者幸德秋水来信称读后"痛快无比",石川三四郎赞颂该刊"雄姿飒爽"。《民报》、《新世纪》、《万朝报》等中日报刊也来函祝贺。一些同盟会员和留日学生写信或作诗表达其感情。宋教仁在来信中说:"读了贵报第二号,革命主义的真理和革命运动的实况,得到充分发挥,慷慨淋漓,至极同感。《中国留学生的责任》一文最感痛快适切,吾人举双手表同情感谢之意。"①另一封署名支那宋练氏的来信道:"昨日承惠赐贵报一份,拜读之下,不禁无限热血奋起,三呼万岁。今而后东亚天地其为有云收雾散日暖风和之兆乎"。还有的读者赞扬"贵社所编评论,惊天地,泣鬼神,令人不忍释手"。在第六号的"革命风流"专栏中,刊登了同盟会员田桐、陈家鼎等人《读革命评论有感》的诗歌。陈家鼎共写了十二首诗,《革命评论》节录了如下两首:

  地狱沉沉是夜叉,阿谁苦口托词家。
  昨宵梦见卢梭笔,生出枝枝革命花。

  专制千年是亚东,平权从此唱欧风。
  只教文章点点血,流作樱花一片红。②

《革命评论》对日本进步青年也有所激励。有一位名叫辻润的日本青年在二十年后回忆当年拜访革命评论社和见到宫崎滔天时的情景后说:"从评论社出来时,我已变得颇为激动,怀里还揣着二十几部刚出版的《革命评论》第一期。""确实,我那天真的青年人的热血,那时刚被点燃,如今回想起来,还不胜感动。"③

尽管《革命评论》只出了十期,1907年3月,因资金和内部分歧以及日

---

① "飞雁纷纷",支那宋教仁函,《革命评论》第3号,1906年10月5日。
② "革命风流",陈家鼎,《读革命评论有感》,《革命评论》第6号,1906年11月25日。
③ 辻润:《忆宫崎滔天》,原载《自由评论》昭和2年十月号,引自近藤秀树编《宫崎滔天年谱稿》,见《辛亥革命丛刊》第1辑,第142页。

本政府打压等原因停刊。然而此后,宫崎寅藏等仍不遗余力地支持中国革命,因此,孙中山对宫崎滔天十分信任,1907年9月13日亲自签发委任状,委任他"在日本全权办理筹资购械,接济革命军。所有与货主交涉条件,悉便宜行事"。① 宫崎为同盟会的多次武装起义购买军火,不辞辛苦、贫困和危险。有一次,日本东京神乐坂警察署的署长设宴招待宫崎,企图收买他,要他提供中国革命者的情况。宫崎滔天义正词严地给予拒绝。孙中山闻讯以后特地写信向他表示感谢与敬佩,赞誉宫崎滔天是"血性男子,固穷不滥,廉节可风"。信中还说:"足下为他人国事,坚贞自操,艰苦备尝如此,吾人自问,惭愧何如! 弟以此事宣之同志,人人皆为感激奋励。"②

1908年10月,日本政府借违反新闻纸条例为名,禁止《民报》第二十四号的发行,并以不申报发行所地址变更为由,对《民报》主编章炳麟提出起诉。宫崎滔天闻讯立即为之奔走声援,并请日本律师花井卓藏、后藤德太郎等人出庭辩护。他还亲自把法庭指责《民报》所刊的汤增壁《革命之心理》一文译成日文,供辩护律师参考。孙中山曾为宫崎滔天书赠横幅"推心置腹",表达了对这位中国人民的真诚朋友的深情厚谊。笔者1987年访日期间,曾拜访了位于东京丰岛区西池袋的宫崎滔天的故居。承蒙滔天孙女宫崎蕗苳女士及其丈夫宫崎智雄教授的热情接待,得见孙中山书赠宫崎滔天的横幅、题字与委任状原件,以及宫崎与孙中山和其他中国革命党人之间的大批书信、笔谈手迹、照片等珍贵文物,深受感动。《革命评论》与同盟会的关系是日本友好人士宣传和支持中国革命的生动事例,宫崎滔天等日本朋友与中国革命者之间的战斗友谊,将永远铭记在中日两国人民的心中。

(原载《北大史学》第12辑,2007年)

---

① 孙中山:《给宫崎滔天的委任状》,1907年9月13日,《孙中山全集》第1卷,中华书局,1961年,第343页。
② 孙中山:《致宫崎寅藏函》,1909年3月2日,《孙中山全集》第1卷,第403页。

辑四　北大校史丛考

戊戌维新与京师大学堂的创立

1998年是戊戌维新的一百周年,又是北京大学创立的一百周年。这两个百周年绝非巧合,有着密切的关系。

让我们先来回顾百年前历史的一幕。1898年6月11日,光绪皇帝采纳维新派的要求,颁布《定国是诏》,毅然宣布以维新变法为基本国策。就在这份被梁启超誉为"四千年拨旧开新之大举"的变法宣言诏书中,下达了百日维新的第一项改革政令:"京师大学堂为各行省之倡,尤应首先举办。"①

百年前由光绪皇帝亲自下令创办的京师大学堂,就是北京大学的初名(1912年改名北京大学校)。它是在戊戌维新中诞生的中国近代第一所国立综合性大学,当时不仅是中央官办的最高学府,也是全国最高教育、行政管理机关。京师大学堂的创办标志着中国教育现代化进程的重大进展及中国现代高等教育的全面启动。

本文试图通过研究分析京师大学堂从酝酿倡议到筹办、创立的历史过程,论述京师大学堂为什么是戊戌维新和中国教育现代化进程的产物,并考证京师大学堂创办和开学的具体经过与日期。

---

① 《清实录·德宗景皇帝实录》卷四一八,中华书局影印本,1987年,第482页。

一、维新派的教育改革思潮

京师大学堂是在甲午战争后兴起的维新派教育改革思潮的推动影响下酝酿产生的。

1895年甲午战争失败,空前的民族危机强烈地刺激了中华民族的觉醒,出现了以爱国救亡、维新变法和思想启蒙为宗旨的维新运动。以康有为、梁启超为代表的维新派大声疾呼只有变法维新才能救中国。他们把改革教育、兴办学校提高到关系国家兴亡和变法成败的战略高度。

维新派认为兴学校育人才是使国家富强的根本途径和关键所在。1895年5月,康有为、梁启超发动在北京参加会试的举人向光绪皇帝上书。指出西方国家之所以富强,"不在炮械军兵,而在穷理劝学"。"其各国读书识字者,百人中率有七十人。""其大学生徒,英国乃至一万余。"而中国之所以贫弱,则主要是教育不良,人才缺乏。"读书识字仅百分之二十,学塾经费少于兵饷数十倍,士人能通古今达中外者,郡县乃或无人焉。"因此,他们建议在各省州县遍设学堂,并在京师办学,"广延各学教习"①。可以说其中已经孕育着在京师办大学设想之萌芽了。1896年,梁启超在《变法通议》的《学校总论》一文中,更是慷慨陈词:"亡而存之,废而举之,愚而智之,弱而强之,条理万端,皆归本于学校。今国家而不欲自强则已,苟欲自强,则悠悠万事,惟此为大,虽百举未遑,犹先图之。"②

维新派还把兴学校育人才视为维新变法的重要内容和当务之急。1896年梁启超在《论变法不知本原之害》中断言:"变法之本在育人才,人才之兴在开学校。""欲求新政,必兴学校,可谓知本矣。"③康有为总结日本明治维新的经验指出:"日人之变法也,先变学校。"④他还强调:"欲任天下之事,开中国之新世界,莫亟于教育。"⑤

---

① 康有为:《上清帝第二书》,《康有为全集》(二),上海古籍出版社,1990年,第95页。
② 梁启超:《学校总论》,《饮冰室合集》文集之一,中华书局,1989年。
③ 梁启超:《论变法不知本原之害》,《饮冰室合集》文集之一。
④ 康有为:《日本书目志》,《康有为全集》(三),上海古籍出版社,1992年,第935页。
⑤ 梁启超:《康有为传》,《饮冰室合集》文集之九。

维新派对封建旧教育进行了猛烈的抨击。梁启超在《学校总论》中深刻揭露封建官学与书院只是科举八股的附庸。这种学校培养出来的人,不过是"聚千百帖括、卷折、考据、词章之辈,丁历代掌故,瞠然未有所见,于万国形势,懵然未有所闻者。而欲与之共天下,任庶官,行新政,御外侮,其可得乎?"①严复对科举八股制度和旧教育更是深恶痛绝,斥责其有三大害:"锢智慧,坏心术,滋游手。"②

维新派对洋务教育也提出了尖锐的批判。梁启超认为洋务派虽然办了同文馆、水师学堂、自强学堂等不少洋务学堂,但成效不大,培养不出理想的人才。其主要原因是只学皮毛,不学根本。只学外国语言工艺,不学外国政法教育。"言艺之事多,言政与教之事少。其所谓艺者,又不过语言文字之浅,兵学之末。不务其大,不揣其本,即尽其道,所成已无几矣!"他指出其病根有三条:"一曰科举之制不改,就学乏才也。二曰师范学堂不立,教习非人也。三曰专门之业不分,致精无自也。"③

维新派针对中国旧教育的弊病,提出了一系列推进中国教育现代化的改革主张。在教育目的方面,主张教育救国,培养新政事业有用人才。在教育内容方面,主张提倡西学,重视政学,广派游学。在教育制度方面,主张改革科举,废除八股,普及学校,发展师范,倡办女学。并建议仿效西方与日本,建立大中小学三级近代新学制。梁启超1896年在《论科举》一文中归纳为:"合科举于学校,自京师以迄州县,以次立大学、小学,聚天下之才,教而后用之。"④

维新派还进行教育改革的实践,如康有为1891年在广州创办万木草堂,梁启超1897年在长沙主讲时务学堂,都倡导兼学中西、政艺之学,培养了一批变法骨干人才。以致有人甚至说戊戌维新"实基于万木草堂之学风,与万木草堂之人物"⑤。

---

① 梁启超:《学校总论》,《饮冰室合集》文集之一,中华书局,1989年。
② 严复:《救亡决论》,《严复集》第一册,中华书局,1986年,第43页。
③ 梁启超:《学校总论》,《饮冰室合集》文集之一,中华书局,1989年。
④ 梁启超:《论科举》,《饮冰室合集》文集之一。
⑤ 卢湘父:《万木草堂忆旧》,转引自马洪林《康有为大传》,辽宁人民出版社,1988年,第135页。

总之,维新派的教育改革思潮及形势对中国教育现代化的迫切需要,促进了京师大学堂的酝酿产生。

二、维新派与京师大学堂的倡议与筹办

维新派在京师大学堂的倡议和筹办过程中起了重要的作用。最早的渊源关系可以追溯到 1895 年康有为、梁启超在北京组织的强学会。梁启超 1912 年 10 月 31 日在北京大学的一次讲演中回忆自己与北大的关系时曾说:"时在乙未之岁(按:1895 年),鄙人与诸先辈,感国事之危殆,非兴学不足以救亡。乃共谋设立学校,以输入欧美之学术于国中。惟当时社会嫉新学如仇,一言办学,即视同叛逆,迫害无所不至。是以诸先辈不能公然设立正式之学校,而组织一强学会,备置图书仪器,邀人来观,冀输入世界之智识于我国民,且于讲学之外,谋政治之改革。盖强学会之性质,实兼学校与政党而一之焉。"①

京师强学会 1895 年 11 月由康、梁等人发起成立,又称强学书局,是维新派最早的政治团体。主要活动是集会讲演,购置图书仪器,译书办报等。梁启超被推为书记员并主编《中外纪闻》。不久,康有为又南下发起设立了上海强学会,并拟订章程,创办《强学报》,"鉴万国强盛弱亡之故,以求中国自强之学"②。然而,很快便遭到守旧势力的攻击。1896 年 1 月 20 日,御史杨崇伊上疏诋毁强学会"植党营私","请饬严禁"③。于是京师强学会遭到封禁,图书仪器被查抄,上海强学会也被迫解散。后来御史胡孚辰上奏"书局有益人才",建议把强学书局改为官办。清政府即下令改设官书局,派吏部尚书孙家鼐为管理大臣。1896 年 2 月 11 日,孙家鼐上《官书局奏定章程疏》,其中提出"拟设学堂一所"的设想,此乃倡办京师大学堂的嚆矢。故梁启超在北大的演说中称京师大学堂"之前身为官书局,官书局之前身为强学会"④。1918 年出版的《国立北京大学二十周年纪念册》也认为"本校造

---

① 梁启超:《莅北京大学校欢迎会演说辞》,《饮冰室合集》文集之二十九。
② 康有为:《上海强学会章程》,《康有为全集》(二),第 196 页。
③ 《德宗景皇帝实录》卷三八一,第 986—987 页。
④ 梁启超:《莅北京大学校欢迎会演说辞》,《饮冰室合集》文集之二十九。

端,基于清光绪二十一年之强学会"①。

我认为梁启超关于强学会和官书局是京师大学堂前身的说法是不太确切的。但是康、梁办强学会的动机中确有兴学校育人才之意。而强学会改为官书局后,管理大臣孙家鼐也计划办学。以后李端棻倡议办京师大学堂,总理衙门即认为"系为扩充官书局起见"。孙家鼐也承认这是"官书局应办之事",并提出了筹办京师大学堂的具体设想。最后光绪皇帝还任命官书局管理大臣孙家鼐为京师大学堂管学大臣,并把官书局并入大学堂。从这些史实说明强学会、官书局与京师大学堂之间,确实有一些渊源关系。

最初正式向清政府提出设立京师大学堂倡议的是刑部左侍郎李端棻。他在1896年6月12日(光绪二十二年五月初二)向皇帝上《时事多艰,需才孔亟,请推广学校,以励人才而资御侮折》。认为"人才之多寡,系国势之强弱也"。主张"自京师以及各省府州县皆设学堂"。并建议"京师大学,选举贡监生年三十以下者入学,其京官愿学者听之"。此外,他还提出设藏书楼,创仪器院,开译书局,广立报馆,选派游历等五项措施。奏折结尾宣称:"既有官书局大学堂为之经,复有此五者以为之纬",则"十年以后,贤俊盈廷,不可胜用矣。以修内政,何政不举?以雪旧耻,何耻不除?"②

李端棻的这份奏折据说是梁启超代为起草的。罗惇曧在《京师大学堂成立记》中记载:"梁启超为侍郎李端棻草奏,请立大学堂于京师。"③梁启超的夫人李蕙仙是李端棻的堂妹,两家关系密切,代拟奏折是有可能的,而且奏折中的提法也符合梁当时的主张,至少是吸收或征求了梁启超的意见。下列几条史料也可作旁证。如1896年5月吴德潇致汪康年的一封信中,询问梁启超"近日忙否?""苾老(按:李端棻)奏拟否?"④同月梁启超致汪康年的信中说:"龙伯鸾带去李苾师之折,乞代索取,因无副本也。"⑤另外7月李端棻给梁启超的信中也告诉他:"日前所上一疏,饬交礼部、总署会议,准驳

---

① 《大学成立记》,《国立北京大学二十周年纪念册》,1918年。
② 李端棻:《请推广学校折》,《北京大学史料》第1卷,北京大学出版社,1993年,第20—22页。
③ 罗惇曧:《京师大学堂成立记》,《庸言》第1卷,第13号,1913年6月。
④ 《汪康年师友书札》(一),上海古籍出版社,1986年,第397页。
⑤ 《汪康年师友书札》(二),上海古籍出版社,1986年,第1836页。

尚未覆议,俟有定议,再为寄知。"①可见此折与梁启超确实有关。后来梁启超还把该折刊登于自己主编的《时务报》第六册上。

光绪皇帝看到李端棻的奏折后立即命总理衙门议奏。可是总理衙门在当天议复时,却把筹办京师大学堂的任务推给了管理书局大臣孙家鼐,声称"该侍郎所请于京师建设大学堂,系为扩充官书局起见,应请旨饬下管理书局大臣察度情形,妥筹办理"②。经上谕批准,京师大学堂进入了筹办阶段。

孙家鼐于1896年9月上《议复开办京师大学堂折》,提出了筹办京师大学堂的具体设想。奏折首先承认这是"官书局分内应办之事",但接着又表示为难。"中国京师建立学堂,为各国通商以来仅有之创举",既不能沿袭中国旧设之学堂,又不能完全仿效外国之大学。"深知此事定制之难,创始之不易。且中国堂堂大国,立学京师,尤四海观瞻之所系,一或不慎,则徒招讥议,无补时艰,反不如不办之为愈矣。"尽管难度很大,他还是提出了筹办京师大学堂的六条具体设想。首先是定立学宗旨,"应以中学为主,西学为辅;中学为体,西学为用"③。然后是关于建造校舍、学问分科、聘请教习、招选学生、筹拨经费等方面建议。虽然这个筹备计划得到了光绪皇帝的赞同,但是恭亲王奕䜣和军机大臣刚毅等守旧大臣们却以经费困难等为理由,主张"缓办",使筹办工作被搁置下来。1897年4月,翰林院编修熊亦奇在给孙家鼐的信中认为:"设学堂事大且繁,非书局所可容纳。"并感叹,"学堂一节,则以小试无益,大办不能,是以屡次筹商,不得不迟迟有待……"④

这段时期,许多中外人士都向清政府呼吁尽快兴办京师大学堂。如1897年姚文栋上《京师学堂条议》,指出:"东西洋各国都城,皆有大学堂,为人材总汇之所","今中国一时未能遍设乡学,先设大学堂于京师,亦可树之风声"。并建议"专设学部大臣,以总理全国之学政"⑤。美国传教士李佳白写《拟请京师创设大学堂议》,认为:"立总学堂于京师,不但能扩众人之才

---

① 李端棻:《复梁孝兼卓如书》,转引自孔祥吉:《康有为变法奏议研究》,辽宁教育出版社,1988年,第233页。
② 《德宗景皇帝实录》卷三九〇,第82页。
③ 孙家鼐:《议复开办京师大学堂折》,《北京大学史料》第1卷,第23—25页。
④ 《熊亦奇致孙家鼐书》,《知新报》第八册,光绪二十三年二月。
⑤ 姚文栋:《京师学堂条议》,《北京大学史料》第1卷,第11页。

智,尊朝廷之体统已也,亦可扬国家之声名。"①1897年,美国传教士狄考文、林乐知等也向总理衙门递交《创设总学堂议》,建议京师设总学堂,"为群学总汇之区"、"通国总会之所"。他们还介绍日本除东京大学外,1897年又新设京都大学,"日本大兴新学尚有乏才之虑,况中国今日之情形乎?"②以此催促清政府快办京师大学堂。

1898年初,维新派加紧推动光绪皇帝批准设立京师大学堂。曾经参加强学会并多次请康有为代拟奏疏的御史王鹏运,于1898年2月上了《需才孔亟,请饬速设京师大学堂片》。1898年2月15日(光绪二十四年正月二十五日),光绪皇帝颁上谕:"京师大学堂,迭经臣工奏请,准其建立,现在亟须开办。其详细章程,着军机大臣会同总理各国事务衙门王大臣妥筹具奏。"③从此,京师大学堂从筹办阶段进入了创办阶段。

三、百日维新的第一项改革措施

1898年初,维新运动日益高涨,新旧势力的斗争也日趋激烈。顽固派竭力反对改变祖宗成法。军机大臣刚毅认为"我朝成法,尽善尽美"。恭亲王奕䜣也主张"恪遵成宪"。设立京师大学堂虽经光绪皇帝批准,但总理衙门却仍以"事属创始,筹办匪易"为借口拖延执行。5月29日奕䜣去世,维新派乘此机会敦促光绪皇帝确定国是(即国策),痛下变法决心。康有为6月1日先代御史杨深秀起草《请定国是而明赏罚折》,要求光绪帝"明降谕旨,著定国是,宣布维新之意,痛斥守旧之弊"。④ 6月8日,康有为又为侍读学士徐致靖起草《请明定国是折》,指责守旧大臣及各省督抚们对新政命令"置之不理",例如京师大学堂"至今尚无片瓦"。由于"国是未定",以致"守旧开新,两无所据"。因此强烈要求朝廷申明国是,"明示从违,以一众

---

① 李佳白:《拟请京师创设大学堂议》,《北京大学史料》第1卷,第14页。
② 狄考文等:《上译署拟请创设总学堂议》,《北京大学史料》第1卷,第18—19页。
③ 《德宗景皇帝实录》卷四一四,第422页。
④ 杨深秀:《请定国是而明赏罚折》(康有为代拟),《康有为政论集》上册,中华书局,1981年,第224—245页。

心"①。

在维新派的大力鼓动敦促下,年轻的光绪皇帝认为与其守旧亡国,不如孤注一掷实行变法,"幸则可望收政权而保国土,不幸亦可大开民智而得之将来"②。终于下定决心在1898年6月11日(光绪二十四年四月二十三日)颁布《定国是诏》,正式宣布以变法维新为国策,推行新政。诏书中说:"朕惟国是不定,则号令不行,极其流弊,必至门户纷争,互相水火。"因此,"明白宣示,嗣后中外大小诸臣,自王公以及士庶,各宜努力向上,发愤为雄。以圣贤义理之学,植其根本,又须博采西学之切于时务者,实力讲求"③。这是一份变法的宣言书,揭开了百日维新的序幕(自1898年6月11日到9月21日慈禧太后发动政变,共103天,史称"百日维新")。梁启超评论该诏书为"四千年拨旧开新之大举","一切维新基于此诏,新政之行,开于此日"④。而在这份诏书里,光绪皇帝颁布的第一项新政改革措施就是举办京师大学堂。指出"京师大学堂为各行省之倡,尤应首先举办。着军机大臣、总理各国事务王大臣,会同妥速议奏"。诏书不仅强调创办京师大学堂的意义"为各行省之倡",而且具体规定了学生的来源,"所有翰林院编检,各部院司员,大门侍卫,候补候选道府州县以下官,大员子弟,八旗世职,各省武职后裔,其愿入学堂者,均准入学肄业。以期人材辈出,共济时艰"。诏书还严令各级官员"不得敷衍因循,徇私援引,致负朝廷谆谆告诫之至意"⑤。《定国是诏》全文共451个字,而有关举办京师大学堂的内容有127字,占了1/4以上。这份诏书把创办京师大学堂作为一个国家行为,提到启动新政之首要举措的高度,并以此推动全国教育及其他方面变革与现代化的进程。

《定国是诏》是由光绪皇帝的老师军机大臣翁同龢起草,而且征得慈禧太后的同意。慈禧甚至亲自"御书某某官应准入学"⑥。其实她并非完全赞

---

① 徐致靖:《请明定国是折》(康有为代拟),《康有为政论集》上册,第258页。
② 梁启超:《戊戌政变记》,《饮冰室合集》专集1,中华书局,1989年。
③ 《清实录·德宗景皇帝实录》卷四一八,中华书局影印本,1987年,第482页。
④ 梁启超:《戊戌政变记》。
⑤ 《清实录·德宗景皇帝实录》卷四一八,中华书局影印本,1987年,第482页。
⑥ 翁同龢:《翁文恭公日记》,光绪二十四年四月二十三日。

同变法,只是由于形势所迫,为了挽救清王朝的统治危机,不得不暂作让步,让光绪试一试。翁同龢在拟诏时既表达了光绪的变法决心,又强调"以圣贤义理之学为根本",以免得罪慈禧太后与守旧势力。

《定国是诏》的颁布对维新派是极大的鼓舞,而守旧派则竭力加以抵制或阳奉阴违,以致京师大学堂的创办工作仍不见实质性的进展。因此光绪皇帝在6月26日又下了一份口气严厉的上谕:"兹当整饬庶务之际,部院各衙门承办事件,首戒因循。前因京师大学堂为各行省之倡,特降谕旨,令军机大臣、总理各国事务王大臣会同议奏,即著迅速复奏,毋稍迟延。"并警告"各部院衙门,于奉旨交议事件,务当督饬司员,克期议复。倘有仍前玩愒,并不依限复奏,定即从严惩处不贷"①。

6月30日,接近维新派的帝党御史李盛铎上奏,认为将来京师大学堂"人才之成不成,在乎创始办法之善不善。然则中国安危强弱之紧要关键,殆无有大且急于此者也"。他呼吁"今朝廷既视此为新政第一大举动,则他费可省,此费独不可省"②。光绪上谕命总理衙门把李盛铎的建议"归入大学堂未尽事宜,一并议奏"③。

四、京师大学堂的章程

1898年7月,在光绪皇帝的三令五申和维新派的督促、参与下,京师大学堂的创办工作终于进入了制订章程、任命管学大臣和选址招生的具体实行阶段。

1898年7月3日(光绪二十四年五月十五日),总理衙门上《遵筹开办京师大学堂折》,报告"臣等仰体圣意,广集良法,斟酌损益,草定章程,规模略具。若其要义,凡有四端:一曰宽筹经费,二曰宏建学舍,三曰慎选管学大臣,四曰简派总教习"④。并附呈了《京师大学堂章程》。

据康有为《康南海自编年谱》谓创办京师大学堂的要义是康有为所建

---

① 《德宗景皇帝实录》卷四一九,第491—492页。
② 李盛铎:《奏京师大学堂办法折》,《北京大学史料》第1卷,第44—45页。
③ 《德宗景皇帝实录》卷四一九,第494页。
④ 《总理衙门奏筹办京师大学堂并拟学堂章程折》,《北京大学史料》第1卷,第44页。

议,而章程则是由梁启超执笔草拟。年谱记载:"自四月杪大学堂议起,枢垣托吾为草章程,吾时召见无暇,命卓如(按:梁启超)草稿。酌英美日之制为之,甚周密,而以大权归之教习。总署覆奏学堂事,大臣属之章京,章京张元济来请吾撰。吾为定四款:一曰预筹巨款,二曰即拨官舍,三曰精选教习,四曰选刻学书。"①

梁启超在《戊戌政变记》中追述当时经过说:"皇上既毅然定国是,决行改革,深知现时人才未足变法之用,故首注意学校,三令五申。诸大臣奉严旨令速拟章程,咸仓惶不知所出,盖中国向未有学校之举,无成案可稽也。当时军机大臣及总署大臣咸饬人来,属梁启超代草。梁乃略取日本学规,参以本国情形,草定规则八十余条,至是上之,皇上俞允,而学校之举乃粗定。"②

罗惇曧在《京师大学堂成立记》中也写道:"迭举严旨,促拟大学堂章程,枢廷及总署大臣,仓卒不知所措,梁启超时在京师,方倡新学,乃争遣人乞启超属章。启超略取日本学规,参以本国情形,为章程八十余事,乃据以上之。"③

梁启超起草的《京师大学堂章程》是近代中国第一个大学章程,体现了维新派的教育改革思想,勾画了中国近代新学制和新教育体系的雏形,在中国近代教育史和教育现代化进程中有着重要意义。

章程共分8章52节。第一章总纲,规定了京师大学堂的性质和地位。强调"京师大学堂,为各省之表率,万国所瞻仰。规模当极宏远,条理当极详密,不可因陋就简,有失首善体制"。并规定京师大学堂是全国最高学府和全国最高教育行政管理机构。"各省学堂皆当归大学堂统辖,一气呵成。一切章程功课,皆当遵依此次所定,务使脉络贯注,纲举目张。"为了给大学堂提供生源并达到维新派所期望的普及学校教育,章程要求各省迅速开办中小学堂,"务使一年之内,每省每府每州县皆有学堂"。还要编写大学、中学、小学三级教科书,除供大学堂学生使用外,"请旨颁行各省学堂"。

第二章关于学堂功课。首先明确教学目的是"培植非常之才,以备他

---

① 康有为:《康南海自编年谱》(外二种),中华书局,1992年,第47页。
② 梁启超:《戊戌政变记》。
③ 罗惇曧:《京师大学堂成立记》,《庸言》第1卷,第13号,1913年6月。

日特达之用",即培养新政需要的人才。提出教学内容应该"中西并重,观其会通,无得偏废"。京师大学堂的课程参考西方与日本学校的课程,分为普通学十门(经学、理学、中外掌故学、诸子学、初级算学、初级格致学、初级政治学、初级地理学、文学、体操学);专门学十门(高等算学、高等格致学、高等政治学、高等地理学、农学、矿学、工程学、商学、兵学、卫生学),以及外国语言文字学五门(英、法、俄、德、日)。章程强调京师大学堂与旧学校教育的区别,"本学堂以实事求是为主,固不得如各省书院之虚应故事,亦非如前者学堂之仅袭皮毛。既定功课,必当严密切实,乃能收效"。还规定了考试的要求和方式。

第三章关于学生入学。除了吸收《定国是诏》所列各类官员及大员子弟外,还招收"各省中学堂学成领有文凭咨送来京肄业者"。学生定额五百人,分六级递升,"宁缺无滥"。并根据学生功课之优劣,给其"膏火"(奖学金)之多寡。

第四章关于学成出身。规定"大学卒业,领有文凭者作为进士,引见授官","就其专门,各因所长授以职事,以佐新政"。体现了维新派提出的合科举于学校和培养新政人才的主张。

第五章关于聘用教习。强调选择教师的重要性,"学生之成就与否,全视教习。教习得人,则纲目毕举;教习不得人,则徒縻巨帑,必无成效。此举既属维新之政,实事求是,必不可如教习庶吉士、国子监祭酒等之虚应故事。宜取品学兼优通晓中外者,不论官阶,不论年齿,务以得人为主"。尤其"必择中国通人,学贯中西,能见其大者为总教习,然后可以崇体制而收实效"。并授以总教习聘用分教习等用人大权。

第六章关于设官。规定设置管学大臣、总教习、分教习、总办、提调等职。管学大臣地位很高,"以大学士、尚书、侍郎为之"。

第七章经费。"宜力除积弊,采用西法,先列为常年预算表,开办预算表,然后按表拨款办理。"① 章程共列出常年经费预算约19万两,开办经费预算约35万两。

第八章暂章。规定其他具体章程与详细细则待开办后由各办理人员随

---

① 《京师大学堂章程》,《北京大学史料》第1卷,第81—87页。

时酌拟。如课程教学具体章程、学生出身详细章程、各省府州县学堂训章等,都由大学堂总教习等拟定。

总理衙门复奏及《京师大学堂章程》呈上的当天,光绪皇帝立刻颁上谕予以批准。肯定章程"参用泰西学规,纲举目张,尚属周备,即着照所议办理",并"派孙家鼐管理大学堂事务,办事各员由该大臣慎选奏派";"所需兴办经费及常年用款着户部分别筹拨";"所有原设官书局及新设之译书局均着并入大学堂,由管学大臣督率办理"。上谕最后还强调"此次设立大学堂,为广育人才讲求时务起见,该大臣务当督饬教习等,按照奏定章程,认真训迪,日起有功。用副朝廷振兴实学至意"①。同日还下旨:京师大学堂指日开办,亦应设立译书局,以开风气。并"赏举人梁启超六品衔,办理译书局事务"②。

京师大学堂的创办和章程的制订,对推动全国教育改革和教育现代化影响很大。如 7 月 10 日上谕命令各省府厅州县现有之大小书院一律改为"兼学中学西学之学校","皆颁给京师大学堂章程,令具仿照办理"③。

五、戊戌维新的仅存硕果

京师大学堂创办过程中充满了新旧势力的斗争。首先是关于管学大臣人选,最初顽固派后党军机大臣刚毅"自命正学,欲以办学自任"④,想当京师大学堂的管学大臣。帝党首领军机大臣翁同龢加以抵制,会同御史李盛铎等推荐协办大学士孙家鼐和侍郎许景澄。结果光绪皇帝任命吏部尚书、协办大学士孙家鼐为京师大学堂管学大臣。孙家鼐,字燮臣,安徽寿州人,曾为光绪帝师傅,为人老练圆滑。他担任管学大臣后,虽然为京师大学堂的创办做了不少工作,但又常常维护旧制度旧思想,甚至排挤打击维新派。

围绕京师大学堂总教习人选也曾发生激烈斗争。据《康南海自编年谱》记载,起初孙家鼐曾面请康有为担任总教习,李鸿章、廖寿垣、陈炽等人

---

① 《德宗景皇帝实录》卷四一九,第 497 页。
② 《德宗景皇帝实录》卷四一九,第 497 页。
③ 《德宗景皇帝实录》卷四二〇,第 504 页。
④ 罗惇曧:《京师大学堂成立记》,《庸言》第 1 卷,第 13 号,1913 年 6 月。

也劝孙聘康任此职。而康有为当时则担心大学堂的学生皆"部曹翰林道府州县等官,习气甚深。自度才德年位,恐不足以率之,度教无成,徒增谤议,故面辞之"。可是后来当孙家鼐见到梁启超起草的大学堂章程,对"教权皆属总教习,而管学大臣无权"深为不满,又闻诸大员推荐,更怀疑是康有为所请托,"欲为总教习专权,又欲专选书之权,以行孔子改制之学也"。于是"大怒而相攻"。康有为遂命梁启超转告孙家鼐:"誓不沾大学一差,以白其志。"①康有为在《自编年谱》中的这段记载可能有夸张和自我吹嘘的成分,如孙家鼐面请、李鸿章推荐等情节不尽可信,但这场斗争尚有其他史料佐证。如李鸿藻之子李符曾致张之洞的密信中提到:"梁(按:梁启超)见寿州(按:孙家鼐),谓'总教习必派康先生'。孙不应,康党大失所望。"还说孙家鼐掌管大学堂,"康所拟管学诸人,全未用"。②

7月17日孙家鼐上奏请派当时尚不在国内的原驻德公使、工部左侍郎许景澄担任京师大学堂总教习,而在许到任前则由孙自己"暂为兼办"。这样他不仅排斥了康有为,而且可以独揽大权。同日,孙家鼐还上书攻击康有为的《孔子改制考》等书,"必欲以衰周之事行之今时。窃恐以此为教人人存改制之心,人人谓素王可作"。他强调"学堂之设,本以教育人才,而转以蛊惑民志,是导天下于乱也","一旦反上作乱之人,起于学堂之中,臣何能当此重咎?"要求对"康有为书中凡有关孔子改制称王等字样,宜明降谕旨,亟令删除"③。欲以此讨好守旧势力,同时证明康有为不宜担任总教习。后来御史宋伯鲁奏请改《时务报》为官报。上谕命管学大臣酌核奏明。孙家鼐乘机于7月26日上折请派康有为赴上海督办官报,同时又限定办报"不准议论时政,不准臧否人物,皆译外国之事"④。企图将康有为排挤出京,同时又压制维新派的变法宣传,可谓用心良苦。康有为在《自编年谱》中也揭露:"时枢臣相恶,欲藉差挤我外出,然后陷之,乃托孙家鼐请我办官报,并

---

① 康有为:《康南海自编年谱》(外二种),中华书局,1992年,第48页。
② 《李符曾致张之洞密札》,转引自孔祥吉《戊戌维新运动新探》,湖南人民出版社,1988年,第79—80页。
③ 孙家鼐:《奏请译书局编纂各书请候钦定颁发并请严禁悖书事》,《北京大学史料》第1卷,第190页。
④ 孙家鼐:《奏遵议上海时务报改为官报折》,《光绪朝东华续录》卷一四六。

以京衔及督办字样相诱。"①汪大燮致汪康年的信中也认为"寿州原为推康出走起见"②。康有为针对孙家鼐在大学堂安插兼差人员之事,鼓动御史宋伯鲁上书,要求大学堂用人,"但论才识之高下,不论官阶之尊卑"。所有派办各员应开去别项差使,"将一切官场恶习,痛除净尽"③。支持维新派的总理衙门章京张元济也愤然辞去原由孙家鼐推荐的京师大学堂总办职务,孙即顺水推舟另荐帝党御史李盛铎担任。

孙家鼐就任管学大臣后,8月9日在《奏复筹办大学堂情形折》中,对梁启超起草的章程提出了许多原则性修改意见,也反映了新旧思想斗争。例如提出进士举人出身的京官另立仕学院。大学堂毕业生必须由管学大臣"严核品学,请旨采用"。他还认为原章程所列中西学"门类太多",应予删并。另外梁启超为京师大学堂译书局拟订了章程,提出"编译各书,悉依西例"。而孙家鼐却在奏折中特别强调"编书宜慎也",而且认为"经书断不可编辑","亦概不准妄行增减一字"④。

孙家鼐还陆续上奏,如聘请原同文馆总教习美国传教士丁韪良为西学总教习,派大学堂办事人员李盛铎、李家驹等赴日本考察学务,设立医学堂等。总理衙门也已将马神庙原四公主府拨给京师大学堂作校舍并开始修缮。

正当京师大学堂在紧锣密鼓积极创办之际,1898年9月21日,以慈禧太后为首的顽固派突然发动政变。光绪皇帝被软禁于中南海的瀛台,康有为与梁启超仓皇流亡海外,谭嗣同等维新志士被杀。百日维新仅仅进行了103天就宣告失败。政变以后,西太后以训政名义重掌政权。9月26日的上谕,下令将百日维新期间光绪皇帝决定裁撤的詹事府等衙门"照常设立,毋庸裁并"。而"开办时务官报"、"准令士民上书"等新政措施均被废除。然而京师大学堂被称为"培植人才之地,仍予保留"⑤。

---

① 康有为:《康南海自编年谱》(外二种),中华书局,1992年,第49页。
② 《汪大燮致汪康年书》,《汪康年师友书札》(一),第790页。
③ 宋伯鲁:《大学堂派办各员请开去别项差使片》,转引自孔祥吉《戊戌维新运动新探》,第73页。
④ 孙家鼐:《奏筹办大学堂大概情形折》,《北京大学史料》第1卷,第47—48页。
⑤ 《德宗景皇帝实录》卷四二七,第603页。

京师大学堂在戊戌维新失败后为什么仍能保留下来呢？其原因，首先，慈禧太后认为兴办学校毕竟是大势所趋，而且不像改革官制、兴办报刊等新政措施那样直接危及其统治地位与利益。其次，因京师大学堂"萌芽早，得不废"。早在1896年已有倡议并由官书局筹办，1898年初经王鹏运奏准设立。颁《定国是诏》时慈禧太后也同意并亲自手书某某官可入学。第三，最重要的还是如上谕所说，"大学堂为培养人才之地"。光绪与维新派希望京师大学堂培养出维新变法的人才，慈禧太后与顽固派也需要培养维护自身统治的人才。所以只要改变其教育方针，学校仍可保留下来。

据孙家鼐1898年12月3日（光绪二十四年十月二十日）所上《大学堂开办情形折》的报告，11月22日内务府已将大学堂房屋交接，当即派办事人员移住。"一面出示晓谕，凡愿入堂肄业者，报名纳卷，甄别取去。现在斋舍仅能容住二百余人，而报名者已一千有零，当先择人品纯正文理优长者，录取入堂，以广造就。"他体会慈禧太后保留大学堂的用意，"于来堂就学之人，先课之以经史义理，使晓然于尊亲之义，名教之防，为儒生立身之本；而后博之以兵农工商之学，以及格致测算语言文字各门。务使学堂所成就者，皆明体达用，以仰副我国家振兴人才之至意"①。

京师大学堂由于校舍有限，1898年12月经考试录取一百多名，于年底开学。先开仕学院，由举人进士出身之京官入院学习。最初课程仅以经学为主，到第二年才增设史学、地理、政治等课。尽管开办后的京师大学堂与维新派原来的设想和期望距离很大，但它毕竟是戊戌维新留下的一项成果。当时天津的《国闻报》曾评论道：戊戌政变后，在"北京尘天粪地之中，所留一线光明，独有大学堂一举而已"②。

辛亥革命后中华民国元年即1912年，京师大学堂正式改名为北京大学校，第一任校长就是当年维新派的代表人物之一严复。同年10月31日北京大学邀请刚从海外归国的梁启超来校讲演。据《京师大学堂成立记》一文记载："民国元年，梁任公归国在大学堂演说，谓戊戌变法成绩，西太后推

---

① 孙家鼐：《奏大学堂开办情形折》，《北京大学史料》第1卷，第49页。
② 《国闻报》，光绪二十四年十月二十四日。

翻无遗,可留为纪念者,独一大学堂而已。"①

六、京师大学堂开办与开学日期考

在1951年以前北京大学的校庆日一直是12月17日。1951年12月采纳当时任北大副校长的汤用彤教授的建议,把北京大学校庆日改为5月4日,以纪念发扬五四精神,同时五月气候宜人,也便于校友返校参加校庆活动。

实际上12月17日也不是1898年京师大学堂开办或开学的日子,而是1902年京师大学堂复校后举行开学典礼的日子。那么,京师大学堂的开办和开学究竟在什么时间呢?

回顾京师大学堂创办的历史,我认为以下一些日期是比较重要的。

1896年6月12日(光绪二十二年五月初二日),刑部左侍郎李端棻上奏折(可能是梁启超代拟)最早向清政府倡议设立京师大学堂。同日光绪皇帝命管理书局大臣孙家鼐"察度情形,妥筹办理京师设大学堂之事"。京师大学堂进入筹办阶段。

1898年2月15日(光绪二十四年正月二十五日),御史王鹏运奏请开办京师大学堂。光绪皇帝颁上谕,正式批准建立京师大学堂,并命军机大臣会同总理衙门大臣妥议章程。京师大学堂进入了创办阶段。

1898年6月11日(光绪二十四年四月二十三日),光绪皇帝颁《定国是诏》,把举办京师大学堂作为百日维新的第一项新政改革措施。

1898年7月3日(光绪二十四年五月十五日),光绪皇帝上谕批准总理衙门所拟由梁启超起草的京师大学堂章程,并任命孙家鼐为京师大学堂第一任管学大臣,决定经费由户部筹措,京师大学堂的创办进入具体实施阶段。

1898年11月22日(光绪二十四年十月初九日),京师大学堂正式接收内务府移交的校舍,并出告示招生。这可以说是京师大学堂正式开办的日子。前北大校长胡适曾写过一篇《京师大学堂开办的日期》的考据文章,认

---

① 罗惇曧:《京师大学堂成立记》,《庸言》第1卷,第13号,1913年6月。

为"戊戌十月二十日(1898年12月3日),京师大学堂在困难的政治环境里开学"。① 其实,那是孙家鼐向皇帝奏报京师大学堂开办情形的日期,而不是开办或开学的日期。当时京师大学堂贴出告示限考生在12月7日(光绪二十四年十月二十四日)以前到大学堂报考,因此12月3日不可能开学。

那么,京师大学堂正式开学究竟在哪一天呢?这长期以来成为北大校史研究中一直没能解决的一个疑点。有人猜测可能是光绪二十四年十二月十七日,即1899年1月28日。② 笔者经过查阅考证各种史料,终于发现了京师大学堂开学的确切日期。据1899年1月17日(光绪二十四年十二月初六日)《申报》的报道:"大学堂定于十一月十九日开塾。原拟收留塾学生二百名,嗣以斋舍不敷先传到一百六十名,其余考取者作为外班,俟将来额缺添传。"并公布了160名学生的名单。这篇报道还照录了京师大学堂总办的告示,规定学生应"于十八日到堂,十九日开学。如有不愿住堂者限于十八日以前报明,如届期不报,立即扣除"③。可以证实京师大学堂正式开学的日子是光绪二十四年十一月十九日,即1898年12月31日。

京师大学堂开学后仍陆续招生,至1899年4月已有学生218人。1900年,帝国主义八国联军侵占北京,德国俄国军队占据京师大学堂校舍为营房,大学堂被迫一度停办。

1902年1月10日(光绪二十七年十二月初一),清廷又下诏恢复京师大学堂,并派张百熙为管学大臣。次日又下令将同文馆并入京师大学堂。

1902年8月15日(光绪二十八年七月十二日),张百熙奏拟大学堂章程,经皇帝批准为《钦定京师大学堂章程》。规定京师大学堂主持全国教育。内设大学院、大学专门分科、大学预备科,并附设仕学馆、师范馆、医学馆,奠定了北京大学及近现代中国高等教育学制及教学系统的基础。

1902年10月,京师大学堂整修工程完成,出告示复学招生。12月15日(光绪二十八年十一月十六日)管学大臣张百熙奏"大学堂定期本月十八

---

① 胡适:《京师大学堂开办的日期》,《胡适选集》(考据),台湾传记文学出版社,1970年,第155页。
② 庄吉发:《京师大学堂》,台湾大学文史丛刊之三十二,1970年,第22页。
③ 《申报》,光绪二十四年十二月初六日。

日开学,先办速成一科,并购地建造校舍①。

1902年12月17日(光绪二十八年十一月十八日),京师大学堂经过停办两年多以后终于又重新开学了,这一天举行了隆重的开学典礼。因此,1951年以前的校庆日12月17日实际上是1902年京师大学堂复校后的开学日。

综上所述,京师大学堂是在甲午战争以后维新变法和教育改革思潮的推动影响下酝酿产生的。与维新派发起的强学会有一定的渊源关系。康有为、梁启超等维新派人士在提出设立京师大学堂的倡议和争取清政府批准的过程中起了重要作用。他们还鼓动光绪皇帝颁布《定国是诏》,把创办京师大学堂作为百日维新的第一项重要改革措施。维新派还直接参与了京师大学堂的创办工作。京师大学堂的第一个章程就是由梁启超起草的,体现了维新派的教育改革主张,在推动中国教育现代化进程中有着重大意义。而京师大学堂在慈禧太后发动政变以后又成为戊戌维新遗留的仅存硕果。因此,我们完全有理由说初名京师大学堂的北京大学,的确是戊戌维新与中国教育现代化进程的产物。

(原载《北京大学学报》,1998年第2期)

---

① 《德宗景皇帝实录》卷五〇八,第704页。

京师大学堂与日本

京师大学堂是北京大学的初名,创立于1898年戊戌维新期间(1912年改名为北京大学)。它是中国近代第一所国立综合性大学,当时不仅是全国最高学府,也是全国最高教育行政管理机关。京师大学堂的创办在中国近代化进程和中国教育发展史上都有着重大的意义。

京师大学堂的创办是近代中国学习西方维新变法的成果,同时又是受日本影响,效法日本教育制度的产物。研究京师大学堂创办和发展的历史,可以发现与日本有着千丝万缕的关系。本文试图利用北京大学校史档案和其他各种史料,从京师大学堂的创办过程,京师大学堂师生赴日考察留学以及京师大学堂中的日本教习等三个方面,对京师大学堂与日本的种种关系加以具体论述。

一、京师大学堂的创办过程与日本

京师大学堂是在中日甲午战争刺激和维新派借鉴日本与教育救国的思想推动下创办的。

梁启超曾经指出:"吾国四千余年大梦之唤醒,实自甲午战败割台湾,偿二百兆以后始也。"① 以往中国人总以为对外战争的失败是由于中国武器军事不如人。而 1895 年中日甲午战争以后,康有为等维新派开始认识到西方国家之所以富强,"不在炮械军兵,而在穷理劝学"②。"日本之骤强",也是"由兴学之极盛"③。而中国之贫弱,根源在于教育落后、人才不兴和科举八股等旧制度。因此维新派提倡变法维新和教育救国,他们把兴办学校提高到关系国家兴亡和变法成败的高度。梁启超慷慨陈词:"亡而存之,废而举之,愚而智之,弱而强之,条理万端,皆归本学校。"④ 并指出,"变法之本在育人才,人才之兴在开学校"⑤。康有为提出"不妨以强敌为师资",主张仿效日本维新变法,并强调"日人变法也,先变学校"⑥。他向光绪皇帝进呈《日本变政考》,全面介绍日本明治维新包括教育改革的经验,并断言:"我朝变法,但采鉴日本,一切已足。"⑦

最早关于设立京师大学堂的倡议是 1896 年 6 月刑部左侍郎李端棻给光绪皇帝的奏折,认为"人才之多寡,系国势之强弱也"。建议自京师以及各省府县皆设学堂,并设立"京师大学堂"。他相信只要如此,"十年以后,贤俊盈廷,不可胜用矣。以修内政,何政不举?以雪旧耻,何耻不除?"⑧ 该奏折据说是梁启超代为起草的⑨。许多中外人士也向清政府呼吁尽快兴办京师大学堂。如 1897 年姚文栋上《京师学堂条议》,指出"东西洋各国都城,皆有大学堂,为人才总汇之所"⑩。同年美国传教士狄考文、林乐知等也向总理衙门建议设京师总学堂,"为群学总汇之所","通国总会之所"。他们还介绍日本除东京大学外,1897 年又新设京都大学。"日本大兴新学尚

---

① 梁启超:《戊戌政变记》,《饮冰室合集》专集之一页 1,中华书局,1989 年。
② 康有为:《上清帝第二书》,《康有为全集(二)》,上海古籍出版社,1990 年,第 95 页。
③ 康有为:《日本变政考》卷五案语,故宫博物院藏进呈本。
④ 梁启超:《变法通议·学校总论》,《饮冰室合集》文集之一,中华书局,1989 年。
⑤ 梁启超:《变法通议·论变法不知本原之害》,《饮冰室合集》文集之一。
⑥ 康有为:《日本书目志》,《康有为全集(三)》,第 935 页。
⑦ 康有为:《日本变政考》跋。
⑧ 李端棻:《请推广学校折》,《北京大学史料》第 1 卷,北京大学出版社,1993 年,第 20—21 页。
⑨ 罗惇曧:《京师大学堂成立记》,"梁启超为侍郎李端棻草奏,请立大学堂于京师",见《庸言》第 1 卷第 13 号,1913 年 6 月。
⑩ 姚文栋:《京师大学堂条议》,《北京大学史料》第 1 卷,第 11 页。

有乏才之虑,况中国今日之情形乎?"①

1898年2月15日光绪皇帝颁上谕:"京师大学堂,迭经臣工奏请,准其建立,现在亟须开办",并命总理衙门大臣"妥筹具奏"②。但总理衙门却仍以"事属创始,筹办匪易"为借口,拖延执行。1898年6月11日在维新派的大力鼓动敦促下,光绪皇帝终于下决心颁布《定国是诏》,正式宣布以变法维新为国策,推行新政。该诏书提出的第一项新政措施就是创办京师大学堂。指出"京师大学堂为各行省之倡,尤应首先举办",并命军机大臣与总理衙门大臣"会同妥速议奏"③。

1898年7月3日总理衙门上《遵筹开办京师大学堂折》,并附呈了《京师大学堂章程》。而这个章程也是梁启超参考日本教育制度制订的。据康有为《康南海自编年谱》记载,总理衙门曾托康有为起草章程,他因皇帝召见无暇,便命弟子梁启超起草,"酌英美日之制为之"。梁启超在《戊戌政变记》中追述:"皇上既毅然定国是,决行改革,深知现时人才未足变法之用,故首注意学校,三令五申。诸大臣奉严旨令速拟章程,咸仓惶不知所出,盖中国向未有学校之举,无成案可稽也。当时军机大臣及总署大臣咸饬人来,属梁启超代草。梁乃略取日本学规,参以本国情形,草定规划八十余条,至是上之,皇上俞允,而学校之举乃粗定。"④

梁启超起草的《京师大学堂章程》是近代中国第一个大学章程,体现了维新派的教育改革思想,勾画了中国近代新学制和新教育体系的雏形。章程规定京师大学堂为全国最高学府和最高教育行政管理机构,"各省学堂皆当归大学堂统辖,一气呵成。一切章程功课,皆当遵依此次所定,务使脉络贯注,纲举目张"。在课程方面,章程强调"中西并重,观其会通,无得偏废",根据西方与日本通行的学校课程,"参以中学",分为普通学10门(包括经学、理学、初级算术、初级政治学等),专门学10门(包括高等算学、农学、商学、矿学等),外国语言文字学5门(包括英、法、俄、德、日语)。其他方面如学制分大中小学三级,学校设藏书楼(图书馆)、博物院、仪器院,经

---

① 狄考文、林乐知:《创设总学堂议》,《北京大学史料》第1卷,第18页。
② 《德宗景皇帝实录》卷四一四,中华书局影印本,1987年,第422页。
③ 《德宗景皇帝实录》卷四一八,第482页。
④ 梁启超:《戊戌政变记》,《饮冰室合集》专集之一,第27页。

费作预算表等,也都是参考了西方和日本的教育制度①。总理衙门复奏及《京师大学堂章程》呈上的当天,光绪皇帝便颁上谕予以批准,肯定章程"参用泰西学规,纲举目张,尚属周备,即着照所议办理"②。并任命孙家鼐为首任管学大臣。京师大学堂的创办和章程的制订,对推动全国教育改革和教育现代化影响很大。如7月10日上谕命令各省府厅州县现有之大小书院一律改为"兼学中学西学之学校","皆颁给京师大学堂章程,令具仿照办理"③。

1898年9月21日慈禧太后发动了戊戌政变,虽然废除了光绪皇帝在百日维新期间颁布的许多新政措施。但是京师大学堂被称为"培植人才之地,仍予保留"④。11月22日京师大学堂正式接收内务府移交的校舍,并出告示招生。12月初经考试录取了100多名学生。12月31日(光绪二十四年十一月十九日)京师大学堂正式开学⑤。

从以上京师大学堂的创办过程可以看到,无论是设立京师大学堂的动机、倡议、决策,到创办京师大学堂的方针、章程、课程设置、机构设备等都深受日本的影响。

二、京师大学堂教职员和学生对日本的考察

京师大学堂成立以后在制度、管理、教学等各方面进一步效法借鉴日本,其途径主要是通过派遣教职员赴日本考察取经。

早在1898年8月30日京师大学堂创办之初,管学大臣孙家鼐就向光绪皇帝奏请派员赴日考察学务。他认为"大学堂事当创始,一切规条不厌求详",虽然"奏定章程均系参考东西洋各国之制",然而"列邦学校日新月盛,条目繁多"。因此必须派人出外"详考异同",才能妥善立法。他援引日本经验,"闻日本创设学校之初,先派博通之士分赴欧美各国,遍加采访,始

---

① 《京师大学堂章程》,《北京大学史料》第1卷,第81—87页。
② 《德宗景皇帝实录》卷四一九,第497页。
③ 《德宗景皇帝实录》卷四二〇,第504页。
④ 《德宗景皇帝实录》卷四二七,第603页。
⑤ 《申报》1899年1月28日。

酌定规制,通国遵行,故能学校如林,人才蔚起"。如今京师大学堂法制"虽采取于翻译书中,究不如身历者更为亲切"。若去欧美各国,路途遥远,往返需时,而"日本相距最近,其学校又兼有欧美之长,派员考察,较为迅速"。他建议派遣刚担任京师大学堂总办的御史李盛铎和大学堂提调李家驹、杨士燮及分教习寿富等四人前往日本考察。把日本大中小学"一切规制课程并考试之法逐条详查,汇为日记,缮写成书"。"嗣后学堂诸务,或宜依仿,或应变通,随时斟酌,以期尽善"。而且这些京师大学堂职员"经此阅历,学识亦增,办理一切,自能有条不紊"①。只是不久9月19日李盛铎即被任命为驻日公使,9月21日又发生戊戌政变,故这次考察未能成行。

1900年由于八国联军侵占北京,京师大学堂校舍被俄军、德军占为兵营,房屋、藏书、设备遭到破坏,京师大学堂一度被迫停办。直到1902年1月慈禧太后任命刑部尚书张百熙为管学大臣,负责复校工作。1902年12月17日京师大学堂再度开学。在复校过程中张百熙举荐保定莲花书院院长、著名教育家吴汝纶为京师大学堂总教习,称其"学问纯粹,时事洞明,淹贯古今,详悉中外,足当在学堂总教习之任"②。吴汝纶多次推辞未成,便请求到校前先赴日本考察教育,以"一求要领"。

京师大学堂总教习吴汝纶1902年6月8日自北京启程,6月20日抵长崎,开始了为期4个月的日本考察。随行的还有京师大学堂提调荣勋、绍英等人。日本朝野对吴汝纶的来访十分重视,各种报纸纷纷跟踪报道。东京《二六新报》刊文认为,"居清国教育最重要位置之吴先生,此次来视察日本之教育,我邦岂可不欢迎先生,以为荣乎?"③因此吴汝纶一行所到之处,上至公卿大臣,下到民间人士,无不盛情接待,甚至连明治天皇也予以破例接见。

吴汝纶访日期间前后考察了40多所学校,从幼稚园、小学、中学一直到东京和京都两所帝国大学。他不顾自己年老体弱和路途劳累,一丝不苟地亲自详细询问各校的章程、教学、教材,以至校舍的建筑、教室、图书、仪器设

---

① 孙家鼐奏派员赴日本考察学务折,《北京大学史料》第1卷,第131页。
② 张百熙奏举吴汝纶为大学堂总教习折,《北京大学史料》第1卷,第305页。
③ 《二六新报》,《东游日报译编》。

备等等。有时陪同人员劝他休息,他也不肯,并说:"我为了国家来到这里,殚精竭虑,正在此时。不可不敦促自己!" 6 月 26 日参观了京都大学后,吴汝纶深感京大"学制精覈,用款节省",可以仿办。他特地请求校长木下广次博士把京都大学的校舍做一个木制的模型寄到北京以作借鉴,并"愿照付工料价格"。木下校长则表示,"不须付价,作为西京大学奉赠北京大学之物可也"①。在东京大学他听取了山川健次郎校长的介绍,并分别仔细参观了法科、工科、理科、医科和农科,还出席了学生的毕业典礼。吴汝纶还多次到日本文部省听取官员讲述日本教育制度、学校沿革与管理,当场由留日学生口译,他亲自笔录,并收集了大量有关文件、资料和图表。吴汝纶广泛交往和会见日本教育家与社会各界人士,深入探讨日本教育改革的经验教训,为京师大学堂和中国教育的发展提供借鉴。还委托日本人士为京师大学堂招聘日本教习。吴汝纶考察日本教育时认真、负责、勤奋的态度和精神,令人钦佩。因此在他 9 月 29 日离日之际,东京《朝日新闻》发表文章称赞"中国来游官吏学生至多,如吴先生之豪俊者,殆绝无有"②。

吴汝纶把这次到日本考察教育的收获汇编为《东游丛录》一书,1902 年 9 月在考察结束之时就交付东京三省堂刊行。该书共 4 卷。第一卷为文部听讲,是他亲自到文部省听取官员介绍日本教育情况的 18 次讲演的记录;第二卷是摘抄日记,是他访日期间日记的摘录;第三卷为学校图表,包括东京大学教员数度支表、东京高等商业学校日课表等 19 份统计图表;第四卷函札笔谈,收录他与日本各界人士会面座谈笔记记录和来往信件共 28 篇。这部书全面详细地介绍了日本的教育制度、教育思想和发展教育的具体方法措施,为中国借鉴日本建立新学制发展近代教育,提供了翔实、丰富、具体的资料。连日本《朝日新闻》也赞扬该书"于吾学制次第纪录极佳,在吾国亦极有用"③。他一回国就把《东游丛录》一书交给管学大臣张百熙,"以备采择"。

吴汝纶精心考察日本教育的目的是为了回国推动中国教育改革并整顿

---

① 吴汝纶:《东游丛录》卷二摘抄日记,日本三省堂书店,1903 年。
② 《东游日报译编》,东京《朝日新闻》1902 年 9 月 29 日、11 月 20 日。
③ 同上。

京师大学堂。他估计教育改革一定会遭到旧势力的反对和阻挠,因此曾多次询问日本人士如何处理新旧之间的冲突,日本贵族院议员伊泽修二答道:新旧冲突难免,"惟新者定大志,结大力,批艰排险,百折不回,任旧如何抵抗,曾不顾之"①。这番话对他鼓舞很大。可是正当他雄心勃勃准备回国一展宏图时,旧势力已向他发动攻击,流言蜚语四起,竟有某御史向朝廷劾奏吴汝纶,指责他东游以来,意气扬扬,在宴会席上必赞同自由之说,接来客常谈民权之主义,彼若久在日本,归来必唱邪说难测,不如急召还云云。慈禧太后还特地为此召荣禄询问。吴汝纶遭到诽谤,心情郁闷,归国后先乞假回乡省墓,在家乡创办了桐城中学。不料不久即一病不起,于1903年年初溘然辞世,竟未能实践其访日所得酬其壮志,中日两国人士无不为之扼腕痛惜。然而,吴汝纶对发展中国近代教育事业和促进中日文化交流所做的贡献,必将永垂史册。

吴汝纶之后仍不断有京师大学堂教职员赴日本考察学务。据北京大学校史档案等史料,1903年5月京师大学堂上海译书分局总办内阁中书沈兆祉赴日考察。他先到东京,会晤了日本外务大臣、文部大臣等。参观了东京大学等校。又去大阪参观博览会,然后到京都,参观京都大学等校。最后从神户乘船回国。他在各地参观时,"将学校用品详细考察,按目列表",并托东京著名教育大家代办审定,统俟汇齐翻译成书②。

1905年7月京师大学堂总监督张亨嘉派国文教习、知县林传甲赴日本考察学务。1907年7月学部派京师大学堂预备科监督兼教务提调张祖廉赴日本考察大学制度。1908年9月京师大学堂准备仿效日本帝国大学体制设立分科大学。学部认为分科大学"举凡审定规制、建筑堂舍、厘定学科各事宜极为繁重,亟应派员出洋考察,以资参证"。故派遣京师大学堂监学官、后任教务提调、高等科监督商衍瀛和学部专门司主事、后任京师大学堂工科监督的何燏时等"前往日本考察大学制度,其一切建筑设备亦即详细调查,以期斟酌适宜,克期开办"③。

---

① 吴汝纶:《东游丛录》卷四,函札笔谈。
② 《北京大学档案室档案》卷三七。
③ 奏派遣商衍瀛、何燏时赴日本考察大学制度片,《北京大学史料》第1卷,第133页。

1909年京师大学堂分科大学开办,又派工科监督的何燏时、文科监督孙雄、农科监督罗振玉赴日本考察。1910年为开设商科大学,又派商科监督权量赴日本东京实地调查,"采取其商科大学及高等商业学校之专攻部关于商业实践之各种样本、模型及商品陈列室之新设备,并各种教育之新计划,以为商科逐年规划之预备"①。可见京师大学堂分科大学的各种制度、计划、设备、规划也都处处仿效日本。

　　京师大学堂还积极派遣官费学生留学日本。其动机首先是为了培养大学堂的师资。1902年管学大臣张百熙在慈禧太后召见时就奏陈"京师大学堂宜派学生出洋,分习专门,以备教习之选"。开学一年后,他更感到"资遣学生出洋之举,万不可缓,诚以教育初基,必从培养教员入手,而大学堂教习,尤当储之于早,以资任用"。他也援引日本经验,"查日本明治八年选优等学生留学外国,至明治十三年留学生毕业归国,多任为大学堂教员。迄今博士学士,人才众多,六科大师,取材本国。从前所延欧美教员,每科不过数人,去留皆无足轻重。而日本之留学欧美者尚源源不绝,此其用心深远,可为前事之师"。因此张百熙主张"亟应多派学生,分赴东西洋各国,学习专门,以备将来学成回国,可充大学教习",并强调"及今不图,后将追悔"。张百熙奏报准备从京师大学速成科学生中选派余棨昌等31人,于1903年内起程赴日本留学。另外选派俞同奎等16人于1904年起程赴西洋各国留学。他解释"日本学费轻省,往返近便,故派数较多"。并认为这些学生"志趣纯正,于中学均有根底,外国语言文字及各种普通科学,亦能通晓,大凡置之庄岳,假以岁时,决其必有成就"②。

　　1906年京师大学堂派遣大批进士馆学生留学日本则与废除科举制有关。原京师大学堂进士馆先后招收癸卯(1903)、甲辰(1904)两科新进士入学。但因1905年宣布废除科举,进士馆"势难持久",只得"及早变通"。正巧此时听说日本东京法政大学所设速成科第二班毕业生于年内开设补修科,并准备开办速成科第五班,学部和大学堂官员决定"莫若乘此时机,分

---

① 《北京大学档案室档案》卷一〇〇。
② 管学大臣奏派学生前赴东西洋各国游学折,《北京大学史料》第1卷,第441页。

别遣派新进士前赴日本游学"①。所有进士馆甲辰科内班（翰林中书）学生金兆丰、商衍鎏等30余人均入日本法政大学补修科留学，其他外班（分部各员）有志游学者，分别选择送入法政大学速成科留学。

其他师范馆、仕学馆、译学馆的学生经过选拔也陆续派赴日本留学深造。例如1905年京师大学堂译学馆学生胡国礼、徐鼎元等派赴日本早稻田大学政治经济科留学，1908年9月毕业。1907年经学部考试选拔，京师大学堂仕学馆毕业生唐宗愈、沈家彝等5名，派赴日本东京帝国大学法科留学。

留日学生学成归国后也有不少到京师大学堂任教，有的还担任了重要职员。如进士馆甲辰科留日学生金兆丰归国后担任了京师大学堂教务提调。留日学生胡宗瀛、陆宗舆、程家柽、吕烈煌等归国后担任京师大学堂东文教习，他们还往往在日本教习用日语讲课时担当翻译工作。

京师大学堂教职员赴日考察和学生赴日留学有助于借鉴日本经验改革中国教育制度和推动京师大学堂的发展与各项建设。

三、京师大学堂的日本教习

京师大学堂聘用了一批日本教习，他们在京师大学堂的教学、管理、课程和教材建设等方面发挥了一定的作用。

由于京师大学堂开设了许多不同于中国传统学问的新学科、新课程，特别是外语、理工、法政等科，缺乏能胜任的本国师资，派遣留学生培养师资不能立竿见影，因此急需招聘一些外籍教师。当时各国争相向京师大学堂推荐本国教师，以插手中国教育和影响中国未来。早在1898年8月意大利和德国公使便分别向总理衙门照会，提出京师大学堂必须聘请若干名意大利和德国教习，被管学大臣孙家鼐以"中国开设大学堂乃中国内政，与通商事体不同，岂能比较一律，德国、意国大臣似不应干预"为由，加以拒绝②。日本政府对此也十分重视，外务大臣小村寿太郎亲自指示驻华公使内田康哉

---

① 学部奏进士馆变通办法遣派学员出洋游学折，《北京大学史料》第1卷，第443页。
② 孙家鼐拟拒德意自荐教习咨复总理衙门，《北京大学史料》第1卷，第324页。

采取积极态度。

1902年京师大学堂总教习吴汝纶访日期间，曾委托日本教育界人士向日本文部省和帝国教育会提出要求，请他们代办遴选和训练一批日本教习到中国任教。日本政府文部大臣菊池大麓表示愿意选派，并可由帝国教育会出面承担，从师范毕业生中经过短期训练后派赴中国任教。至于京师大学堂的师资，则应从东京和京都帝国大学等校招聘。1902年5月京师大学堂管学大臣张百熙正式向日本驻华公使内田康哉要求为京师大学堂仕学馆招聘日本法学博士、学士各一名，为师范馆招聘日本文学博士、学士各一名。据日本外务省档案，驻华公使内田康哉致函外务大臣小村寿太郎，认为考虑到中国政府希望"本邦助力实行教育改良"的意图，应予满足，并建议"在帝国大学教师中选拔"①。文部大臣菊池大麓经与东京、京都两所帝国大学校长协商，决定派东京大学教授、文学博士服部宇之吉和京都大学教授、法学博士岩谷孙藏等应聘。当时服部宇之吉还在德国留学，小村外务大臣急电日本驻德国公使井上立即通知服部回国应聘。1902年9月服部宇之吉等赴华，这是京师大学堂聘用日本教习的开端。

根据《国立北京大学二十周年纪念册》所载京师大学堂教职员名单，京师大学堂历年任用的日本教习共25名，其聘用及任教情况大致可分为三个阶段。

第一阶段是京师大学堂复校之初聘用的四位正副教习，两位正教习一位是师范馆总教习文学博士服部宇之吉，兼教日语、伦理学、心理学，聘任期是1902年至1909年。服部宇之吉(1867—1939),1890年毕业于东京帝国大学文学部哲学科,1897年任文部大臣秘书,1899年任东京大学助教授,同年曾赴中国留学,1900年回国后又赴德国留学,1902年升任东京大学教授并应聘担任京师大学堂师范馆总教习,直到1909年回国,仍任东大教授,1926年兼京城帝国大学校长,1928年任东方文化学院理事长,是日本近代著名的汉学家。另一位是京都大学教授、法学博士岩谷孙藏(1867—1918),1902年应聘担任仕学馆总教习,兼教日语、法律,聘任期是1902年至1906年。后又担任京师法政学堂总教习,清朝灭亡后一度担任中华民国

---

① 内田康哉驻清公使致小村寿太郎外务大臣电,日本外交史料馆,日本外务省档案。

总统府法律顾问,是日本近代著名的法学家。两名副教习一位是法学士杉荣三郎,教授日语与经济学,聘期1902—1906年。来华前曾担任文部省图书审查官。

第二阶段是从1904年到1907年,陆续聘用一批日本教习,主要教授日语及物理、化学、外国史地、生物、矿物、美术、手工等课程以及制作标本等工作。其中有铃木信太郎,教日语,聘期1904—1906年;高桥勇,日本美术学校毕业生,教日语兼图画,聘期1904—1908年;西村熊二,东大工学士,教日语兼化学,聘期1904—1907年;氏家谦曹,理学士,教日语兼物理、算学,聘期1904—1908年,回国后担任早稻田大学教授;坂本健一,文学士,教日语兼世界历史、外国地理,聘期1904—1908年;矢部吉桢,东大理学部助教授,教日语兼植物学、矿物学,聘期1904—1908年,回国后为东京女高师教授;桑野久任,东大理学部助教授,教日语兼植物学、矿物学,聘期1904—1908年,回国后为东京女高师教授;桑野久任,东大理学部助教授,教日语兼动物学、生理学,聘期1904—1908年,回国后为奈良女高师教授;法贵庆资郎,东京高等师范教授、法学士,教日语兼伦理学、教育学,聘期为1905—1908年,回国后曾任东京市督学;土田兔司造,东京大学助手,担任日语教员兼图画标本处助手,聘期为1905—1909年;桑冈柳藏,东京美术学校毕业,担任日语教员兼图画标本处助手,聘期为1905—1907年;芝本为一郎,教日语兼手工。京师大学堂于1907年增设博物品实习科,曾聘用了四位日本教习,即野田升平(聘期1907—1910)、永野庆次郎(1907—1910)、松井藤吉(1910—1911)、松野章(1910—1911)。

第三阶段,京师大学堂仿日本帝国大学制度开办分科大学,又聘请了一批各科日本教习。其中有法政科教习冈田朝太郎,法学博士,后任京师法政学堂总教习,清政府法律顾问,是日本著名法律学家,聘期为1910—1915年,1915年回国后担任早稻田大学教授。农科教习4人,即藤田丰八,聘期为1909—1911年;桔义一,聘期为1909—1912年;小野孝太郎,聘期为1909—1913年;三宅市郎,聘期为1910—1913年。商科教习切田太郎,聘期为1910—1911年。

日本教习在京师大学堂管理和制度规划建设方面所起的作用,主要是服部宇之吉和岩谷孙藏分别担任师范馆与仕学馆总教习,在两馆初创期间,参与筹议规划、制订章程、课程设置、教学管理以及教室、实验室、宿舍建设、编审教材参考书、购置图书仪器等,有时还参加新生选拔考试。由于他们作出的贡献,1908年京师大学堂总监督为表彰他们"尤为勤劳卓著","洵属异常出力",特地请求清廷破格赏给三等第二宝星,"以示优异"①。1909年师范馆第二班学生毕业时,因服部宇之吉"在堂六年授课勤劬,成材甚众,洵属异常出力之员",又赏以文科进士头衔。

  日本教习在学科建设、课程设置和教学内容方法改革方面发挥了更大作用。京师大学堂所开课程中除了经学、国文、史学等中国传统文化课程都由中国教习承担以外,许多与西学有关的自然科学、社会科学课程则大多由日本教习担任。如自然科学中的物理、化学、数学、动物、植物、矿物等课程,社会科学中的法学、经济学、教育学、心理学、世界历史、外国地理等课程,甚至一些图画、手工、标本制作等课程也由日本教习担任。当然日本教习一般还承担日语教学。他们在整个京师大学堂的教学中占有相当的比重。有的新学科和教学内容还受到中国守旧势力的怀疑和非难。这里介绍一个小插曲,据京师大学堂师范馆学生邹树文回忆:"有一天服部宇之吉教习讲心理学,恰巧张之洞来查学,服部正在讲人的记忆力,说是中年的时候记不起少年或幼年的事情,因中年事多,把少年所经过的事遮盖了。等到老年的时候,往往把中年的事忘了,于是少年及幼年的事,反而浮现出来。所以人到老年,往往可以想得幼年的事了。这一小段对于记忆力的讨论,触怒了张之洞,以为是讥笑他老了。后来商定学堂章程时,曾一度想取消心理学课程。服部是外国人,张之洞无法施威,可是要在师范课程里取消心理学,这个迁怒的办法,当然亦不能实行的。"②日本教习除课程讲授外,还指导学生做实验和制作标本,甚至还带领学生进行野外考察实习。据《时报》报道,1905年5月,2名日本教习和2名中国教习带领26名学生赴山东烟台进行了为期一周的动植物实习,并到海边采集鱼类及海草标本③。

---

  ① 京师大学堂法政学堂日本教员五年期满请赏给宝星折,《北京大学史料》第1卷,第311页。

  ② 邹树文:《北京大学最早期的回忆》,《北京大学五十年纪念特刊》,国立北京大学出版部,1948年12月。

  ③ 《时报》,光绪三十一年四月初八日。

日本教习在京师大学堂教材、图书建设方面也功不可没,当时很多日本教习讲课时都自编讲义。如服部宇之吉自编心理学讲义,包括知与情等二编九章。世界历史讲义(万国史)由服部宇之吉编纂,包括埃及、两河流域及希腊的历史等。经济学通论讲义与经济学各论讲义由杉荣三郎编。日本教习还主动帮助京师大学堂采购图书仪器。如1905年服部宇之吉曾为京师大学堂从日本丸善书店采购数学、物理、动物、教育、历史五科书籍185部223本[1]。因此京师大学堂收藏的教科书、参考书数量种类较为丰富。现存中国第一历史档案馆的档案中还有译学馆两个书柜的存书清单。其中仅甲柜收藏的理科教材和教科书就有1000多册,其中不少是日本学者所著,如长泽龟之助所著的初等解析几何学、初等微分积分学、初等平面三角学、大代数学等数学教科书[2]。

当然日本教习的教学也有不少局限性,尤其是他们大多不会汉语,上课时还需有中国教习翻译,转述其教学内容,往往大打折扣,并影响学生的理解。因此京师大学堂后来要求师范馆和仕学馆学生都应学习日语。1908年以后留学生陆续学成回国到大学堂任教,故日本教习聘期满后陆续解聘,到1909年成立分科大学时各科教员都以中国人为主,日本教习总共只剩10余人了。

总之,京师大学堂的创立和发展是中国近代高等教育启动和向现代转型的重要标志和体现。在这个过程中,受到了日本的深刻影响。上述京师大学堂创立过程、京师大学堂师生赴日考察、留学及日本教习在京师大学堂之教学即可见一斑。

(原载《日本学》第10辑,2000年)

---

[1] 大学堂为购买书籍事呈学务大臣文,《北京大学史料》第1卷,第491—496页。
[2] 译学馆甲柜教科书目录,中国第一历史档案馆学部教学学务卷73号。

辛亥革命与民国初年的北京大学

为了深入探讨辛亥革命对中国社会的影响,我们不妨以民国初年的北京大学作为考察对象,来做一番透视和剖析。一般论及北京大学早期历史,人们自然会津津乐道1917年蔡元培任校长后,北大如何成为新文化运动摇篮和五四运动策源地那段辉煌历史。然而对于辛亥革命至蔡校长上任这一段民国初年北京大学的历史,却很少有人关注和深入研究。实际上民国初年北大经历了一段曲折复杂的历程,颇具典型意义和研究价值。仅在1912—1913年间,这所中国最高学府竟然两次面临被停办或裁并的生死存亡境地,并发生多次学生风潮。首任校长严复和广大师生竭力挽救并改革北大,功不可没。而从民国初年北京大学的种种变动和遭遇之中,也可以折射出辛亥革命的影响和民国初年中国教育与政治、社会、文化、思想等方面所发生的新旧转型变化及其中错综复杂的矛盾斗争。

本文主要依据北京大学档案馆的档案资料和民国初年的政府公报、报纸、杂志、人物文集书信等史料写成。

一、辛亥革命和京师大学堂改名北京大学校

1911年10月10日武昌起义敲响了清王朝的丧钟,作为当时中国最高学府和第一所国立综合大学的京师大学堂当然也会受到极大震动。尽管清

政府学部故作镇静,10月13日通知京师大学堂:"现在武昌事起,讹言风闻,几乎无日无之。其实沿江各省有事之说皆系谣传,各省官电均称安静。"即使武昌乱事,当可克日扫平。因此命令大学堂师生,"亟须照常上课,加意坚定,慎勿轻听浮言,致滋纷扰"。还要求学堂监督等管理人员"剀切劝导,勉励生徒,俾得一律安谧如常"①。然而武昌起义革命烈火很快形成全国燎原之势,不可阻挡。清王朝统治朝不保夕,京师大学堂也人心离散,无法上课,不少学生、教员纷纷离校回籍。

11月26日,清政府为加强对京师大学堂的控制,任命江宁提学使劳乃宣为京师大学堂总监督。但仅过一个多月,劳乃宣就向学部报告:"窃自武昌变乱以来,人心惶惑,本堂教员学生请假回籍者已居多数,以致不能上课。刻下大局未定,召集无期。"因此只得筹划暂行停办,将师生加以遣散,并表示自己"因病躯不能理事",请以庶务提调刘经绎"暂行代理"。京师大学堂实际上已处于瘫痪状态。②

辛亥革命期间,离校回籍的京师大学堂学生有些什么表现呢?这方面虽缺乏具体史料,但查民国元年的一份学生说帖,曾概括地描述了部分学生投身革命洪流的事迹。由于大学堂停课,学生们"不得已移其向学之心,为救国之念。或效力桑梓,借图保卫,或宣战文字,促进共和,以至参议院、各省议会、各都督府、北洋铁血会、新直隶团各处,无不力效涓埃,以冀巩固民国基础"③。可见京师大学堂部分学生曾在辛亥革命中作出了贡献。

1912年1月1日,孙中山在南京就任中华民国临时大总统。1月3日南京临时政府成立,蔡元培任教育总长。2月11日清宣统帝退位,清王朝宣告终结。2月13日孙中山辞职,2月15日南京临时参议院选举袁世凯为第二任临时大总统。2月25日临时大总统下令以严复署理京师大学堂总监督。

1912年5月3日,中华民国政府教育部呈报临时大总统袁世凯,提议将京师大学堂"改称为北京大学校,大学堂总监督改称为大学校校长,总理

---

① 《北京大学校史史料稿》(稿本),北京大学档案馆藏。
② 同上。
③ 《论文科大学不应缩短毕业期限改办选科说帖》,北京大学档案馆藏。

校务。分科大学监督改称为分科大学学长,分掌教务"。并提请大总统任命原总监督兼文科学长严复署理北京大学校校长。① 当天,经袁世凯批准并发布临时大总统令,正式"任命严复署理北京大学校校长"。此命令除大总统盖印外,还有内阁总理唐绍仪和教育总长蔡元培的署名。② 1912 年 5 月 24 日,京师大学堂正式公开通告:"本学堂现经教育部改定名称曰:北京大学校,并另刻关防一颗,文曰'北京大学校之关防',于阳历 5 月 24 日启用,以昭信守,特此公布。"③以上便是京师大学堂改名为北京大学校和严复出任首任校长的经过。

关于北京大学改名后重新开学的日期,已出版的《北京大学校史》和《北京大学纪事》中均无确切记载。现查《教育杂志》第 4 卷第 3 号记事栏刊登的北京大学通告宣布:"本校现定阳历 5 月 15 日重新开学","凡肄业北京大学校,现在回籍诸生,务即克日来咨就道返校"。④《教育杂志》第 4 卷第 4 号还刊登了北京大学"开学志闻",报道了 5 月 15 日开学典礼盛况:"北京大学校业已开学,学生到者百余人,教员数十人,英国公使朱尔典、总税务司裴璀琳、教育总长蔡元培皆莅会。首由校长严幼陵君演说,略谓学校规划宜趋谨严,不得过于恣肆。次由蔡鹤卿先生演说,谓大学为研究高尚学问之地,即校内课余仍当温习旧学。次由英德法三教习演说,其中以德教习演说最为激切,略谓今日中国已是诸君的中国,校中课程宜力求刷新,不可再蹈旧习,精神教育与形式教育仍当兼收俱备。演说毕,主宾尽欢而散。"⑤

二、1912 年孙中山和梁启超对北大学生的讲演

1912 年(民国元年)京师大学堂虽然改名为北京大学校,但北大师生还很少能听到关于民主和革命学说的宣传。而就在这一年,中国革命派和立宪派的两位领袖人物孙中山和梁启超曾先后对北京大学师生发表过长篇精

---

① 王学珍,郭建荣:《北京大学史料》第 2 卷(一),北京大学出版社,2000 年,第 3 页。
② 《北京大学史料》第 2 卷(一),第 235 页。
③ 《教育杂志》第 4 卷第 3 号,第 4 页。
④ 同上书,第 18 页。
⑤ 同上书,第 26 页。

彩演说,内容深刻精辟,给当时北大师生很大启发和教育,可惜在以往的民国史和北大校史上却很少提及。

1912年8月,孙中山应临时大总统袁世凯之邀北上共商国是。孙中山在北京期间除了与袁世凯会谈外,还出席各种集会,发表演讲,宣传民主革命思想和建国方略。8月30日,北京大学师生等北京学界两千多人在湖广会馆集会,隆重欢迎孙中山先生,孙中山出席大会并发表了重要讲演。1912年9月6日之上海《申报》曾报道集会盛况:"北京教育界有北京大学、高等师范学校、高等工业学校……等十余处,于30日下午在湖广会馆开会,欢迎孙中山先生,到会者二千余人。卫队列于左,男生分列两旁,女生坐于前楼,音乐队列于后,四面复间以军警,秩序井然。一时许,先生莅会,军乐齐奏,全体脱帽鞠躬致敬。先由会员宣读欢迎词毕,孙先生答礼演说,略谓:'此次革命成功,多赖学界之力。此后各种建设,尤赖全国学界合力进行,方能成功。'"孙中山还强调"振兴之基础,全在于国民知识之发达。学界中人,当知所负责任之重。今日在校为学生,异日即政治上之工人,社会上之公仆,与专制时代学生之思想大不相同。至今日尤为注重者,有三大要件:即民族同化,民权平等,民生筹划,此三者为学生之责任。学生能尽其责任,国基方能巩固,愿诸君勉之。""演说毕,拍掌如雷,次由教育总长范源濂演说。四时许,合摄一影,作乐,由主席宣告散会,孙先生脱帽鞠躬而退。"①

孙中山演说的内容还可见《孙中山全集》第二卷收录的《在北京湖广会馆学界欢迎会上的演说》一文,比《申报》更详细但文字有许多不同。孙中山首先强调了学问的重要性,"盖学问为立国之本,东西各国之文明,皆由学问购来"。革命成功"皆得力于学说之鼓吹"。他同时指出"今破坏已完,建设伊始,前日富于破坏之学问者,今当变求建设之学问"。他着重阐述革命成功后,今日已处于"学问过渡时代","从前生存竞争之学说"已不能适用,"弱肉强食、优胜劣败之学说"也"非共和国之所宜用",而应该大力提倡讲公理、尚道德、重平权。他还指出学生的学习目的"乃期为全国人民负责任,非为一己攘利权","当用其学问为平民谋幸福,为国家图富强"。②《孙

---

① 《学界欢迎孙中山记》,《申报》1912年9月6日。
② 《孙中山全集》第2卷,北京中华书局,1982年,第422—424页。

中山全集》还收录了一篇该演说的异文,除上文提到的批判生存竞争、提倡社会道德学说等内容外,还阐述了民主共和时代学生的社会责任。他说:"从前惯习,往往学生自命为学校之主人翁。鄙意以为此等思想,只宜于专制时代。皇帝为全国之大主人翁,压制平民,学生在学校学成之后,辅助君主,欺辱平民,虽不能为大主人翁,亦可为小主人翁。今则不然,现值政体改更,过渡时代,须国民群策群力,以图振兴。振兴之基础,全在于国民知识之发达。学界中人,当知所负责任之重。今日在校为学生,异日即政治上之工人,社会上之公仆,与专制时代学生之思想大不相同。学界能尽其责任,国基方能巩固,愿诸君勉之。"① 孙中山在这篇演说中提出了辛亥革命后中华民国教育的宗旨、学生的学习目的、政治责任、社会道德以及革命与学问、民主和平等关系等等重要问题。这些内容恐怕是北大师生们以前闻所未闻的,因此师生们大受启发和教育,"到会者至为振奋,鼓掌之声不绝"。

近代中国思想界另一巨子、立宪派领袖梁启超,自1898年戊戌维新失败后流亡国外十多年,直到1912年10月初才回国。10月20日到北京,10月31日下午即到北京大学出席北大师生的欢迎会。据报道当时北大"讲堂遍悬国旗,校长、教员、学生咸集"。会上先由代理校长马良致欢迎辞,然后梁启超发表了长篇演说。他首先表示"鄙人今日承本国最高学府北京大学校之欢迎,无任荣幸"。然后追溯了一段自己在戊戌维新时主张兴学及创立强学会及倡办京师大学堂的历史。接着他着重阐述大学的宗旨,应是"研究高深之学理,发挥本国之文明,以贡献于世界之文明"。他认为"专门学校之目的在养成社会上技术之士,而大学之目的则在养成学问之士";"专门学校之精神在实际之应用,而大学校之精神则在研究与发明"。"总之大学校之目的既在研究高深之学理,大学校之学课又复网罗人类一切之系统知识,则大学校不仅为一国高等教育之总机关,实为一国学问生命之所在。""且学问为文明之母,幸福之源,一国之大学即为一国文明幸福之根源。"这是梁启超对大学办学目的、宗旨、功能和精神的定位和高度概括。同时他殷切希望北大师生"能保持大学之尊严,努力于学问事业"。梁启超还深刻批判前清科举制和读书做官论,指出"误国最甚者,莫如奖励出身之

---

① 《孙中山全集》第2卷,第424页。

制,以官制为学生受学之报酬,遂使学生以得官为求学之目的,以求学为得官之手段",以至造成"中国兴学十余年,不仅学问不发达,而通国学生且不知学问为何物"。他勉励北大学生"当为学问而求学","勉力为我中国文明争光荣"。最后,梁启超谈到学风问题,指出"今日学风之坏,人所同慨"。而北大"为全国最高之学府,大学学风足为全国学风之表率"。他提出了三条改善学风之建议:"一是谨守服从之德;二是力倡朴素刻苦之风,切戒奢侈放纵;三是养成冷静之头脑,提倡静穆之风,切戒浮躁轻率"①。

孙中山和梁启超的演说都强调了研究学问的意义、大学办学的宗旨和学生学习的目的,并涉及学生社会责任、学校学风等重大问题,对北京大学师生产生了一定的影响,也是北大校史上值得记录的一页。

三、首任校长严复对北京大学的贡献

北京大学首任校长严复虽然在任的时间不长,只有半年左右,但是他为维持和改革北大却历尽艰辛,用心良苦,功不可没。

严复是中国近代著名的启蒙思想家和翻译家。他曾留学英国,学贯中西。19世纪末他的译著《天演论》宣传"物竞天择"、"适者生存"的进化论,鼓吹自强革新思想,曾风靡一时,促进了中华民族的觉醒。同时他也是个教育家,曾先后担任福州船政学堂教习,天津北洋水师学堂总教习、会办、总办,京师大学堂译书局总办,上海复旦公学校长和安徽安庆高等学校监督等职。

1912年2月25日,严复被任命为京师大学堂总监督。3月8日到校就任后,即分别召开教职员会议,商讨改革办法。1912年5月3日,他又被任命为改名北京大学校后的第一任校长。严复深感肩负责任之重大,"故自受事以来,亦欲痛自策励,期无负所学,不怍国民,至其他利害,诚不暇计"②。然而严复校长面临的却是重重困难和种种干扰打击。

首先遇到的是经费困难。武昌起义后清政府学部就不再给京师大学堂

---

① 梁启超:《饮冰室全集》文集之二十九,中华书局,1986年,第38—44页。
② 王栻:《严复集》第3册,中华书局,1986年,第604页。

拨发经费。严复上任后,四处奔走,甚至面见学部、度支部长官,"再四磋磨,商请用款,迄无以应"。他在给夫人朱明丽的信中诉苦:"大学堂无款即不能开学,即我之薪水亦未开支也。公事亦极难办。"①后来总算在4月7日向华俄道胜银行借到7万两银子,才使北京大学能在5月15日开学上课。但到了秋季开学前经费仍无着落,华俄道胜银行半年借款也将到期。严复只得又向英国汇丰、法国汇理、俄国道胜等外国银行商借贷款,却均遭拒绝。8月26日好不容易向华比银行借到20万两,除一部分归还道胜银行借款及利息外,其余用作北京大学秋季开学所需。严复竭尽全力为北京大学筹得维持生存的必要经费,这是一大贡献。

与经费有关的还有减薪之争。民国之初因财政困难,北京政府财政部发出通令,命京内外各衙门官员及学校教职员,凡薪水在60元以上者,"一律暂支60元"。严复作为北大校长给教育部写了条陈,提出了抗争。他认为"学校性质与官署不同",不能"强令齐约"。其理由是学校教职员薪水是按授课钟点和所担负任务轻重判定高低的,如果一律降低拉平,致使人员"放弃职任",那么"表面之经费虽省,无形之贻误实多"。因此他表示北京大学难遵部令,"为公之计,除校长一人准月支60元以示服从命令外,其余职教各员,在事一日,应准照额全支,以示体恤而昭公允"②。严复终以据理力争和个人减薪保全了北大教职员的原有待遇,这是对北大的又一贡献。

最大的打击和考验还是教育部企图停办北大之议,关系到北京大学的生死存亡。北京大学在1912年5月15日正式开学后,严复一方面添聘薄弱学科的教员,一方面解聘不称职的教职员,致使"校中一切规模,颇有更张","全校学生遂与相安于学"。北京大学的国际声望也日益提高,7月29日英国教育会议和伦敦大学宣布承认北京大学学生的学历和成绩,"自兹以后,凡属北京大学校或译学馆之毕业生赴英游学者,均得以直接进行其博士研究"。正当严复为北大建设"力图进展"时,北京政府教育部在7月初却以所谓程度不高、管理不善、经费困难为由提出了停办北京大学之议。此议自然引起北京大学师生的强烈反对。

---

① 《严复集》第3册,第771页。
② 严复:《上大总统和教育部书》,北京大学档案馆藏。

校长严复特向教育部上了《论北京大学校不可停办说帖》,此帖抄件现藏于北京大学档案馆。他理直气壮地陈述了北京大学万万不可停办的理由。严复首先指出北大自创办以来,集中了当时最好的人才、物力,又积十余年国家全力惨淡经营,才有今日最高学府之地位。"一旦轻心掉之,前此所糜百十万帑金,悉同虚掷",造成巨大浪费。而且面对热情求学的莘莘学子,将持何理由"而一切摧残遣散之乎?"其次针对当局指责程度不高的说法,严复指出各国大学"亦无法定之程度",由于历史和种种原因,各国各地的大学程度不可能划一,关键在于自己努力提高,"吾欲高之,终有自高之一日",如果停办北京大学,中国大学将永无提高之一日。第三,针对教育要从中小学入手的说法,严复指出"高等大学与普通教育双方并进,本不相妨"。"今世界文明诸国,著名大学多者数十,少者十数。吾国乃并一已成立之大学尚且不克保存,岂不稍过?"而且江浙、湖北等地都在议立大学,北京是首都,"反出行省之下,本末倒置,贻诮外人!"第四,严复还指出大学不仅要造就专门人才,而且兼有"保存一切高尚之学术,以崇国家之文化"的宗旨。北大设立各种学科,"是则为吾国保存新旧诸学起见"。"既有造就之盛心,必不患无学者"。第五,关于经费问题,严复认为"谓今之大学,固当先问其宜存与否,存矣,则当问其进行之计画为如何,不得以筹费之难易为解决也"。而且"国家肇建万端,所需经费何限,区区一校所待以存立者,奚翅九牛之一毛?其所保持者甚大,所规划者至远,如此,夫何惜一年二十余万金之资,而必云停废乎?"最后,严复表示不计个人进退,"大部如以鄙见为不然,则方来之事,请待高贤。若以为犹有可从,则改革之谋,请继今以进"①。严复的说帖铿锵有力,掷地有声,有理有节,义正词严,可谓北大校史上的一篇珍贵文献。

严复校长接着又呈上一份《分科大学改良办法说帖》,提出了北京大学的改革方案,此说帖抄件也藏于北大档案馆。他建议原有学生一律在一年内以选科毕业,暑假后招考新生一律以程度为准,并征收膳宿各费,毕业后给予学位。以前所聘外国教习按约辞退,中国教职各员考其成绩,随时斟酌去留。特别值得注意的是严复提出聘请教员"总以本国人才为主",应"选

---

① 严复:《论北京大学校不可停办说帖》(抄件),北京大学档案馆藏。

本国学博与欧美游学生,各科中卒业高等而又沉浸学问无所外慕之人,优给薪水,俾其一面教授,一面自行研究本科,如此则历年以后,吾国学业可期独立,有进行发达之机"。大学不仅造就学生,同时,也培养师资人才,将成为"一国学业之中心点"。"则较之从前永远丐人余润,以重价聘请一知半解之外国教员,得失之数不可同年而语矣!"这是一个非常有远见卓识的观点。严复对各学科也提出了具体改革方案,如建议将经科并入文科,指出"既为大学文科,则东西方哲学,中外之历史、舆地、文学,理宜兼收并蓄,广纳众流,以成其大"①。这与后来蔡元培提出的"兼容并包"的方针是一致的。关于法科,严复主张以国文教授本国法律为主课,而以外文教授外国法律为辅课,尤其应着重学习共和立宪以来中国现行之法律。对于理工科与农科,建议派出优秀学生,由学校出资派到欧美、日本留学深造,同时加强实验室和图书、仪器、药品的管理。对商科则建议开四个专业(当时称门),即经济学、财政学、商学和交通学。严复的这些建议即使现在看来也是很有见地的,并反映了他的教育思想能够与时俱进。

教育部接到严复这两份说帖后,虽然声明"解散之事,全属子虚"。但又在 7 月 7 日下达了《北京大学结束办法九条》,要求北大执行。九条中包括各分科大学学生一律提前于元年年底毕业,给予选科文凭,概不授予学位。下学期各分科课程要作增减,学生要交膳费,各科学长应兼充教员,法商两科学长以一人兼充等。而最重要的是规定"本年下学期各分科大学一律不招新生"②,实质上仍是要停办北京大学。因此教育部九条一宣布,立即激起北大师生的强烈不满与反对。全校"议论沸腾",认为这是对北京大学实行"和平之驱逐"、"变相之解散",各科学生纷纷推选代表草拟说帖提出抗议。现北大档案馆内收藏有文科、法科、工科等各科学生的说帖。如文科全体学生代表说帖表示"此风一播,全国灰心,窃恐后之向学者,群以北京大学校为畏途,相率裹足"。学生们还表示"不甘妄自菲薄,咸有研究完全文科大学学问之请愿","但与世界各国专门学子争占学问一席!"法科、

---

① 严复:《分科大学改良办法说帖》(抄件),北京大学档案馆藏。
② 《北京大学结束办法九条》,北京大学档案馆藏。

工科学生代表说帖也强烈反对"半途而废",而且要求多招新生。①

在严复校长和北大师生的有力抗争和社会舆论的压力下,教育部不得不取消北京大学停办之议和结束办法。在8月9日举行的全国临时教育会议上,讨论了教育部的停办北大之议,"嗣以事实困难,停办之议,遂亦打消"。会议还通过了分设大学案,即十年内国内先设北京、南京、武昌、广州四大学。这场停办之争不仅关系到北大的存亡绝续,而且对中国近现代革命和文化、科学、教育事业的发展也具有重大影响。严复为维护北大的生存发展而作出的艰苦努力,是他对北京大学作出的重大贡献。

严复在种种外来压力和内心矛盾之下,终于在1912年10月7日正式辞去北京大学校长职务。严复的辞职,正如他自己所说的"其原因复杂,难以一二语尽也",不能简单归结于某一种因素。他与教育部的矛盾积怨,不仅由于他多次对抗部命,而且涉及当时中国政坛南北之争、党派之争和种种人事纠葛,严复甚至常被人视为北洋系旧人物。再有经济收入、家庭负担也是重要因素。北大校长薪水不高,不敷家庭开销,后来部命减薪至60元,甚至"尚不够养我马车"。因此他在家信中常叹苦经,并已萌生退意。而这时袁世凯又聘其任总统府顾问,工资较高,教育部却严令不准兼职,故他权衡再三,决定辞去北大校长职务。此外,严复本人年老体衰,哮喘病加重又有吸食鸦片嗜好等,对其辞职也有一定关系。

四、学生风潮与抵制裁并的努力

民国初年政治和社会的动荡,反映在教育部,仅1912—1913年两年内就换了6任总长(部长)或代总长,而反映在北京大学,则在两年内四易校长、三起学潮、两遭停并之险。

严复辞职时,北大许多学生竭力挽留,但也有少数学生反对,形成学生之间对立争吵甚至冲突,以至教育部专门发出训令,对学生风潮加以警告。1912年10月9日,临时大总统袁世凯任命31岁的章士钊为北京大学校长,又有学生反对。当时章士钊正在上海办《独立周报》,同时兼任江苏都督府

---

① 文科、法科、工科学生说帖,北京大学档案馆藏。

顾问,遂以事务繁忙难以脱身为由,"迟不赴任"。后又借口自己太年轻资格浅而推辞。10月18日政府又命72岁的教育家马良(即马相伯)代理校长。因学校经费缺乏,马良向比国银行商借贷款40万法郎,约定以学校地产作抵押。学生闻讯,群起反对,有的指责马良"盗卖校产",并聚众到校长寓所外抗议。于是马良于12月27日辞职,教育部又命工科学长何燏时署北京大学校长。

1913年1月何燏时上任后,谋求整顿,其中一项措施为宣布预科毕业生进入本科必须经过入学考试,此举引起预科学生强烈不满,引发民国初年北大最大的一次学生风潮。预科学生以教育部《大学令》明文规定"预科学生修业期满考试及格者,给予文凭,升入本科"①,认为校长布告违法,群起反对。而校方对学生失于疏导,强行贯彻,致使矛盾激化,酿成学潮。5月27日预科学生集会抗议,然后涌向校长办公室辩论,并迫使何校长当场写下辞职字据。事后校方呈报教育部,要求严惩闹事学生。而学生也公推代表13人赴教育部请愿。29日教育部指令北大校方,预科学生"屡生事端,自无法纪,应由校长查明滋事为首之人,立即斥退"。30日校长出布告开除预科学生8名,于是6月3日,北大预科学生271人赴国会请求保障权利。6月6日教育部宣布"将现时在校之预科学生暂时解散",才把这次学潮压制下去。剖析民国初年北大学潮的背景,既有辛亥革命后学生思想解放,对民主、自由、平等的追求,又有学生对校长人选的好恶倾向不同和维护自身权益的驱动,还有校方处理不当,失于疏导和社会上政党派系之争和新闻舆论的影响。尤其刺宋案发生后,国民党激进派对袁世凯政府不满,积极同情和支持北大学潮。国民党机关报《民立报》特地刊登了北大学生的通告书和271名北大预科生递交国会两院的请愿书,要求法律面前公平平等,反对侵犯学生权利。

1913年暑假,北京大学在北京、上海、汉口等地大规模招生,当年录取本科新生117名、预科新生115名,并预定9月25日开学,不料9月23日突然接到教育部函令暂缓举行开学典礼并约校长次日到部面谈。新任教育总长汪大燮竟以北大"费用过多,风纪不正,学生程度尚低,拟将分科暂行

---

① 朱有瓛:《中国近代学制史料》第3辑下册,华东师范大学出版社,1992年,第2页。

停办"。北京大学再一次面临生死关头,这也与当时袁世凯政府加强专制统治及教育部要紧缩经费有关。校长何燏时坚决反对停办,1913年9月27日,他在给大总统的呈文中大声疾呼:"办理之不善可以改良,经费之虚縻可以裁节,学生程度之不齐可以力加整顿,而此惟一国立大学之机关,实不可遽行停止。且当此民国初基,正式政府将近成立之时,正应百端具举,树全国之表,则肃中外之观瞻,慰群生望治之诚,建国家伟大之业。当此之时忽有此停办大学之举,实足以贻笑友邦,觖失民望!"他强调此非自己"一人之私言,抑亦全国之公论也"。何燏时还着重从国家教育主权和教育事业发展的高度加以阐发。他说:"国家设立大学,实振兴教育之总键,陶冶人材之巨炉,故东西各国莫不注重大学",美英等国不但在本国设立而且纷纷到中国各地办大学,"其用意之所在,已可概见。吾国国立大学仅只北京一校","彼方竞投巨资拓张国势,我则惜此小费一校不存,致使莘莘学子依赖外人,固属有失国体,而教育之实权势必旁落,千钧一发,关系匪轻"。这段论述比严复上一年反对停办北大的说帖更有说服力。其他有关学校经费、学生程度等陈述则与严复说帖相似。何燏时在呈文最后也表示不计个人去留,请"立予罢斥,另任贤能,留此一线之延,以为整顿之地,学界幸甚,民国幸甚!"①

在何校长和北大师生强烈反对下,教育总长汪大燮10月1日发布给北大校长指令,表示"但有整顿之意,并无撤废之心"。但是又提出要把北京大学与天津北洋大学合并。所谓合并仍是变相取消北大,故仍遭到北大师生、校友以及国会议员、社会舆论的反对,教育部不得不暂停裁撤北大之行动。北京大学本科于10月13日开学,11月4日举行了本科第一次毕业典礼。但何燏时校长则在教育部压力下,被迫在11月5日再度提出辞职,即获批准。11月13日教育部训令工科学长胡仁源主持校务,并重提与北洋大学合并计划,还拟议将两校学生通同甄别考试一次,也遭两校师生抵制。11月20日北京大学毕业同学会上大总统书强烈反对裁并北大,指出"今东西各国著名大学亦多在首都,岂宜背古今中外之通例,而反以首都大学归并省会"。并告诫政府"不能因噎废食","民国教育前途之废弛,将以裁并北

---

① 《北京大学史料》第2卷(一),第5页。

京大学之举而见之"。上书要求大总统"迅饬教部,保存国立北京大学"。①12月达寿等名流也上书大总统"呈请维持国立北京大学,迅饬教育总长将合并之令取消,俾仍继续办理"②。

1914年1月8日,袁世凯任命胡仁源署理北京大学校长。教育总长汪大燮尽管遭到各方反对,仍不甘心放弃合并北大之意,又训令专门教育司司长汤中等人妥筹合并办法。汤中等提出了一个折衷方案,即北京大学保留文、法、理、医四分科,而把工科并入北洋大学,北洋大学重点建设工科,而把法科并入北大,另外北大农科改为农业专门学校。但此方案仍遭到北京大学与北洋大学师生的反对而使合并无法完全实行。2月20日,汪大燮也不得不辞去教育总长职务。

五、北大师生的反袁斗争和新思想的萌芽

以往有些论者为了强调蔡元培任校长后北京大学的革新,往往把此前的北大说得陈旧腐败不堪。实际上事物的发展变化都有一个从量变到质变的过程,民国初年北京大学出现的一些变革及北大师生的反袁斗争与新思想的萌芽,已为蔡元培改造北大和以后北大成为新文化运动与五四运动的摇篮,提供了一些条件和准备。

辛亥革命建立中华民国后,把带有封建色彩的京师大学堂校名和体现封建官僚等级的总监督、监督等职名,改成具有近代意义的北京大学校和校长、学长。办学方针也从1903年京师大学堂章程规定的"以谨遵谕旨,端正趋向,造就通才为宗旨"③,转变为中华民国教育部1912年10月颁布的《大学令》所规定的"大学以教授高深学术,养成硕学闳材,应国民需要为宗旨"。④ 教育宗旨则从清政府1906年4月25日上谕宣布的"忠君、尊孔、尚公、尚武、尚实",修改为1912年9月2日民国教育部令宣布的"注重道德教

---

① 《北京大学毕业同学会上大总统书》,北京大学档案馆藏。
② 《北京大学史料》第2卷(一),第7页。
③ 《北京大学史料》第1卷,北京大学出版社,1993年,第97页。
④ 朱有瓛:《中国近代学制史料》第3辑下册,第1页。

育,以实利教育、军国民教育辅之,更以美感教育完成其道德"。① 这是民国初年北京大学与清末京师大学堂在办学指导思想上的重大差别和转变,猛烈冲击了中国两千年封建君主专制制度下忠君、尊孔的教育准则,对北大师生来说是一次思想上的大解放。

其次从学科和课程设置改革方面,京师大学堂原设经学科,下设毛诗、周礼、左传等门(即专业)。严复任北大校长后,决定将经科并入文科,并提倡东西方哲学、中外历史、地理、文学"兼收并蓄"。1913年1月,民国教育部公布了大学规程,规定了大学包含的各种专业和课程的设置,主要也是针对北京大学的。其中规定大学分为文、理、法、商、医、农、工七科,大学文科包括哲学、文学、历史学、地理学四门。经学科的取消和文科专业课程设置及内容的调整,打破了中国封建教育独尊儒学的思想桎梏,体现北京大学向近代教育转型的一个重要标志。

另一个重大变化体现在教师队伍革新方面。严复担任北大首任校长后,就主张解聘那些一知半解没有真才实学滥竽充数的外国教师和中国教员,而建议招聘那些曾到国外留学取得学位又能钻研学问不迷信外国的学者来北大任教。并提倡教师一边教学一边从事研究,以提高学术水平。他还主张理、工、法、商、农等科派遣优秀毕业生出国留学深造,数年后再回校任教。在民国初年,北京大学确实招聘和引进了一批国外留学归来有真才实学的中青年学者来校任教,提高了北大教师队伍的素质和学术水平。不仅首任校长严复是留学英国学贯中西的大学者,后任校长何燏时也是留学日本多年、在东京帝国大学毕业、获工学学士学位的学者。而继任校长胡仁源则先后留学日本仙台高等学校和英国待尔模大学,据说曾获工科硕士学位。理科学长夏元瑮留学德国,毕业于柏林大学,获理学博士学位。尤其是1913—1914年,在胡仁源校长和夏元瑮学长的主持下,陆续招聘了一批国外留学生和倾向革新的章太炎弟子到北大任教,改变了以往桐城古文派学者主宰北大文科的状况。如黄侃是章太炎得意门生,曾留学日本,师从章太炎学习国学,并协助章太炎编《民报》,对经学、诗赋、音韵、训诂、文字等学均有很高造诣,是近代著名的国学专家。马裕藻也是曾经留学日本的章太

---

① 《中国近代学制史料》第3辑上册,第90页。

炎弟子,是音韵、文字学专家,后来担任北大国文系主任。朱希祖曾留学日本早稻田大学,也是章太炎门生,著名的文史专家,后来做过北大史学系主任。还有沈兼士也是曾留学日本参加同盟会的章太炎弟子。其兄沈尹默也曾留学日本京都大学,他和1915年来北大的曾留学日本早稻田大学的章太炎弟子钱玄同,后来都成为《新青年》杂志编委会的骨干人物、新文化运动的干将。而且以上学者大多是浙江吴兴、余杭等地人,又大多是著名革命家和学者章太炎的弟子,形成北大一股新思潮和新派势力。他们在讲课和研究中带来了新思想的萌芽和新的治学方法。同时他们大多过去参加过革命活动,并反对袁世凯的专制独裁。尤其是他们的老师章太炎由于拒绝袁世凯的利诱而长期被软禁,更加深了他们对袁世凯的不满。

北京大学师生反对专制拥护共和和争取民主进步的政治态度,集中表现在1915—1916年的反袁斗争之中。1915年下半年袁世凯为了实现其复辟帝制的企图,竭力拉拢和收买社会上有名望的知识分子,特别是北京大学的校长和教授。他先是加封北大校长胡仁源为中大夫,又授予北大一些教授四等、五等嘉禾章。接着他的儿子袁克定又派人游说胡仁源校长"率大学诸教授劝进",遭到胡校长和北大教授们的严正拒绝。"仁源本诸教授之意持不可,谢使者,大学遂独未从贼。"袁世凯竟然冒天下之大不韪,悍然宣布自1916年起复辟帝制改元洪宪,并准备在元旦上演登极称帝之丑剧。北大文科教授马叙伦闻讯,立即愤然辞去北京大学教职离京,以示强烈抗议。此事当时曾轰动一时,北京和上海的一些报纸上称其为"挂冠教授"①。而且正是由这位马叙伦及沈尹默、夏元瑮、沈步洲、汤尔和等浙江籍教授们的大力推荐建议,才推动新任教育总长范源濂聘请蔡元培回国担任北大校长。1917年1月4日,蔡元培正式就任北京大学校长,从此北京大学历史进入了一个新的时期。

(原载《北京大学学报》,2001年第6期)

---

① 马叙伦:《我在六十岁以前》,三联书店,1983年,第53页。

孙中山与北京大学

伟大的民主革命家孙中山先生生前就深受北京大学师生的敬仰和爱戴。1924年3月5日的《北京大学日刊》上公布了一次饶有趣味的民意测验结果,这是北京大学平民教育讲习会在北大二十五周年校庆纪念日对北大学生作的民意调查。问卷的第六题是:"你心目中国内或世界的大人物是哪几位?"尽管关于国内大人物的答案涉及古今、五花八门,获提名的人不少,但孙中山先生则是众望所归,以473票的绝对优势遥遥领先。其次是曾任北大文科学长的陈独秀173票、北大校长蔡元培153票。其他人物都不满50票,如曾经不可一世的独裁者袁世凯只有5票,前大总统黎元洪仅得1票。① 从这份民意测验结果统计中,可以看出孙中山在当时北京大学学生心目中的崇高威望和受到敬仰爱戴的程度。

孙中山长期居住在南方和国外,一生仅短期到过北京三次。第一次是1894年,在赴天津向李鸿章上书失败后漫游北京,此时京师大学堂尚未成立。第二次是1912年,在辞去中华民国临时大总统后到北京与袁世凯会谈。孙中山曾在北京湖广会馆对学界发表演说,热情肯定"此次革命成功,

---

① 朱务善:《本校二十五周年纪念日之民意测验》(续),《北京大学日刊》1924年3月5日。

多赖学界之力,此后诸多建设,尤赖学界合力进行,方能成功。"①当时刚由京师大学堂改名为北京大学校的北大许多师生参加了大会,并热烈鼓掌欢迎中山先生。第三次则是1925年,应冯玉祥之邀赴北京商谈国事,也受到北大师生的拥护。北大教授团特地组织临时委员会负责欢迎事宜,并决定12月31日在孙中山抵京时,北京大学师生停课前往火车站欢迎。②可惜中山先生不久即病逝于北京,始终没有机会亲自光临北京大学。

从表面上看来似乎孙中山与北京大学的直接交往不多。然而,如果我们深入挖掘分析各种史料和回忆录的话,就可以发现孙中山与北京大学的关系并不少,而且事迹感人,影响甚大,值得我们好好加以缅怀和研究。本文谨从以下四个方面进行简要论述。

一、支持蔡元培出任北京大学校长

1912年,蔡元培曾担任孙中山领导的南京临时政府教育总长。同年7月因拒绝与袁世凯合作而辞职赴欧洲留学。1916年6月,复辟帝制的袁世凯在全国人民反对声中死去,黎元洪继任总统。9月,北京政府教育总长范源濂致电当时正在法国的蔡元培,请他出任北京大学校长。蔡元培从法国回到上海以后,周围的朋友们对他要不要就任北大校长一事,众说纷纭,意见分歧。据蔡元培《我在北京大学的经历》一文中回忆:"民国五年冬,我在法国接教育部电,促回国,任北大校长。我回来,初到上海,友人中劝不必就职的颇多,说北大太腐败,进去了,若不能整顿,反于自己的声名有碍,这当然是出于爱我的意思。但也有少数的说,既然知道他腐败,更应进去整顿,就是失败,也算尽了心,这也是爱人以德的说法。"③以至于蔡元培本人也有些犹豫不决。

当时孙中山先生正在上海,他竭力支持蔡元培出任北京大学校长。据罗家伦回忆:"孙中山先生认为北方当有革命思想的传播,像蔡先生这样的

---

① 孙中山:《在北京湖广会馆学界欢迎会上的演说》(1912年8月30日),《孙中山集外集》,上海人民出版社,1990年,第63页。
② 《北京大学日刊》1924年11月29日。
③ 蔡元培:《我在北京大学的经历》,《东方杂志》第31卷第1号,1934年1月。

老同志,应当去那历代帝王和官僚气氛笼罩下的北京,主持全国性的教务,所以主张他去。"①高平叔更具体地记述了蔡元培亲口对他讲述的这段史实:"在上海期间,蔡和孙中山长谈多次,当谈到蔡应否就任北大校长一事时,孙认为北方封建习俗太深,必须大力进行革命的宣传,始能推动革命事业的进展。蔡长北大,正好在北方传播革命思想,并可以最高学府来影响全国。同时,革命急需人才,蔡长北大,可培养大批革新的人才,使革命事业能获得坚实的发展。因此,孙一再劝说蔡应去北京就职。"孙中山用担任北大校长可以在北方传播革命思想和培养革新人才等道理说服了蔡元培,使蔡元培"自己也觉得当大学校长不是做官,而是去做事业"。② 于是,蔡元培在孙中山的劝说和支持、鼓励下,终于毅然决定接受北京大学校长的职务,于1917年1月4日到北大就任,开始主持校务。

蔡元培在北京大学雷厉风行地进行了整顿和改革,并提出兼容并包、思想自由的原则。把一个原来充满封建官场习气、旧文化旧思想占统治地位的最高学府,改造成集中全国各学科优秀人才、传播新文化新思想的新型大学。在他主持下的北京大学终于成为中国新文化运动的摇篮和五四运动的发源地。可以说,蔡元培出任北京大学校长,不仅是北京大学历史上的一个关键性转折点,也是中国教育史和现代史上的一件大事。而这个转折正是由孙中山先生促成的。

孙中山一直关注北京大学的进步和发展。1919年7月至9月,蔡元培校长曾一度离开北京南下,请蒋梦麟代理主持校务。③ 当蒋梦麟到北大代理校长不久,就收到了孙中山的来信。他后来回忆说:"其中有句话,到现在还记得,那就是'率领三千子弟,助我革命'。"④可见孙中山先生对北京大学师生所寄予的厚望。

---

① 罗家伦:《逝者如斯集》,台北传记文学出版社,1981年,第55页。
② 高平叔:《蔡元培与孙中山》,《南开学报》,1986年第6期。
③ 《蔡元培启事》:"因胃病未愈,暂由蒋梦麟代办校务。"载《北京大学日刊》1919年7月23日。
④ 蒋梦麟:《新潮》,台北传记文学出版社,1967年,第70页。

二、五四时期声援北京大学学生运动,营救被捕师生

1919年5月4日,北京大学学生联合北京其他学校共三千多学生,高呼"外争国权、内除国贼"的口号,在天安门前举行游行示威,发动了轰轰烈烈的五四运动。当时孙中山先生正在上海,闻讯立即对北京的爱国学生运动给予坚决的支持,并发动上海学生起来响应。

5月6日凌晨,在上海担任《民国日报》总经理的邵力子接到关于北京爆发五四运动的消息后,立即打电话向孙中山报告。孙中山指示说:"《民国日报》要大力宣传报道北京学生开展的反帝爱国运动,立即组织发动上海学生起来响应,首先是复旦大学。"①邵力子当天就在《民国日报》上报道了北京大学学生游行示威的情况,并亲自拿了报纸赶到复旦大学,敲钟集合全校同学。他慷慨激昂地鼓动说:"北京学生有这样的爱国思想和行动,难道我们上海学生会没有吗!"②复旦学生当场决议联合上海各校通电营救北京的被捕学生。

5月4日北京大学等校学生的游行示威遭到了北洋军阀政府的镇压,逮捕了一批学生。孙中山得知后十分气愤,立即打电报给北京政府,要求释放被捕学生。据当时被捕的北大学生领袖之一许德珩回忆说:"当1919年5月4日,北京学生因反帝反卖国军阀的示威运动,我们三十一个学生和一个市民被逮捕的事件发生以后,孙中山是支持这个运动的。他曾经打电报给当时的北洋军阀头子段祺瑞,要他从速释放被捕学生。由于孙中山先生和社会上其他人士的支持以及人民群众自己的团结努力,被捕学生才能够很快的出狱。"③许德珩还说当时是由宋庆龄代孙中山起草了"学生无罪"的救援电。④ 1919年5月9日,孙中山还与广东军政府各总裁联名致电北京

---

① 孙中山:《给邵力子的指示》(1919年5月6日),《孙中山集外集补编》,上海人民出版社,1994年,第231页。
② 王耿维:《孙中山与上海》,上海人民出版社,1991年,第167页。
③ 许德珩:《孙中山先生对五四时期学生运动的同情和支持》,《五四运动回忆录》下册,中国社会科学出版社,1979年,第637页。
④ 许德珩:《宋庆龄无愧为国家名誉主席》,《文汇报》1981年5月22日。

政府总统徐世昌。电报开头就责问"顷闻北京学生为山东问题警告曹汝霖、章宗祥、陆宗舆诸人，发生伤毁之事，有将为首学生处以极刑，并解散大学风说，不胜骇诧！"电报严正指出："倘不止本之法，但藉淫威以杀一二文弱无助之学生，以此立威，威于何有？以此防民，民不畏死也。"并强烈要求徐世昌"洞明因果，识别善恶，宜为平情之处置，庶服天下之人心"。①

1919年6月，《新青年》杂志主编、北京大学文科学长陈独秀被北京政府逮捕。8月末，北大教授陈独秀、李大钊、胡适、高一涵等创办的《每周评论》被查封。传闻北大教授胡适也遭拘捕。孙中山听到这些消息极为震惊和焦虑。正值北京政府代表许世英9月上旬到上海参加南北和议。孙中山一见许世英就愤怒痛斥北洋军阀政府拘捕北大教授的暴行，并说："独秀我没有见过，适之身体薄弱点。你们做得好事，很足以使国民相信我反对你们是不错的证据。但是你们也不敢把来杀死，身体不好的，或许弄出点病来，只是他们这些人死了一个，就会增加五十、一百。你们尽做着吧！"②许世英听到这番警告，连声说："不该，不该，我就打电报去。"在孙中山和各界人士的声援和舆论压力下，北京政府不得不于9月16日将关押了98天的陈独秀释放。

孙中山在1919年5月12日给陈汉明的信中明确表示坚决支持学生爱国运动，并愿做学生的后盾。他认为"此次外交急迫，北政府媚外丧权，甘心卖国，凡我国民，同深愤慨。幸北京各学校诸君奋起于先，沪上复得诸君共为后盾，大声疾呼，足挽垂死之人心而使之觉醒"。自己作为国民一分子："对诸君爱国热忱，极表同情，当尽能力之所及，以为诸君后盾。日来亦屡以此意提撕同人，一致进行。尚望诸君乘此时机，坚持不懈，再接再厉，唤醒国魂。民族存亡，在此一举，幸诸君勉力图之！"③

1919年6月初，北京大学学生代表许德珩、黄日葵等与各地学生代表聚集上海，商议组织全国学生联合会。他们曾向孙中山汇报北京学界的斗争情况和北洋军阀政府镇压学生运动的罪行，并谈到要在上海组织全国学

---

① 孙中山等：《致徐世昌电》（1919年5月9日），《孙中山集外集补编》第232页。
② 孙中山：《与许世英的谈话》（1919年9月上旬），《孙中山集外集》第239页。
③ 孙中山：《复陈汉明函》（1919年5月12日），《孙中山全集》第5卷，人民出版社，1985年，第54页。

联的想法。孙中山听后对他们"抚慰有加",表示赞成与鼓励。1919年6月16日全国学生联合会成立,北大学生段锡朋当选会长。孙中山亲自出席了全国学联的会议并发表演讲,给予热情指导。据全国学联发起人之一屈武回忆,孙中山先生讲话大意是:"宋代有太学生陈东等伏阙上书,今日有北京学生发起的五四运动。学生不能安心读书,挺身出来干预政治,总是由于政治太坏之故。从五四运动以来不一月间,学潮弥漫全国,人人激发爱国良知,誓死为爱国的运动,整个社会蒙受绝大的影响。"①

1919年6月,在上海的一次集会上,有的北京大学学生用激烈的言辞批评孙中山领导的辛亥革命不彻底,"算不上革命"。孙中山听了不但不生气,反而给予鼓掌,并加以诚恳勉励,表现出革命家的宽阔胸怀。据当时参加这次集会的北大学生朱尚瑞回忆:一位"北大学生代表在群众大会上说'孙中山先生的革命,算不上革命。他的革命仅仅把大清门的牌匾换作中华门,这样的革命不算彻底,我们这次要作彻底的革命。'当时孙中山先生正在上海,也参加了这次大会,他听了这段话,也作热烈的鼓掌。会后,他向北大同学恳切地说:'我所领导的革命,倘早有你们这样的同志参加,定能得到成功。'"②

对于当时北京大学教授陈独秀、李大钊、胡适、鲁迅、钱玄同等人主编的《新青年》杂志倡导的新文化运动,孙中山也给予高度评价,并充分肯定新文化、新思想的宣传对推动五四运动所起的巨大作用。1919年6月18日,孙中山在给蔡冰若的信中就指出:"试观此数月来全国学生之奋起,何莫非新思想鼓荡陶镕之功?"③孙中山在1920年1月29日所写的《致海外国民党同志函》中,更深刻地阐述了新文化运动的意义和作用。他在信中明确指出:"自北京大学学生发生五四运动以来,一般爱国青年无不以革新思想为将来革新事业的预备。于是蓬蓬勃勃,抒发言论。国内各界舆论,一致同倡。各种新出版物,为热心青年所举办者,纷纷应时而出。扬葩吐艳,各极所致,社会遂蒙极大之影响。虽以顽劣之伪政府,犹且不敢撄其锋。此种新

---

① 屈武:《激流中的浪花——五四运动回忆片断》,《五四运动回忆录》下册,第864页。
② 金毓黻:《五四运动琐记》,《五四运动回忆录》上册,第331页。
③ 孙中山:《复函蔡冰若》(1919年6月18日),《孙中山全集》第5卷,第66页。

文化运动,在我国今日,诚思想界空前之大变动。推其原始,不过由于出版界之一二觉悟者从事提倡,遂至舆论放大异彩,学潮弥漫全国,人皆激发天良,誓死为爱国之运动。倘能继长增高,其将来收效之伟大且久远者,可无疑也。吾党欲收革命之成功,必有赖于思想之变化,兵法'攻心',语曰'革心',皆此之故。故此种新文化运动,实为最有价值之事。"①1920年5月1日,孙中山还亲笔为《新青年》杂志劳动纪念号书写了"天下为公"的题词②。

三、亲切接见和勉励北京大学学生代表

孙中山先生虽然未曾亲临北京大学,可是他在上海和广州曾经多次亲切接见北京大学的学生代表,并给予热情的勉励和谆谆的教导。

五四运动中,北京大学学生领袖许德珩、罗家伦、张国焘等作为北京学生的代表南下上海,出席全国学联大会。在此期间,孙中山曾多次邀请他们到自己在上海莫利爱路的寓所谈话。许德珩回忆说:"我个人曾经两次参加这样的谈话,他每次都是很亲切的、慈爱的帮助我们,鼓舞我们。"③罗家伦也回忆道:"孙中山先生对于参加五四的青年,是以充分注意而以最大的热忱去吸收。他在上海接见北京学生代表,每次总谈到三四点钟,而且愈谈愈有精神。这是我亲见亲历的事实。"④

据许德珩回忆,1919年8月,他和北大学生张国焘、康白情及天津女学生刘清扬四人一起到莫利爱路谒见孙中山。在谈话中,孙中山对于五四运动再次给予肯定,对于学生的革命精神表示钦佩。但是他认为学生手中没有武器,只能游行示威,而北洋政府用几挺机关枪,就可以镇压成千上万的示威学生。他说:"我要给你们五百支枪以对付北京政府,如何?"这实际是

---

① 孙中山:《致海外国民党同志书》(1920年1月29日),《孙中山全集》第5卷,第209—210页。
② 孙中山:《天下为公》题词,载《新青年》第7卷第6号,1920年6月。
③ 许德珩:《孙中山先生对五四时期学生运动的同情和支持》,《五四运动回忆录》下册,第637页。
④ 罗家伦:《从近事回看当年》,《世界学生》第2卷第2期,1942年5月。

在启发全国学联领导人去组织学生革命军。孙中山解释说：他要学生扛起枪来，不过是希望学生们的革命精神再提高一步。他并不看轻学生开会、示威等等动员民众起来反抗北京政府的行动，并相信那些行动都有重要的作用。他素来提倡宣传与军事并重。他希望我们与他一致合作，共策进行，从根本上推翻北京政府。①

另据张国焘回忆，这次接见是在1920年1月，谈话中北大学生也向孙中山提了一些意见和建议，发生了一些争论。最后张国焘对中山先生说："我们学生说话总有点像吵架似的，其实是真诚求教。我们今天谈得十分痛快亲切，孙先生的意思我们十分赞成，下次再来进一步的请教罢！"孙中山也笑着说："我很欢喜这次痛快的谈话。"过了十天左右，孙中山又约北大学生张国焘到寓所单独晤谈。孙中山问张国焘："听说你喜欢研究马克思主义，是吗？"并说："社会主义的派别很多，马克思主义不过是其中的一派。我在欧洲的时候，与社会主义各派领袖人物都有过接触，各派的理论也都研究过。"孙中山指着一个摆满了英文书籍的书架说："我这些书都是讲社会主义的，你都可以拿去看。"接着又问："听说你在学生运动中很注意民众运动和工人运动，是吗？"张国焘答："五四运动时只是以救国十人团的办法来组织民众。到了上海之后，才注意调查研究工会的情况。"孙中山又阐述了自己注重工人运动的道理和事实。②

1922年冬，北洋政府委派官僚政客彭允彝出任教育总长，引起北京大学与北京各大学广大师生的强烈反对，掀起了一场驱彭斗争。1923年初，北大校长蔡元培在北洋军阀政府压力下被迫辞职赴欧考察。北京大学学生推派王昆仑、黄日葵等四人为代表，南下到上海联络，寻求各界人士的支援。孙中山在寓所亲切地接见了他们。王昆仑回忆当年接见的情况时写道："我们四个人被国民党的交际部长张秋白领到上海莫利爱路二十九号楼上中山先生的书房里。"他见到"这位手创中华民国的二十世纪的巨人穿着栗壳色缎子长袍，头发是微微地苍白了。苍白的两鬓映托出脸上红润的健康的丰采。眼睛发出极强的光亮，眼角微微向下，嘴上带着一点自然的笑

---

① 许德珩：《为了民主与科学》，中国青年出版社，1987年，第83页。
② 张国焘：《我的回忆》第一册，香港明报月刊社，1971年，第74页。

意"。"谁一见着他,就感到他是十分坚毅却又是十分慈祥。"孙中山从书桌旁走过来含着笑和王昆仑等握手,并对他们说:"今天看到你们北方来的青年,我很高兴。你们在北方的情形我都知道的,这次的经过也先有人打电报报告我。"孙中山一针见血地指出:"在违法的政府底下哪里会有好的教育?所以不是什么彭允彝的问题,也不是黎元洪的问题,而是产生黎元洪的那个违法的国会的问题。""如果中国的政治问题不能根本解决,即使黎元洪被你们赶走了,吴佩孚不会另找一个人来做大总统吗?所以我们要推翻的不仅是黎元洪,而是要推翻北方军阀御用的政府,把它们变成一个革命的政府。"孙中山还说:"北方的学生和人民都很痛苦,我们知道。""可是我知道你们北京的学生要说,既已把满清推倒了,怎样还要革命呢?这是北京官僚对你们说的话。革命是以造成一个真的中华民国为目的,就是人民都享幸福,国家政治的主权在人民,政府要听人民的话,这样才叫中华民国。"孙中山对王昆仑等北大学生热情地说:"你们青年学生愿意来加入革命,我很高兴,足见近来北方的学生一天一天觉悟了。""你们北方学生五四运动的精神很好。可是专研究新思潮是不够的。学生要读书,也要懂得政治,因为政治不好,使你们读不成书。读书研究学问,就是为了把国家弄好。要把国家弄好就要来入革命党。我希望你们北京的学生从今以后都来帮助我们革命,我们的革命没有你们学生的加入是不能成功的。国民党的革命事业不是一代人所能做得完的,必要一代一代接着干。近来许多青年来找我,我觉得很乐观。以后国民党要许多青年进来一同干革命。"①孙中山的谈话对王昆仑等北大学生启发鼓舞很大。王昆仑几天后就在孙中山亲自介绍下加入了国民党,以后在北京学生中进行革命宣传、组织工作。

1923年7月,北京大学政治系的应届毕业生组织了一个考察团去广州考察政治。7月10日上午,邹明初等十位北大政治系学生考察团成员来到广州大元帅府,希望能约一个日期谒见当时在广州大本营任大元帅的孙中山先生。不料孙中山知道后表示立即可以接见。据邹明初回忆:"孙先生进来后,同我们一一握手,态度非常和蔼可亲。"孙中山与北大学生们畅谈

---

① 王昆仑:《我初次谒见孙中山先生》,《中苏文化》孙中山先生逝世十五周年纪念特刊,1940年3月。

三大政策、三民主义和五权宪法,还要学生们每个人各抒己见,并对北大学生们提出的问题作了深刻而精辟的阐述。到中午吃饭时候了,孙中山让人把午饭端到会客室来,边吃边谈。学生们看到他的午饭如此简朴,都很受感动。这次接见,从上午九时到下午三时,竟长达六个小时左右。考察团的北大学生深受教育和鼓舞,回到住地后,大家十分兴奋激动,座谈体会,彻夜未眠。以后,孙中山又两次约请北京大学学生考察团去广州政府大本营谈话。"指示我们从速回北京,在华北各地宣传三民主义和联俄、联共、扶助农工三大政策。"最后一次接见时,孙中山:"他不久将北上入京召开国民会议,废除一切不平等条约,和平统一中国。希望我们共同努力,完成任务,并要我们有事随时函电告知。"① 1924年暑假,邹明初再次赴广州,向孙中山汇报北京及华北地区的革命形势发展情况。并在孙中山的支持下,回北京创办大中公学和《北京民国日报》。其中北京大中公学是由北京大学师生共同筹办的,广东政府每月补助经费五百元。而《北京民国日报》的编辑和撰稿人中也有许多是北大学生。

四、与北京大学教职员的交往和友谊

孙中山先生和北京大学的一些教职员也有不少个人的交往和友谊。如与北京大学校长蔡元培、代理校长蒋梦麟、图书馆馆长李大钊、教授胡适、张西曼等。有些关系涉及中国革命和政治、文化、教育等方面的问题,应该作专题研究,由于篇幅关系,本文仅作简单介绍。

北京大学校长蔡元培与孙中山曾长期交往并有着深厚的革命友谊。蔡元培1905年就加入了同盟会,并由孙中山亲自委任为同盟会上海分会会长。1912年,孙中山组织中华民国南京临时政府,特地请蔡元培担任教育总长;当孙中山将临时大总统让位于袁世凯时,要求袁到南京就职,又特派蔡元培为迎袁专使赴北京,可见孙中山对蔡元培的信任和重用。1916年蔡元培在孙中山的劝说支持下出任北大校长。1917年共同主持黄兴葬礼,孙

---

① 邹明初:《回忆孙中山先生北上及〈北京国民日报〉被查封》,《孙中山先生生平事业追忆录》,人民出版社,1986年,第501页。

中山亲自写祭文,特请蔡元培写墓碑文。蔡元培在北大兼任国史编纂处长,准备编《国史前编》,写信向孙中山请教。孙中山复函告知自己写了《革命原起》,略述共和革命之概略,可供参考,还表示愿意帮助征集辛亥革命的史料。1924 年 1 月举行中国国民党第一次代表大会,蔡元培当时在欧洲未出席,孙中山亲自提名选蔡为候补中央监察委员。当有人认为蔡元培在北京政府势力下任北大校长,有依附军阀的嫌疑时,孙中山解释说这是对蔡的误会,"我知道他最清楚"。孙中山还对黄季陆说:"蔡子民(蔡元培号子民)先生在北方的任务很重大,北方的政治环境与南方大不相同,他对革命的贡献是一般人不易了解的。""我希望他由欧洲回国后,仍能到北京去工作。"①

五四时期蔡元培离京时一度代理主持北大校务,以后又当过北京大学总务长、代校长和校长的蒋梦麟,与孙中山也有多年交往。他早年在美国旧金山加州大学留学时,就曾与孙中山多次见面。1917 年回国住在上海,也常见到孙中山。1918 年在上海协助孙中山校订《实业计划》的英文原稿。1919 年 7 月应蔡元培之邀,赴京代理主持北大校务时,还接到孙中山的来信,以"率领三千子弟,助我革命"相勉励。

北京大学文学教授胡适,后来也任过北大文学院院长和校长。他在 1919 年 5 月曾到上海和蒋梦麟一起拜谒孙中山。孙中山向他们讲述过"知难行易"学说。5 月 12 日,孙中山邀请美国哲学家杜威到寓所共进晚餐,也请胡适和蒋梦麟出席作陪。孙中山的著作《孙文学说》出版以后,曾寄赠胡适五册。孙中山还让廖仲恺写信给胡适说:"孙先生拟烦先生在《新青年》或《每周评论》上对此书内容一为批评,盖以学问之道有待切磋,说理当否,须经学者眼光始能看出也。"②胡适接到廖仲恺的来信后,立即写了一篇《〈孙文学说〉之内容及评论》,发表在《每周评论》第 31 期上。文章指出:"中山先生一生所受的最大冤枉,就是人都说他是'理想家',不是实行家。我所以称中山先生做实行家,正因为他有胆子敢定一理想的《建国方略》。"他解释了孙中山与《孙文学说》的宗旨,"《建国方略》听说是一种很远大的计划。他又怕全国的人们会把这种计划看作不能实行的空谈,所以先生这

---

① 孙中山:《与黄季陆的谈话》(1924 年 2 月初),《孙中山集外集补编》,第 376 页。
② 廖仲恺:《致胡适信》(1919 年 7 月 11 日),《胡适来往书信选》,中华书局,1979 年。

本《学说》,要人们抛弃古来'知易行难'的迷信;要人们知道这种计划筹算虽是不容易的事,但是实行起来并不困难。这是他著书的本意。"①孙中山读到此文,为自己的学说"在北京地方得到这种精神上的响应"而感欣慰。1925年2月孙中山在北京治病期间,胡适曾去探望,并劝孙中山服用中药,还向他推荐了一位中医大夫。

北京大学图书馆馆长、史学教授李大钊也曾与孙中山有多次交往和长谈,在推动和协助孙中山决定实现国共合作和制定国民党联俄、联共、扶助农工三大政策中起了重要的作用。1922年8月23日,李大钊由北京到上海,在莫利爱路29号会见了孙中山,两人详细讨论了"振兴国民党以振兴中国之问题",畅谈了几个小时,"几乎忘食"。孙中山说:"在逐步加强兵力于中央来实现全国统一的同时,紧接着就需要组织强有力的政党。所以我目前正在改组中国国民党,使本党能有更多的工人参加进来。这样经过改组后的大政党,一方面要讨论政治手段的运用,作一般政党应作的工作;另方面为了谋求社会的根本改革,还要努力唤起民众的觉醒。归根到底是要把它建成一个群众革命的先锋组织。""除了四万万民众的觉醒和真正的群众性的改革之外,别无他途可寻。"②李大钊也在谈话中表示愿与孙中山合作,共同革命。他坦率地告诉孙中山自己是第三国际的党员。孙中山也很诚恳地说:"这不打紧,你尽管一面做第三国际的党员,一面加入本党帮助我。"③不久,中国共产党领导人李大钊、陈独秀、蔡和森、张太雷等,由孙中山亲自主盟,以个人名义加入国民党。孙中山通过与李大钊的多次会谈,坚定了改组国民党和实行国共合作及三大政策的决心,同时也对李大钊的学问渊博见解精辟深为赞赏。宋庆龄曾回忆说:"孙中山特别钦佩和尊敬李大钊",认为李大钊是"真正的革命同志",因此"总是欢迎他到我们家来"④。1924年1月,在中国国民党第一次代表大会上,孙中山亲自指定李大钊为五人主席团成员之一。

还有一位北大教员张西曼与孙中山的交往是过去鲜为人知的。张西曼

---

① 胡适:《〈孙文学说〉之内容及评论》,《每周评论》第31期,1919年7月20日。
② 《孙中山与李大钊的谈话》1922年8月23日,《孙中山集外集》,第278页。
③ 王耿雄:《孙中山与上海》,第211页。
④ 宋庆龄:《孙中山和他同中国共产党的合作》,《人民日报》1962年11月12日。

是湖南长沙人，1908年就加入了同盟会，1909年入京师大学堂学习。1911年和1918年两度赴俄国海参崴留学。1919年回国后任北京大学俄文专修科教员兼北大图书馆编目员，曾与李大钊等一起创办社会主义研究会。当1918年张西曼还在苏俄留学时，就把有关俄国十月革命和苏维埃政府的情况和资料，写信向孙中山介绍。1919年初，张西曼得知莫斯科将召开共产国际第一次代表大会的消息后，回国时特地绕道大连然后秘密赴上海谒见孙中山，向他建议"派遣富有时代政治学养的代表参加，共同策进消灭帝国主义和其走狗的伟大业绩"。孙中山答应"详加考虑"。1922年8月，已担任北大俄文系教授的张西曼，又趁学校放暑假之际，赶到上海见孙中山，一方面表示坚决拥护孙中山对中国革命的英明领导，同时也建议为了贯彻中山先生的救国救民主张，"绝对要纠正不肖党人只知破坏国家民族利益而争权夺利的卑污心理"。孙中山参考了张西曼提供的关于苏俄党政机关建设的资料，深深感到"健全领导组织，巩固民众基础和团结一切革命力量的必要"。孙中山还对他表示要尽一切力量促进中俄两国革命领袖和民众间的相互认识与友谊。张西曼回到北京以后，根据孙中山的指示，在北京《晨报》上发表文章，批评当时北京政府一再拖延中俄会议的错误态度。① 1929年孙中山灵柩安葬于南京中山陵举行奉安大典时，张西曼还担任了奉安专刊编纂处编辑主任。

　　1924年11月，冯玉祥在北京发动政变，孙中山应冯玉祥等电请北上商讨召开国民会议等国事。孙中山先从广州抵上海，然后绕道日本赴天津。因长期劳累加上长途奔波，以致肝癌发作，12月4日一到天津就病倒了，12月31日仍扶病入京。到北京后病情恶化，医治无效。1925年3月12日，这位为中国的民主革命和民族独立、统一事业鞠躬尽瘁贡献了毕生精力的伟大革命家，不幸与世长辞。北京大学师生与全国人民一样，沉浸在一片悲痛气氛之中。3月20日，北大学生会刊登启事："孙公中山逝世，中外人士莫不含哀，兹由本校教职员学生联合订于本月二十三日在本校第三院大礼堂开追悼会。"②3月23日下午，北大全校停课隆重举行孙中山先生追悼大会，

---

①　李玉贞：《张西曼是三大政策的积极建议者》，《团结报》1985年4月27日。
②　《北京大学学生会启事》，《北京大学日刊》1925年3月20日。

由蒋梦麟校长主持。会上许多来宾和师生发表演说,同声哀悼中山先生。北大老校长蔡元培当时正在德国汉堡,闻此噩耗,悲痛万分,立即挥笔写下挽联:"是中国自由神,三民五权,推翻历史数千年专制之局;愿吾侪后死者,齐心协力,完成先生一二件未竟之功。"① 表达了广大北京大学师生对孙中山革命业绩的敬仰和继承孙中山革命遗志的决心。

(原载《北京大学学报》,1996 年第 5 期)

---

① 《蔡元培挽联》,甘乃光《孙中山先生哀思录》,1925 年。

五四时期北大师生与日本思想界的交流

中国五四运动兴起之际,正是日本大正民主运动高涨之时。在这个时期,中日两国思想文化互相交流影响,两国民主进步势力相互支持声援,两国青年学生也曾互相访问畅谈。本文试图对"五四"时期的中日文化交流,特别是由北京大学教授李大钊与东京大学教授吉野作造倡导的,以北京大学与东京大学师生为中心的青年交流活动,作一些具体的考察和探讨。

一、李大钊对日本大正民主运动的支持

李大钊、陈独秀创办的《每周评论》是五四运动时期最有影响的进步刊物之一。黎明会是以日本大正民主运动的理论指导者、著名的民主主义思想家吉野作造为中心的进步团体。二者恰巧都创办于1918年12月。《每周评论》一创刊,李大钊就寄给了日本的吉野作造和黎明会。1919年1月19日出版的《每周评论》第5号上刊登了吉野博士的东京来信。信中写道:"惠赠《每周评论》已拜读,谢谢!'黎明会'是以促进文化为前提的,志在与所有逆着世界大势的顽迷思想奋斗,助进健全的开明思想的发达,是纯粹的学者的结合。最近开第一次讲演会,当时的速记,不日可以公刊,公刊后必寄赠一部。尚乞遥为声援,不胜切盼。"此后《每周评论》发表了李大钊等写的多篇文章,表达对日本民主运动和黎明会的支持和关注。

《每周评论》第 7 号的国外大事述评栏中,刊登了《日本政治思想的新潮流》一文,详细介绍了吉野作造与浪人会辩论并组织黎明会的经过。2 月 16 日出版的《每周评论》第 9 号上,又刊载了李大钊撰写的宣传和声援黎明会的文章《祝黎明会》,署名明明。文章认为,黎明会的纲领中包含的精神,"就是主张公理,反抗强权,打破资本主义、军国主义,完成日本国民的共同生活,使他与世界人类的共同生活调和一致。"最后他写道:"我祝日本的黎明,从今以后曙光灿烂。我祝中国的黎明,也快快大发曙光,和日本的黎明相映照。"

《每周评论》第 12 号上发表了李大钊署名守常的《新旧思潮之激战》一文,其中也肯定黎明会是日本新思潮的代表,"大张民主主义、社会主义的旗帜,大声疾呼,和那一切顽迷思想宣战。什么军阀、贵族,什么军国主义、资本主义,都是他们的仇敌,都在他们攻击之列"。黎明会的刊物《解放》于 1919 年 5 月 15 日创刊,吉野作造立即寄给李大钊,10 天以后,《每周评论》第 23 号上便全文译载了《解放》创刊号宣言。黎明会的讲演集出版后,吉野也很快寄赠李大钊。

对于黎明会内部的错误倾向,特别是某些人对侵略主义的妥协附和,李大钊也提出了诚恳尖锐的批评。1919 年 7 月 13 日发行的《每周评论》第 30 号,刊登了他署名守常的两篇随感。一篇题为《忠告黎明会》,指出:"日本的黎明运动,总算是一线曙光的影子。我们对于他们很有希望。但是看了福田博士的议论,仿佛他还在迷信侵略主义,简直找不出半点光明来,很令人失望。"因此他"也劝黎明会中的真正黎明分子,先要在黎明会中作一回黎明运动"。在另一篇随感《黑暗与光明》里,他敏锐地觉察到黎明会的分化,并寄希望于新人会为代表的进步青年运动。文章深刻地指出:"在日本的黎明会里,也可以分黑暗与光明两个层级。大概已经在社会上享有相当地位声望的一流人的思想,比较的不彻底,议论、态度,比较的暧昧。还是新人会一派的青年,较有朝气。他们的议论、思想,很有光明磊落的样子。这也是青年胜过老人的地方,也就是光明与黑暗的分点。"

二、吉野作造对中国五四运动的声援

五四运动的消息传到日本之后，吉野作造立即给北京大学的某君写了一封声援的信，这位某君大概就是李大钊。信中写道："我知贵国虽盛倡排日，所排之日，必为野心的、侵略的、军国主义的日本，而非亲善的、和平的、平民主义的日本。""侵略主义的日本不独为贵国青年所排斥，抑亦我侪所反对也。侵略的日本，行将瓦解，未来和平人道之日本，必可与贵国青年提携。"这封信曾被中国《全国学生联合会致日本黎明书会》所引用，并赞扬"博士此语，我国人士实不胜其感佩之情。盖此皆我国人士心坎中所欲发者"①。上海《东方杂志》第16卷第7号也译载了吉野给李大钊的这封信。在《日人吉野作造之中国最近风潮观》一文中指出："吉野博士议论，足以代表一部分日本平民之意见，此吾侪所宜注意也。"

笔者1987年在日本访问期间，曾在久保田文次教授的陪同下，拜访了孙中山的日本友人宫崎滔天的东京故居。宫崎滔天的孙女宫崎蕗苳女士和她的丈夫、早稻田大学教授宫崎智雄先生热情地接待了我。他们拿出宫崎家珍藏的大批有关中日交流的文物资料给我看，其中有孙中山、黄兴、廖仲恺、毛泽东等中国革命家给宫崎滔天的许多信件、题词、条幅和照片。我意外地在资料中看到还有"五四"时期李大钊给吉野作造的一封信和给宫崎滔天的长子宫崎龙介的几封信。李大钊1919年6月15日写给吉野作造的信是用钢笔书写的，从信封及邮票上可以看出是从中国北京大学直接寄往日本东京吉野家中的，很可能就是对吉野上述来信的复信。该信全文如下："拜启赐下黎明讲演集均收阅，谢谢。此次敝国的青年运动，实在是反对侵略主义反对东亚的军阀。对于贵国公正的国民绝无丝毫的恶意。此点愿贵国识者赐以谅解。惟不幸而因两国外交纷争问题表现之，诚为遗憾千万。尊论正大光明，当酌为发布，示之国人。我等日日祷望黑暗的东方发现曙光。故亦日日祷望军阀的日本变为平民的日本，侵略的日本变为平和的日

---

① 《全国学生联合会致日本黎明会书》，见《五四爱国运动》上，中国社会科学出版社，1979年，第411页。

本,黑暗的日本变为黎明的日本。在黎明的曙光中,两国的青年可以握手提携,改造东亚,改造世界。尊议两国大学的教授学生间应开一交通的道路,甚善甚善。顷商之敝校教授连,均极赞成。惟详细办法,须俟蔡校长回校后,始能议定。至时当详函以告。陈独秀先生因发布'北京市民宣言'被政府捕拿,乞持公论,遥为声援。6月15日吉野博士李大钊。"①这封信是研究五四时期中日文化思想交流的一份重要资料。

五四运动期间,吉野作造还在《中央公论》、《新人》、《解放》、《东方时论》等刊物上发表一系列政论文,表达了他对中国"五四"运动的热情声援和卓越见识。

如吉野作造在《新人》杂志1919年6月号发表《关于北京大学学生风潮事件》一文,指出中国五四运动有三个特点:"第一,这次运动完全是自发的,并没有日本报纸所称的某国的煽动。""第二,这次运动是根据一种确信的精神,为了达到确信的目标的行动,而这种目标所向并没有错误。""第三,这次运动的结果并非单纯的排日,首先是为了铲除国内的祸根。"他还把"五四"运动与新文化运动联系起来,认为"两三年来,北京大学在蔡元培统率之下,思想焕然一新,欧美之新空气遂极浓厚。最近新发行之杂志如《新青年》、《新潮》尤极力鼓吹新思想、新文化,倡言'文学革命'"。他欢呼"这是中国民众举国向开明目标前进的开端,""中国将别开一新生面矣"!吉野在文章中还明确指出支持中国卖国贼的日本军阀官僚是中日两国人民共同的敌人。只有反对"操纵笼络中国官僚的日本官僚军阀",才能实现"真正的国民的中日亲善"②。

上海的《东方杂志》1910年7月号上全文译载了吉野的这篇重要文章。

三、吉野作造的交流计划和日本学生访华

在五四运动期间,为了促进中日两国人民之间的互相理解和思想交流,吉野作造与李大钊一起倡导和组织了以北京大学与东京大学为中心的中日

---

① 李大钊致吉野作造信,宫崎滔天故居藏原件。
② 吉野作造:《关于北京大学学生风潮事件》,原载《新人》1919年6月号。

教授、学生的互访活动。

吉野作造在黎明会的刊物《解放》1919年8月号上发表了《日中国民之间建立亲善关系的曙光——两国青年的互相理解与提携的新运动》一文，全面阐述了他关于日中青年交流的思想和计划。吉野在文章中首先指出对中国的五四运动应有如下的认识："（一）他们的主要目的是为了反对官僚军阀;（二）他们排日的原因是由于日本援助中国官僚政府;（三）他们反对的是帝国主义的日本,如果知道还有和平主义的日本,必定愿意与后者提携。"因此他觉得可以认为"邻邦青年运动潜在的精神之内,存在着真正产生日中亲善的种子"。"我们与他们在与军阀官僚战斗上,有着共同的精神与任务"①。

从这种认识出发,吉野作造在1919年6月5日的黎明会演讲会上,首先建议邀请北京的教授一名、学生二三名,来日本东京进行恳谈。6月15日北京《晨报》在题为《中日国立大学交换教授说》的东京消息中,报道了吉野作造自述的具体交流计划："余个人今年秋天必赴中国一游,届时当访问北京大学,陈述吾侪意见,一面亦拜听北京识者之主张。日前黎明会开会时,余曾谈及欲调和中日两国间之纠纷,宜聘请北京大学教授来日演说,互相交换意见,以谋疏通之道,在座者咸首肯此议。目下正在准备一切费用,约需千金左右,起居力求俭朴,不必居住贵族生活之大饭店,即下榻寒舍亦无不可。余于日前曾将此意函告北京大学某教授,若其复函赞成斯举,并允偕同学生来日,则日本亦可派有志大学生联合开演说大会,如其结果甚佳,则将来日教授亦当偕同大学生赴华也。法科在学中之宫崎龙介（宫崎滔天之子）拟今夏赴华游历,一切当托其与北京大学交涉也。"吉野所说函告北大某教授即李大钊,不久就接到李大钊的回信,积极响应吉野的建议并热情邀请他访华。吉野作造的前述文章中曾引用李大钊回信的如下内容："北京学界甚望君之来游。即使大学交换教授的计划一时不能实现,民间的学会、报社也可以聘君来讲演。若君能于今年夏天或秋天枉驾来华,在数月之间将日本国民之真意及民主精神告知敝国人民,则与东亚黎明运动的

---

① 吉野作造：《日中国民之间建立亲善关系的曙光》,原载《解放》1919年8月号。

前途关系甚大。"①可见李大钊对吉野访华寄予很大期望。

1919年7月中旬,吉野作造的学生、东京大学毕业生、新人会会员、当时在满铁工作的冈上守道,拿着吉野的介绍信拜访了李大钊。根据他给吉野的信中报告,李大钊对他谈到最近曾收到吉野先生的来信,了解先生的意向和具有新思想的日本青年学生的情况。关于互访问题,李大钊说目前因北京大学蔡元培校长不在有困难,待他下月回北京后,估计十有八九能答应。至于派遣了解新思潮的青年教授访日之事,教授会也表赞成,等校长回京后尽快请示。李大钊还认为自己有责任劝说学生即使为了了解日本进步团体的状况也应该去日本。冈上守道也表示为了实现人道主义的日中青年提携,欢迎中国的教授和学生们访日。

吉野作造还大声呼吁:日中青年交流的计划,不仅是我们少数同志的事,希望今后能成为广大国民的工作。然而由于日本政府的阻挠,吉野作造访问中国以及东京大学教授学生代表团访华的计划始终未能实现。可是,仍有个别东京大学的学生和亚细亚学生会等日本学生团体的旅行团访问了中国,他们都受到了李大钊和中国进步人士、学生们的热情接待。

1919年秋天,吉野的学生、东京大学新人会的发起人之一宫崎龙介访华,到过北京和上海。他在北京时曾与李大钊、陈独秀及其他进步人士会面交流。当时李大钊写给宫崎龙介的两封亲笔短笺至今还珍藏在宫崎家中。笔者看到一封是邀请宫崎龙介7日中午到六味斋与同志们聚谈。信封上写"本京新开路共同通讯社转宫崎龙介殿快信"。信中写道:"拜启 十月七日午十一时,假座香厂六味斋与同志一谈,乞光临为幸! 宫崎龙介兄 小弟李大钊。"另一封是邀请宫崎龙介9日来自己家中面谈。信上写:"拜启 九日晚八时顷,请来弟处一谈为祷! 宫崎兄 李大钊七日晚。"②可见李大钊对宫崎龙介的访华甚为重视。宫崎龙介后来又到上海,原打算在上海举行的全国学联大会上演说,但是遭到了日本驻上海领事馆的阻挠。

1920年8月,由早稻田大学、庆应大学等私立大学学生组织的日本亚细亚学生会旅行团来北京访问。他们也首先与李大钊联系,然后经李大钊

---

① 《中日国立大学交换教授说》,《晨报》1920年6月15日。
② 李大钊致宫崎龙介信,宫崎滔天故居藏原件。

介绍与北京学生联合会接洽。8月20日下午,北京学联在北京大学二院举行欢迎日本学生访华团的茶话会。中日学生双方坦率交换意见,促进了互相理解与思想沟通。

四、北京大学学生访日团在日本

由吉野作造倡议、李大钊大力支持的北京大学学生对日本的访问,终于在1920年5月实现。以往中外论著对北京大学访日团此行,很少有具体叙述。本文根据各种资料,对此次访日的成员、经过和影响,作比较详细的介绍。

据日本报纸报道吉野作造所述,这次北京大学生访日团主要是由北大教授李大钊、陈启修和晨报记者陈溥贤等组织推动,并得到了在北京的日本牧师清水安三的帮助。吉野原来估计这个访日团可能由北京大学教授陈独秀和胡适率领①。

实际上赴日的是北京大学学生黄日葵、康白情、方豪、徐彦之、孟寿椿等五人,其中,黄日葵、康白情、徐彦之、孟寿椿都是少年中国学会的会员与干部。据少年中国学会第一届职员名单,黄日葵是文牍股主任,孟寿椿为会计股主任,徐彦之是交际股主任,康白情则是《少年中国》月刊编辑副主任(主任是李大钊)。同时,黄日葵、孟寿椿又是《国民》杂志社的编辑,而康白情、徐彦之、孟寿椿则是新潮社的干事。另外,黄日葵、康白情、孟寿椿还是北京大学平民教育讲演团的团员,黄日葵又是北京大学马克思学说研究会的发起人之一。总之,他们基本上都是李大钊指导和支持的北京大学学生进步团体的积极分子②。

---

① 《吉野博士谈日中亲善运动》,《大阪每日新闻》1920年5月1日。胡适本来想参加,但因故未去成,仍积极支持北大访日团的准备工作,并帮助筹集旅费。
② 参看《五四时期的社团》(一)、(二)中关于少年中国学会、国民杂志社、新潮社、北京大学平民教育讲演团、北京大学马克思学说研究会的有关资料、名单。关于北京大学学生访日团成员的情况补充介绍如下:黄日葵,生于1900年,广西桂平人,后任中共广西地委书记,曾参加南昌起义,1930年病逝于上海。康白情,生于1896年,四川安岳人,后为著名诗人,1945年去世。孟寿椿,1894年生,四川涪陵人,后任暨南大学文学院长。方豪,1894年生,浙江金华人,后任浙江金华中学校长,与台湾大学研究中西交通史的著名教授方豪(生于1910年)并非同一人。

4月27日,即北大访日团出发前夕,李大钊特地与陈启修、陈溥贤联名写了一封介绍信给宫崎龙介。这封信现存宫崎故居,笔者访问时曾有幸获见原件。信封上写"面递宫崎龙介先生",信纸是国立北京大学用笺,共3页,用毛笔书写,从笔迹看来确是李大钊亲笔。信的全文如下:"拜启 久未通讯,至以为歉! 新绿之际,敬祝新运动的隆盛与时俱进。敝校卒业生方豪、孟寿椿、黄日葵、康白情、徐彦之诸君,赴贵国观光,调查贵国诸大学的学制,并与贵国青年文化团体中诸同学相握手,关于文化上的提携交换意见。诸君多是《新潮》、《少年中国》、《国民》诸杂志的关系者,乞介绍于贵国新派学者、社会运动者乃至各文化团体中的青年有志。不胜切盼! 宫崎龙介兄 陈启修陈溥贤李大钊 九、四、二十七。"①这封信说明了北大访日团学生的身份、思想倾向和赴日目的,并希望通过宫崎龙介与日本各界进步人士广泛开展交流。

北京大学学生访日团(当时称"1920年北京大学游日团")于1920年4月28日离京,"赴日做宣传及视察之事业"②。5月15日抵达日本东京,就引起日本各界的注意,"或以为来此作排日之宣传者;或以为来此调查排货之影响者;或又以为系来此蛊惑日本青年者;或又以为系受日本新文化运动之感召而来,可以受日本之软化者,揣测纷纷,不一其词"③。

5月7日,访日团参加了中国留日学生在东京大手町日本卫生会举行的"五七"国耻纪念会,与会者约700人。首先由留日学生闵景荣和荆巨佛致词,然后由北京大学访日团的方豪、康白情、徐彦之三人相继登台报告北京学潮始末之详情,全场鼓掌。接着又有留日学生多人演说。最后通过决议要求山东由中国直接管理,废除中日军事协约,福州问题依民意解决,释放京津被捕之学生,承认俄国工农政府等④。

5月11日,新人会在东京大学山上御殿举行晚餐会,欢迎北大学生访日团。东京大学教授吉野作造、森户辰男等都出席并讲话。北京大学学生代表康白情、黄日葵也发表了演说,论述扩大国民外交之必要,批判无诚意

---

① 李大钊致宫崎龙介信,宫崎滔天故居藏原件。
② 《少年中国》第1卷,第11期。
③ 《北大游日团与日本思想界》,《晨报》1920年6月15日。
④ 《留日学生与国耻》,《晨报》1920年5月12日。

的中日亲善。最后新人会负责人,东京大学学生赤松克麿讲话提议加强新人会与少年中国学会之友谊。康白情立即代表少年中国学会致答词,表示今后要"互通声息和交换印刷品"①。

5月12日,北大访日团参观了东京的新村支部。支部负责人长岛介绍了新村主义(一种空想社会主义)的宗旨:"乃将以渐进的方法,诱致世界之大同。"②

5月13日,东京大学辩论部举办演说会,会上首先由北大访日团康白情演说《大和魂与世界文化》。他指出"大和魂之精神在重名誉、尚廉耻,勇敢轻死",但是"今日本人以此精神作利己国而损世界之事实"。他认为"此皆非正道,应发挥此种精神为人类谋幸福,图示世界文化有所贡献"。然后由方豪演说《今日青年之责任》,他尖锐指出:"中国青年之所以排日者,实由日本教育上采取军国民教育,致使日本国民有侵略的国民性。今后世界已由国家主义进入世界主义,改善这种不合世界新潮的旧教育,实为日本青年之责任。"③

5月17日,北大访日团出席由东京大学"十七日会"举办的演说会,到会者有中日人士各二三百人。北京大学教师高一涵首先登台演说④,题为《中日亲善之障碍》。指出中日亲善主要有三个障碍:"一为帝国主义,二为狭义的国家主义,三为以中日亲善为手段而图达他种目的。""吾人须竭力排除此三种障碍。"其次由东京大学学生早阪二郎演讲《国际生活更新之一大暗示》,宣传今后外交"当由政府的而入于国民的"。再次是北大学生方豪演说《世界改造与思想之关系》,论述"中国排日乃基于世界主义的意义而非国家主义的意义"。接着东大学生田民演说《中日文化之结合》,认为"中国新文化运动与日本新文化运动实有共通之点,应结合以图共进"。然

---

① 《北大游日团与日本思想界》,《晨报》1920年6月15日。
② 同上。
③ 同上。
④ 高一涵是北京大学政治系教师,生于1885年,安徽六安人。他是李大钊的好友,并参加《新青年》编辑部与少年中国学会。当时正旅居日本,帮助接待和陪同北大访日团学生在东京的活动,有时也发表演说,但并非访日团正式成员,也没有北大教授身份。他给胡适的信中说:"他们到处演说,有时也把我拉进去,因此日本报界送我一个'高教授'头衔。"见高一涵致胡适函,《胡适遗稿及秘藏书信》第36册,黄山书店,1994年。

后北大学生康白情以《中日学生互提携运动》为题演讲,指出中日学生"欲举提携之实,惟有互相扶助"。最后由吉野作造博士演说《日中亲善之文化的意义》,深刻揭露"中日不能亲善之罪责,全在于日本之军阀与财阀的侵华政策"①。

5月19日,访日团出席早稻田大学学生团体建设者同盟举办的演说会。早稻田大学教授北泽新次郎博士致欢迎词,强调中日知识分子联络之必要。然后由北京大学代表康白情演说《东亚之新建设与中日文化同盟》。他认为"中日青年既皆有改造世界之志愿,而欲以新建设代替旧组织",为排除旧势力的障碍,"不可不为文化同盟"。这种同盟"非形式的,乃精神的,非契约的,乃事实的"。接着由早大片上伸教授演讲,他把中日关系比喻成水,表面上虽结了冰,但冰下仍有国民交往之活水。最后由北大孟寿椿演说《最近中国思想之改革》。他分析中国思想由于五四运动而发生剧变,"即由国家的而变为世界的,由静的而变为动的,由个人的而变为自觉的"②。

5月22日东京大学青年会举行晚餐会。席间北大代表方豪用英语演说青年会之世界意义,说明"吾人来日,非以国民之资格与政治家之手腕,而为国际运动,乃以人类之资格,在人类间友谊之往来也"③。

北京大学访日团离开东京后又访问了京都,与京都的教授、学生以及各界人士进行了交流。

5月29日,应京都同志社大学师生的邀请,在大学讲堂举行恳谈会。同志社大学校长海老名弹正致欢迎词,指出世界之创造事业要依靠青年。"今中国青年欲创造一新中国,而日本青年亦欲创造一新日本,两国青年互相了解共同致力于世界文化之进运。"然后由北大康白情演讲《世界和平与吾人之使命》。他认为知识分子对世界的战争与和平负有重大责任。"吾人欲弭将来之兵端而谋世界之和平,舍打破帝国主义无他法。"④

5月30日,在京都大学,由民本主义团体六日俱乐部主办欢迎恳亲会。

---

① 《北大游日团与日本思想界》,《晨报》1920年6月15日。
② 同上。
③ 同上。
④ 同上。

参加者除京都大学、同志社大学、三高、医专等校学生之外,还有工人团体劳学会、友爱会、织友会、印友会的成员。北京大学访日团黄日葵、康白情、方豪、徐彦之、孟寿椿等5人出席。会场上掌声雷动,互相握手,气氛热烈融洽。会上先由《每日新闻》记者西川百子代表六日俱乐部致欢迎词。然后由京都大学教授户田海市博士讲话。他指出,"今日之社会问题莫大于劳动问题",希望访日的诸君在中国社会运动中就应特别努力于知识的普及和大众化。接着北大访日团代表康白情演说《中国社会的改造》,认为中国的"辛亥革命只是政治上的改造,甚不彻底,此后当为社会的改造。"谈到抵制日货运动时也严厉批判了日本的侵略主义。然后京都大学教授末广重雄演讲《日中亲善的意义》,也抨击了日本政府对中国的侵略政策,阐述民主主义、和平主义思想,主张通过日中青年的提携,发展日中的亲善。

北京大学学生访日团6月16日回到北京。7月1日,康白情等在少年中国学会会员大会上报告了访日经过以及与日本新人会接洽的情形。这次访问在日本引起很大反响。访日团所到之处宣传中国青年运动真相和反对帝国主义与本国军阀官僚的思想,表达了加强中日两国人民友好的愿望,赢得日本进步人士和广大日本青年学生的理解和同情。同时也亲自耳闻目睹了日本民主运动的发展和社会主义思想的传播,促进了中日两国进步思想的交流和沟通,增强了两国人民的友谊。当然,访日团的活动也引起了日本政府的不满。外务省警告东京大学,"若与北京大学教授交换演讲或派代表访华,将有碍日中国交,应予停止"。与中国学生交流的日本教授、学生,有的甚至受到处分,如早稻田大学学生早阪二郎竟被拘役一日,其家亦被搜查①。

北大学生访日团回国以后,吉野作造即在《中央公论》1920年6月号上发表了《日中学生提携运动》一文,对这次交流活动的意义给予很高评价。他写道:"上个月(五月)北京大学毕业生五名来东京访问我国学生及青年思想家。通过多次会见,实现重大沟通与共鸣,将推动今后彼此的往来和亲善,并协力开发东洋文化。"文章认为:"中国青年憎恶本国的官僚军阀,反对日本官僚的侵略主义,他们和我们的立场是一致的。"他指出,"现在日本

---

① 《北大游日团与日本思想界》,《晨报》1920年6月15日。

和中国在精神上有很大隔阂,青年学生之间思想的沟通很有意义,是两国民族真正的亲善。可是日本政府却通知各大学,以妨碍国交为借口,阻止日本学生利用暑假访问中国。实际上,这才是真正有害国交"[①]。

五四时期的中日文化思想交流和青年交流,在五四运动史和近代中日关系史上,都是值得进一步深入研究的课题。

(原载《五四运动与二十世纪的中国》论文集,社会科学出版社,2000年)

[①] 吉野作造:《日中学生提携运动》,原载《中央公论》1920年6月号。